Beiträge zum Sicherheitsrecht
und zur Sicherheitspolitik

herausgegeben von

Jan-Hendrik Dietrich, Klaus Ferdinand Gärditz
und Kurt Graulich

1

Nachrichtendienste im demokratischen Rechtsstaat

Kontrolle – Rechtsschutz – Kooperationen

Herausgegeben von

Jan-Hendrik Dietrich, Klaus Ferdinand Gärditz,
Kurt Graulich, Christoph Gusy und Gunter Warg

Mohr Siebeck

Jan-Hendrick Dietrich
ist Professor für Verwaltungsrecht, Staatsrecht und Sicherheitsverwaltungsrecht am Fachbereich Nachrichtendienste an der Hochschule des Bundes in München/Haar.

Klaus Ferdinand Gärditz
ist Professor für Öffentliches Recht an der Universität Bonn, stellvertretender Richter am Verfassungsgerichtshof Nordrhein-Westfalen und Richter im Nebenamt am Oberverwaltungsgericht Nordrhein-Westfalen.

Kurt Graulich
ist Honorarprofessor an der Humboldt-Universität zu Berlin und Richter am Bundesverwaltungsgericht a.D.

Christoph Gusy
ist Professor für Öffentliches Recht, Staatslehre und Verfassungsgeschichte an der Universität Bielefeld.

Gunter Warg
ist hauptamtlich Lehrender am Fachbereich Nachrichtendienste der Hochschule des Bundes in Brühl.

ISBN 978-3-16-155923-5 / eISBN 978-3-16-156234-1
DOI 10.1628/978-3-16-156234-1
ISSN 2568-731X / eISSN 2569-0922 (Beiträge zum Sicherheitsrecht und zur Sicherheitspolitik)

Die Deutsche Nationalbibliothek verzeichnet diese Publikation in der Deutschen Nationalbibliographie; detaillierte bibliographische Daten sind im Internet über *http://dnb.dnb.de* abrufbar.

© 2018 Mohr Siebeck Tübingen. www.mohrsiebeck.com

Das Werk einschließlich aller seiner Teile ist urheberrechtlich geschützt. Jede Verwertung außerhalb der engen Grenzen des Urheberrechtsgesetzes ist ohne Zustimmung des Verlags unzulässig und strafbar. Das gilt insbesondere für die Verbreitung, Vervielfältigung, Übersetzung und die Einspeicherung und Verarbeitung in elektronischen Systemen.

Das Buch wurde von Computersatz Staiger in Rottenburg/N. aus der Stempel Garamond gesetzt, von Gulde Druck in Tübingen auf alterungsbeständiges Werkdruckpapier gedruckt und gebunden.

Printed in Germany.

Vorwort

Den deutschen Nachrichtendiensten ist gesetzlich ein wichtiger Teil staatlicher Sicherheitsgewährleistung überantwortet: Für politische Entscheidungsträger fungieren sie als Frühwarnsysteme für Gefährdungen der inneren und äußeren Sicherheit der Bundesrepublik Deutschland; im Wirkungsverbund mit Polizeibehörden und Staatsanwaltschaften tragen sie zur Verhinderung und Aufklärung von Straftaten bei. Die Bevölkerung bringt Nachrichtendiensten wie dem Bundesnachrichtendienst (BND) oder dem Bundesamt für Verfassungsschutz (BfV) hohe Funktionserwartungen entgegen, allgemeine Sicherheitsbedürfnisse zu befriedigen. Zugleich sind die Nachrichtendienste wie andere Behörden auch an das geltende Recht gebunden und dürfen durch ihre Aufklärungsarbeit die Grund- und Menschenrechte nicht verletzen.

Den Rechtsgrundlagen nachrichtendienstlicher Tätigkeit kommt die Aufgabe zu, den Schutz grundrechtlicher Freiheiten und die wirksame Erfüllung nachrichtendienstlicher Aufgaben miteinander in Einklang zu bringen. Die von Bundeskanzleramt und Bundesministerium des Innern gemeinsam initiierte Veranstaltungsreihe „Nachrichtendienste im demokratischen Rechtsstaat" etabliert in diesem Zusammenhang erstmals ein Forum für einen rechtswissenschaftlichen Diskurs über das Recht der Nachrichtendienste, das als Begegnungsplattform über die Nachrichtendienste, die betroffenen Sicherheitsbehörden und die beteiligten Ressorts hinaus auch eine Fachöffentlichkeit zu einem sachverständigen Austausch einlädt. Die Veranstaltungsreihe wendet sich daher sowohl an Wissenschaftlerinnen und Wissenschaftler als auch an Vertreterinnen und Vertreter aus Justiz, Anwaltschaft, Verwaltung, Medien und Politik.

Der vorliegende Tagungsband dokumentiert die Ergebnisse des 1. Symposiums in der Reihe, das vom 3. bis zum 4. November 2016 in Berlin stattfand und inhaltlich den Schwerpunkten „Kontrolle", „Rechtsschutz" und „Kooperationen" gewidmet war. Die wissenschaftliche Leitung des Symposiums wurde von den Veranstaltern den Herausgebern dieses Bandes übertragen. Bei der Organisation der Tagung hat die wissenschaftliche Leitung wertvolle Unterstützung erhalten. Zu danken ist insbesondere Herrn Ministerialrat *Dietmar Marscholleck* und Frau Regierungsdirektorin Dr. *Annett Bratouss* (Bundesministerium des Innern) sowie Herrn Ministerialrat Dr. *Carsten Maas*, Herrn Ministerialrat Dr. *Sven-Rüdiger Eiffler* und Frau Regierungsdirektorin Dr. *Dorothee Maurmann* (Bundeskanzleramt). Die wesentliche Last der Vorbereitung hat Frau

Laura Becker (Bundesministerium des Innern) getragen. Sie hat gemeinsam mit dem Team des Tagungsbüros für einen reibungslosen und angenehmen Tagungsablauf gesorgt und zusammen mit Frau *Maria Geismann*, LL.M. (seinerzeit Universität Bonn) die Erstellung dieses Bandes umsichtig begleitet. Hierfür sind die Herausgeber den Beteiligten sehr verbunden. Herrn Dr. *Franz-Peter Gillig* vom Verlag Mohr Siebeck ist sehr herzlich für die prompte Bereitschaft zu danken, den Tagungsband in das Verlagsprogramm aufzunehmen.

München,	Jan-Hendrik Dietrich
Bonn,	Klaus Ferdinand Gärditz
Berlin,	Kurt Graulich
Bielefeld,	Christoph Gusy
Brühl, Juli 2017	Gunter Warg

Inhalt

Thomas de Maizière
Grußwort anlässlich des ersten Symposiums zum Recht
der Nachrichtendienste: Kontrolle – Rechtsschutz – Kooperationen XI

Klaus-Dieter Fritsche
Grußwort anlässlich des ersten Symposiums zum Recht
der Nachrichtendienste XV

Fachvorträge

Johannes Masing
Nachrichtendienste im freiheitlichen Rechtsstaat 3

Stefanie Schmahl
Nachrichtendienste in der Völkerrechtsordnung 21

Panel 1
Kontrolle der Nachrichtendienste durch Parlament und Regierung

Günter Heiß
Schnittstellen zwischen Aufsicht und parlamentarischer Kontrolle
von Nachrichtendiensten 45

Burkhard Lischka / Kurt Graulich
Stand und Perspektiven der gesetzlichen Fortentwicklung
der parlamentarischen Kontrolle der Nachrichtendienste 55

Heinrich Amadeus Wolff
Entwicklungslinien und Prinzipien der parlamentarischen Kontrolle
der Nachrichtendienste 69

Maria Geismann, Fabian Gilles und *Alexandra Adenauer*
Diskussionsbericht Panel 1:
Kontrolle der Nachrichtendienste durch Parlament und Regierung 93

Panel 2
Rechtsschutz gegen nachrichtendienstliche Aktivitäten

Reinhard Klaushofer
Die Rechtsschutzbeauftragten – das österreichische Modell
des kommissarischen Rechtsschutzes bei nachrichtendienstlichen
Tätigkeiten 99

Elisabeth Buchberger
Gerichtlicher Rechtsschutz gegen nachrichtendienstliche Aktivitäten? ... 107

Maria Geismann, Fabian Gilles und *Alexandra Adenauer*
Diskussionsbericht Panel 2:
Rechtsschutz gegen nachrichtendienstliche Aktivitäten 125

Panel 3
Nachrichtendienste zwischen Aufgabenbeschreibung und Befugnisnorm

Wilfried Karl
SIGINT Support to Cyber Defense 129

Matthias Bäcker
Zur Reform der Eingriffstatbestände im Nachrichtendienstrecht 137

Maria Geismann, Fabian Gilles und *Alexandra Adenauer*
Diskussionsbericht Panel 3:
Nachrichtendienste zwischen Aufgabenbeschreibung
und Befugnisnorm 153

Panel 4
Nachrichtendienste in der behördlichen Kooperation

Rainer J. Schweizer
Völkerrechtliche Grenzen internationaler nachrichtendienstlicher
Aktivitäten – ein Diskussionsbeitrag 159

Mark Alexander Zöller
Der Rechtsrahmen für die Übermittlung personenbezogener Daten
unter Beteiligung der Nachrichtendienste 185

Maria Geismann, Fabian Gilles und *Alexandra Adenauer*
Diskussionsbericht Panel 4:
Nachrichtendienste in der behördlichen Kooperation 195

Fachvortrag und Podiumsdiskussion

Michael O'Flaherty
Grundrechtsschutz und Rechtsbehelfe in der Europäischen Union
im Zusammenhang mit der Überwachung durch Nachrichtendienste:
die Position der Agentur der Europäischen Union für
Grundrechte (FRA) 201

Maria Geismann, Fabian Gilles und *Alexandra Adenauer*
Podiumsdiskussion: Der Gesetzgeber in der verfassungsrechtlichen
Aufgabenfalle – Gegenwärtige und zukünftige Herausforderungen
der deutschen Nachrichtendienste? 221

Autorenverzeichnis 229

Stichwortverzeichnis 231

Grußwort anlässlich des ersten Symposiums zum Recht der Nachrichtendienste
Kontrolle – Rechtsschutz – Kooperationen

Thomas de Maizière

Ich begrüße Sie recht herzlich zur Tagung „Nachrichtendienste im Rechtsstaat". Wie Sie wissen, ist dies die erste Veranstaltung dieser Art. Wir waren etwas überrascht, zugleich aber erfreut, welche Resonanz wir im Vorfeld bereits erhalten haben. Offenbar haben wir mit der Ausrichtung der Veranstaltung ein Format getroffen, das auf reges Interesse der Fachwelt und Medien stößt.

Lassen Sie mich kurz zu unserem Anliegen, zu meinem Anliegen der Veranstaltung etwas sagen. Wenn in der Öffentlichkeit Begriffe wie Verfassungsschutz oder Nachrichtendienst/Geheimdienste fallen, dann assoziieren viele Menschen damit eine Materie, die sich im Dunkeln abspielt. Und allein, weil sie sich im Dunkeln abspielt, wird sie oft mit Skepsis betrachtet. Dem wollen wir etwas entgegensetzen, indem wir die Dienste selbst bewusst zum Gegenstand der Erörterung machen und einer Fachöffentlichkeit. Und auch in anderen Bereichen ist „dunkel" und „nicht Erkennbarkeit" etwas was durchaus als Teil der Aufgabenerfüllung wahrgenommen und geschützt wird. Denken Sie etwa an die Beichte, die wir sogar rechtsstaatlich schützen. Da kann man schon auf die Idee kommen, dass sie allein deswegen schlecht ist, weil sie nicht öffentlich stattfindet. Also ich sage das nur als methodisches Argument: Allein, weil etwas nicht öffentlich stattfindet, ist es nicht kritikwürdig, sondern verlangt besondere Begründung, besonderer Kontrolle, aber nicht besonderer Kritik.

Wenn Sie sich umschauen, werden Sie bemerken, dass hier Experten aus ganz unterschiedlichen Lebenswelten eingeladen sind. Natürlich aus den Diensten selbst, aber auch ihre Kritiker und Beobachter aus den Medien, aus den Parlamenten (manche, die besonders laut kritisieren, sind nicht gekommen, obwohl eingeladen), wie auch Vertreter der Justiz, die die Rechtmäßigkeit nachrichtendienstlichen Handelns gerichtlich kontrollieren. Und nicht zuletzt Professoren, die sich mit den rechtswissenschaftlichen Grundlagen und Rahmenbedingungen der Arbeit der Nachrichtendienste befassen.

Für mich sind zwei Erkenntnisse wichtig und sozusagen Ausgangspunkt der Diskussion. 1.: Wir brauchen Nachrichtendienste. Ihre erfolgreiche Arbeit ist für die Sicherheit und die Bewahrung unserer freiheitlichen Demokratie grundlegend und das haben wir heute Nacht wieder erlebt. Und Nachrichtendienste brauchen auch nationale und internationale Zusammenarbeit. Das ist nicht etwas, das man irgendwie notgedrungen machen muss, sondern das ist etwas, was der Sicherheit dient und der Aufgabenerfüllung auch. All dies ist in vielen guten und alten Demokratien unstreitiger als in Deutschland. Und 2.: Die deutschen Nachrichtendienste sind keine Akteure irgendwo im rechtsfreien Raum, sondern sie sind Teil der rechtsstaatlichen Verwaltung. Sie haben zwar besondere Aufgaben, die auch besondere Formen der Aufgabenerfüllung bedingen – sie muss naturgemäß in vielen Fällen mit Geheimhaltung einhergehen. Aber sie sind integriert in gesicherte staatliche demokratische Strukturen. Und es ist gut und richtig, dass ihre interne und externe Kontrolle auch etwas Besonderes ist – anders als bei anderen Behörden. Effektive Kontrollstrukturen sind nicht zuletzt tragend für die breite Akzeptanz dieser weithin verdeckten Aufgabenwahrnehmung. Dazu gehört in einem weiteren Sinne auch die Offenheit zum kritischen Diskurs mit der Bereitschaft, die eigene Sicht zu hinterfragen ebenso wie mit dem Ziel, im Dialog ein verbessertes Verständnis zu befördern.

Diesen kritischen Diskurs wollen wir heute vertiefen. Wir eröffnen heute mit dieser Veranstaltung eine Plattform für eine interdisziplinäre Auseinandersetzung und die Vernetzung von fachlicher Expertise, wie sie im angloamerikanischen Raum bereits längst existiert. Und ich habe an anderer Stelle auch schon mehrfach gesagt – für die Bedeutung und die Größe unseres Landes ist im Prinzip die sicherheitspolitische Community zu klein. Sie müsste größer sein. Viel größer sein – bei denen, die darin arbeiten, bei denen, die das kritisieren, bei denen, die das beobachten. Auch der Wechsel hinein in die Sicherheitsbehörden und hinaus aus den Sicherheitsbehörden in andere Bereiche – ministerieller und außenministerieller Verwaltung oder in den wissenschaftlichen Bereich hin wie her – ist in anderen Staaten sehr viel mehr üblich als bei uns. Diese Form des Diskurses, die heute und morgen stattfinden soll, erfüllt zweierlei Funktionen. Zum einen stellen sich die Nachrichtendienste als Gesprächspartner zur Verfügung, um Sachwissen und Hintergründe nachrichtendienstlicher Arbeit zu vermitteln. Und zum anderen sollen die bei der wissenschaftlichen Durchdringung gewonnenen Einsichten uns und die praktische Seite befruchten.

Das Recht der Nachrichtendienste, wie das Thema im engeren Sinne heißt, ist eine der im Wissenschaftsbereich am wenigsten durchdrungenen Rechtsmaterien. Das liegt sicher nicht nur am etwas exotischen Charakter, sondern auch am schwierigen Zugang zu rechtstatsächlichen Materialien. Kein Wunder. Das lädt natürlich wenig zur wissenschaftlichen Diskussion ein. Umso mehr freue ich mich, dass sie unsere Einladung angenommen haben – insbesondere, soweit sie aus dem wissenschaftlichen Bereich kommen. Wir möchten mit dieser Tagung die Chance bieten, den Gegenstand der wissenschaftlichen Befassung besser kennenzulernen und Sie und ihre Kollegen ermuntern, sich mehr und intensiver, kritischer, konstruktiv mit dem Recht der Nachrichtendienste zu befassen.

Ich wünsche mir, dass diese Veranstaltung der Auftakt wird für einen Dialog zwischen den Beteiligten, der sich im Laufe der Zeit immer mehr verstetigt. Wir haben unser Symposium – darauf wurde schon hingewiesen – nicht als einmaliges Ereignis konzipiert, sondern als Beginn eines langfristigen Dialogs. Und besonders schön wäre es natürlich, wenn in ein, zwei, drei, vier Jahren ein solches Symposium nicht mehr als etwas Besonderes und als etwas Exotisches, sondern als etwas ganz Normales betrachtet würde. Denn zu einer normalen wehrhaften Demokratie gehören Sicherheitsbehörden und die bestehen aus Polizeien und Nachrichtendiensten, die beide ihre Aufgabe zu erfüllen haben. Beide im rechtsstaatlichen Rahmen und beide zum Wohle der Bürgerinnen und Bürger und zum Schutz der Demokratie. Vielen Dank.

Grußwort anlässlich des ersten Symposiums zum Recht der Nachrichtendienste*

Klaus-Dieter Fritsche

Sehr geehrter Herr Minister,
sehr geehrte Abgeordnete,
sehr geehrte Damen und Herren,

ich freue mich, Sie heute hier anlässlich des ersten Symposiums zum Recht der Nachrichtendienste begrüßen zu dürfen.

Die Bedeutung der Nachrichtendienste steigt stetig. Das liegt zum einen an der Gefährdungslage durch den internationalen Terrorismus. Die jüngsten Anschläge in Deutschland und Europa haben das allen klar vor Augen geführt. Es stellen sich aber auch viele andere Herausforderungen. Ich will nur kurz Themen wie russische Desinformationskampagnen oder den Ukraine-Konflikt nennen.

All diesen Herausforderungen kann man auch im nachrichtendienstlichen Bereich nur durch internationale Zusammenarbeit erfolgreich begegnen. Das verändert die Arbeit der Nachrichtendienste, das hat aber auch Auswirkungen auf die drei Themenfelder, die Thema des heutigen Symposiums sind: „Kontrolle – Rechtsschutz – Kooperationen".

Die Bundesregierung hat auf diese Situation rechtlich reagiert und mit dem neuen BNDG einen wichtigen Schritt geleistet.

Ende Oktober hat der Bundestag das von der Bundesregierung eingebrachte Gesetz zur Ausland-Ausland-Fernmeldeaufklärung verabschiedet. Das Gesetz sorgt mit klaren Regelungen für die Ausland-Ausland-Fernmeldeaufklärung des Bundesnachrichtendienstes für mehr Rechtssicherheit und Rechtsklarheit.

Ein Novum auch im Vergleich zu den Nachrichtendienstgesetzen anderer Staaten sind die Regelungen zum Schutz der Kommunikation von Einrichtungen der Europäischen Union, öffentlicher Stellen ihrer Mitgliedsstaaten oder von Unionsbürgerinnen und Unionsbürgern. Eine Überwachung dieser Kommunikationen durch den Bundesnachrichtendienst darf nur in eng umgrenzten

---

* Es gilt das gesprochene Wort.

Ausnahmefällen, zum Beispiel zur Aufklärung von Gefahrenlagen des internationalen Terrorismus, erfolgen.

Des Weiteren stärkt das Gesetz die internationale Zusammenarbeit: Neben klaren Regelungen für Kooperationen auf dem Gebiet der Ausland-Ausland-Fernmeldeaufklärung findet die gemeinsame Datenhaltung mit ausländischen öffentlichen Stellen Eingang in das BNDG.

Die Kontrolle des BND wird ebenfalls verbessert: Zusätzlich zu der parlamentarischen Kontrolle durch das PKGr wird ein neues unabhängiges Gremium speziell für die Kontrolle der Ausland-Ausland-Fernmeldeaufklärung geschaffen. Das Gremium besteht aus zwei Richterinnen oder Richtern am Bundesgerichtshof und einer Bundesanwältin oder einem Bundesanwalt beim Bundesgerichtshof und überprüft künftig die Anordnungen des Bundeskanzleramts zur Überwachung von Telekommunikationsnetzen im Rahmen der Ausland-Ausland-Fernmeldeaufklärung des BND.

Auch die Pflicht zur Anordnung durch das Bundeskanzleramt ist neu. Diese sowie weitere Verfahrenssicherungen bedeuten zwar einen administrativen Mehraufwand. Ich bin jedoch davon überzeugt, dass wir damit nicht nur ein höheres Maß an Rechtssicherheit für die Mitarbeiterinnen und Mitarbeiter des BND leisten, sondern die Legitimität der Aufgabenerfüllung durch den BND insgesamt stärken.

Kontrolle – Rechtsschutz – Kooperationen – diese Ziele liegen nicht nur der Novelle des BND-Gesetzes zu Grunde, sondern auch dem Vorhaben des Parlaments zur Reform des Parlamentarischen Kontrollgremiums, das die Bundesregierung von Anfang an unterstützt hat. Bereits im Koalitionsvertrag wurde eine weitere Verbesserung der parlamentarischen Kontrolle vereinbart. Denn der Bundesregierung ist eine effektive Kontrolle der Nachrichtendienste ebenso ein Anliegen wie die Gewährleistung der effektiven Arbeit der Nachrichtendienste.

Meine sehr geehrten Damen und Herren,
ich möchte noch einmal unterstreichen: Rechtssicherheit ist für die Mitarbeiter unserer Nachrichtendienste unverzichtbar. Denn Rechtssicherheit schafft Handlungssicherheit in der täglichen Arbeit.

Wichtig ist aber auch eine fundierte rechtswissenschaftliche Auseinandersetzung mit den Nachrichtendiensten, ihrer Arbeit und den Rechtsgrundlagen ihrer Arbeit. Das erfordert ein Verständnis der faktischen Anforderungen an die Dienste und einen Einblick in ihre Arbeitsweise. Daher ist für die Weiterentwicklung einer klaren Fachterminologie, aber auch eines differenzierten Verständnisses von interpretationsoffenen Rechtsnormen ein Diskurs zwischen Experten aus Wissenschaft, Justiz, Parlament und selbstverständlich aus den Nachrichtendiensten selbst erforderlich.

Zu einem derartigen Diskurs soll das heutige Symposium einen Beitrag leisten. Das Besondere an der heutigen Veranstaltung ist nicht allein die Tatsache, dass es sich um das erste Symposium dieser Art handelt. Es ist vielmehr der umfassende Ansatz, der besondere Beachtung verdient:

Das Recht der Nachrichtendienste soll umfassend inhaltlich beleuchtet werden. Aus nationaler Perspektive, aus europarechtlicher Perspektive und aus völkerrechtlicher Perspektive. Die unterschiedlichen Blickrichtungen auf das Recht der Nachrichtendienste sollen offen und kritisch analysiert werden. Dieser Ansatz bietet die Chance für einen intensiven und anregenden – und ich vermute mitunter kontroversen – Austausch.

In meiner Funktion als Beauftragter für die Nachrichtendienste des Bundes und als Jurist ist mir die Etablierung eines solchen Austausches zwischen Wissenschaft und Praxis ein besonderes Anliegen. Deswegen arbeite ich auch mit großem Nachdruck an der Einführung eines Masterstudiengangs für das Nachrichtendienstwesen. Neudeutsch: „Master of Intelligence Studies". Auch in diesem Bereich werden wir Neuland betreten.

Denn eines ist gewiss: Die faktischen Herausforderungen werden für die Nachrichtendienste in den kommenden Jahren weiter wachsen. Untrennbar sind damit gleichzeitig zunehmend komplexere und anspruchsvollere Bewertungen der rechtlichen Rahmenbedingungen nachrichtendienstlicher Tätigkeit verbunden.

Dieser Diskussion stellen wir uns gerne. Wir suchen sie geradezu, denn sie ist ein wesentlicher Bestandteil einer richtig verstandenen Transparenzoffensive der Nachrichtendienste. Es liegt in der Natur der Sache, dass viele Aspekte nachrichtendienstlicher Arbeit nur innerhalb der Bundesregierung und mit den zuständigen parlamentarischen Gremien besprochen werden können. Nachrichtendienste müssen sich deswegen aber nicht verstecken. Wir suchen den kritischen Diskurs und sind uns sicher, sehr gute Argumente für unsere Positionen zu haben.

Meine sehr geehrten Damen und Herren,
ich wünsche Ihnen daher interessante Diskussionen, von denen auch Impulse über die Veranstaltung selbst hinausgehen.

Vielen Dank für Ihre Aufmerksamkeit.

Fachvorträge

Nachrichtendienste im freiheitlichen Rechtsstaat*

Johannes Masing

I. Einleitung	3
II. Die Veränderung des Aufgabencharakters der Nachrichtendienste – ein qualitativer Sprung	4
III. Herausforderungen nach Innen	7
1. Ausgestaltung der Befugnisse	7
2. Aufgabenabgrenzung gegenüber der Polizei	9
3. Gestaltung der Übermittlungsbefugnisse	10
4. Fragen der föderalen Kompetenzordnung	11
5. Ausbau der Kontrolle	12
6. Anforderungen an Transparenz	13
IV. Herausforderungen nach Außen	14
1. Die Grundfrage nach Macht und Recht	14
2. Reichweite der Grundrechtsgeltung im Ausland	15
3. Zusammenarbeit der Dienste	17
4. Die Übermittlung von Daten an andere Dienste	18
V. Schluss	19

I. Einleitung

Nachrichtendienste im freiheitlichen Rechtsstaat – ein großes Thema, das schon immer wichtig war, in der kommenden Zeit aber noch bedeutsamer werden wird. Infolge der Entwicklung der Informationstechnik kommt der Einbindung der Nachrichtendienste in die demokratisch-rechtstaatlichen Strukturen unserer Ordnung eine Rolle zu, die bisher noch kaum erfasst ist – oder vielleicht auch: der sich keiner wirklich zu nähern traut, weil man fürchtet, keinen Fuß auf den Boden zu bekommen. Und doch wird sich nicht zuletzt hier die Zukunft unserer demokratisch-rechtstaatlichen Strukturen entscheiden, nämlich in der Frage, wieweit sich moderne Regierungen künftig auf ein Netz intransparenter Machtapparate mit einem umfänglichen Geheimwissen über uns

---

* Der nachfolgende Beitrag wurde vom Verfasser als Einleitungsvortrag zum 1. Symposium zum Recht der Nachrichtendienste: Kontrolle – Rechtsschutz – Kooperationen – Nachrichtendienste im demokratischen Rechtsstaat im November 2016 in Berlin gehalten. Er ist in der Vortragsform belassen.

alle stützen werden und stützen müssen, welche darüber immer mehr zu den maßgeblichen Akteuren im Hintergrund werden.

Das Thema ist abstrakt formuliert, kann aber nur in seinem konkreten Zeitbezug und hier auch nur in Blick auf die deutsche Situation aufgenommen werden. Und soll es ersichtlich auch. Denn es steht offenkundig im Zusammenhang mit der gerade auf den Weg gebrachten Reform der Nachrichtendienste, zu welcher ich mich selbstverständlich nicht äußern werde.[1] Über verfassungsrechtliche Fragen ist für einen Richter erst dann zu entscheiden, wenn sie ihm gestellt sind.

Unabhängig von dem genaueren Inhalt der Reform möchte ich aber doch betonen, dass ich es als sehr gutes Zeichen für unseren Rechtsstaat ansehe, dass hier überhaupt eine Reform mit grundlegendem Anspruch angegangen wird. Wenn hier der ernste Versuch unternommen wird, die Befugnisse unserer Nachrichtendienste klarer zu bestimmen und damit eine größere politische Verantwortung für deren Tätigkeit zu übernehmen, kann man unseren Institutionen nur Respekt bekunden. Nur wenige Staaten finden hierzu heute die Kraft. Ich kann nur wünschen, dass diese Kraft bis zum Schluss als ernster Wille zu einer rechtsstaatlichen Einhegung dieser Dienste durchhält – verbunden mit einer klareren Profilierung und damit zugleich auch Effektivierung.

Eine Reform dürfte in der Sache freilich auch erforderlich sein – wobei ich diese wie alle meine weiteren Aussagen nicht als Aussagen zu positivem Verfassungsrecht zu verstehen bitte, sondern als Erwägungen zu den sachlich-politischen Herausforderungen, vor denen die Ordnung der Nachrichtendienste heute steht. Sie ist notwendig, weil sich die Bedingungen der Aufgabenwahrnehmung der Nachrichtendienste grundlegend geändert haben.

II. Die Veränderung des Aufgabencharakters der Nachrichtendienste – ein qualitativer Sprung

Der Aufgabencharakter der Nachrichtendienste hat einen qualitativen Sprung erfahren. Seine Ursache liegt in der Informationstechnologie und damit zugleich auch in der Internationalisierung der Handlungsbedingungen der Informationsbeschaffung.

Durch die Informationstechnologie erhalten die den Nachrichtendiensten übertragenen Aufgaben eine grundlegend neue Dimension – im gemeinwohlfördernden wie im freiheitsbeeinträchtigenden Sinne. Die Beobachtung von gegen den Staat gerichteten „Bestrebungen" (wie es im Verfassungsschutzgesetz

---

[1] Gesetz zur Ausland-Ausland-Fernmeldeaufklärung des Bundesnachrichtendienstes vom 23.12.2016, BGBl. I S. 3346.

heißt²) oder die Gewinnung von sicherheitspolitisch relevanten Auslandsinformationen (wie es das Bundesnachrichtendienstgesetz erstrebt³) bekommen durch die neuen Kommunikationsmöglichkeiten ein grundlegend erweitertes Ermittlungsfeld.⁴ Durch die Ubiquität von Daten erweitern sich der potentielle Gegenstand und die in Betracht kommenden Anknüpfungspunkte für Ermittlungen kategorial. Elektronische Signale und Spuren bieten heute Schlüssel zu praktisch allen Lebensbereichen. Es dürfte kaum mehr eine uns irgend nahestehende Person geben, mit der wir uns nicht auch elektronisch austauschen, und auch unsere beruflichen wie kommerziellen Kontakte dürften praktisch alle irgendwelche elektronischen Spuren hinterlassen, oftmals unter vollständiger Abbildung des jeweiligen Geschehens. Im dichten Netz der von jeder Stelle getätigten Telefonate, Mails und ausgetauschten Nachrichten, in den Spuren von über das Internet in Anspruch genommenen Dienstleistungen und Auskünften oder im schnelllebigen Austausch über soziale Netzwerke materialisieren sich Kontakte zu elektronischen Signalen, die Zeit und Handlung ihre Flüchtigkeit nehmen. Kein größerer Einkauf mehr, der nicht hinsichtlich Gegenstand, Ort und Summe elektronisch dokumentiert ist, keine Bestellung oder in Anspruch genommene Dienstleistung, kein Arzt, keine Beratung, kein Flug oder Fernbus, in der Praxis immer weniger selbst auch nur eine Bahn- oder Autofahrt, die nicht an irgendeiner Stelle elektronisch nachvollzogen wird. Private wie öffentliche Kameras erfassen uns im öffentlichen Raum, und über unsere Smartphones und Computer lassen sich unsere Bewegungen zeitlich wie örtlich weitestgehend mit- oder zurückverfolgen. All diese Spuren erstrecken sich zunehmend auf jedermann und reichen bis in intimste Bereiche hinein. In ihrer Verselbständigung als informationstechnische Informationen können sie potentiell von Dritten erfasst, gespeichert und mit weiteren Informationen verbunden werden. Dabei erlaubt die Technik in immer weiterem Umfang, auf sie auch von außen Zugriff zu nehmen, sie zu aggregieren und miteinander abzugleichen. Als elektronisch kondensierte und damit verfügbare Spuren entschwinden sie nicht in der Unwiederholbarkeit eines kommunikativen Moments, sondern können sie gesammelt abgefangen oder ausgeforscht werden⁵ – und damit auch Gegenstand nachrichtendienstlicher Ermittlungen sein.

---

² § 3 Abs. 1 BVerfSchG.
³ § 1 Abs. 2 BNDG.
⁴ Vgl. nur: *Beuth*, Alles Wichtige zum NSA-Skandal, Stand 29.01.2016, http://www.zeit.de/digital/datenschutz/2013-10/hintergrund-nsa-skandal (Abruf: 25.05.2017); *Deiseroth* ZRP 2013, 194; *Hoffmann-Riem* JZ 2014, 53; *Lachenmann* DÖV 2016, 501, 502; *Schaar* ZfAS 2015, 447; ausführlich dazu: *Bötticher*, in: *Lange/Lanfer* (Hrsg.), Verfassungsschutz – Reformperspektiven zwischen administrativer Effektivität und demokratischer Transparenz, 2016, S. 171 ff.
⁵ *Bergt* ZD 2014, 269; *Münch* ZRP 2015, 130; *Schliesky* ZRP 2015, 56; *Weichert* ZD 2013, 251.

Es geht mir hier noch nicht um die Frage, wie die Rechtsordnung mit der Erschließung dieser Informationen umgeht, insbesondere auch nicht, wieweit sie dafür sorgt, dass die Daten wieder gelöscht werden oder wann sie welchen Zugriff auf diese erlaubt. Auch bedarf hier keiner Vertiefung, dass es technisch wie praktisch bisher doch auch nur sehr begrenzt möglich ist, die verstreuten Informationen tatsächlich zu erschließen. Bedeutend ist zunächst das ungeheure Ausmaß der unter den heutigen Bedingungen überhaupt anfallenden Daten, deren potentielle Aussagekraft die Kommunikation zwischen Tätern, aber auch eine jede Person technisch bis tief in ihr Inneres auszuleuchten erlaubt. Das Vorhandensein dieser Daten, die umfassende Vergegenständlichung von Kommunikation zu Informationen in der Form von Daten, macht diese zum potentiellen Objekt von Ermittlungen und öffnet der Aufgabe der Nachrichtendienste einen ganz neuen Horizont. Das gilt für die darin liegenden neuen Chancen ebenso wie für die darin liegenden Risiken für die Freiheit der Bürger. In Anknüpfung an die weit gefassten Aufgaben der Dienste, allgemein gegen den Staat gerichtete Bestrebungen zu beobachten und hierbei – weit im Vorfeld von konkreten Gefahren – Bedrohungsszenarien aufzuspüren[6], gibt es nunmehr Datenmaterial, das eine wesentlich genauere Beobachtung gesellschaftlicher Kommunikation und eine wesentlich weiterreichende Erschließung von Informationen erlaubt. Dies ist aus der Perspektive der Sicherheit schon deshalb wichtig, weil die Informationstechnik auch den beobachteten Gruppen weitreichende neue – insbesondere Raum und Zeit überwindende – Kooperationsmöglichkeiten ermöglicht und hierdurch erhebliche neue Gefahren schafft. Die Informationstechnik erlaubt es, Hass und Angriffe Zeit und Raum übergreifend kurzfristig zu koordinieren – und ermöglicht es, diese Spuren abzufangen und zur Sicherheit aller zu verfolgen. Freilich eröffnet es den Diensten damit zugleich, wesentlich tiefer in die Gesellschaft einzudringen und in neuem Umfang in die Freiheitssphäre der Bürger einzugreifen.

Das Potential der Nachrichtendienste hat somit heute nur noch wenig zu tun mit dem von vor 60 Jahren. Das „Sammeln von Nachrichten", wie es so scheinbar unverfänglich heißt, ist im Internetzeitalter etwas grundlegend anderes als in Zeiten, in denen Agenten durch Einzelaktionen in einem spezifisch po-

---

[6] *Gusy*, in: *Schenke/Graulich/Ruthig* (Hrsg.), Sicherheitsrecht des Bundes, 2014, § 1 BNDG Rn. 34 ff.; *Roth*, in: *Schenke/Graulich/Ruthig* (Hrsg.), Sicherheitsrecht des Bundes, 2014, § 1 BVerfSchG Rn. 10 und §§ 3,4 BVerfSchG Rn. 87; *Papier*, Gutachtliche Stellungnahme in der Anhörung des NSA-Untersuchungsausschusses, Mai 2014, https://www.bundestag.de/blob/280842/9f755b0c53866c7a95c38428e262ae98/mat_a_sv-2-2-pdf-data.pdf (Abruf: 25.05.2017), S. 5; *Pieroth/Schlink/Kniesel/Kingreen/Poscher*, Polizei- und Ordnungsrecht, 9. Aufl. 2016, § 2 Rn. 18; *Rux* JZ 2007, 285, 287; Deutscher Anwaltsverein, Stellungnahme des Deutschen Anwaltvereins durch die Taskforce „Reformbedarf Nachrichtendienste" zur Reform der Nachrichtendienste, Nr. 47/2015 vom September 2015, https://anwaltverein.de/de/newsroom/sn-47-15-reformbedarf-nachrichtendienste?file=files/anwaltverein.de/downloads/newsroom/stellungnahmen/2015/DAV-SN_47_15.pdf (Abruf: 25.05.2017), S. 4.

litischen Milieu an brisante Informationen heranzukommen suchten und hierfür Fangschaltungen einrichteten oder Briefe abfingen. Während früher von vornherein nur spezifisch fokussierte, offensichtlich für die Ordnung insgesamt bedrohliche „Bestrebungen" beobachtet werden konnten, kann nun – je nach Befugnis, Ausstattung und Fähigkeit – theoretisch annähernd jede Bewegung jedes Bürgers rekonstruiert werden.

Die Aufgabenwahrnehmung der Dienste hat damit eine grundlegend neue Bedeutung. Sie wirkt auf ihre Stellung materiellrechtlich wie institutionell zurück – was auch an ihrem Budget, ihrer Präsenz in den Medien bis hin zu ihren Räumlichkeiten erkennbar wird.[7] Von daher scheint es angezeigt, auch die Herausforderungen an ihre rechtsstaatliche Einhebung neu zu bedenken.[8]

III. Herausforderungen nach Innen

1. Ausgestaltung der Befugnisse

Angesichts dieser veränderten Rahmenbedingungen verändert sich – erstens – die rechtsstaatliche Bedeutung und Reichweite der den Diensten eingeräumten Befugnisse. Schon die Telekommunikationsüberwachung ist heute, wo jeder jeden Augenblick telefoniert, etwas anderes als zu der Zeit, als dies nur gegen viel Geld von zu Hause aus oder aus einer Telefonzelle möglich war. Erst recht wird die neue Dimension der Befugnisse für die Freiheit der Bürger sichtbar, wenn man die weiteren, zum Teil auch neuen Überwachungsbefugnisse wie die Telekommunikationsverkehrsdatenerhebung, die Onlinedurchsuchung oder auch den Einsatz von immer verfeinerten technischen Mitteln bei der Observation – von Kleinstgeräten zur Ton- und Bildaufnahme über Peilsendern bis zu Drohnen – hinzunimmt. Die heute erschließbaren Informationen reichen äußerst weit.

Selbstverständlich brauchen die Sicherheitsbehörden solche Befugnisse und brauchen sie weitreichende Informationen. Den neuen Kommunikationsmöglichkeiten entspringen auch neue Gefahren, wie nicht zuletzt der Terrorismus

---

[7] Übergabe der neuen BND-Zentrale im Nov. 2016, Baukosten ca. 1 Mrd. €, vgl. Berliner Zeitung/DPA vom 01.12.2016, http://www.bz-berlin.de/berlin/mitte/neue-bnd-zentrale-in-berlin-an-bauherren-uebergeben (Abruf: 25.05.2017); *Meister*, Projekt „ANISKI": Wie der BND mit 150 Millionen Euro Messenger wie WhatsApp entschlüsseln will (Update), vom 29.11.2016, https://netzpolitik.org/2016/projekt-aniski-wie-der-bnd-mit-150-millionen-euro-messenger-wie-whatsapp-entschluesseln-will/ (Abruf: 25.05.1017).
[8] Vgl. aus jüngerer Zeit hierzu: *Bäcker*, Der BND baut sich einen rechtsfreien Raum: Erkenntnisse aus dem NSA-Untersuchungsausschuss, VerfBlog vom 19.01.2015, http://verfassungsblog.de/der-bnd-baut-sich-einen-rechtsfreien-raum-erkenntnisse-aus-dem-nsa-untersuchungsausschuss/ (Abruf: 25.05.2017); *Lachenmann* DÖV 2016, 501; *Tinnefeld* ZD 2013, 581; Deutscher Anwaltsverein (Fn. 6), S. 4 ff.

dramatisch zeigt, aber auch in anderen Bedrohungen des Gemeinwesens sichtbar wird. Das Bundesverfassungsgericht hat den Sicherheitsbehörden denn bisher auch noch nie ein Aufklärungsinstrument gänzlich aus der Hand geschlagen – obwohl das Aufklärungspotential der heutigen Befugnisse gerade in ihrer Kombination im Einzelfall durchaus in Konflikt mit dem verfassungsrechtlich verbürgten Schutz vor einer Totalüberwachung[9] geraten kann. Freilich wird es angesichts der in der Informationsgesellschaft anfallenden Daten und der zu ihrer Erschließung bereitgestellten Instrumente immer schwerer zu verhindern, dass über einen Zugriff auf die vielfältig vorhandenen Datenspuren in der Gesellschaft letztlich doch eine „Rekonstruierbarkeit praktisch aller Aktivitäten der Bürger" eröffnet wird. Das Bundesverfassungsgericht hat dies als absolute Grenze bezeichnet, deren Überschreitung mit dem Kern des Rechtsstaats und der Identität der Verfassung nicht vereinbar wäre.[10]

Es ist hier nicht der Ort, die fachrechtlichen oder verfassungsrechtlichen Instrumente, die dies verhindern sollen, näher in den Blick zu nehmen. Sie umfassen unter dem Grundsatz der Datensparsamkeit Anforderungen an die Datenverarbeitung vor allem auch schon Privater[11] und setzen staatlichen Vorschriften, die eine Datenbevorratung erstreben, enge Grenzen, um so schon die verfügbaren Daten selbst zu begrenzen[12]. Auf der Ebene der Datenerhebungsbefugnisse der Sicherheitsbehörden korrespondieren dem differenzierte Begrenzungen der Datenerhebung, wie insbesondere durch Anforderungen zu den erforderlichen Eingriffsschwellen und den zu schützenden Rechtsgütern sowie an einen wirksamen Kernbereichsschutz.[13]

Festzuhalten ist hier aber, dass die von der Rechtsprechung entwickelten Grenzen für den Einsatz eingriffsintensiver Befugnisse auch für die Nachrichtendienste gelten.[14] Das hat für sie spezifische Konsequenzen. Denn im Ergebnis bedeutet das, dass diese Befugnisse nicht im gesamten Umfang der bewusst sehr allgemein und weit gefassten Aufgaben der Dienste einsetzbar sind. Die Rechtsprechung hat den Einsatz eingriffsintensiver Maßnahmen auch für die Nachrichtendienste unter die Voraussetzung hinreichender Anhaltspunkte für eine konkretisierte Gefährdungslage gestellt, sodass sie nicht allgemein zu Verdachtsgenerierung genutzt werden können. Entsprechend stellt die Rechtsprechung deren Befugnisse zunehmend auch unter die gleichen Bestimmt-

---

[9] BVerfG, Urt. v. 20.04.2016 – 1 BVR 966/09 u.a. Rn. 120, 123 ff.; BVerfGE 109, 279, 313.
[10] Vgl. auch BVerfGE 125, 260, 323 f.
[11] Vgl. etwa *Scholz*, in: *Simitis* (Hrsg.), BDSG Kommentar, 8. Aufl. 2014, § 3a; *Frenzel*, in: *Paal/Pauly* (Hrsg.), Datenschutz Grundverordnung, 2017, Art. 5 Rn. 34 ff.
[12] BVerfGE 125, 260, 317; vgl. auch 130, 151, 187.
[13] BVerfG, Urt. v. 20.04.2016 (Fn. 9), Rn. 104 ff., 119–121.
[14] Vgl. explizit: BVerfGE 120, 274, 329 f.; 125, 260, 331 f.; sowie im Weiteren dann allgemein BVerfGE 130, 151, 178 ff.; 133, 277, 320 ff. Rn. 105 ff.; i.Ü. schon BVerfGE 100, 313, 358 ff.

heitsanforderungen, die auch sonst für die Sicherheitsbehörden gelten.[15] Aus rechtsstaatlichen Gründen können eingriffsintensive Überwachungsmaßnahmen nur für hinreichend zielgenaue Aufklärungsmaßnahmen genutzt werden – das freiheitsbeschränkende Potential von Überwachungsmaßnahmen, gerade angesichts der heutigen Datenmengen, soll damit abgefangen werden.

Für die Aufgabenwahrnehmung der Nachrichtendienste, deren Aufgaben schon in der Beobachtung von gegen den Staat gerichteten Bestrebungen oder in der Gewinnung von relevanten Auslandserkenntnissen liegen und damit – in Abgrenzung zu den Aufgaben der Polizei – gerade auch auf eine Aufklärung im Vorfeld von konkreten Gefahren zielen, bedeutet das, dass der Rückgriff auf diese Befugnisse für einen wesentlichen Teil der Aufgabenwahrnehmung nicht in Betracht kommt.[16] Hierin liegt eine strukturelle Begrenzung. Sie schafft anspruchsvolle Herausforderungen für die Fokussierung und Gliederung der Aufgabenwahrnehmung wie auch eine adäquat abgestimmte Zusammenarbeit mit den anderen Sicherheitsbehörden. Sie schafft damit aber auch eine Chance.

2. Aufgabenabgrenzung gegenüber der Polizei

Die geänderten Handlungsbedingungen der Nachrichtendienste wirken auch auf die Abgrenzung ihrer Aufgaben untereinander, vor allem aber auch gegenüber der Polizei zurück.[17] Angesichts der Ubiquität der Daten und des damit kategorial erweiterten Beobachtungsspektrums der Dienste sowie angesichts der Angleichung der Eingriffsvoraussetzungen für eingriffsintensive Überwachungsmaßnahmen besteht ein erheblicher Sog, für besonders gefährliche Delikte letztlich auch polizeiliche Aufgaben wahrzunehmen.

Mit einem weitreichenden Beobachtungsmandat versehen und dann mit Befugnissen ausgestattet, die gegebenenfalls den Zugriff auf die vielfältig aussagekräftigen Daten der Informationsgesellschaft ermöglichen und darüber immer weniger auf Beschlagnahmen oder Zeugenaussagen verwiesen sind, liegt es nicht fern, Ermittlungen dort, wo man selbst auf Spuren gestoßen ist, auch selbst zu Ende zu bringen, also Hinweisen auf sonstige Delikte der schweren Kriminalität selbst nachzugehen. Dies gilt umso mehr, wenn hier besondere Erfahrungen bei dem Einsatz bestimmter Überwachungsbefugnisse bestehen.

Der geltenden Kompetenzordnung und der sich hieraus ergebenden Abgrenzung zwischen den polizeilichen und den nachrichtendienstlichen Aufgaben entspricht das nicht: Den Nachrichtendiensten obliegt es, im Vorfeld von Gefahren Informationen zu sammeln, um unabhängig vom polizeilich-operativen Geschäft Lageerkenntnisse über bedrohliche Bestrebungen zu gewinnen oder

---

[15] Kritisch zur Bestimmtheit der jüngsten Änderungen des BVerfSchG: *Roggan/Hammer* NJW 2016, 3063, 3064 f.
[16] So schon BVerfGE 120, 274, 330 f.
[17] Vgl. hierzu BVerfGE 133, 277, 319 f. Rn. 100 ff.

allgemeine Erkenntnisse von außen- oder sicherheitspolitischer Bedeutung zu erlangen. Das schließt nicht aus, dass die Dienste durch die Verbreitung von Informationen oder Gefährderansprache im Einzelfall auch selbst gefahrenabwehrende Maßnahmen treffen. Jedoch ist es grundsätzlich nicht ihre Aufgabe, bekanntwerdende Einzeltaten auszuermitteln und zur Anklage zu bringen. Die Nachrichtendienste sind weder eine auf die IT-Aufklärung spezialisierte Geheimpolizei, noch eine Terrorismuspolizei. Wenn bei Anhaltspunkten für konkrete Gefahren durch sie und nicht durch die Polizei ermittelt wird, bedarf das einer besonderen Begründung.

Auch in dieser Aufgabenabgrenzung dürften freilich Fragen für die Zukunft liegen. Dabei geht es nicht allein um die Frage effizienter Kompetenzabgrenzung, sondern auch um die rechtsstaatliche Strukturierung des Anlasses von Ermittlungen: Die Polizei ermittelt nur auf einen aus sich heraus ans Licht tretenden Anlass hin – eine konkrete Gefahr, eine Tat oder ein Tatverdacht. Demgegenüber erwächst die Ermittlung der Nachrichtendienste aus einer anlasslosen und im Grundsatz verdeckten Beobachtung von allgemeinen gegen den Staat gerichteten Bewegungen – durchgeführt mit nachrichtendienstlichen Mitteln.[18] Diese Unterschiede sollten nicht unbedacht übergangen und generell aufgehoben werden. Nach der Rechtsprechung hat dieser Unterschied vielmehr auch Konsequenzen für den Datenaustausch.[19]

3. Gestaltung der Übermittlungsbefugnisse

An letzter Bemerkung anknüpfend sei an dieser Stelle die Gestaltung der Übermittlungsbefugnisse als Herausforderung für eine tragfähige Regelung der Handlungsbedingungen der Nachrichtendienste genannt. Die Aufklärungsmöglichkeiten im Informationszeitalter und die hieran anknüpfende enge Verzahnung der Arbeit der Nachrichtendienste mit denen der anderen Sicherheitsbehörden erfordern auch hier, der neuen Stellung der Nachrichtendienste genauer Rechnung zu tragen. Anknüpfend an die verschiedenen Aufgaben und Befugnisse hat das Bundesverfassungsgericht in Konkretisierung des Grundsatzes der Zweckbindung für die Anforderungen in den Austausch von Daten zwischen Behörden zu diesem Problem inzwischen sehr klare Kriterien entwickelt.[20] Es sei betont, dass diese auf einer langen Rechtsprechung beruhen.[21]

---

[18] *Bergemann*, in: *Lisken/Denninger* (Begr./Hrsg.), Handbuch des Polizeirechts, 5. Auflage 2012, Kapitel H Rn. 77 ff.; *Gusy*, in: *Schenke/Graulich/Ruthig* (Fn. 6), § 3 BNDG; *Roth*, in: *Schenke/Graulich/Ruthig* (Fn. 6), § 1 BVerSchG Rn. 10 und §§ 3,4 BVerfSchG Rn. 87; *Pieroth/Schlink/Kniesel/Kingreen/Poscher* (Fn. 6), § 2 Rn. 18; *Roggan/Hammer* NJW 2016, 3063, 3064.
[19] BVerfGE 133, 277, 322 ff. Rn. 111 f.; so auch: *Kutscha* NVwZ 2013, 324, 325.
[20] BVerfG, Urt. v. 20.04.2016 (Fn. 9), Rn. 276 ff., 282.
[21] Vgl. BVerfGE 65, 1, 51, 62; 100, 313, 360 f., 389 f.; 109, 279, 375 ff.; 110, 33, 73; 120, 351, 368 f.; 125, 260, 333; 130, 1, 33 f.; 133, 277, 372 ff. Rn. 225 f.

Bei verständiger Lektüre dürfte der Gesetzgeber hier ein verlässliches Fundament für eine verfassungsmäßige Ausgestaltung solcher Befugnisse finden. Es sei hier nur am Rande angemerkt, dass die zum Teil insoweit kritisch aufgenommene Entscheidung zum Bundeskriminalamtsgesetz, in der diese Bedingungen nun genauer ausbuchstabiert sind, nicht mehr ist als eine – im Übrigen abmildernde – Konkretisierung dieser Rechtsprechung; auch sei darauf hingewiesen, dass die diesbezüglichen Passagen nicht zu denen gehören, für die wie für andere Einzelpunkte in den Entscheidungsgründen darauf hingewiesen wird, dass sie mit drei Gegenstimmen ergangen sind.[22]

4. Fragen der föderalen Kompetenzordnung

Das gewachsene institutionelle Gewicht der Nachrichtendienste in der Informationsgesellschaft führt weiterhin auch zu föderalen Herausforderungen. Föderale Anfechtungen folgen zunächst wiederum aus den Abgrenzungsschwierigkeiten zu den polizeilichen Aufgaben: Die Gefahrenabwehr ist grundsätzlich nicht Sache des Bundes, sondern der Länder (– sieht man von der Zuständigkeit des Bundeskriminalamts für die Bekämpfung des internationalen Terrorismus ab). Ein Verständnis der Aufgabenwahrnehmung der Dienste als ausgelagerte Teilfunktion der Polizei stößt sich so – jedenfalls nach geltendem Verfassungsrecht – schon an der Kompetenzordnung des Grundgesetzes[23]. Und jedenfalls gilt: Je mehr sich die Aufgabenwahrnehmung der Dienste denen der Polizei anverwandelt und je mehr diese zur Gefahrenabwehr beitragen, desto mehr verschieben sich Aufgaben der Länder auf den Bund.

Für das Bundesamt für Verfassungsschutz kommt ein weiteres Problem hinzu. Die Verfassung beschränkt seine Aufgaben auf die Funktion einer „Zentralstelle".[24] Was das im Einzelnen bedeutet, ist zwar weithin ungeklärt.[25] Aber jedenfalls ergeben sich hieraus Grenzen, die nicht beliebig verschoben werden können. Wenn man dieses nicht schon auf Verfassungsebene ändert, liegt auch hierin eine Herausforderung für eine durchdachte Konzeption des Miteinanders mit den Landesämtern für Verfassungsschutz. Es wäre sicher erstrebenswert, dieses zunächst politisch zu klären und nicht dem Bundesverfassungsgericht zuzuschieben.

---

[22] Die Übermittlungsbefugnisse sind hier nicht genannt, vgl. BVerfG, Urt. v. 20.04.2016 (Fn. 9), Rn. 359; das Sondervotum des Richters Schluckebier erhebt auch in diesem Punkt Bedenken, vgl. Rn. 19 ff.
[23] *Bäcker*, Kriminalpräventionsrecht, 2015, S. 247 ff.; *ders.* DÖV 2011, 840, insb. S. 842; *ders.*, Terrorismusabwehr durch das Bundeskriminalamt, 2009, S. 31 ff.
[24] Vgl. Art. 73 Abs. 1 Nr. 10 GG, Art. 87 Abs. 1 S. 2 GG.
[25] *Bäcker* DÖV 2011, 840, 843 f.; *Hermes*, in: *Dreier* (Hrsg.), Grundgesetz, 2. Aufl. 2008, Art. 87 Rn. 47 ff.; *Sachs*, in: *ders.* (Hrsg.), Grundgesetz, 7. Aufl. 2014, Art. 87 Rn. 43.

5. Ausbau der Kontrolle

Die gesteigerte Reichweite der Arbeit der Nachrichtendienste führt – fünftens, und von besonderer Bedeutung – zu einem höheren Kontrollbedarf. Eine wirksame Kontrolle muss der institutionell grundlegend veränderten Stellung der Nachrichtendienste, die ihnen heute durch das Gewicht ihrer Aufgaben zukommt, Rechnung tragen.[26]

Das verlangt zum einen eine substantielle Rückkopplung der Dienste an die politisch verantwortliche Regierung. Es spricht viel dafür, dass die Grundentscheidungen der Aufgabenwahrnehmung – möglicherweise etwa auch, in welchen Ländern und in Blick worauf Aufklärung betrieben wird – von der Regierung auf der Grundlage von hinreichenden Informationen selbst und hinreichend aktualisiert entschieden werden muss. Eine solche intensive Rückkopplung zwischen politischer Leitung und der Arbeit der Behörden entspricht nicht nur einer demokratischen Rückkoppelung der Dienste, sondern auch ihrem Aufgabenprofil, das vor allem in der politischen Information der Regierung liegt.

Zum anderen bedarf es sowohl einer wirksamen politischen, wie auch einer kompetenten fachlichen Kontrolle. Für die Gestaltung dieser Kontrollen lassen sich viele Ausgestaltungen denken, wobei jedenfalls auch dem Parlament eine wichtige Rolle zukommen muss. Von Bedeutung dürfte vor allem sein, dass die Kontrollinstanzen sowohl von den Befugnissen her als auch sächlich machtvoll ausgestattet sind, sodass sie kompetent und eigenständig die Arbeit der Dienste kontrollieren können. Einer Steigerung des Budgets der Dienste sollte insofern grundsätzlich auch eine Steigerung des Budgets der Kontrollinstanzen entsprechen. Auch lässt sich etwa überlegen, ob Kontrollbefugnisse – wie Zugangsrechte oder Auskunftsansprüche – gerichtlich durchsetzbar ausgestaltet sein sollten. Sicher kann die Kontrolle selbst nicht im Wesentlichen an Gerichte delegiert werden. Das hindert aber nicht darüber nachzudenken, ob dann nicht zumindest Kontrollbefugnisse ihrerseits durch Klage- und Antragsbefugnisse wirksam unterstützt werden können,[27] um nicht zahnlos zu werden.

Wichtige Weichenstellungen liegen auch darin, wie die Kontrollinstanzen ihrer institutionellen Logik nach ausgestaltet sind. Wichtig dürfte jedenfalls sein, eine Instanz zu etablieren, die von einer freiheitsbezogenen Außenperspektive bestimmt ist. Ergänzend könnte aber durchaus auch förderlich sein, daneben eine Kontrolle mit Erfahrungen aus der sicherheitsbezogenen Innenperspektive

---

[26] Vgl. BT-Drs. 16/12412 vom 24.03.2009, S. 4; *Gusy*, Grundrechte und Verfassungsschutz, 2011, S. 121 ff.

[27] So ließen sich fehlende Klagebefugnisse, wie es sich mit Blick auf ein Verfahren vor dem Bundesverfassungsgericht für die G10-Kommission etwa daraus ergab, dass es sich bei ihr nicht um ein Verfassungsorgan handelte (vgl. BVerfG, Beschl. v. 20.09.2016 – 2 BvE 5/15), einfachrechtlich – möglicherweise bezogen auf eine fachgerichtliche Kontrolle – schaffen; so auch: *Deiseroth* ZRP 2013, 194, 196; *Lachenmann* DÖV 2016, 501, 506 f.

(und damit entsprechend internen Kenntnissen) zu installieren. Dass dabei eine der großen Herausforderungen darin liegt, wirksame Kontrollrechte mit effektiven Geheimschutzvorkehrungen zu verbinden, liegt auf der Hand.[28]

6. Anforderungen an Transparenz

Damit sind wir bei den Herausforderungen an die Transparenz[29]. Weil die Sammlung von Informationen heute potentiell eine ganz andere Aussagekraft erlangen kann als noch vor 15 Jahren, liegt auch hier eine große Herausforderung – gerade für die Nachrichtendienste. Auch diesbezüglich muss ich mich auf einige Grundgedanken beschränken: Nachrichtendienste arbeiten geheim und müssen dies. Der Umfang der Geheimhaltung muss jedoch offen und klar gesetzlich definiert sein: Es bedarf einer Transparenz der Intransparenz. Dass und welche geheimen Befugnisse die Dienste haben, muss unzweideutig demokratisch festgelegt und für die Öffentlichkeit erkennbar sein. Nur so lässt sich einer tieferen Verunsicherung der Bürger entgegenwirken, die die Freiheitlichkeit des Gemeinwesens nachhaltig beeinträchtigen kann. Dem Gefühl, jeder könne potentiell der geheimdienstlichen Beobachtung ausgesetzt sein, muss durch möglichst klare Regeln entgegengewirkt werden.

Natürlich ist es aus Sicht der Dienste wünschenswert, wenn möglichst wenig überhaupt über ihre Befugnisse und ihre tatsächlichen Möglichkeiten bekannt ist. Auch diesen Rahmen selbst schon geheim zu halten, ist jedoch im demokratischen Rechtsstaat nicht möglich – jedenfalls nicht mehr unter den heutigen Möglichkeiten der Informationstechnik. Geheimhaltung ist gerechtfertigt, soweit dies für die konkrete Aufgabenwahrnehmung geboten ist – und das reicht auch weit. Sie lässt sich aber nicht für die Rahmenbedingungen der Aufgabenwahrnehmung reklamieren.

Das gilt auch für Beanstandungen der Kontrollinstanzen. Selbstverständlich müssen diese einerseits zur Verschwiegenheit verpflichtet sein und dürfen Monita zu konkreten Erkenntnissen nicht in die Öffentlichkeit tragen. Es ist ein bedenklicher Missstand, dass es kaum gelingt, solche Geheimhaltung auch nur für den Regelfall wirksam zu gewährleisten. Jeder, der hier Informationen durchsticht, muss wissen, dass er mit solch scheinbar aufklärerischem Gestus in der Sache das Vertrauen und damit die Möglichkeit wirksamer Kontrolle schon institutionell unterhöhlt. Es muss hier politisch wie rechtlich an der Etablierung einer strikteren Geheimhaltungskultur gearbeitet werden – die dann auch eine

---

[28] Grundlegend dazu: *Bull* DÖV 2008, 751.
[29] Vgl. hierzu: *Bäcker*, in: *Dreier/Fischer/van Raay/Spiecker gen. Döhmann* (Hrsg.), Informationen der öffentlichen Hand – Zugang und Nutzung, 2016, S. 229 ff.; *Bergt* ZD 2014, 269; *Gusy* ZRP 2008, 36; *Petri* ZD 2013, 557; *Pfahl-Traughber*, in: *Lange/Lanfer* (Hrsg.), Verfassungsschutz – Reformperspektiven zwischen administrativer Effektivität und demokratischer Transparenz, 2016, S. 101 ff.; Deutscher Anwaltsverein, (Fn. 6), S. 4 ff.

vorbehaltslose und uneingeschränkte Offenlegungspflicht aller Informationen gegenüber den Kontrollgremien leichter macht.

Gerade parlamentarische Kontrollinstitutionen geraten damit freilich in eine in sich widersprüchliche Lage – ist doch die Anprangerung in der Öffentlichkeit das ihnen eigene, maßgebliche Sanktionsinstrument. Man wird insoweit darüber nachdenken müssen, den Kontrollinstanzen wenigstens das – eventuell verfahrensrechtlich eingeschränkte – Recht einzuräumen, jedenfalls in abstrahierter, die konkrete Aufgabenwahrnehmung nicht beeinträchtigender Weise etwaige Missstände dem Parlament und der Öffentlichkeit mitzuteilen.[30] Soll Kontrolle eine Bedeutung haben, ist schwer vorstellbar, dass unliebsame Ergebnisse wie im Märchen als Geheimnis des Königs gehandelt werden müssen, die nur in ein Loch im Wald gerufen werden dürfen.

IV. Herausforderungen nach Außen

Schon die bisher genannten Gesichtspunkte sind komplex. Und dennoch sind damit ganz besonders große Herausforderungen noch gar nicht erfasst: Die Herausforderungen in der Perspektive nach Außen: Was dürfen die Dienste im Ausland und wieweit dürfen sie mit ausländischen Diensten zusammenarbeiten? Jedenfalls die erste Frage betrifft vor allem den Bundesnachrichtendienst.

1. Die Grundfrage nach Macht und Recht

In grundlegender Weise stellt sich hier zunächst in neuer Weise die Frage nach dem Verhältnis von Macht und Recht: Die Gewinnung von Erkenntnissen über das Ausland entscheidet über Macht und Einfluss eines Staats im internationalen Konzert der politischen Beziehungen. Kein Staat hat hieraus für die Sammlung und Verarbeitung von Daten so machtvoll die Konsequenz gezogen wie die USA,[31] und keine Großmacht – schon gar nicht Russland oder China – wird auf solche Macht freiwillig in substantiellem Umfang verzichten.

---

[30] Ähnlich: *Gusy* (Fn. 26), S. 131 f.; *Pfahl-Traughber*, in: *Lange/Lanfer* (Fn. 29), S. 112 f.

[31] So sollen die US-Geheimdienste laut Whistleblower Edward Snowden im Jahr 2013 ein geheimes Budget von $ 52,6 Mrd. gehabt haben, vgl. *Gellmann/Miller*, ‚Black budget' summary details U.S. spy network's successes, failures and objectives, vom 29.08.2013, https://www.washingtonpost.com/world/national-security/black-budget-summary-details-us-spy-networks-successes-failures-and-objectives/2013/08/29/7e57bb78-10ab-11e3-8cdd-bcdc09410972_story.html?utm_term=.3117012ef27e (Abruf: 25.05.2017); vgl. zudem exemplarisch: *Kurz*, Ein paar Milliarden mehr dürften es schon sein, vom 11.07.2014, http://www.faz.net/aktuell/feuilleton/aus-dem-maschinenraum/budgets-der-geheimdienste-ein-paar-milliarden-mehr-duerften-es-schon-sein-13038842.html (Abruf: 25.05.2017); SZ, US-Post fotografiert offenbar Milliarden Briefsendungen, vom 04.07.2013, http://www.sueddeutsche.de/politik/datensammeln-us-post-fotografiert-offenbar-milliarden-briefsendungen-1.1712246 (Abruf: 25.05.2017).

Dabei sollte man sich keine Illusionen machen: Es geht hier nicht allein um die Wahrung von Sicherheit und außenpolitischer Unabhängigkeit, sondern um die Durchsetzung von Interessen allgemein, auch um die Durchsetzung von wirtschaftspolitischen und sonstigen Standortinteressen, für die die Dienste jedenfalls vieler Länder zweifelsohne genutzt werden.[32] Es reicht, auf die Einmischung Russlands in den amerikanischen Wahlkampf zu verweisen.[33] Man sieht nirgends deutlicher als hier, welch großes, grundlegend geändertes Gewicht den Nachrichtendiensten unter den Bedingungen der Informationsgesellschaft zukommt. Es steht dem des Militärs möglicherweise wenig nach.

Es stellt sich hier die Frage, ob das Recht angesichts dieser Lage kapitulieren muss. Wenn man die Idee des Verfassungsstaats ernst nimmt, wird man das kaum vertreten können. Vielmehr stellt sich das Problem, Lösungen zu finden, die den eigenen Legitimationsgrundlagen treu bleiben, aber trotzdem eine angemessene Selbstbehauptung erlauben. Dabei ist freilich klar: Jede rechtsstaatliche Begrenzung kann im Einzelfall die eigene Position schwächen. Das gilt jedoch für viele andere rechtsstaatliche Beschränkungen im internationalen Verkehr sonst auch. Vielleicht kann der Versuch einer gewissen innerstaatlichen Einhegung der Befugnisse ein Impuls sein, hier mittelfristig internationale Entwicklungen anzustoßen, die anders nicht zu erwarten sind. Man darf hierbei freilich nicht realitätsblind und naiv sein.

2. Reichweite der Grundrechtsgeltung im Ausland

Die zentrale verfassungsrechtliche Frage steht wie ein Elefant Raum und wir können sie weder ignorieren, noch an ihr vorbeikommen: Wieweit binden die Grundrechte die öffentliche Gewalt auch dann, wenn diese im Ausland handelt? Die Frage ist noch wenig geklärt[34] und von großer Tragweite – auch über die Aufklärungsmaßnahmen der Nachrichtendienste hinaus.

---

[32] Vgl. *Mascolo*, Wie aus dem Kampf gegen den Terror Wirtschaftsspionage wurde, vom 24.04.2015, http://www.sueddeutsche.de/politik/die-neue-bnd-affaere-ein-foul-mit-folgen-1.2448810 (Abruf: 25.05.2017); *Soldt*, Deutsche Technik, made in China, vom 11.08.2015, http://www.faz.net/aktuell/politik/inland/wirtschaftsspionage-in-deutschen-unternehmen-13739285.html (Abruf : 25.05.2017).

[33] Vgl. dazu Intelligence Community Assessment, Background to „Assessing Russian Activities and Intentions in Recent US Elections": The Analytic Process and Cyber Incident Attribution, vom 06.01.2017, https://www.dni.gov/files/documents/ICA_2017_01.pdf (Abruf: 25.05.2017); *Entous/Nakashima/Miller*, Secret CIA assessment says Russia was trying to help Trump win White House, vom 09.12.2016, https://www.washingtonpost.com/world/national-security/obama-orders-review-of-russian-hacking-during-presidential-campaign/2016/12/09/31d6b300-be2a-11e6-94ac-3d324840106c_story.html?postshare=6871481330663871&tid=ss_tw&utm_term=.087d2dff82b1 (Abruf: 25.05.2017); *Kurz*, Amerikas Geheimdienste munkeln, vom 09.01.2017, http://www.faz.net/aktuell/feuilleton/manipulation-der-us-wahl-beweise-gegen-russland-sind-mickrig-14610080.html (Abruf: 25.05.2017).

[34] Vgl. zur exterritorialen Grundrechtsbindung allgemein: *Dreier*, in: ders. (Hrsg.)

Dieser Beitrag kann hierauf keine Antwort geben. Es kommt hier eine sehr verantwortungsvolle Aufgabe auf uns, und dabei insbesondere die Verfassungsgerichte zu, wobei gerade in dieser Frage ein Zusammenwirken mit den europäischen Gerichten von großer Bedeutung sein wird. Der EGMR tastet sich hier bereits voran.[35] Jedenfalls sind die Probleme vielschichtig. Dabei wird man auf der einen Seite kaum vertreten können, dass deutsche Amtsträger im Ausland von jeder Grundrechtsbindung freigestellt sind. Dass etwa menschenrechtswidrige Verhörmethoden deutscher Beamter im Ausland unter Freistellung von jedweder Grundrechtsbindung praktiziert werden könnten, ist schwer vorstellbar. Es wäre auch ein merkwürdiges Ergebnis, wenn Staaten, die sich – geleitet von der universellen Idee der Menschrechte – in verschiedenen Konventionen auf gemeinsame Grundrechtsstandards verpflichtet haben, diese dann von ihren Amtsträgern jeweils nur gegenüber den Bürgern im Inland einfordern wollten. Anderseits ist es aber auch schwer vorstellbar, dass alle verfahrensrechtlichen Ableitungen aus den Grundrechten bis hin zu Benachrichtigungspflichten nach Überwachungsmaßnahmen unverändert auch bei Maßnahmen im Ausland Geltung beanspruchen. Wie hier ein Grundrechtsschutz bei grenzüberschreitenden Aktivitäten gestaltet sein kann und muss, ist sicher eine der größten rechtlichen Herausforderungen der Internationalisierung. Es spiegelt sich hierin das Grundproblem der Globalisierung: Von den technischen Möglichkeiten und Wirkungsverflechtungen unserer Handlungsoptionen her ist der Globus zum Dorf geworden; wir handeln längst nicht mehr nur mit Wirkung im Inland. Politisch, gesellschaftlich und mental indes trennen die verschiedenen Welten nach wie vor Wüsten und Meere – und in der Überlagerung dieser Welten wird Handlungsorientierung schwierig. Auch wenn die Frage solcher externen Grundrechtswirkungen letztlich bei den Gerichten landen wird, wäre

---

Grundgesetz, 3. Aufl. 2013, Art. 1 Rn. 44 ff.; *Höfling*, in: *Sachs* (Hrsg.), Grundgesetz, 7. Aufl. 2014, Art. 1 Rn. 88 f.; vgl. zu Geheimdiensten und Art. 10 GG im Besonderen: *Bäcker* (Fn. 8); *ders.*, Erhebung, Bevorratung und Übermittlung von Telekommunikationsdaten durch die Nachrichtendienste des Bundes – Stellungnahme zur Anhörung des NSA-Untersuchungsausschusses am 22. Mai 2014, https://www.bundestag.de/blob/280844/35ec929cf03c4f60bc70fc8ef404c5cc/mat_a_sv-2-3-pdf-data.pdf (Abruf: 25.05.2017), S. 16 ff.; *Gärditz* Die Verwaltung 48 (2015), 463; *Hoffmann-Riem* JZ 2014, 53, 55 f.; *Hölscheidt* JURA 2017, 148, 150 ff.; *Kastler*, Föderaler Rechtsschutz – Personenbezogene Daten in einem Raum der Freiheit, der Sicherheit und des Rechts, 2017, S. 115 ff.; *Papier* NVwZ 2016, 1057; *Proelss/Daum* AöR 141 (2016), 373.

[35] Vgl. EGMR, Beschl. v. 26.05.1975, Nr. 6780/74 – *Zypern v. Türkei*; EGMR, Urt. v. 23.03.1995, Nr. 15318/89 – *Loizidou v. Türkei*; EGMR, Urt. v. 10.05.2001, Nr. 25781/94 – *Zypern v. Türkei*; EGMR, Urt. v. 12.12.2001, Nr. 52207/99 – *Bankovic et al. v. Belgien et al.*; EGMR, Urt. v. 07.07.2011, Nr. 55721/07 – *Al-Skeini et al. v. UK*; EGMR, Urt. v. 02.03.2010, Nr. 61498/08 – *Al-Saadoon und Mufdhi v. UK*; EGMR, Urt. v. 20.11.2014, Nr. 47708/08 – *Jaloud v. Niederlande*; EGMR, Urt. v. 16.09.2014, Nr. 29750/09 – *Hassan v. UK*; dazu: *Kastler* (Fn. 34), S. 128 ff.; *Peters* AVR 48 (2010), 1.

es sachgerecht, wenn hier ein konzeptionell durchdrungener Entwurf zunächst im politischen Raum erarbeitet würde.

3. Zusammenarbeit der Dienste

In unmittelbarer Anknüpfung an das Problem der Grundrechtsbindung bei eigenen Aktivitäten im Ausland stellt sich umgekehrt die Frage nach dem Umgang mit nachrichtendienstlichen Aktivitäten anderer Länder im Inland. Das berührt nicht nur die Abwehr von ersichtlich gegen die Bundesrepublik gerichteten ausländischen Aktivitäten, die in das klassische Aufgabenspektrum der deutschen Nachrichtendienste fällt. Vielmehr liegen hier spezifische Probleme auch im Umgang mit den Diensten befreundeter Staaten. Als Modell solcher Freundschaft dürfte kaum gelten, unter geduldeter Missachtung der jeweiligen Rechtsvorschriften und Grundrechtsstandards sowie gleichzeitiger Freizeichnung einer eigenen Grundrechtsbindung im jeweils anderen Land Daten zu erheben und diese dann anschließend auszutauschen. Gerade nach den beunruhigenden Forschungen *Josef Foschepoths*[36] zu den nachrichtendienstlichen Aktivitäten vor 1990 gibt es gute Gründe, eine wesentliche Herausforderung auch darin zu sehen, transparente Regelungen zu schaffen, unter welchen Bedingungen befreundete Dienste welche Befugnisse im Inland haben[37] – und zwar Regelungen, die den Geist des Besatzungsrechts deutlich hinter sich lassen.

Das dann für den Austausch entsprechender Daten klare Rechtsgrundlagen vorliegen müssen entspricht inzwischen gefestigter Rechtsprechung.[38] Überdies dürfte darüber nachzudenken sein, wieweit es zu den Schutzpflichten der Nachrichtendienste gehört, die eigenen Bürger vor exzessiven Übergriffen ausländischer Dienste zu schützen[39] – unabhängig davon, ob es sich um Dienste von näher oder weniger befreundeten Staaten handelt. Insbesondere kann möglicherweise an rechtsstaatliche Grenzen stoßen, wenn bekannte technische Abhöreinrichtungen der Dienste anderer Staaten in Deutschland Überwachungsmaßnahmen durchführen, von denen in keiner Weise gesichert ist, dass sie den deutschen Gesetzen und den grundgesetzlichen Anforderungen entsprechen.

---

[36] *Foschepoth*, Überwachtes Deutschland, Post- und Telefonüberwachung in der alten Bundesrepublik, 4. Aufl. 2014.
[37] Vgl. auch die Serie „Der geheime Krieg" SZ und NDR ab dem 14.11.2013 (Ergebnisse der Recherche unter www.geheimerkrieg.de; Abruf: 07.06.2017); *Hoffmann-Riem* JZ 2014, 53, 54 f.
[38] Zuletzt BVerfG, Urt. v. 20.04.2016 (Fn. 9), Rn. 277.
[39] *Deiseroth* DVBl 2015, 197, 199; *Hoffmann-Riem*, JZ 2014, 53, 56 ff.; *ders.* Stellungnahme zur Anhörung des NSA-Untersuchungsausschusses am 22. Mai 2014 vom 16. Mai 2014, https://www.bundestag.de/blob/280846/04f34c512c86876b06f7c162e673f2db/mat_a_sv-2-1neu-pdf-data.pdf (Abruf: 25.05.2017), S. 13 ff.; *Papier* (Fn. 6), S. 9 ff.; ausführlich zu staatlichen Schutzpflichten gegen ausländische Geheimdienste: *Ullrich* DVBl 2015, 204.

Solche Aktivitäten anderer Dienste zu dulden mag angängig gewesen sein, als sie sich den technischen Bedingungen nach nur auf einen engen Kreis von politischen Akteuren richten konnten. Wenn damit aber heute die Kommunikation weiter Kreise der Bevölkerung – von politischen Gruppen bis hin zur Wirtschaft – abgefangen und ausgeforscht werden kann, dürfte es sich hierbei vielleicht nicht mehr um eine Frage handeln, die allein im politischen Entscheidungsfreiraum der Regierung liegt.

Ein politisches Instrument, das hier wenigstens auf elementarer Ebene ein Gegengewicht bilden könnte, ist auch hier eine wirksame Kontrolle – die dabei dann auch Zugang zu den maßgeblichen Informationen der Dienste haben muss. Auch hierbei gibt es im Einzelfall Grenzen.[40] Allerdings können diese nicht einseitig von den ausländischen Diensten festgelegt werden. Das besagt auch nicht die sogenannte third party rule: Denn deren Reichweite entscheidet sich auch danach, was die deutschen Dienste zuvor zugesagt haben (und zusagen durften) sowie nach ihrem Verständnis unter Berücksichtigung der Gegenseitigkeit. Anderes sagt im Übrigen auch die diesbezügliche Entscheidung des zweiten Senats nicht, die maßgeblich auf eine einzelfallbezogene Abwägung abstellt und hierbei darauf abstellt, dass die Erkenntnisse, die für die politische Bewertung und deren Kommunikation nach außen von Belang waren, dem Parlament bereits vorlagen[41].

4. Die Übermittlung von Daten an andere Dienste

Hinsichtlich der Übermittlung von Daten ins Ausland hat das Bundesverfassungsgericht inzwischen ein Fundament in der Entscheidung zum Bundeskriminalamtsgesetz gelegt.[42] Danach sind für eine solche Übermittlung ausdrückliche Regelungen erforderlich, die verschiedene Perspektiven abdecken müssen: Zum einen verlangt die Ausgestaltung von Übermittlungsvorschriften die Beachtung der näheren Vorgaben zur Zweckbindung (– auf die dogmatischen Einzelheiten sei hier nicht eingegangen, sie sind in der Entscheidung näher ausgearbeitet; der Sache nach entsprechen sie insoweit zunächst den Anforderungen an die Datenübermittlung im Inland[43]). Zum anderen bedarf es eines Verfahrens der Vergewisserung über Mindeststandards im Empfängerland der Daten. Diese Mindeststandards betreffen zum einen elementare Anforderungen an den Datenschutz,[44] vor allem aber auch die Gefahr einer menschenrechtswidrigen Verwendung der Daten.[45] Durch die Ubiquität der Daten ist die Welt zu klein

---

[40] BVerfG, Beschl. v. 13.10.2016 – 2BvE 2/15, Rn. 111 ff.
[41] BVerfG (Fn. 40), Rn. 178 ff.
[42] BVerfG, Urt. v. 20.04.2016 (Fn. 9), Rn. 324 ff.
[43] BVerfG, Urt. v. 20.04.2016 (Fn. 9), Rn. 327.
[44] BVerfG, Urt. v. 20.04.2016 (Fn. 9), Rn. 332 ff.
[45] BVerfG, Urt. v. 20.04.2016 (Fn. 9), Rn. 328, 336.

geworden, als dass eine Datenübermittlung hinsichtlich ihrer Konsequenzen als unschuldig angesehen werden könnte. Die Möglichkeit von Menschenrechtsverletzungen, die aus ihr folgen, darf insoweit nicht einfach ignoriert werden. Eine Übermittlung an andere Dienste, die dazu führt, dass hierdurch Dritte Menschenrechtsverletzungen ausgesetzt werden, muss nach Möglichkeit vermieden werden – wobei dies durch Verfahrens- und Kontrollrechte abgesichert sein muss. Auch diese Anforderungen sind Antwort auf das neuartige Gewicht der Nachrichtendienste in demokratischen Rechtsstaat unter den Bedingungen der Informationsgesellschaft.

V. Schluss

Ich komme damit zum Schluss. Die Stellung der Nachrichtendienste im demokratischen Rechtsstaat hat sich unter den Bedingungen der Informationsgesellschaft grundlegend geändert und steht vor großen Herausforderungen. Es ist ein gutes Zeichen, dass sich die Bundesrepublik diesen Herausforderungen stellt und eine erste vom Anspruch her grundlegende Reform angegangen ist. Wenn man so dahin gelangt, dass die Politik nicht nur minimalistisch oder gar abwehrend die einzelnen Vorgaben des Bundesverfassungsgerichts umsetzt, sondern diese als Impulse aufgreift, um selbst der Arbeit der Dienste in demokratisch rechtsstaatlichem Geist ein zeitgemäßes Fundament zu geben, wäre dies ein guter Modus auch für das Verhältnis von Politik und Gericht. Es wären mein Wunsch und meine Hoffnung, dass dadurch die Aufgabenwahrnehmung der Nachrichtendienste nicht nur rechtsstaatlich eingehegt, sondern durch Fokussierung und Kontrolle zugleich effektiviert werden kann. Gerade angesichts der gesteigerten Bedeutung dieser Dienste in der Informationsgesellschaft müssen wir daran alle ein großes Interesse haben.

Nachrichtendienste in der Völkerrechtsordnung*

Stefanie Schmahl

I. Problembefund 21
   1. Komplexität der Rechtsfragen 21
   2. Faktische Herausforderungen 22
II. Versuch einer Systematisierung 23
   1. Grundsätzliche Zulässigkeit zwischenstaatlicher Spionage 23
   2. Rechtliche Begrenzungen der Spionage gegen nichtstaatliche
      Akteure 27
III. Fazit 40

I. Problembefund

Die Diskussion um Spionage und nachrichtendienstliche Abhörmaßnahmen erlebt seit einigen Jahren eine Renaissance. Ein wesentlicher Grund hierfür ist die ansteigende Bedrohung durch international agierende Terrororganisationen, deren Abwehr ausreichende Informationen über die handelnden Akteure und ihr Unterstützerumfeld voraussetzt. Aber auch der verschärfte globale Wettbewerb und die zunehmende organisierte Kriminalität tragen dazu bei, dass Geheimdienste verschiedener Staaten ihre Überwachungspraxis intensiviert haben.

1. Komplexität der Rechtsfragen

Fragt man vor diesem Hintergrund nach der Stellung der Nachrichtendienste in der Völkerrechtsordnung, ist zunächst darauf aufmerksam zu machen, dass generalisierbare Antworten nicht erzielt werden können. Der Grund hierfür liegt darin, dass es zahlreiche Formen von Überwachungsmaßnahmen, analoge wie digitale, und zugleich verschiedene Überwachungsobjekte, nämlich staatliche und nichtstaatliche Akteure mit Aufenthaltsort im In- oder Ausland, gibt. Diese Divergenzen werfen unterschiedliche Rechtsfragen auf. Wenn ein Staat Privatunternehmen der Telekommunikationsbranche, die in seinem Territorium an-

---

* Der Beitrag ist die schriftliche und im Januar 2017 geringfügig ergänzte Fassung des Vortrags, den die Verf. am 3. November 2016 in Berlin gehalten hat. Der Vortragsstil wurde beibehalten.

sässig sind, zur Herausgabe von Metadaten zum Zwecke der Vorratsdatenspeicherung verpflichtet,¹ stellen sich andere Rechtsfragen als beim Anzapfen eines transnational verlegten Glasfaserkabels. Wieder andere Rechtsprobleme werden aufgeworfen, wenn mit diplomatischer Immunität ausgestattete Mitarbeiter eines ausländischen Nachrichtendienstes Gespräche von Staatsorganen im Empfangsstaat abhören.² Verhängt der Sicherheitsrat der Vereinten Nationen auf der Grundlage nachrichtendienstlicher Erkenntnisse gezielte Sanktionen gegen mutmaßliche Terroristen, werden die juristischen Fragen auch im Blick auf die Vorgaben der UN-Charta beantwortet werden müssen. Die Mitwirkung von Geheimdiensten am Verschwindenlassen von Terrorverdächtigen im Wege sog. „extraordinary renditions" ist indes primär anhand menschenrechtlicher Schutzpflichten zu beurteilen. Schließlich werfen die Aktivitäten der Nachrichtendienste verschiedene Abgrenzungsprobleme hinsichtlich des Anwendungsbereichs des völkerrechtlichen Interventionsverbots, des humanitären Völkerrechts und der internationalen Menschenrechte auf.

2. Faktische Herausforderungen

Zu diesen rechtlich komplexen Fragen treten besondere faktische Schwierigkeiten, da die Mittel der Nachrichtendienste sich aufgrund der modernen Kommunikationsmedien nachhaltig verändert haben. Anders als in Zeiten der räumlich klar definierten analogen Kommunikation sind die Wege, die elektronische Kommunikation in rasendem Tempo zurücklegt, nur schwer oder gar nicht eruierbar.³ Sogar rein innerdeutsche Kommunikationsvorgänge werden vielfach über ausländische Netze oder Server geleitet. Durch diese Gegebenheit verliert die hergebrachte Differenzierung zwischen Inlands- und Auslandsüberwachung jedenfalls partiell ihren Sinn.⁴ Erschwerend kommt hinzu, dass staatliche wie nichtstaatliche Akteure sich in der anonymen Welt des Internets verstecken können, indem sie ihre Kommunikation technisch verschleiern und unsichere Kausalketten zwischen Ursprungs- und Erfolgsort bewirken.⁵ Die Steuerungsfähigkeit der völkerrechtlichen Zurechnungsregeln für die notwendige Verantwortungsübernahme stößt damit an ihre Grenzen.⁶

---

[1] Zur Nichtigkeit der Vorratsdatenspeicherungsrichtlinie 2006/24/EG: EuGH, Urt. v. 08.04.2014, C-293/12 und 594/12 = EuGRZ 2014, 292 – *Digital Rights Ireland*. Zur restriktiven Interpretation der Vorratsdatenspeicherung aufgrund von Art. 15 Abs. 1 der Richtlinie 2002/58/EG: EuGH (GK), Urt. v. 21.12.2016, C-203/15 und C-698/15 – *Tele2 Sverige*.
[2] So auch *Aust* AVR 52 (2014), 375, 375.
[3] Vgl. *Uerpmann-Wittzack* AVR 47 (2009), 261, 262 f.; *Schmahl* AVR 47 (2009), 284, 285 ff.
[4] *Aust* AVR 52 (2014), 375, 376; *Lachenmann* DÖV 2016, 501, 504.
[5] *Schmahl*, in: *Dethloff/Nolte/Reinisch* (Hrsg.), Berichte der Deutschen Gesellschaft für Internationales Recht 47 (2016), S. 159, 165; vgl. auch *Hollis* Harvard International Law Journal 52 (2011), 373, 397 ff.
[6] Vgl. *Krieger* AVR 50 (2012), 1, 3.

II. Versuch einer Systematisierung

Trotz dieser faktisch diffusen wie rechtlich komplizierten Gemengelage offenbaren alle genannten Konstellationen völkerrechtliche Grundprobleme, die miteinander zusammenhängen, aber zugleich zu systematischen Differenzierungen Anlass geben. Zum einen geht es um die klassische zwischenstaatliche Auslandsspionage, die es schon immer gab und heute lediglich überwiegend mit moderner Technologie durchgeführt wird. In diese Kategorie fällt etwa die Überwachung von Mobiltelefonen ausländischer Staatsorgane.[7] Zum anderen steht – anders als früher – die massenhafte Ausspähung breiter Bevölkerungsschichten im Raum, die vornehmlich zur Bekämpfung terroristischer und krimineller Gefahren eingesetzt wird. Hier bedingt die schiere Quantität, die mittlerweile an Daten verfügbar ist, wohl schon *a priori* eine Abkehr von der Suche nach adäquater Kausalität; es geht immer stärker um Wahrscheinlichkeiten, die mithilfe von Algorithmen berechnet und über Selektoren gefiltert werden.[8] Dass dies die Völkerrechtsordnung, die wie jede Rechtsordnung notwendigerweise mit Zurechnungsparametern und Kausalitätsketten arbeitet, in ihren Strukturen herausfordert, liegt auf der Hand.

1. Grundsätzliche Zulässigkeit zwischenstaatlicher Spionage

Das Verhältnis des Völkerrechts zur Tätigkeit von Auslandsgeheimdiensten wird gelegentlich als ambivalent beschrieben.[9] Diese Feststellung halte ich im Blick auf die rein zwischenstaatliche Spionage für nicht zutreffend. Diese ist nach den allgemeinen Regeln des Völkerrechts nämlich nicht verboten.

a) Kriegsspionage

Die Kriegsspionage ist vertraglich in der Haager Landkriegsordnung, dem IV. Genfer Abkommen sowie dem Ersten Zusatzprotokoll zu den Genfer Konventionen niedergelegt.[10] Angesichts der mittlerweile vorherrschenden asymmetrischen Konflikte, die sich eindeutiger rechtlicher Qualifikation entziehen, spielt die Kriegsspionage in der Gegenwart freilich keine allzu große Rolle mehr. Auch der globale „Krieg" gegen den Terror ist nur schwerlich als eine bewaff-

---

[7] Vgl. *Aust* AVR 52 (2014), 375, 377.
[8] *Cukier/Mayer-Schoenberger* Foreign Affairs 92 (2013), 28, 31 f. Zur Verwendung von NSA-Selektorenlisten vgl. jüngst auch BVerfG EuGRZ 2016, 668, 681, Rn. 145 ff.
[9] So etwa *Aust* AVR 52 (2014), 375, 378; siehe auch *von Arnauld*, in: Dethloff/Nolte/Reinisch (Hrsg.), Berichte der Deutschen Gesellschaft für Internationales Recht 47 (2016), S. 1, 17: „schizophrene Haltung".
[10] Vgl. Art. 29–31 HLKO, Art. 5 der IV. Genfer Konvention sowie Art. 46 des Ersten Zusatzprotokolls zu den Genfer Konventionen; dazu näher *Longobardo* ZaöRV 77 (2017), 809, 817 ff.

nete Auseinandersetzung im Rechtssinne zu qualifizieren,[11] auf die das Haager und das Genfer Recht problemlos Anwendung finden. Selbst wenn man eine Anwendbarkeit der kriegsvölkerrechtlichen Regelungen auf die Terrorismusbekämpfung annähme, ist Rechtsfolge der einschlägigen Vorschriften nur, dass einem Spion, der Teil der Kombattanten ist, der Kriegsgefangenenstatus versagt und er persönlich zur strafrechtlichen Verantwortung gezogen werden darf.[12] Ein Verbot der Kriegsspionage mit der Folge, dass seine Missachtung eine völkerrechtliche Verantwortlichkeit begründet, kennt das humanitäre Völkerrecht hingegen nicht.

b) Spionage im allgemeinen Friedensvölkerrecht

aa) Gewohnheitsrecht

Im Friedensvölkerrecht gibt es keinerlei Kodifizierungen, die ein Abhören von fremden Staaten zum Gegenstand haben. Vielmehr ist nach allgemeinem Völkergewohnheitsrecht Spionage in Friedenszeiten weder ausdrücklich erlaubt noch verboten.[13] Da das Völkerrecht in seiner Grundstruktur vom Konsens der Staaten abhängig ist, folgt daraus, dass alle staatlichen Tätigkeiten, die nicht explizit verboten sind, als erlaubt gelten.[14] Die seit jeher bestehende Praxis der gegenseitigen zwischenstaatlichen Spionage zeigt, dass es sich um ein von der internationalen Staatengemeinschaft gemeinhin toleriertes Verhalten handelt.[15]

Die Ausarbeitung eines „No-Spy-Abkommens" zwischen zwei oder mehreren Staaten würde diesen rechtlichen Befund nicht nachhaltig ändern. Ein solches Abkommen könnte zwar die Spionage völkerrechtlich prinzipiell ächten und damit – in Parallele zur Ächtung des Angriffskrieges durch den Briand-Kellogg-Pakt von 1928[16] – eventuell den Boden bereiten für weltweite Zustimmung und damit sogar für die Entstehung von neuem Völkergewohnheitsrecht. Allerdings ist fraglich, ob ein „No-Spy-Übereinkommen" tatsächlich jemals in die Form eines bindenden Vertrags gegossen würde.[17]

---

[11] Näher *Bothe*, in: *Graf Vitzthum* (Hrsg.), Völkerrecht, 7. Aufl. 2016, 8. Abschn., Rn. 11, m.w.N.

[12] Vgl. *K. Ipsen*, in: *Fleck* (Hrsg.), The Handbook of International Humanitarian Law, Oxford 3. Aufl. 2013, S. 1100, 1129, Rn. 322; näher *Crowe/Weston-Scheuber*, Principles of International Humanitarian Law, Padstow 2013, S. 99.

[13] Eingehend *Sule*, Spionage: Völkerrechtliche, nationalrechtliche und europarechtliche Bewertung staatlicher Spionagehandlungen unter besonderer Berücksichtigung der Wirtschaftsspionage, 2006, S. 73–77.

[14] So das Diktum des StIGH, Urt. v. 07.09.1927, Judgment No. 9, P.C.I.J., Series A, No. 10 (1927), 4 – *S.S. Lotus*.

[15] So auch *Doehring*, in: Bundesamt für Verfassungsschutz (Hrsg.), Verfassungsschutz in der Demokratie, 1990, S. 307 ff.; insbes. 309 f.; *Schaller*, in: *Wolfrum* (Hrsg.), Max Planck Encyclopedia of Public International Law, Vol. IX, 2012, S. 435 f., Rn. 2 f.

[16] Dazu *Roscher*, Der Briand-Kellogg-Pakt von 1928, 2004.

[17] Vgl. *Schmahl* JZ 2014, 220, 222.

bb) Territoriale Souveränität und Interventionsverbot

Auch die territoriale Souveränität und das sie schützende Interventionsverbot (vgl. Art. 2 Ziff. 1 UN-Charta) werden durch zwischenstaatliche Spionagetätigkeiten regelmäßig nicht verletzt. Überwachen ausländische Nachrichtendienste bloß die Telekommunikationsnetze eines fremden Staates, um sich zu informieren, liegt nach überwiegender Ansicht keine hoheitliche Handlung im Sinne des Interventionsverbots vor.[18] Zwar ist nicht völlig ausgeschlossen, dass das Verbot, sich in die inneren Angelegenheiten eines fremden Staates einzumischen, durch Maßnahmen der Spionage verletzt werden kann. Nach der Judikatur des IGH im „Nicaragua"-Fall[19] setzt eine verbotene Einmischung aber einen Zwangscharakter voraus, der schlicht ausspähenden Tätigkeiten nicht anhaftet, und zwar auch dann nicht, wenn sie sich auf die Willensbildung eines fremden Staatsorgans beziehen.[20]

Lediglich dann, wenn nachrichtendienstliche Maßnahmen über die bloße Informationsbeschaffung hinausgehen, weil etwa Maßnahmen der Sabotage getroffen werden oder es zu anderen Formen der Anmaßung von Hoheitsgewalt auf fremdem Territorium kommt, verletzen sie das völkerrechtliche Einmischungsverbot.[21] Im Grunde handelt es sich in diesen Fällen aber nicht um reine Spionagemaßnahmen; der völkerrechtlich relevante Anknüpfungspunkt ist dann in der aktiven Überwindung der Geheimschutzschwelle im Zielstaat zu erblicken.[22] Nicht von ungefähr hat der EGMR in der Rechtssache „Weber und Saravia" in den mittels Satelliten durchgeführten Überwachungsmaßnahmen keine Verletzung der argentinischen Souveränität durch die Bundesrepublik Deutschland angenommen. Begründet hat der Gerichtshof dies mit dem Hinweis, dass es sich bei der in Rede stehenden Auslandsüberwachung durch den BND nicht um das physische Anzapfen von Fernsprechleitungen ging, sondern lediglich um ein Ausspähen von Satelliten- und Funkverbindungen.[23] Daraus lässt sich folgern, dass der Manipulation eines zentralen Internetknotenpunkts durchaus der Charakter einer Souveränitätsverletzung zukommen kann, nicht aber dem schlichten Ausspähen von Informationen.[24]

---

[18] Vgl. z.B. *Doehring*, in: Bundesamt für Verfassungsschutz (Fn. 15), S. 307, 320; *Aust* AVR 52 (2014), 375, 381.
[19] IGH, Urt. v. 27.06.1986, ICJ Rep. 1986, 14, Rn. 205 – *Armed Activities in and against Nicaragua, Merits*; *Chestermann*, in: *Wolfrum* (Fn. 15), S. 66, 68 f.
[20] Vgl. *Aust* AVR 52 (2014), 375, 382. A.A. *Ewer/Thienel* NJW 2014, 30, 31.
[21] *Chesterman* Michigan Journal of International Law 27 (2006), 1071, 1081 f.; *von Arnauld*, in: *Dethloff/Nolte/Reinisch* (Hrsg.), Berichte der Deutschen Gesellschaft für Internationales Recht 47 (2016), S. 1, 17.
[22] Ähnlich *Gärditz* Die Verwaltung 48 (2015), 463, 484 f.
[23] EGMR, Urt. v. 29.06.2006, Nr. 54934/00, Rn. 88 – *Weber und Saravia*.
[24] Wie hier *Aust* AVR 52 (2014), 375, 382; *Gärditz* Die Verwaltung 48 (2015), 463, 485.

cc) Rechtliche Behandlung des Spions

Selbst der Blick auf die rechtliche Behandlung des Spions führt nicht dazu, dass von einer Unzulässigkeit zwischenstaatlicher Spionage auszugehen ist. Zwar ist gewohnheitsrechtlich anerkannt, dass sich ausländische Spione nach dem jeweiligen nationalen Recht eines Staates strafbar machen können.[25] Geheime Spionagetätigkeit unterfällt dem Schutz der völkerrechtlichen Staatenimmunität nämlich nicht.[26] Den Staaten ist es im Gegenteil verwehrt, für die Akte von Spionen auf die Regeln der Immunität für das Handeln staatlicher Hoheitsträger zu rekurrieren, solange und soweit der Forumsstaat der Tätigkeit nicht zugestimmt hat.[27] Auf der anderen Seite löst die Spionage, ebenso wie die Kriegsspionage, keine Staatenverantwortlichkeit aus. Im zwischenstaatlichen Verhältnis stellt die nachrichtendienstliche Informationsgewinnung keine völkerrechtswidrige Handlung dar;[28] das Risiko des Spions bleibt persönlich.[29]

Gewisse Besonderheiten gelten freilich, wenn es sich bei den Spionen um diplomatisches oder konsularisches Personal handelt, das mit entsprechenden Immunitäten nach der Wiener Diplomatenrechtskonvention (WÜD) oder ihrem Pendant zu konsularischen Beziehungen[30] ausgestattet ist. Da die Informationsbeschaffung nach Art. 3 Abs. 1 lit. d in Verbindung mit Art. 41 WÜD nicht mit heimlichen Mitteln geschehen darf,[31] verhalten sich Diplomaten, die Spionagetätigkeit ausüben, rechtswidrig und lösen damit einen Verstoß ihres Entsendestaates gegen das Diplomatenrecht aus.[32] Dem Empfangsstaat stehen als Reaktion auf solche Verletzungen aber nur die spezifischen Sanktionen dieses „self-contained regime" zur Verfügung, zu denen primär die Erklärung zur *persona non grata* nach Art. 9 Abs. 1 WÜD gehört.[33] Eine darüber hinausgehende völkerrechtliche Verantwortlichkeit für rechtswidriges Verhalten wird für den Entsendestaat nicht begründet. Auch der handelnde Diplomat wird keine strafrechtlichen Sanktionen fürchten müssen. Botschaftsangehörige bleiben durch ihre diplomatische Immunität vor Strafverfolgung im Empfangsstaat geschützt.[34]

---

[25] In Deutschland belegt § 99 StGB geheimdienstliche Agententätigkeit einer fremden Macht gegen die Interessen der Bundesrepublik mit einer empfindlichen Freiheitsstrafe.
[26] *Frowein/Wolfrum/Schuster*, Völkerrechtliche Frage der Strafbarkeit von Spionen aus der ehemaligen DDR, 1995, S. 18 ff.
[27] BVerfGE 92, 277, 321; vgl. auch *Kolodkin*, Second Report on Immunity of State Officials from Foreign Criminal Prosecution, UN-Dok. A/CN.4/631 v. 10.06.2010, Rn. 84 f.
[28] *Chesterman* Michigan Journal of International Law 27 (2006), 1071, 1081.
[29] Vgl. BVerfGE 92, 277, 328 ff.
[30] Wiener Übereinkommen über diplomatische Beziehungen, BGBl. 1964 II S. 959; Wiener Übereinkommen über konsularische Beziehungen, BGBl. 1969 II S. 1585.
[31] Vgl. *Gusy* NZWehrr 1984, 187, 191.
[32] *Aust* AVR 52 (2014), 375, 380.
[33] *Chesterman* Michigan Journal of International Law 27 (2006), 1071, 1089.
[34] *Schmahl* JZ 2014, 220, 220.

c) Zwischenergebnis

Dient eine nachrichtendienstliche Operation auf der zwischenstaatlichen Ebene also allein der Informationsbeschaffung, steht ihr das Völkerrecht im Wesentlichen neutral gegenüber.[35] Ein Verbot des Ausspähens von Organen fremder Staaten gibt es nicht. Auch moralisch ist die zwischenstaatliche Spionage nicht zwingend als verwerflich einzustufen. Vielmehr können Spionageakte auf der zwischenstaatlichen Ebene positive Effekte generieren: Sie stellen ein gewisses Machtgleichgewicht zwischen den Staaten her, was der Abschreckung dienlich sein kann.[36] Zahlreiche Formen der Spionage stellen zudem zulässige Kriegslisten dar[37] und versetzen die Staaten ferner in die Lage, den Anforderungen des kriegsvölkerrechtlichen Unterscheidungsgrundsatzes während bewaffneter Auseinandersetzungen Rechnung zu tragen.[38]

2. Rechtliche Begrenzungen der Spionage gegen nichtstaatliche Akteure

Anderes gilt hingegen für nachrichtendienstliche Tätigkeiten, die sich gegen nichtstaatliche Akteure richten. Hier lässt sich eine grundsätzliche Zulässigkeit von Abhörmaßnahmen nicht so leicht begründen wie auf der zwischenstaatlichen Ebene, stehen doch Individuen – trotz ihrer partiellen Völkerrechtssubjektivität – nach wie vor gerade nicht auf einer Gleichordnungsebene zu den mit Hoheitsgewalt ausgestatteten Staatsorganen.[39] Deshalb tritt hier in den Vordergrund, inwiefern die Daten und die Privatsphäre Einzelner in der heutigen Völkerrechtsordnung geschützt sind. Zum einen kommen Regelungen aus dem internationalen Datenschutzrecht in Betracht, die den Handlungen von Geheimdiensten möglicherweise Grenzen setzen. Zum anderen schützen internationale Menschenrechte vor zu ausgreifenden nachrichtendienstlichen Maßnahmen gegen Private.

a) Internationales Datenschutzrecht

aa) Datenschutzrecht auf universeller Ebene

Ein multilaterales Vertragswerk zum Datenschutz gibt es nicht. Aspekte des Datenschutzes und der Integrität von informationstechnologischen Systemen werden zwar in Art. 37 Abs. 1 der Konstitution der Internationalen Fernmel-

---

[35] So auch *Baker* American University International Law Review 19 (2003), 1091, 1094; *Ziolkowski*, in: *dies.* (Hrsg.), Peacetime Regime for State Activities in Cyberspace, Tallinn 2013, S. 425, 445 f. Kritisch *Fleck* Michigan Journal of International Law 28 (2007), 687, 692.
[36] Klarsichtig *Schaller*, in: *Wolfrum* (Fn. 15), Rn. 2.
[37] Vgl. Art. 37 Abs. 2 des Ersten Zusatzprotokolls zu den Genfer Konventionen.
[38] *Heintschel von Heinegg*, in: Festschrift für K. Ipsen, 2000, S. 129, 134.
[39] Vgl. *von Arnauld*, in: *Dethloff/Nolte/Reinisch* (Hrsg.), Berichte der Deutschen Gesellschaft für Internationales Recht 47 (2016), S. 1, 7.

deunion angesprochen.⁴⁰ Die Norm begründet aber nur Verpflichtungen auf zwischenstaatlicher Ebene; ein Individualrecht auf ein Fernmeldegeheimnis ist nicht garantiert.⁴¹ Angesichts der von Staat zu Staat variierenden Anschauung, was unter Datenschutz zu fassen ist und welchen Stellenwert der Daten- und Persönlichkeitsschutz genießt,⁴² kann auch nicht von einem völkergewohnheitsrechtlich geltenden Konzept des Datenschutzes ausgegangen werden. Es existieren lediglich unverbindliche universelle Standards, etwa in Form der von der UN-Generalversammlung im Jahre 1990 angenommenen Leitlinien für die Verarbeitung von computerbasierten persönlichen Daten.⁴³ Auch die Völkerrechtskommission der Vereinten Nationen hat 2006 beschlossen, das Thema grenzüberschreitender Datenbewegungen in ihr Langzeitarbeitsprogramm aufzunehmen;⁴⁴ ein Konsens über die zugrunde zu legenden Kriterien ist aber bisher nicht erzielt worden.

bb) Datenschutzrecht auf europäischer Ebene

Auf regionaler Ebene ist der Datenschutz indes mit größerer Steuerungskraft versehen. Hinzuweisen ist zunächst auf das im Rahmen des Europarats im Jahre 1981 angenommene Datenschutzübereinkommen.⁴⁵ Da das Abkommen eine Bereichsausnahme für nachrichtendienstliche Tätigkeiten nicht enthält, können dessen Schutzstandards grundsätzlich auf geheimdienstliche Tätigkeiten Anwendung finden. Allerdings richtet sich das Europarats-Abkommen nur an die Vertragsparteien und etabliert keine Individualrechte.⁴⁶ Außerdem atmet es noch den Geist seiner Entstehungszeit und ist auf die Herausforderungen des globalen „Big Data" nicht zugeschnitten.⁴⁷ Gegenwärtig ist zwar eine Modernisierung im Gang, die aber noch nicht vollständig abgeschlossen ist.⁴⁸

Die Europäische Union hat hingegen eine Reihe von Sekundärrechtsakten zum Datenschutz erlassen, die sowohl die Unionsorgane als auch die Mitglied-

---

⁴⁰ BGBl. 1996 II S. 1306.
⁴¹ Vgl. *Stein/Marauhn* ZaöRV 60 (2001), 1, 15 f.
⁴² Vgl. *Giegerich* ZEuS 2016, 301, 307.
⁴³ Guidelines for the Regulation of Computerized Personal Data Files, UN-Dok. A/RES/45/95 v. 14.12.1990; dazu *Schiedermair*, Der Schutz des Privaten als internationales Grundrecht, 2012, S. 118 ff.
⁴⁴ International Law Commission, Report of the 58th Session, Supplement No. 10, UN-Dok. A/61/10, Annex D., IV.
⁴⁵ Übereinkommen zum Schutz des Menschen bei der automatischen Verarbeitung personenbezogener Daten vom 28.01.1981, ETS No. 108, BGBl. 1985 II S. 539.
⁴⁶ Näher *Aust* AVR 52 (2014), 375, 387 f.
⁴⁷ *Breuer*, in: *Heselhaus/Nowak* (Hrsg.), Handbuch der Europäischen Grundrechte, 2. Aufl. 2018 (i.E.), § 25 Rn. 5.
⁴⁸ Zur Modernisierungsinitiative näher *Epiney* ZaöRV 74 (2014), 465, 470 ff.; *Polakiewicz*, in: *Casadevall* u.a. (Hrsg.), Mélanges en l'honneur de Dean Spielmann, Oisterwijk 2015, S. 504, 507.

staaten binden und die zugleich grenzüberschreitende Individualrechte garantieren.⁴⁹ Zuletzt ist die Datenschutz-Grundverordnung im Mai 2016 in Kraft getreten; die Mitgliedstaaten haben zwei Jahre lang Zeit, um den gesteckten Rahmen auszufüllen.⁵⁰ Außerdem postuliert Art. 16 AEUV ein eigenes Recht auf Schutz personenbezogener Daten, das im Wortlaut mit dem in Art. 8 Abs. 1 EU-Grundrechtecharta verbürgten Individualrecht auf Datenschutz übereinstimmt.⁵¹ Dem Datenschutzgrundrecht unterfallen alle personenbezogenen Daten, unerheblich, auf welche Art sie erhoben oder verarbeitet oder ob sie der Privatsphäre oder dem Öffentlichkeitsbereich zugeschrieben werden.⁵² Anders als das Europarats-Abkommen treffen jedoch alle geltenden Sekundärrechtsakte, die das Unionsgrundrecht auf Datenschutz inhaltlich mitprägen,⁵³ Bereichsausnahmen für die Tätigkeit von Sicherheitsbehörden.⁵⁴ Diese Bereichsausnahmen sind als Konkretisierungen von Art. 4 Abs. 2 Satz 3 EUV zu verstehen, wonach die nationale Sicherheit weiterhin in die alleinige Verantwortung der einzelnen Mitgliedstaaten fällt. Dennoch folgt daraus nicht zwingend, dass das mitgliedstaatliche Argument der „nationalen Sicherheit" nicht auch auf seine Unionsrechtskonformität überprüft werden könnte.⁵⁵ So hat der EuGH in der im Juni 2013 entschiedenen Rechtssache „ZZ/Secretary of the State for the Home Department" festgehalten, dass eine nationale Entscheidung zur Sicherheitslage des Staates nicht *per se* zur Unanwendbarkeit des Rechts der Union führe.⁵⁶ Erforderlich sei vielmehr eine Güterabwägung im Einzelfall, weshalb

---

⁴⁹ Dazu gehören z.B. die Datenschutz-Grundverordnung 2016/679 (ABl. EU 2016, L 119/1), die die Datenschutz-Richtlinie 95/46/EG (ABl. EG 1995, L 281/31) ablöst, die E-Privacy-Richtlinie 2002/58/EG (ABl. EU 2003, L 201/37), die Richtlinie 97/66/EG zum Schutz der Privatsphäre bei der Telekommunikation (ABl. EG 1998, L 24/1) und die „Cookie"-Richtlinie 2009/136/EG (ABl. EU 2009, L 337/11).

⁵⁰ Verordnung (EU) 2016/679 (Fn. 49). Ein Überblick über die Regelungen der Datenschutz-Grundverordnung findet sich z.B. bei *Schantz* NJW 2016, 1841; *Kühling/Martini* EuZW 2016, 448.

⁵¹ Diese Doppelung wird nicht zu Unrecht als regelungstechnisch verfehlt angesehen, vgl. *Breuer*, in: *Heselhaus/Nowak* (Fn. 47), § 25 Rn. 13. Zum Verhältnis beider Normen vgl. *Holznagel/Dietze*, in: *Schulze/Zuleeg/Kadelbach* (Hrsg.), Europarecht, 3. Aufl. 2015, § 37 Rn. 44.

⁵² *Bernsdorff*, in: *Meyer* (Hrsg.), Charta der Grundrechte der Europäischen Union, 4. Aufl. 2014, Art. 8 Rn. 15ff. Jüngst etwa EuGH, Urt. v. 09.11.2010, C-92/09 und C-93/09, Slg. 2010, I-11063, Rn. 56ff. – *Schecke*.

⁵³ Dazu etwa EuGH, Urt. v. 13.05.2015, C-131/12 = EuGRZ 2014, 320, Rn. 68ff. – *Google Spain*; Urt. v. 06.10.2015, C-362/14 = EuGRZ 2015, 562, Rn. 72 – *Schrems*; sowie näher *Eichenhofer* EuR 2016, 76, 85.

⁵⁴ Vgl. den Erwägungsgrund Nr. 11 sowie Art. 1 Abs. 3 und Art. 15 Abs. 1 der Richtlinie 2002/58/EG, Art. 3 Abs. 2 der (mittlerweile überholten) Datenschutz-Richtlinie 95/46/EG (Fn. 49) und Art. 2 Abs. 2 lit. a, b der Datenschutz-Grundverordnung 2016/679 (Fn. 49).

⁵⁵ Wie hier auch *Giegerich* ZEuS 2016, 301, 321.

⁵⁶ EuGH, Urt. v. 04.06.2013, C-300/11 = NVwZ 2013, 1139, Rn. 38 – *ZZ/Secretary of State for the Home Department*.

der Rechtfertigungsgrund der nationalen Sicherheit in eine Verhältnismäßigkeitsprüfung einzustellen sei.[57]

b) Internationale Menschenrechtsverträge

aa) Dynamische Auslegung des Rechts auf Privatleben

Diese einzelfallbezogene Güterabwägung, die der EuGH für das Datenschutzrecht anmahnt, wird auch von den für Deutschland relevanten Menschenrechtsverträgen gefordert. Sowohl der Internationale Pakt über bürgerliche und politische Rechte (IPbpR)[58] als auch die Europäische Menschenrechtskonvention (EMRK) kennen beide ein Recht auf Privatleben, das die Integrität persönlicher Daten – allerdings prinzipiell nur im privaten Bereich – umfasst.[59] Das in Art. 17 IPbpR und Art. 8 EMRK verbürgte Recht auf Privatleben erstreckt sich in seinem Schutzbereich auch auf den Datenschutz im Cyberspace. Den Schutz der Privatsphäre im Internet haben der UN-Menschenrechtsrat,[60] die UN-Sonderberichterstatter für Meinungsäußerungsfreiheit[61] und für das Recht auf Privatheit,[62] die UN-Generalversammlung,[63] das UN-Hochkommissariat für Menschenrechte,[64] der UN-Menschenrechtsausschuss,[65] die Parlamentarische Versammlung und die Venedig-Kommission des Europarates[66], die Grundrechteagentur der Europäischen Union[67] und auch der EGMR[68] vielfach und in der Sache übereinstimmend betont. Dieser Umstand ist freilich noch keine grundstürzende Neuerung, sondern vielmehr eine übliche dynamische Auslegung bestehender Menschenrechtsgarantien. Dogmatisch bemerkenswert ist aber, dass

---

[57] EuGH, ebd., Rn. 51 ff., insbes. Rn. 57. Vgl. auch EuGH, *Tele2 Sverige* (Fn. 1), Rn. 95 f.
[58] BGBl. 1973 II S. 1534.
[59] EGMR, Urt. v. 04.05.2000, Nr. 28341/95, Rn. 44 – *Rotaru*; Urt. v. 12.01.2016, Nr. 61496/08, Rn. 35 ff. – *Bărbulescu*.
[60] Human Rights Council, UN-Dok. A/HRC/17/26 v. 16.05.2011.
[61] Vgl. UN-Dok. A/HRC/17/27 v. 16.05.2011, Rn. 55; vgl. auch UN-Dok. A/HRC/23/40 v. 17.04.2013.
[62] Vgl. UN-Dok. A/HRC/31/64 v. 08.03.2016.
[63] Vgl. UN-Dok. A/RES/68/167 v. 18.12.2013; bestätigt in: UN-Dok. A/RES/69/166 v. 18.12.2014.
[64] Vgl. UN-Dok. A/HRC/27/37 v. 30.06.2014, Rn. 12 ff.
[65] Human Rights Committee, General Comment No. 16, UN-Dok. HRI/GEN/1/Rev. 9 (Vol. I) v. 27.05.2008, Rn. 10; sowie Concluding Observations on the Fourth Report of the United States of America, UN-Dok. CCPR/C/USA/CO/4 v. 28.03.2014, Rn. 22.
[66] Resolution 2045 (2015) der Parlamentarischen Versammlung v. 21.04.2015; Bericht der Venedig-Kommission v. 20./21.03.2015, 102nd Plenary Session, abgedruckt in: Council of Europe, Mass Surveillance: Who is watching the watchers?, 2016, S. 55 ff.
[67] Vgl. European Union Agency for Fundamental Rights, Report on surveillance by intelligence services: fundamental rights safeguards and remedies in the EU, 2015.
[68] Vgl. EGMR, *Weber und Saravia* (Fn. 23), Rn. 77; Urt. v. 04.12.2008, Nr. 30562/04 u.a., Rn. 66 f. – *S. und Marper*; Urt. v. 10.02.2009, Nr. 25198/02, Rn. 29 – *Iordachi*; Urt. v. 18.05.2010, Nr. 26839/05, Rn. 118 – *Kennedy*.

die in Deutschland bei nachrichtendienstlicher Tätigkeit möglicherweise betroffenen Grundrechte der Unverletzlichkeit der Wohnung (Art. 13 GG), des Fernmelde- und Telekommunikationsgeheimnisses (Art. 10 GG), auf informationelle Selbstbestimmung sowie auf Vertraulichkeit und Integrität informationstechnischer Systeme (beide Art. 1 Abs. 1 i.V.m. Art. 2 Abs. 1 GG) auf völkerrechtlicher Ebene im Wesentlichen im Kontext des Rechts auf Achtung des Privatlebens verortet werden.[69] Aus dieser Zusammenführung folgt wohl eine tendenzielle Vereinheitlichung der Maßstabsetzung.

Jedenfalls können sowohl das systematische Sammeln und Speichern von Verbindungsdaten, das Abhören von Telefongesprächen als auch die online-Durchsuchung und die Überwachung der Internetnutzung durch staatliche Behörden Eingriffe in das völkerrechtlich garantierte Recht auf Privatleben darstellen.[70] Dabei ist sogar unschädlich, dass ein Geheimdienst bereits früher über politische Aktivitäten des nun erneut Abgehörten öffentlich berichtet hat.[71] Der EGMR versteht das Recht auf Privatheit extensiv und subsumiert hierunter auch gewisse Öffentlichkeitsbezüge. Nicht vonnöten ist außerdem, dass die erfasste Information bereits gelesen oder abgehört wurde; es genügt, dass sie den Geheimdienstmitarbeitern zur Verfügung steht und von diesen bei Bedarf abgerufen werden kann.[72] Sogar die bloße Existenz von Gesetzen, die eine geheime Überwachung gestatten, kann nach der Rechtsprechung des EGMR für die potentiell Betroffenen bereits als Eingriff in Art. 8 Abs. 1 EMRK qualifiziert werden.[73] Erforderlich ist hierfür nur, dass eine sog. „reasonable likelihood" zwischen den Abhörmaßnahmen und den potentiell Betroffenen besteht.[74]

bb) Anforderungen an die Rechtfertigung von Eingriffen in die Privatsphäre

Wie jeder andere Eingriff in das Recht auf Privatleben können selbstverständlich auch nachrichtendienstliche Abhörprogramme gerechtfertigt werden. Die Gefahrenabwehr zur Aufrechterhaltung der nationalen Sicherheit ist zweifel-

---

[69] *Durner* DVBl. 2016, 780, 783. Auch dem BVerfG wird allerdings inzwischen die Entwicklung eines „Metagrundrechts" des Datenschutzes in seinem BKAG-Urteil (BVerfG NJW 2016, 1781, 1784, Rn. 103 ff.) vorgeworfen, vgl. *Lindner/Unterreitmeier* DÖV 2017, 90, 91 f.

[70] Vgl. EGMR, Urt. v. 06.09.1978, Nr. 5029/71, Rn. 41 – *Klass*; Urt. v. 03.04.2007, Nr. 62617/00, Rn. 39 – *Copland*; sowie Human Rights Committee, General Comment No. 16 (Fn. 65).

[71] EGMR, *Rotaru* (Fn. 59), Rn. 44.

[72] Ebenso BVerfGE 100, 313, 366 in Bezug auf Art. 10 GG.

[73] EGMR, *Klass* (Fn. 70), Rn. 41; *Weber und Saravia* (Fn. 23), Rn. 78. Vgl. auch EGMR, *Kennedy* (Fn. 68), Rn. 120.

[74] EGMR, Urt. v. 22.05.2008, Nr. 65755/01, Rn. 49 f. – *Stefanov*; Urt. v. 04.12.2015, Nr. 47143/06, Rn. 169 – *Zakharov*.

los eine legitime Zwecksetzung.[75] Angesichts der Bedrohungen, die zunehmend von nichtstaatlichen Akteuren für elementare Rechtsgüter ausgehen, muss der Staat schon aufgrund der Schutzverpflichtung für Leib und Leben seiner Bürger in der Lage sein, subversiv operierende Personen und Organisationen zur Informationsvorsorge heimlich zu überwachen.[76] Dies bedeutet jedoch nicht, dass die Staaten zu jeder Maßnahme greifen dürften, die ihnen geeignet oder notwendig erscheint, um Gefahren für die nationale Sicherheit oder Rechtsgüter Dritter abzuwehren. Vielmehr müssen Umfang, Ausmaß und Folgen geheimdienstlicher Überwachungsmaßnahmen rechtsstaatlichen Prinzipien und namentlich dem Bestimmtheitsgebot und dem Verhältnismäßigkeitsgrundsatz entsprechen. Dies betonen nicht nur der EGMR und der EuGH in ständiger Rechtsprechung;[77] auch der UN-Menschenrechtsausschuss nimmt in seiner Stellungnahme zum vierten Staatenbericht der USA von 2014 auf das Erfordernis rechtsstaatlicher Bindungen ausdrücklich Bezug.[78]

Insbesondere eine anlasslose Allgemeinüberwachung ist im Blick auf das Recht auf Privatsphäre bedenklich.[79] Die menschenrechtlichen Kontrollorgane heben übereinstimmend hervor, dass die Staaten Missbrauchsgefahren gerade bei geheimer Überwachung dadurch ausschließen müssen, dass sie generelle und klare Regeln zu den sachlichen Anforderungen und den zeitlichen Bedingungen des Eingriffs erlassen.[80] Dazu zählen etwa die Auflistung derjenigen Verhaltensweisen, die eine Überwachungsanordnung rechtfertigen, die Beschreibung der Personengruppen, die abgehört werden können, und die Begrenzung der Dauer der Abhörmaßnahme.[81] Auch die Folgen eines Eingriffs in den personenbezogenen Datenbestand müssen hinreichend vorhersehbar sein. Es muss geregelt sein, was mit den erhaltenen Informationen geschieht, in welchem Verfahren sie ausgewertet, verbreitet, gespeichert oder zerstört wer-

---

[75] Vgl. EGMR, *Klass* (Fn. 70), Rn. 48, sowie EGMR, Urt. v. 05.07.2001, Nr. 38321/97, Rn. 64 – *Erdem*. Vgl. auch EuGH, *Digital Rights Ireland* (Fn. 1), Rn. 42, 51; *Tele2 Sverige* (Fn. 1), Rn. 90 ff., wo der EuGH ein „Grundrecht auf Sicherheit" sogar ausdrücklich anerkennt.

[76] R. Schenke in: Festschrift für Würtenberger, 2013, S. 1079, 1082.

[77] Zum Erfordernis einer normenklaren und bereichsspezifischen Regelung vgl. nur EGMR, *Weber und Saravia* (Fn. 23), Rn. 84, und EuGH, *Tele2 Sverige* (Fn. 1), Rn. 109 f., jeweils m.w.N. Parallel hierzu siehe auch BVerfGE 65, 1, 44; 120, 274, 315 ff.

[78] Human Rights Committee, Concluding Observations on the Fourth Report of the United States of America, UN-Dok. CCPR/C/USA/CO/4 v. 28.03.2014, Rn. 22 a)-e).

[79] EGMR, *Klass* (Fn. 70), Rn. 49–51, *Weber und Saravia* (Fn. 23), Rn. 122 ff.; *Iordachi* (Fn. 68), Rn. 51; Urt. v. 12.01.2016, Nr. 37138/14, Rn. 23, 68 ff. – *Szabó und Vissy*. Vgl. auch BVerfGE 65, 1, 46; 100, 313, 360; 118, 168, 187; 125, 260, 317, 321.

[80] EGMR, *Weber und Saravia* (Fn. 23), Rn. 93–95; *Copland* (Fn. 70), Rn. 46; *Zakharov* (Fn. 74), Rn. 229; EuGH, *Digital Rights Ireland* (Fn. 1), Rn. 54 ff.; *Schrems* (Fn. 53), Rn. 91 ff. Entsprechende Stoßrichtung bei BVerfGE 100, 313, 360, 387 f.; 125, 260, 332 ff.

[81] Grundlegend: EGMR, *Weber und Saravia* (Fn. 23), Rn. 95. Vgl. auch EGMR, *Iordachi* (Fn. 68), Rn. 39, 44 ff.; *S. und Marper* (Fn. 68), Rn. 99; *Kennedy* (Fn. 68), Rn. 153, Rn. 159 ff.; *Zakharov* (Fn. 74), Rn. 231.

den,⁸² und welche Maßnahmen ergriffen werden, damit die Daten nicht an unbefugte Dritte gelangen.⁸³ Schließlich muss ein unabhängiges Organ die Abhörmaßnahme genehmigen,⁸⁴ und es müssen angemessene Kontrollmechanismen vorzugsweise gerichtlicher,⁸⁵ zumindest aber parlamentarischer Natur vorgesehen sein.⁸⁶ Nach Beendigung der Maßnahme soll dem Betroffenen zudem regelmäßig eine gerichtliche Kontrollmöglichkeit offenstehen.⁸⁷

Die dargelegten Kautelen gelten unstreitig für die Inlandsaufklärung. Dies hat der EGMR im Fall „Kennedy" aus dem Jahre 2010, in dem der britische „Regulation of Investigatory Powers Act" auf dem konventionsrechtlichen Prüfstand war, noch einmal unterstrichen.⁸⁸ Ob die Anforderungen auch für rein ausländische Abhörvorgänge gelten, ist indes weniger eindeutig. Mit dieser Frage musste sich der Straßburger Gerichtshof weder in der „Kennedy"-Entscheidung noch in der jüngsten „Zakharov"-Entscheidung von 2015 näher auseinandersetzen, da es in beiden Fällen primär um Abhörmaßnahmen mit Inlandsbezug ging.⁸⁹ Das potentiell einschlägige Beschwerdeverfahren dreier NGOs, darunter „Big Brother Watch", gegen Großbritannien, in der gerade das Abfangen ausländischer Kommunikation durch den britischen Geheimdienst gerügt wird, ist bis zum Abschluss des innerstaatlichen Verfahrens ausgesetzt.⁹⁰

Dennoch dürften gewichtige Gründe dafür sprechen, auch die Auslandsaufklärung, sofern sie sich gegen nichtstaatliche Akteure richtet, rechtsstaatlichen Standards zu unterwerfen. Zum einen sind der in- oder ausländische Ursprung der elektronischen Kommunikation sowie ihr Verlauf häufig gar nicht belastbar

---

⁸² EGMR, Urt. v. 01.07.2008, Nr. 58243/00, Rn. 69 – *Liberty*; vgl. auch EGMR, *Weber und Saravia* (Fn. 23), Rn. 95; *Iordachi* (Fn. 68), Rn. 48; *Kennedy* (Fn. 68), Rn. 162.

⁸³ EGMR, *Weber und Saravia* (Fn. 23), Rn. 95; *Liberty* (Fn. 82), Rn. 62; *Kennedy* (Fn. 68), Rn. 163.

⁸⁴ EGMR, Urt. v. 26.04.2007, Nr. 71525/01, Rn. 70–73 – *Popescu*; vgl. auch EGMR, *Iordachi* (Fn. 68), Rn. 40; *Szabó und Vissy* (Fn. 79), Rn. 77 ff.; sowie EuGH, *Digital Rights Ireland* (Fn. 1), Rn. 62; *Tele2 Sverige* (Fn. 1), Rn. 120.

⁸⁵ EGMR, *Zakharov* (Fn. 74), Rn. 233.

⁸⁶ EGMR, *Rotaru* (Fn. 59), Rn. 43, 52 ff.; *Liberty* (Fn. 82), Rn. 68 ff. Ebenso BVerfGE 30, 1, 21; 100, 313, 361 f.; 125, 260, 338.

⁸⁷ EGMR, *Klass* (Fn. 70), Rn. 57, 70; *Weber und Saravia* (Fn. 23), Rn. 135; *Zakharov* (Fn. 74), Rn. 234. Ebenso EuGH, *Schrems* (Fn. 53), Rn. 95; BVerfGE 100, 313, 361, 399; 109, 279, 363 ff.; 125, 260, 339 ff. Nur in Einzelfällen kann von einer nachträglichen Benachrichtigung der von der Überwachungsmaßnahme betroffenen Person abgesehen werden, nämlich dann, wenn eine solche Bekanntgabe die Arbeitsweise der Geheimdienste aufdecken würde, vgl. EGMR, *Klass* (Fn. 70), Rn. 58; BVerfGE 125, 260, 336 f.

⁸⁸ Vgl. EGMR, *Kennedy* (Fn. 68), Rn. 155 ff., insbes. Rn. 160.

⁸⁹ Vgl. EGMR, *Kennedy* (Fn. 68); *Zakharov* (Fn. 74). Dasselbe gilt für den Fall *Szabó und Vissy* (Fn. 79), wo der EGMR allerdings erneut bestätigte, dass bei Gesetzen zur allgemeinen Überwachung jeder Bürger ein Klagerecht habe.

⁹⁰ Zum Sachverhalt vgl. EGMR, Nr. 58170/13, Statement of Facts – *Big Brother Watch and Others*. Ähnliches gilt für die ebenfalls anhängige Individualbeschwerde in der Rechtssache Nr. 62322/14 – *Bureau of Investigative Journalism and Alice Ross*.

zu eruieren, so dass die territorialbezogene Differenzierung nicht mehr trennscharf vorgenommen werden kann. Zum anderen erscheint die Unterscheidung zwischen inländischen Überwachungsmaßnahmen und solchen mit extraterritorialen Bezügen auch hinsichtlich des Diskriminierungsverbots aus Gründen der Staatsangehörigkeit bedenklich.[91] Für den Betroffenen macht es im Blick auf den zunehmenden Datenaustausch zwischen den Nachrichtendiensten verschiedener Staaten keinen greifbaren Unterschied in seiner grundrechtlichen Freiheitsdisposition, von welcher Staatsgewalt er ausgespäht wird.[92] Außerdem kann es nicht angehen, dass den Vertragsstaaten Konventionsverletzungen außerhalb ihres Territoriums erlaubt werden, die ihnen auf eigenem Staatsgebiet verboten sind. Gerade bei der internetbasierten Kommunikation könnten sich die staatlichen Behörden ansonsten dazu verleitet sehen, sich unter Einsatz raffinierter Technik der unter ihrer (territorialen) Jurisdiktion bestehenden Grundrechtsbindung ganz zu entziehen.[93]

cc) Extraterritoriale Menschenrechtsbindung

Eine andere, mit diesem Problembereich eng verknüpfte Frage ist die nach der extraterritorialen Anwendung der Menschenrechtsverträge. Oder anders formuliert: Können menschenrechtliche Garantien zum Schutz der Privatsphäre überhaupt auf die nachrichtendienstliche Erfassung von Telekommunikationsdaten anwendbar sein, wenn diese nicht ausschließlich im Inland durchgeführt wird?

Relativ unproblematisch unterfallen Aktivitäten, mit denen Staaten auf ihrem eigenen Staatsgebiet Zugriff auf Telekommunikationsdaten gewinnen, dem Anwendungsbereich der Menschenrechtsverträge.[94] Denn sowohl nach Art. 1 EMRK als auch nach Art. 2 Abs. 1 IPbpR sichern die Vertragsstaaten die in den Verträgen niedergelegten Rechte allen ihrer Hoheitsgewalt unterstehenden Personen zu und knüpfen damit an das völkergewohnheitsrechtlich anerkannte Territorialprinzip an. Greift ein Staat auf Daten zu, die auf in seinem Territorium belegenen Servern gespeichert sind oder zapft er Glasfaserkabel auf seinem eigenen Staatsgebiet an, ist dies als Ausübung von Hoheitsgewalt im Sinne

---

[91] *Schmahl* JZ 2014, 220, 225 f.; vgl. auch Explanatory Memorandum zu Recommendation 2045 (2015) der Parlamentarischen Versammlung des Europarates, Rn. 96 (abgedruckt in: Council of Europe, Mass Surveillance: Who is watching the watchers?, 2016, S. 10, 42). Ähnlich in Bezug auf den Geltungsbereich von Art. 10 GG *Huber* NJW 2013, 2572, 2577. In diese Richtung wohl auch EuGH, Urt. v. 16.12.2008, C-524/06, Slg. 2008, I-9705, Rn. 78 f. – *Huber*.

[92] Vgl. *Bieker* Die Friedens-Warte 90 (2015), 33, 46. Zur psychologischen Grunddisposition des Vertrauens in die von der Privatheit geschützten Freiheitsbetätigung näher *Eichenhofer* Der Staat 55 (2016), 41, 50 ff.

[93] Klarsichtig *Pöschl* VVDStRL 74 (2015), 401, 441, dort Fn. 159. Ähnlich *Milanović* Harvard International Law Journal 56 (2015), 81, 101.

[94] *Aust* AVR 52 (2014), 375, 392.

der menschenrechtlichen Übereinkommen zu qualifizieren. Es genügt, dass eine physische Kontrolle über die Daten feststellbar ist; eine wirksame physische Gewalt über die Dateninhaber wird insoweit nicht gefordert.[95] Dies unterscheidet den menschenrechtlichen Begriff der Hoheitsgewalt von jenem des zwischenstaatlichen Interventionsverbots.

Auch auf die Staatsangehörigkeit der abgehörten Personen kommt es angesichts des Territorialbezuges nicht an. Es ist sogar irrelevant, wenn bei Abhörmaßnahmen Handlungs- und Erfolgsort auseinanderfallen. Der Straßburger Gerichtshof erkennt eine Bindung der Konventionsstaaten an die EMRK-Garantien auch dann an, wenn die Wirkung der hoheitlichen Maßnahme jenseits der eigenen Staatsgrenzen eintritt, die abgehörten Kommunikationspartner sich also nicht (oder nicht allesamt) im Staatsgebiet aufhalten.[96] Auch die Datenschutz-Grundverordnung der EU stellt bei der Datenverarbeitung im Internet auf das völkerrechtlich anerkannte Wirkungsprinzip in Form des Marktortsprinzips ab.[97] Hintergrund hierfür ist, dass Kommunikationsdaten typischerweise mehr als eine Person erfassen und sich die Datenportabilität einer eindeutigen Zuordnung personenbezogener Daten entzieht.[98]

Umstritten ist allerdings die Lage, wenn staatliche Organe ausschließlich auf fremdem Staatsgebiet Daten von Ausländern erheben und weiterverarbeiten. Israel und die USA stellen in solchen extraterritorialen Fällen in Abrede, dass die Rechte des Zivilpaktes Anwendung finden.[99] Sie berufen sich insoweit auf den Wortlaut von Art. 2 Abs. 1 IPbpR, wonach jeder Vertragsstaat verpflichtet ist, die in diesem Pakt anerkannten Rechte allen in seinem Gebiet befindlichen und seiner Herrschaftsgewalt unterstehenden Personen zu gewährleisten. Die Begriffe „in seinem Gebiet" und unter „seiner Herrschaftsgewalt" verstehen die beiden Staaten als kumulative Voraussetzungen. Deshalb haben die USA auch auf eine Abschwächung des Wortlauts der von der Generalversammlung im Jahr 2013 angenommenen Resolution zur Achtung des Rechts auf Privatsphäre im Online-Bereich gedrängt.[100] Sowohl der IGH als auch der UN-Menschen-

---

[95] Wie hier *Ewer/Thienel* NJW 2014, 30, 32; *Aust* AVR 52 (2014), 375, 392; *Weiler* GYIL 58 (2014), 651, 654. A.A. *Talmon* JZ 2014, 783, 784.

[96] EGMR, *Liberty* (Fn. 82), Rn. 64 ff.

[97] Vgl. Art. 3 Abs. 2 der Datenschutz-Grundverordnung 2016/679 (Fn. 49); hierzu *Payandeh* DVBl 2016, 1073, 1080.

[98] Vgl. *Milanović* Harvard International Law Journal 56 (2015), 81, 124; *Kühling/Martini* EuZW 2016, 448, 450.

[99] Zu Israel: Human Rights Committee, Concluding Observations on the Third Report of Israel, UN-Dok. CCPR/C/ISR/CO/3 v. 29.07.2010, Rn. 5; zu den USA: Human Rights Committee, Concluding Observations on the (First) Report of the United States of America, UN-Dok. CCPR/C/79/Add. 50 v. 03.10.1995, Rn. 19; Concluding Observations on the Fourth Report of the United States of America, UN-Dok. CCPR/C/USA/CO/4 v. 28.03.2014, Rn. 4.

[100] Dazu näher *Talmon* JZ 2014, 783, 785; vgl. auch *Chander/Land* ILM 53 (2014), 727, 727 f.

rechtsausschuss haben jedoch mehrfach unterstrichen, dass die Verpflichtungen des Paktes auch jenseits des eigenen Staatsgebiets Anwendung finden und sich für eine disjunktive Interpretation von Art. 2 Abs. 1 IPbpR ausgesprochen.[101] Auch die Literatur geht ganz überwiegend davon aus, dass die menschenrechtlichen Verpflichtungen des Paktes bereits dann zur Anwendung gelangen, wenn Hoheitsgewalt in Form effektiver Kontrolle extraterritorial ausgeübt wird.[102]

In dieser Linie steht auch die Judikatur des EGMR. Zwar betont der Gerichtshof, dass die menschenrechtliche Bindung der Ausübung von extraterritorialer Hoheitsgewalt eine Ausnahme bleiben müsse.[103] Dennoch hat er im „Al-Skeini"-Urteil von 2011 verschiedene Konstellationen herausgearbeitet, die als Formen effektiver Kontrolle zu betrachten sind mit der Folge, dass eine Bindung an die EMRK-Garantien auch jenseits des Staatsgebietes eintritt.[104] Dazu zählen, erstens, der Einsatz von physischer Gewalt durch staatliche Behörden, mit der Personen extraterritorial unter Kontrolle gebracht werden; zweitens, die generelle effektive Hoheitsausübung durch Staatsorgane im Ausland; und, drittens, alle diejenigen nationalen Hoheitsakte, die extraterritoriale Wirkung haben.[105] Durch den letztgenannten Aspekt soll verhindert werden, dass ein Vakuum im Menschenrechtsschutz entsteht.[106] Überträgt man die Ansätze des Gerichtshofs auf nachrichtendienstliche Tätigkeiten im Ausland, lassen sich sowohl die zweite als auch die dritte Ausnahmekonstellation fruchtbar machen. Konkret bedeutet dies, dass je grundsätzlicher und allgemeiner die Kontrolle eines Staates über den Internetverkehr und die produzierten Metadaten in einem fremden Staat wird, desto eher muss diese Aktivität als Ausübung von effektiver Hoheitsgewalt verstanden werden, die menschenrechtlich einzuhegen ist.[107] Ebenso gilt, dass je stärker ein bestimmtes Individuum im Ausland in das ausspähende Blickfeld eines Nachrichtendienstes gerät, desto eher wird im Vorliegen der virtuellen Kontrolle und ihrer extraterritorialen Wirkung auch eine

---

[101] IGH, Gutachten v. 09.07.2004, ICJ Rep. 2004, 136, Rn. 111 – *Legal Consequences of the Construction of a Wall in the Occupied Palestinian Territory*; Human Rights Committee, Mitteilung Nr. 52/1979, UN-Dok. CCPR/C/13/D/52/1979 v. 29.07.1981, Rn. 12.3 – *Lopéz Burgos v. Uruguay*; General Comment Nr. 31, The Nature of the General Legal Obligation Imposed on States Parties to the Covenant, UN-Dok. CCPR/C/21/Rev.1/Add.13 v. 26.05.2004, Rn. 10.

[102] Vgl. z.B. *Buergenthal*, in: *Henking* (Hrsg.), The International Bill of Rights – The Covenant on Civil and Political Rights, New York 1981, 72, 74 f.; *Tomuschat*, Human Rights: Between Idealism and Realism, 3. Aufl. 2014, S. 100 f.; *Marauhn* VVDStRL 74 (2015), 373, 380.

[103] EGMR, Entsch. v. 12.12.2001, Nr. 52207/99, Rn. 67 – *Banković and Others*.

[104] Kritik an der fehlenden Konzeptualisierung der Ausnahmen bei *Milanović*, Harvard International Law Journal 56 (2015), 81, 115 f.

[105] EGMR, Urt. v. 07.07.2011, Nr. 55721/07, Rn. 132 ff. – *Al-Skeini*.

[106] EGMR, *Al-Skeini* (Fn. 105), Rn. 142.

[107] *Aust* AVR 52 (2014), 375, 396 f.; vgl. auch *Johann*, in: Karpenstein/Mayer (Hrsg.), EMRK, 2. Aufl. 2015, Art. 1 Rn. 32.

effektive Ausübung von Hoheitsgewalt zu sehen sein.[108] Dass eine physische Betroffenheit des Ausgespähten insoweit nicht vorliegt, ist für die Feststellung eines hoheitlichen Regelungsanspruches unerheblich.[109] Anders als diejenigen Menschenrechte, die die Integrität der individuellen Körperlichkeit schützen, zielt der grundrechtliche Schutz kommunikativer Sphären auf die Gewährleistung von persönlichen Entfaltungsräumen und individueller Autonomie.[110] Die als „Theorie des offenen Himmels" bekannt gewordene These, dass gegen Ausländer im Ausland gerichtete Informationszugriffe grundrechtlich nicht gebunden seien,[111] ist mit dem Telos des internationalen Menschenrechtsschutzes unvereinbar.[112] Da es lediglich um die grund- und menschenrechtliche Bindung der im Ausland oder mit Wirkung für das Ausland handelnden Staatsgewalt, nicht aber um eine Menschenrechtsverpflichtung der ausländischen Hoheitsgewalt geht, greift auch jeder Vorwurf eines „Menschenrechtsimperialismus" ins Leere.[113]

dd) Schutzpflichtendimension bei der Mitwirkung an „extraordinary renditions"

Der dargelegte Maßstab gilt auch, wenn eine Vertragspartei einen anderen Staat in der Begehung einer Menschenrechtsverletzung auf dem eigenen oder einem fremden Territorium unterstützt. Anknüpfungspunkt ist hier, je nach Konstellation, nicht nur die Menschenrechtsbindung bei extraterritorialer Ausübung von Hoheitsgewalt, sondern vor allem die Schutzpflichtendimension der Menschenrechte. Obgleich den staatlichen Stellen eine Einschätzungsprärogative einge-

---

[108] *Aust* AVR 52 (2014), 375, 397; *Peters*, Surveillance without Borders?: The Unlawfulness of the NSA Panopticon Part II, EJIL:Talk! v. 4.11.2013, https://www.ejiltalk.org/surveillance-without-borders-the-unlawfulness-of-the-nsa-panopticon-part-ii/ (Abruf: 06.06.2017); *Fischer-Lescano* JZ 2014, 965, 969.

[109] Vgl. *Fastenrath*, in: *Pabel/Schmahl* (Hrsg.), Internationaler Kommentar zur EMRK, Art. 1 Rn. 106; *Johann*, in: *Karpenstein/Mayer* (Fn. 107), Art. 1 Rn. 31 f. In diese Richtung auch *von Arnauld*, in: *Dethloff/Nolte/Reinisch* (Hrsg.), Berichte der Deutschen Gesellschaft für Internationales Recht, 2016, S. 1, 10–13; *Hoffmann-Riem* JZ 2014, 52, 56. Anders *Gärditz* Die Verwaltung 48 (2015), 463, 476 f.

[110] *Fischer-Lescano* JZ 2014, 965, 970. Auch aus Metadaten lassen sich detaillierte Informationen über das Privat- und Intimleben eines Ausgespähten erzielen, vgl. *Donohue*, The Future of Foreign Intelligence: Privacy and Surveillance in a Digital Age, Oxford 2016, S. 39 ff.

[111] Ablehnend dazu bereits *Huber* NJW 2013, 2572, 2575 f.

[112] Ebenso mit Blick auf den Anwendungsbereich von Art. 10 GG: *Wegener* VVDStRL 75 (2016), 293, 320 f.; *Papier* NVwZ-Extra 2016, 1, 6. A.A. *Proelß/Daum* AöR 41 (2016), 373, 381 ff.

[113] Vgl. auch *Gärditz* Die Verwaltung 48 (2015), 463, 472: „Soweit deutsche Staatsgewalt als Hoheitsgewalt praktisch reicht, ist sie gebunden". Ähnlich *von Arnauld*, in: *Dethloff/Nolte/Reinisch* (Hrsg.), Berichte der Deutschen Gesellschaft für Internationales Recht, 2016, S. 1, 12 f. A.A. *Besson* Leiden Journal of International Law 25 (2012), 857, 864 ff.

räumt ist, wie sie ihren menschenrechtlichen Schutzauftrag erfüllen,[114] kann in bestimmten Fällen eine Ermessensreduzierung auf Null vorliegen.[115] Jedenfalls haben bestimmte Formen der nachrichtendienstlichen Kooperation bereits zu einer Verurteilung durch den EGMR unter dem Gesichtspunkt einer Schutzpflichtverletzung geführt. In der Entscheidung „el-Masri" (2012), in der es um das Zusammenwirken von mazedonischen Sicherheitsbehörden mit der US-amerikanischen CIA bei außerordentlichen Überstellungen zum Zweck der Informationserlangung mittels körperlicher und seelischer Misshandlungen ging,[116] hat der Gerichtshof einen Konventionsverstoß unter dem Aspekt einer Schutzpflichtverletzung angenommen.[117] Bestätigt wurde diese Judikatur in den Fällen „Abu Zubaydah gegen Polen" (2014) und „Abu Omar gegen Italien" (2016), in denen der Gerichtshof darüber hinaus sogar eigenständige Konventionsverstöße der beiden Vertragsstaaten in Form der Beihilfe festgestellt hat.[118] Der EGMR betont, dass ein Staat grundsätzlich für Rechtsverletzungen verantwortlich ist, die mit seinem Wissen von ausländischen Staatsorganen auf seinem Staatsgebiet begangen werden.[119] Da die polnische Regierung die angeforderten Informationen über den Verlauf des Verschwindenlassens von *Abu Zubaydah* mit Verweis auf nationale Sicherheitsinteressen dem Gerichtshof nicht zur Verfügung gestellt hatte, erkannte der EGMR außerdem auf eine Verletzung von Art. 38 EMRK.[120] Bemerkenswert ist ferner, dass der Gerichtshof von einem Verschwindenlassen betroffene Familienangehörige sogar selbst als Opfer einer unmenschlichen Behandlung ansieht, sofern diese zuvor aktiv gegenüber den Behörden des mitwirkenden Konventionsstaats um Auskunft über den Verbleib des Entführten nachgesucht haben.[121] Freilich lassen sich diese Entscheidungen nicht unbesehen auf jede geheimdienstliche Zusammenarbeit übertragen. Es wird jeweils im Einzelfall darauf ankommen, welches Ausmaß die nachrichtendienstliche Koope-

---

[114] *Grabenwarter/Pabel*, Europäische Menschenrechtskonvention, 6. Aufl. 2016, § 19 Rn. 7.

[115] Dazu grundlegend EGMR, Urt. v. 28.10.1998, Nr. 23452/94, Rn. 115 ff., insbes. Rn. 121 – Osman. Aus jüngerer Zeit vgl. EGMR, Urt. v. 10.07.2012, Nr. 60444/08, Rn. 53 ff – Kayak.

[116] Zu Hintergrund, Fakten und Mitwirkenden des „extraordinary renditions"-Programms der USA vgl. *Steiger*, Das völkerrechtliche Folterverbot und der „Krieg gegen den Terror", 2013, S. 38–51.

[117] EGMR, Urt. v. 13.12.2012, Nr. 39630/09, Rn. 220 – *el-Masri*. Dazu näher *R. Hofmann*, in: Festschrift für Hailbronner, 2013, S. 443 (447 ff.).

[118] EGMR, Urt. v. 07.07.2014, Nr. 7511/13, Rn. 445 ff. – *Abu Zubaydah*; Urt. v. 23.02.2016, Nr. 44883/09, Rn. 240 ff. – *Abu Omar*; vgl. auch EGMR, Urt. v. 24.07.2014, Nr. 28761/11, Rn. 518 – *Al Nashiri*. Eingehende Würdigung der Judikatur bei *Staffler* EuGRZ 2016, 344, 346 ff.

[119] EGMR, *el-Masri* (Fn. 117), Rn. 206; *Abu Zubaydah* (Fn. 118), Rn. 449.

[120] EGMR, *Abu Zubaydah* (Fn. 118), Rn. 435. Vgl. auch EGMR, *Al Nashiri* (Fn. 118), Rn. 346 f.

[121] EGMR, *Abu Omar* (Fn. 118), Rn. 314 f.

ration hat und zu welchem Zweck die Daten an die Behörden anderer Staaten weitergeleitet werden.[122]

ee) Rechtsstaatliche Anforderungen an die Verhängung von „targeted sanctions"

Um ein Zusammenwirken von Nachrichtendiensten und Sicherheitsbehörden mehrerer Staaten im Bereich der Terrorismusbekämpfung geht es schließlich bei der Verhängung von gezielten Sanktionen, mit denen der Sicherheitsrat den UN-Mitgliedstaaten das Einfrieren von Vermögenswerten bestimmter, namentlich genannter Personen und Organisationen wegen Terrorismusverdachts vorschreibt. Hierzu hat der Sicherheitsrat bereits 1999 ein Nebenorgan, den sog. Sanktionsausschuss gegründet, dessen Aufgabe vornehmlich in der Erstellung und regelmäßigen Konsolidierung von Namenslisten mutmaßlicher Terroristen besteht,[123] die sich aus Erkenntnissen der nationalen Geheimdienste speisen.[124]

Die Gelisteten haben bis heute nur eingeschränkte Möglichkeiten, die Korrektheit der Eintragung überprüfen zu lassen. Zwar hat der Sicherheitsrat in Reaktion auf die Entscheidung des EuGH in der Rechtssache „Kadi", in der der Luxemburger Gerichtshof bereits 2008 einer unkontrollierten Übernahme von Sicherheitsratsresolutionen mit Blick auf den europäischen Grundrechtsschutz widersprochen hatte,[125] eine Ombudsstelle eingerichtet, die seither den Sanktionsausschuss bei De-Listing-Verfahren unterstützt.[126] Die Ombudsperson übernimmt dabei die Rolle eines unparteiischen Schiedsrichters.[127] Dennoch wird mit der Prozedur vor der Ombudsstelle kein im engen Sinne rechtsstaatliches Verfahren begründet.[128] Deshalb hat der EuGH in seinem zweiten „Kadi"-Urteil von 2013 noch einmal betont, dass es für die Wahrung des Gehörsanspruchs nicht ausreiche, wenn die Staaten dem Betroffenen keine oder nur rudimentäre geheimdienstliche Informationen zu den Gründen der Listung preisgäben.[129] Ähnlich wie der EGMR hebt auch der EuGH hervor, dass

---

[122] So auch *Aust* AVR 52 (2014), 375, 403.
[123] Vgl. UN-Dok. S/RES/1267 (1999) v. 15.10.1999, Rn. 6; sowie UN-Dok. S/RES/1333 (2000) v. 19.12.2000, Rn. 16b; UN-Dok. S/RES/1390 (2002) v. 28.01.2002, Rn. 5; UN-Dok. S/RES/1452 (2002) v. 20.12.2002, Rn. 3.
[124] Zu Einzelheiten vgl. *Schmahl*, in: *Odendahl* (Hrsg.), Die Bekämpfung des Terrorismus mit Mitteln des Völker- und Europarechts, 2017, S. 109, 126 ff.
[125] EuGH, Urt. v. 03.09.2008, C-402/05 P u.a., Slg. 2008, I-6351 – *Kadi*.
[126] Vgl. UN-Dok. S/RES/1904 (2009) v. 17.12.2009, Rn. 20 ff. Zum Verfahren vor der Ombudsstelle näher *Ginsborg*, in: *Saul* (Hrsg.), Research Handbook on International Law and Terrorism, Padstow 2014, S. 608, 617 ff.
[127] *Rosenow* Die Friedens-Warte 86 (2011), 15, 25.
[128] *Schmahl*, in: *Schulze/Zuleeg/Kadelbach* (Hrsg.), Europarecht, 3. Aufl. 2015, § 6 Rn. 56; *von Arnauld* EuR 2013, 236, 244 f.
[129] EuGH (GK), Urt. v. 18.07.2013, C-584/10 P u.a., Rn. 95 ff., 119 ff., – *Kadi II*; mit Hinweisen auf EuG, Urt. v. 03.09.2010, T-85/09, Slg. 2010, II-5177 – *Kadi*, sowie auf EGMR, Urt.

selbst vertrauliche Informationen offenzulegen seien, wenn sie als entscheidende Grundlage für Grundrechtseingriffe gedient haben. Besonders brisante Sicherheitsinformationen dürften dem Betroffenen zwar „entschärft" vorgelegt werden; eine prinzipielle Vorenthaltung verstoße jedoch gegen das gemeineuropäische Rechtsstaatsgebot.[130]

III. Fazit

Musste Spionage früher nicht als menschenrechtliches Problem aufgefasst werden, da sich nachrichtendienstliche Tätigkeiten vor allem auf den staatlichen Apparat des Gegners bezogen, haben sich die Parameter heute stark verändert. Bedrohungen für die internationale Sicherheit gehen nicht mehr allein von staatlichen, sondern zunehmend von nichtstaatlichen Akteuren mit weltweit verstreuter Operationsbasis aus. Diese multipolare Vielfalt der Gefährdungssituationen sowie die Fortentwicklung der Kommunikationstechnologie haben zu einer enormen Ausdehnung nachrichtendienstlicher Überwachungsmaßnahmen geführt. Da der Gegner oder der „Gefährder" meist nicht namentlich bekannt und erst recht nicht lokalisierbar ist, führt die Suche nach ihm notgedrungen zu einer Erfassung des Kommunikationsverhaltens breiter Bevölkerungsschichten im In- und Ausland.

Deshalb kann das Völkerrecht anders als zu Zeiten des Kalten Krieges die Spionagetätigkeit heute nicht mehr in Gesamtheit schlicht tolerierend zur Kenntnis nehmen. Beim massenhaften Ausspähen von Privaten sind die individualrechtlichen Implikationen zu offenkundig.[131] Auf der anderen Seite stehen die hergebrachten souveränitätsbasierten Konzepte des Völkerrechts dem ubiquitären und anonymen Internet und der auch dadurch bewirkten Machtzunahme nichtstaatlicher Akteure[132] manches Mal eher hilflos gegenüber.[133]

---

v. 12.09.2012, Nr. 10593/08, Rn. 211 – *Nada*. Vgl. nunmehr auch EGMR, Urt. v. 26.11.2013, Nr. 5809/08, Rn. 111 ff. – *Al-Dulimi*; bestätigt jüngst von EGMR (GK), Urt. v. 21.06.2016, Nr. 5809/08, Rn. 138 ff. – *Al-Dulimi*, wonach die Schweiz Art. 6 Abs. 1 EMRK verletzt habe, da sie Individualsanktionen der UN auf der Grundlage der Sicherheitsratsresolution 1483 (2003) gegen das frühere irakische Regime umgesetzt habe, ohne wirksamen Rechtsschutz gegen die Listung auf nationaler Ebene zu garantieren.

[130] EuGH (GK), *Kadi II* (Fn. 129), Rn. 123, 125, 128 f.; vgl. auch EGMR (GK), *Al-Dulimi* (Fn. 129), Rn. 150 f. Zustimmend *Kühne* ZRP 2013, 243, 247.

[131] Zutreffend *Aust* AVR 52 (2014), 375, 405; *Milanović* Harvard International Law Journal 56 (2015), 81, 140.

[132] Der technologische Wandel schafft wegen seiner Leichtigkeit, Schnelligkeit und Grenzfreiheit einen Raum für kriminelle und terroristische Kommunikation und Interaktion, vgl. *Wegener* VVDStRL 75 (2016), 293, 301 f.

[133] *Roscini*, Cyber Operations and the Use of Force in International Law, Croydon 2014, S. 281 ff.; *Schmahl*, in: Dethloff/Nolte/Reinisch (Hrsg.), Berichte der Deutschen Gesellschaft für Internationales Recht, 2016, S. 159, 183–185. – Ob die Überprüfung der Identität von

Zwar sind internationale Menschenrechte einer interpretativen Anpassung an die Erfordernisse der Gegenwart zugänglich und weisen mit dem über das Wirkungsprinzip erweiterten Begriff der „Hoheitsgewalt" auch einen Weg zur rechtsstaatlichen Einhegung nachrichtendienstlicher Operationen jenseits des eigenen Territoriums. Dennoch lassen sich aus Menschenrechten keine allgemeingültigen Lösungen ableiten; sie bleiben, und darin liegt ja auch wiederum ihre Kraft, auf ihre Begrenzungsfunktion im Einzelfall zugeschnitten. Der Streit um die richtige Balance zwischen der Überwachung im Dienste der öffentlichen Sicherheit und der Wahrung der Privatsphäre jedes Einzelnen wird sich nicht allein durch eine dynamische Auslegung der menschenrechtlichen Konzepte lösen lassen; hierfür bedarf es zusätzlich politischer Entscheidungen auf der internationalen, aber auch auf der innerstaatlichen Ebene. Im – notwendigen – Kampf gegen den internationalen Terrorismus bleibt dabei allerdings Sorge zu tragen dafür, dass Menschenrechte und Rechtsstaatlichkeit nicht zu „Kollateralschäden" werden.

Prepaid-Kunden im Mobilfunkbereich, die mit dem Gesetz zum besseren Informationsaustausch bei der Bekämpfung des internationalen Terrorismus (BGBl. 2016 I S. 1818; dazu *Gnüchtel* NVwZ 2016, 1113) eingeführt wurde, tatsächlich zu einem nennenswerten Rückgang der Identitätsverschleierung führt, bleibt abzuwarten.

Panel 1

Kontrolle der Nachrichtendienste durch Parlament und Regierung

Moderation: *Christoph Gusy*

Schnittstellen zwischen Aufsicht und parlamentarischer Kontrolle von Nachrichtendiensten

Günter Heiß*

Sehr geehrte Damen und Herren,

in der öffentlichen Diskussion über die Nachrichtendienste des Bundes liegt der Fokus zurzeit auf der parlamentarischen Kontrolle. Meine Ausführungen sollen dazu dienen, auf die nicht minder wichtige Rolle der Fachaufsicht aus der Perspektive der Praxis aufmerksam zu machen. Dabei möchte ich besonders beleuchten die
- Unterschiede,
- Gemeinsamkeiten und
- Interdependenzen

zwischen der exekutiven und der parlamentarischen Aufsicht.

Die parlamentarische Kontrolle der Nachrichtendienste des Bundes ist dezidiert gesetzlich geregelt, sogar im GG. Die Fachaufsicht im Bereich der Bundesverwaltung ist hingegen kein legaldefiniertes Institut.

Stellenwert und inhaltliche Maßstäbe für die Ausübung von Fachaufsicht sind in der Gemeinsamen Geschäftsordnung der Bundesministerien niedergelegt. Danach zählt die Fachaufsicht zu den Kernaufgaben ministerieller Tätigkeit, die inhaltlich auf die Kontrolle von Rechtmäßigkeit und Zweckmäßigkeit des Verwaltungshandelns in der nachgeordneten Behörde gerichtet ist.

Ziele der Fachaufsicht sind
- die rechtsfehlerfreie und einheitliche Rechtsanwendung,
- die Ermessenslenkung,
- die Einhaltung hoher Qualität und Wirtschaftlichkeit,
- die inhaltliche und formale Nachvollziehbarkeit und Reibungslosigkeit der internen Abläufe und nicht zuletzt
- die Stärkung der Eigenverantwortlichkeit.

---

* Es gilt das gesprochene Wort.

Hinzu kommen Ziele, die sich aus der speziellen Aufgabenstellung der jeweiligen Behörde ergeben. Bei Nachrichtendiensten sind dies beispielsweise die Gewährleistung und Optimierung einer guten Zusammenarbeit mit nationalen und internationalen Sicherheitsbehörden.

Dadurch kommt der Fachaufsicht nicht nur eine kontrollierende, sondern auch eine steuernde und koordinierende Funktion zu.

Die so kurz umrissene Aufgabe obliegt allen Aufsichtsbehörden der Nachrichtendienste des Bundes, dem Bundeskanzleramt für den BND, dem BMI für das BfV und dem BMVg für den MAD[1].

Zur Ausübung der Fach- und Dienstaufsicht stehen den Behörden unterschiedliche Instrumente zur Verfügung, die sich in ihrer Zielsetzung und in ihrer Intensität unterscheiden. Das Spektrum umfasst
- Informationsinstrumente,
- Eingriffsinstrumente und
- Kooperationsinstrumente.

Die Wahl des konkreten Aufsichtsinstruments steht im Ermessen der Aufsichtsbehörde. Die Instrumente schließen sich nicht gegenseitig aus, sondern ergänzen einander unter Berücksichtigung der Zweck-Mittel-Relation.

Von grundlegender Bedeutung für die Ausübung von Fachaufsicht ist die Unterrichtung. Ein präzises Bild des
- fachlichen,
- personalwirtschaftlichen und
- organisatorischen Ist-Zustands

in den Nachrichtendiensten begründet die unverzichtbare Basis für die Ausrichtung der Fachaufsicht.

Unterrichtungen sind nicht an eine Form gebunden. Sie können
- mündlich oder schriftlich,
- anlassbezogen oder turnusmäßig durch Sachstandsberichte,
- Evaluationsberichte,
- Dienstbesprechungen,
- aber auch durch informelle Gespräche erfolgen.

Die Aufsichtsbehörden haben zu ihrer Unterrichtung auch das Recht, in Originalunterlagen oder Dateien der Nachrichtendienste Einsicht zu nehmen. Anders als gegenüber parlamentarischen Gremien, Gerichten oder dem Bürger können sich die Nachrichtendienste gegenüber der Fachaufsicht nicht auf Geheimhaltungsvorbehalte wie beispielsweise den Schutz nachrichtendienstlicher Quellen oder auf den Datenschutz berufen.

---

[1] Seit 1. August 2017 „Bundesamt für den Militärischen Abschirmdienst" (BAMAD).

Aus dem verfassungsrechtlich verankerten Ressort- und Demokratieprinzip wird die umfassende Verantwortung der Bundesminister für ihren Geschäftsbereich gegenüber dem Parlament hergeleitet. Bezogen auf die ministerielle Fachaufsicht bedeutet dies, dass die Fachaufsichtsbehörden nicht lediglich ein Informationsrecht gegenüber den Geschäftsbereichsbehörden haben, sondern der Pflicht unterliegen, sich im erforderlichen Maße informieren zu lassen.

Angesichts der umfassenden verfassungsrechtlichen Verantwortung der Bundesregierung vor dem Parlament gibt es daher keine ministerialfreien und entsprechend keine aufsichtsfreien Bereiche – abgesehen von weisungsfreien Zonen wie Prüfungskommissionen oder wie die durch Art. 5 Abs. 3 GG geschützte Exekutive.

Die Initiative für Unterrichtungen kann grundsätzlich sowohl von den Nachrichtendiensten selbst als auch von den Aufsichtsbehörden ausgehen. Informationsrecht und -pflicht der Aufsichtsbehörden korrelieren mit Unterrichtungspflichten der Nachrichtendienste.

Gradmesser für die Verpflichtung der Nachrichtendienste, ihre Aufsichtsbehörden eigeninitiativ und zeitnah zu unterrichten, ist
1. die politische Brisanz von Vorgängen, z.B. bei der Enttarnung von nachrichtendienstlichen Verbindungen und deren Verhaftung, bei der Enttarnung von unter Legende tätigen Mitarbeitern oder bei der Beteiligung von Mitarbeitern an strafrechtlich relevanten Vorgängen; vornehmlich aber bei Vorgängen jedweder Art, die eine publizistische Aufmerksamkeit vermuten lassen. Gradmesser ist auch
2. die Handlungsfähigkeit des Dienstes; also Hinweise auf Defizite oder Bedarfe, insbesondere im Bereich der technischen oder personellen Ausstattung und
3. der nachrichtendienstliche Mehrwert von Informationen über Entwicklungen, Krisen oder andere Ereignisse, die sicherheitspolitisch erheblich sind.

Ein weiteres klassisches Instrument der behördlichen Aufsicht ist die Weisung. Sie hat Regelungscharakter und setzt damit eine intern-verbindliche Rechtsfolge für die nachgeordnete Behörde. Weisungen können als konkrete Einzelweisungen an einen nachgeordneten Beamten oder eine Behörde gerichtet sein. Sie können aber auch als Verwaltungsvorschrift abstrakt-generell ausgestaltet werden und an einen größeren Adressatenkreis gerichtet sein mit dem Ziel, eine gleichlautende Verwaltungspraxis zu etablieren. Weder die Einzelweisung noch Verwaltungsvorschriften sind auf spezifische Regelungsinhalte beschränkt.

Sie kommen beispielsweise als Handlungsanordnung, aber auch als Auslegungsmaßgabe für Gesetze oder Rechtsprechung in Betracht. In der Praxis verfolgen Weisungen sowohl steuernde als auch korrigierende Ziele, können aber auch Handlungsspielräume eröffnen.

Ein Instrument mit Eingriffscharakter findet sich auch in Billigungsvorbehalten der Aufsichtsbehörde etwa bei Personalentscheidungen in der nachgeordneten Behörde oder vor Übersendung von Schriftsätzen an Gerichte. Auch Organisationsvorbehalte sind an der Tagesordnung.

In Ausnahmefällen kann außerdem ein Selbsteintritt der Aufsichtsbehörde in Betracht kommen, obwohl dieses Recht in den Gesetzen der drei Nachrichtendienste des Bundes nicht explizit geregelt ist.

Dennoch muss es dem politisch gegenüber dem Parlament verantwortlichen Ministerium möglich sein, in besonders gelagerten Einzelfällen von herausragender Bedeutung oder bei gravierenden fachlichen Fehlleistungen des Dienstes zu handeln.

Neben diesen klassischen Instrumenten besteht auch die Möglichkeit, mit der nachgeordneten Behörde Vereinbarungen abzuschließen. Im Gegensatz zur Unterrichtung, aber auch zu Weisungen ist dies nicht für sämtliche Bereiche ein gleichermaßen geeignetes Instrument. Sinnvoll kommt dieser Ansatz dann in Betracht, wenn Ziele thematisch und zeitlich definiert werden können. Das ist bei der nachrichtendienstlichen Tätigkeit schwierig. Gerade wegen Unwägbarkeiten der Nachrichtenbeschaffung ist eine zielorientierte Planung mit Erfolgskontrolle in weiten Teilen nachrichtendienstlicher Tätigkeit nicht möglich.

Dennoch kommen auch zwischen Nachrichtendiensten und ihren Aufsichtsbehörden Vereinbarungen in Betracht: z.B.
- bei der Personalgewinnung,
- bei der Planung von Fachtagungen oder
- zur Regelung eines Personalaustauschs zwischen den Nachrichtendiensten.

Der gezielte Gebrauch derartiger Kooperationsinstrumente kann sowohl die Ergebnisorientierung als auch die Eigenverantwortung der nachgeordneten Behörde stärken, ohne die Verantwortung der Fachaufsicht einzuschränken. Selbstverständlich schließen Vereinbarungen die übrigen Aufsichtsinstrumente nicht aus, sondern ergänzen sie. Flankierend zu Vereinbarungen sind insbesondere turnusmäßige Sachstandsberichte von Bedeutung.

Die Anwendung der Aufsichtsinstrumente bewegt sich immer im Spannungsfeld zwischen „langer Leine" und Mikromanagement.

Die Folgen von langer Leine muss ich wohl nicht explizit ausführen. Aber auch das andere Extrem hat seine Probleme. So kann es bei zu enger Führung zu einer Verlagerung der Verantwortungen in die Aufsichtsbehörde hinein kommen. Durchregieren bei verminderter Fachlichkeit – etwa mit weitreichenden Billigungsvorbehalten – ist mindestens ebenso risikobehaftet.

Meine sehr geehrten Damen und Herren,

lassen Sie mich nach diesem Überblick einen kurzen Fokus legen auf die Kontrolle der Nachrichtendienste durch parlamentarische Gremien, namentlich das Parlamentarische Kontrollgremium (PKGr), das Vertrauensgremium (VG) sowie parlamentarische Untersuchungsausschüsse.

Den beiden dauerhaft eingerichteten parlamentarischen Gremien, dem PKGr und dem VG, ist gemeinsam, dass ihre Tätigkeit der Geheimhaltung unterliegt.

Die Bundesregierung ist gesetzlich verpflichtet, das PKGr umfassend über die allgemeine Tätigkeit der Nachrichtendienste, über Vorgänge von besonderer Bedeutung sowie auf Verlangen des Gremiums auch über sonstige Vorgänge zu unterrichten. Damit verfügt das PKGr über eine weite inhaltliche Kontrollbefugnis, die insbesondere auch das Recht auf Akteneinsicht, auf Befragung von Mitarbeitern und auf Zutritt zu sämtlichen Dienststellen der Nachrichtendienste beinhaltet. Diese Befugnisse des PKGr werden durch vier gesetzlich normierte Ausnahmetatbestände begrenzt. Es handelt sich um Ausnahmen zum Schutz
1. von Nachrichtenzugängen,
2. von Persönlichkeitsrechten Dritter,
3. des Kernbereichs exekutiver Eigenverantwortung und
4. von Informationen und Gegenständen, die nicht der Verfügungsberechtigung der Nachrichtendienste unterliegen und natürlich beschränkt das aus dem GG direkt abzuleitende allgemeine Staatswohlgebot das Informationsrecht.

An diesen Prämissen ändert das PKGr-Reformgesetz, das sich aktuell in der abschließenden Bundesratsbehandlung befindet, nichts. Die PKGr-Reform bringt aus Sicht der Bundesregierung vor allem zwei bedeutende Neuerungen.

Erstens:

Das PKGr bekommt einen Ständigen Bevollmächtigten, gewissermaßen einen Hohen Untersuchungskommissar mit einem erheblich vergrößerten Mitarbeiterstab.

Die Kontrolle soll dadurch strukturierter und nachhaltiger werden. Ein sinnvoller Schritt – er wird in der Praxis aber nur dann zum Ziel führen, wenn auch bei den Nachrichtendiensten und den Aufsichtsbehörden eine korrespondierende personelle Ausstattung gewährleistet ist. Nur so sind die teils komplexen Kontrollaufträge, wie sie im Arbeitsprogramm des Gremiums enthalten sind, effektiv umsetzbar.

Zweitens:

Es wird jährliche öffentliche Anhörungen der Präsidenten der Dienste geben. Dadurch wird nicht das Prinzip der Geheimhaltung für das PKGr aufgeweicht. Vielmehr wird sowohl den Diensten als auch dem Kontrollgremium die Gelegenheit geboten, ihre sonst im Verborgenen stattfindende Tätigkeit in einem öffentlichen Forum transparent zu machen. Das schafft Vertrauen – in die Dienste und in die Kontrolle.

Bei der Aufstellung und Verabschiedung des Bundeshaushalts sind Transparenz und Öffentlichkeit grundsätzlich gewährleistet. Eine Ausnahme gilt jedoch für die Wirtschaftspläne der Nachrichtendienste. Das geheim tagende Vertrauensgremium ist für die jährliche Bewilligung der Ausgaben der Nachrichtendienste zuständig, die in geheimen Wirtschaftsplänen enthalten sind. Das VG verfügt über denselben Rechtsrahmen wie das PKGr und kontrolliert während des laufenden Jahres den Einsatz der zur Verfügung gestellten Mittel. Es ergänzt die Arbeit der Aufsichtsbehörde, die im Rahmen der Erstellung des jährlichen Regierungsentwurfs des Bundeshaushalts die Wirtschaftspläne formal überprüft und inhaltlich mitgestaltet.

Eine geringfügige Durchbrechung erfährt der Grundsatz der Geheimhaltung in diesem Bereich des Haushalts:

Im öffentlichen Haushalt sind aus den Wirtschaftsplänen der Nachrichtendienste die Abschlussbeträge bei den verantwortlichen Ressorts aufgeführt.

Nun zu den parlamentarischen Untersuchungsausschüssen. Sie überprüfen die Tätigkeit der Nachrichtendienste anlassbezogen und im Gegensatz zu PKGr und VG zeitlich begrenzt. In jeder Wahlperiode gibt es mindestens einen UA, der sich mit den Nachrichtendiensten beschäftigt. In dieser Wahlperiode sind es sogar zwei – der „NSA-" sowie der zweite „NSU-Ausschuss".

Im Gegensatz zum PKGr verfügen Untersuchungsausschüsse über das Recht, Beweismittel anzufordern oder Zeugen zu laden – und zwar verbunden mit allen strafprozessualen Mitteln, Strafbewehrungen und Zwangsmöglichkeiten.

Ein inhaltlicher Gleichklang besteht mit den Regelungen für PKGr und VG hinsichtlich der normierten Gründe, Unterrichtungen zu verweigern. Diese sind für Untersuchungsausschüsse zwar nicht gesetzlich geregelt, ergeben sich aus dem allgemeinen verfassungsrechtlichen Staatswohlgebot.

In einem Punkt unterscheiden sich parlamentarische Untersuchungsausschüsse zudem ganz grundsätzlich von den beiden anderen parlamentarischen Kontrollorganen: Sie sind auf Öffentlichkeit angelegt. In den zunächst immer erst öffentlichen Sitzungen der Untersuchungsausschüsse wird regelmäßig versucht, soviel wie möglich an Verschlusssachen zu erörtern, also Öffentlichkeit herzustellen, wo sie nicht zulässig ist. Das gibt auch regelmäßig Streit, wenn Zeugen auf manche Fragen nur in geheimer Sitzung antworten wollen. „Die

Regierung mauert", heißt es dann. Nein, sie mauert nicht, sie hält sich an die Gesetze.

Eine weitere Besonderheit der Kontrolle nachrichtendienstlicher Sachverhalte durch Untersuchungsausschüsse ist die Parallelität mit der Tätigkeit anderer Gremien. Im „NSA-Untersuchungsausschuss" hat sich das in dieser Wahlperiode besonders deutlich gezeigt. So wurden etwa die BND-eigenen Selektoren sowohl vom Untersuchungsausschuss als auch von einer eigenen Task-Force des PKGr untersucht.

Ein Vergleich zwischen der Kontrolle der Nachrichtendienste durch die Fachaufsicht und durch parlamentarische Kontrollorgane ergibt neben inhaltlichen, strukturellen und methodischen Unterschieden auch einige Gemeinsamkeiten: Exekutive und die parlamentarische Kontrolle begegnen denselben Herausforderungen. Sie verfügen gleichermaßen lediglich über begrenzte personelle Kontrollkapazitäten und sind für die Ausübung ihrer Tätigkeit auf Informationen und deren Aufarbeitung durch die Kontrollierten angewiesen. Auch hinsichtlich der Initiative, kontrollierend tätig zu werden, steht der Fachaufsicht und dem PKGr gleichermaßen Ermessen zu. Im Gegensatz dazu haben das VG und Untersuchungsausschüsse inhaltlich klarere Vorgaben.

Unterschiede zwischen Fachaufsicht und parlamentarischer Kontrolle der Nachrichtendienste bestehen insbesondere hinsichtlich des Kontrollumfangs: Anders als die parlamentarische Kontrolle ist die behördliche Aufsicht – abgeleitet aus dem verfassungsrechtlich verankerten Ressort- und Demokratieprinzip – als „Vollkontrolle" ausgestaltet. In der Praxis bedeutet dies insbesondere auch, dass die Aufsichtsbehörden Vorgänge überprüfen, in denen sich die Nachrichtendienste gegenüber parlamentarischen Gremien auf Verweigerungsgründe berufen müssen. Daher entsteht auch für Bereiche, die der parlamentarischen Kontrolle entzogen sind, kein aufsichtsfreier Raum.

Trotz der Geheimhaltungspflichten von PKGr und VG kann ich nicht ausschließen, dass sich die Beteiligten nicht nur dem Staatswohl verpflichtet fühlen. Daher fokussiert sich die parlamentarische Kontrolle gern auch auf Vorgänge von einer mutmaßlichen Relevanz für die Öffentlichkeit. Die Fachaufsicht berücksichtigt neben rechtlichen und fachlichen zwar ebenfalls politische Aspekte. Zusätzlich werden aber auch Ziele wie
- die Stärkung der Eigenverantwortung der nachgeordneten Behörde,
- die Motivation der Mitarbeiter im Geschäftsbereich und
- Arbeitserfolge

betrachtet.

Diese unterstützende Zielsetzung resultiert aus der Mitverantwortung für Arbeitsweise und Arbeitsergebnisse der nachgeordneten Behörden.

Die Mitverantwortung der Aufsichtsbehörden stellt einen weiteren zentralen Unterschied im Vergleich zu den parlamentarischen Gremien dar. Sie spiegelt sich auch in Aufsichtsinstrumenten mit Eingriffsqualität wider. Vergleichbare Durchgriffsrechte mit Regelungscharakter haben die parlamentarischen Gremien gegenüber den Nachrichtediensten nicht. Sie erstatten dem Bundestag Bericht. Für die Bundesregierung lassen die in den Berichten skizzierten Rügen oder Empfehlungen in der Regel nicht viel Handlungsspielraum. Im Rahmen ihrer Mittlerfunktion zwischen Parlament und Nachrichtendiensten steuern und kontrollieren die Fachaufsichtsbehörden die Umsetzung entsprechender Empfehlungen oder die Beseitigung von Defiziten.

Hinsichtlich des Zeitpunkts der Kontrolle ist die parlamentarische Kontrolle im Wesentlichen auf eine ex-post-Kontrolle beschränkt, während die Fachaufsicht in vielen Bereichen durch die Einbindung in den Entscheidungsprozess auch bereits ex-ante kontrolliert. Anders als bei parlamentarischen Gremien steht für die Aufsichtsbehörden daher seltener die Aufarbeitung einzelner Vorgänge im Vordergrund ihrer Tätigkeit als vielmehr eine die Arbeitsprozesse begleitende Kontrolle.

Die ist den parlamentarischen Gremien dem Grunde nach versagt. Die Grenze liegt dort, wo es auf ein Mitregieren und Mitentscheiden hinausläuft. Dies würde die Verantwortlichkeit verschieben und erst recht zu einer Steuerung jenseits der Fachlichkeit führen. Die Situation mit korrespondierenden Kontrollen durch Fachaufsicht, PKGr, Untersuchungsausschuss, BfDI und G-10-Kommission haben wir in den letzten Jahren nicht immer als unproblematisch empfunden.

Wäre da nicht eine Arbeitsteilung zwischen den einzelnen Kontrollorganen denkbar?

Das scheitert einerseits an der Konkurrenz zwischen den parlamentarischen Gremien, andererseits an Prinzipien der Gewaltenteilung, die ich hier nicht auszubreiten brauche. Aber vor allem ist es überhaupt rechtlich und praktisch nicht darstellbar:

Die kontrollierte Behörde selbst und die Fachaufsicht müssen die Kontrollgegenstände, etwa Akten oder Dateien aufbereiten, prüfen, ob Versagungsgründe in Frage kommen, ob Schwärzungen vorgenommen werden müssen, die fraglichen Unterlagen müssen verfügbar gemacht und das Ergebnis bewertet werden. Gerade die Fachaufsicht muss die Ergebnisse fachlich und politisch nachvollziehen, dazu Stellung nehmen, den politischen Ebenen berichten und entsprechende Konsequenzen ziehen.

Das führt zu erheblichem Mehraufwand, der im Sinne gesteigerter Legitimation und größerer inhaltlicher Transparenz sicherlich zu einem Vertrauenszuwachs für die Dienste führen wird. Das begrüßt die Bundesregierung ausdrücklich.

Gestatten Sie mir eine persönliche Bemerkung zum Schluss:

Wenn ich mir die letzten Jahre anschaue – beginnend im Juni 2013 – waren wir stark auf Reaktion und Aufarbeitung fokussiert:
- mediale Anstürme,
- parlamentarische Fragen von erheblicher Zahl und erheblichem Ausmaß – zu beantworten in kürzester Zeit –,
- PKGr-Befassungen mit umfangreichen Aktenvorlagen,
- Anforderungen der Untersuchungsausschüsse mit sehr kurz terminierten Beweisbeschlüssen,
- Anforderungen der G-10-Kommission mit ähnlichen Zielen,
- tagelange BfDI-Kontrollen, deren unabgestimmte Ergebnisse allen Gremien zur Verfügung gestellt werden.

All das hat Dienste und Fachaufsicht zeitweise ziemlich lahmgelegt. Wir sollten die Arbeitsfähigkeit der Dienste nicht auf dem Altar von Aufsicht und Kontrolle opfern. Ich möchte daher abschließend für ein ausgewogenes Verhältnis plädieren zwischen Kontrolle und Produktion – das Vertrauen in die Dienste und in die Kontrolle wird sich nicht steigern lassen, wenn die Dienste nicht ihrerseits das Äußerste für unsere Sicherheit gewährleisten können.

Stand und Perspektiven der gesetzlichen Fortentwicklung der parlamentarischen Kontrolle der Nachrichtendienste[*]

Burkhard Lischka / Kurt Graulich

I. Vorbemerkung 55
II. Nachrichtendienste und demokratischer Rechtsstaat 56
III. Nachrichtendienstliche Aufklärung und Völkerrecht 58
IV. Die vorrangige Bekämpfung von Terrorismus
und organisierter Kriminalität 60
V. Reform des Nachrichtendienstrechts in der 18. Wahlperiode 61
   1. Die Hauptpunkte einer Reform des BNDG 62
   2. Die Reform der Parlamentarischen Kontrolle der
      Nachrichtendienste 63
VI. Das verfassungsrechtliche Transparenzgebot 65
VII. Anekdotische Schlussbemerkung eines Bundestagsabgeordneten 68

I. Vorbemerkung

Nachrichtendienste sind unverzichtbarer Teil der Sicherheitsarchitektur moderner Staaten. Ihre Aufgabe liegt geografisch häufig außerhalb der eigenen Grenzen und rechtssystematisch vor dem Beginn nationaler Gefahrenabwehr oder Strafverfolgung. Für den Rechtsstaat ist ihre Tätigkeit deshalb aber nicht extralegal, sondern unterliegt der Gesetzesbindung (II.) und den Regeln des Völkerrechts (III.). Der bedrohliche Charakter heimlicher Maßnahmen staatlicher Behörden wird von demokratischen Gesellschaften dann ertragen, wenn sie auf besonders wichtige Schutzziele wie die Abwehr von Gefahren des internationalen Terrorismus und die Bekämpfung der organisierten Kriminalität gerichtet sind (IV.). Der Deutsche Bundestag hat mit der Mehrheit der Regierungskoalition in der 18. Wahlperiode das Handeln des Bundesnachrichtendienstes in eine feste gesetzliche Form gebracht und gleichzeitig die parlamen-

---

[*] Der Text geht auf einen mündlich gehaltenen Vortrag von *Burkhard Lischka* auf dem Symposium zurück. Die vorliegende Fassung ist aus einer Zusammenarbeit mit Kurt Graulich danach entstanden.

tarische Kontrolle seiner Arbeit effektiviert (V.). Das Lebensgefühl einer freien Gesellschaft und der rechtsstaatliche Verhältnismäßigkeitsgrundsatz treffen sich an einem funktionswesentlichen Punkt nachrichtendienstlicher Tätigkeit: der Transparenz (VI.).

II. Nachrichtendienste und demokratischer Rechtsstaat

Staatliche Eingriffe in subjektive Rechte sind im Rechtsstaat an gesetzliche Ermächtigungen gebunden. Das folgt aus dem Grundsatz der Gesetzmäßigkeit der Verwaltung und gilt in gesteigertem Maße für heimliche Vorgehensweisen. Demokratische Gesellschaften akzeptieren nicht mehr die ungeregelten verdeckten Praktiken insbesondere autoritärer Herrschaftssysteme. Das Erfordernis gesetzlicher Ermächtigungen für Rechtseingriffe durch Sicherheitsbehörden gilt verstärkt in technisch unterstützten Lebensbereichen, wo die leicht auszuführende Manipulation oder Infiltration eines alltäglichen Kommunikationsmittels weitreichende Nachteile auslösen kann.

Die Verfassung des Grundgesetzes schafft einen schützens- und verteidigungswerten Raum von Rechten und Gütern. Wenn Terroristen, Extremisten oder die organisierte Kriminalität mit neusten technischen Kommunikationsmöglichkeiten arbeiten, darf den Sicherheitsbehörden die Möglichkeit nicht verwehrt werden, sich mit verhältnismäßigen Mitteln auf die Abwehr entsprechender Gefahren einzustellen. Eine andere Haltung wäre blauäugig und sogar ihrerseits gefährlich. Aber klar ist auch: Die deutschen Nachrichtendienste sind Teil eines demokratischen Rechtsstaats und müssen sich, wie jede andere Behörde auch, an die dort geltenden Spielregeln halten. Und noch mehr: Der Gesetzgeber muss aufgrund der Verfassung hinreichend bestimmte Normen schaffen, nach denen sich die Handlungsweisen von Nachrichtendiensten ebenso wie von Polizei und Justiz richten. Denn die bloße gesetzliche Einrichtung und Beauftragung einer Behörde ohne die Bereitstellung eindeutiger Befugnisnormen schafft rechtliche Problemlagen für Behörden und Rechtspflichtige.

Der Grundsatz der Gesetzmäßigkeit der Verwaltung wurzelt im Rechtsstaatsprinzip (Art. 20 Abs. 3 GG)[1] und fordert nicht nur irgendeine, sondern eine begrenzte und näher bestimmte Ermächtigung der Exekutive zur Vornahme belastender Verwaltungsakte. Er zielt darauf ab, die Eingriffe der öffentlichen Gewalt möglichst berechenbar zu machen. Das Gesetz muss die Tätigkeit der Verwaltung inhaltlich normieren und darf sich nicht darauf beschränken, allgemein gehaltene Grundsätze aufzustellen. Eine lediglich formelle rechtsatzmäßige Bindung der Eingriffsverwaltung genügt nicht.[2] Dies bedeutet insbe-

---

[1] Denninger, Staatsrecht 1, 1973, S. 127.
[2] BVerfGE 8, 274, 325.

sondere für die Eingriffsverwaltung, dass sie mit personenbezogenen Daten nur befasst werden darf, wo sie nach dem Gesetz Aufgaben wahrzunehmen hat.

Dass man nicht anlasslos ausspäht, der Schutz der Privatsphäre und der Kommunikation – das sind Leitplanken unserer Verfassung, die auch für Nachrichtendienste gelten. Die Grundzüge dieses Verständnisses finden sich in der Rechtsprechung des Bundesverfassungsgerichts und waren der verfassungspolitische Antrieb für die weiter unten zu schildernde Gesetzgebung des Deutschen Bundestages zur Reform des Nachrichtendienstwesens in der 18. Wahlperiode. Die Anforderungen an anlasslose staatliche Eingriffe haben wiederholt die Rechtsprechung beschäftigt. Zu denken ist an den Beschluss des Bundesverfassungsgerichts zur Kontenabfrage durch Strafverfolgungsbehörden (§ 24c Abs. 3 Satz 1 Nr. 2 KredWG) und Kontenabfrage durch Finanzbehörden (§ 93 Abs. 7 AO), die mit dem Grundgesetz für vereinbar erklärt wurden[3]. Das gilt aber auch für das Urteil des Bundesverfassungsgerichts zur automatisierten Kennzeichenerfassung zwecks Abgleich mit dem Fahndungsdatenbestand nach hessischem und schleswig-holsteinischem Landesrecht,[4] für seinen Beschluss zur Schwere des mit einer anlasslosen Bildaufzeichnung einer Demonstration verbundenen Grundrechtseingriffs nach dem Bayerischen Landesversammlungsgesetz[5] und natürlich für sein Urteil zur Vorratsdatenspeicherung[6] sowie den Beschluss zu den verfassungsrechtlichen Anforderungen an die Bestandsdatenauskunft.[7]

Insbesondere in seinem Urteil zur Vorratsdatenspeicherung hat das Bundesverfassungsgericht – aus dem Verhältnismäßigkeitsgrundsatz abgeleitet – eine Kaskade von Voraussetzungen aufgestellt, die auch im Nachrichtendienstrecht beachtlich sind und kurz in Erinnerung gerufen werden sollen:

Eine anlasslose, vorsorgliche Speicherung von Telekommunikationsverkehrsdaten ist mit Art 10 Abs. 1 GG nicht generell unvereinbar. Entsprechende Eingriffe können grundsätzlich durch die legitimen Zwecke der Strafverfolgung, der Gefahrenabwehr und der Aufgabenerfüllung der Nachrichtendienste gerechtfertigt werden. Zur Erreichung dieser Ziele kann eine Vorratsdatenspeicherung auch grundsätzlich als geeignet angesehen werden.[8] Der in einer anlasslosen Speicherung von Telekommunikationsverkehrsdaten liegende Eingriff ist jedoch nur dann verhältnismäßig i.e.S., wenn er besonderen Anforderungen an die Datensicherheit, an den Umfang der Datenverwendung, an die Transparenz und an den Rechtsschutz genügt.[9] Des Weiteren ist die Verwendung der anlasslos gespeicherten Telekommunikationsverkehrsdaten gesetzlich zu regeln; die

---

[3] BVerfGE 118, 168.
[4] BVerfGE 120, 378.
[5] BVerfGE 122, 342.
[6] BVerfGE 125, 260.
[7] BVerfGE 130, 151.
[8] BVerfGE 125, 260, 316 ff.
[9] BVerfGE 125, 260, 325 ff.

verhältnismäßige Ausgestaltung der Verwendung wirkt auf die Verfassungsmäßigkeit der Speicherung zurück.[10]

Gerade dieser Schutz unterscheidet eben eine freiheitliche Gesellschaft von autoritären oder diktatorischen Staaten.[11] Und deshalb darf ein Nachrichtendienst im demokratischen Rechtsstaat nicht alles machen, was vielleicht technisch möglich wäre. Er muss Spielregeln einhalten, sonst erodieren die Leitplanken der Verfassung unserer freiheitlichen Gesellschaft. Und es ist die Aufgabe von demokratischer Politik, für den Schutz dieser Grundfreiheiten und Bürgerrechte zu sorgen, in Zeiten, in denen es manchen Sicherheitsbehörden in der Welt technisch durchaus möglich ist, nahezu jeden Menschen zu überwachen.

Manche mögen das als naiv ansehen: Nachrichtendiensten Spielregeln vorzugeben. Aber ohne solche Spielregeln kann es auch keine sinnvolle parlamentarische Kontrolle geben. Denn worin sollte diese vorrangig bestehen, wenn nicht in einer Kontrolle der Einhaltung von Gesetzen bei Ausführung heimlicher Maßnahmen? Und ich habe mehr als einmal in den vergangenen Jahren den Satz gehört: Die anderen – gemeint waren andere Nachrichtendienste – lachen sich doch kaputt über das, was wir hier in Deutschland an Diskussionen über unsere Nachrichtendienste und deren gesetzliche Reglementierungen führen. Eine solche Polemik verrät ein problematisches Verhältnis zum Wesen eines Rechtsstaates und überschätzt die Stärke seiner Gegner. In Deutschland sind zwei Diktaturen trotz ebenso riesiger wie regellos agierender Geheimdienste untergegangen. Die Bundespublik Deutschland hat jedes dieser Systeme mit dem Einsatz viel kleinerer und gesetzesgebunden handelnder Nachrichtendienste deutlich überdauert. Allerdings muss an der Verfeinerung rechtsstaatlicher Anforderungen bei heimlichen Maßnahmen von Polizei und Nachrichtendiensten weiterhin gearbeitet werden.

III. Nachrichtendienstliche Aufklärung und Völkerrecht

Die Bundesrepublik Deutschland ist dem friedlichen Zusammenleben der Völker verpflichtet (vgl. die Hervorhebung der Völkerverständigung in Art. 9 Abs. 2 GG). Dem steht nicht entgegen, dass sie auch mit nachrichtendienstlichen Mitteln ihre Sicherheit organisieren darf. Dies hat das Bundesverfassungsgericht in seiner Entscheidung zum G10-Gesetz im Jahr 1999 unter Hinweis auf die außen- und sicherheitspolitischen Belange, die die Bundesrepublik Deutschland als Teil der Staatengemeinschaft und in ihrem Verhältnis zu zwischenstaatlichen Einrichtungen zu wahren hat, betont. Die Bundesrepublik Deutschland

---

[10] BVerfGE 125, 260, 327 ff.
[11] *Lischka*: Das haben die Bürger meines Wahlkreises Magdeburg noch vor 27 Jahren selbst, häufig am eigenen Leib, erfahren.

muss ihre Außen- und Sicherheitspolitik und ihre internationale Zusammenarbeit auf international verursachte Gefährdungen einstellen können und bedarf hierfür auch im Interesse ihrer Handlungs- und Bündnisfähigkeit entsprechende Kenntnisse.[12]

Der inzwischen berühmte Satz der Kanzlerin: „Ausspähen unter Freunden, das geht gar nicht!", war in den Augen mancher, auch sogenannter Sicherheitsexperten, der Gipfel dieser Naivität in einem gefährlichen Umfeld. Na klar geht das, Ausspähen unter Freunden!

Als der NSA-Untersuchungsausschuss des Deutschen Bundestages seine Arbeit aufnahm, da musste er sich von renommierten Völkerrechtlern erst einmal erklären lassen, dass zwar jeder Staat seine eigenen Bürger vor Ausspähung und Spionage schützt, aber die Bürgerinnen und Bürger anderer Staaten für die eigenen Geheimdienste vogelfrei sind. Die Zeit der deutschen Teilung sowie der Kalte Krieg haben uns zwangsläufig zu Fachleuten im Umgang mit Spionage gemacht, und das Bundesverfassungsgericht hat bei der Frage nach der strafrechtlichen Verfolgung von Spionage durch die DDR gegenüber der alten Bundesrepublik genau diese Unterscheidung von Inland und Ausland zugrunde gelegt.[13] Der Schutz der Bundesrepublik Deutschland erfordert es, geheimdienstliche Tätigkeiten für eine fremde Macht unter Strafe zu stellen.[14] Dem Schutz der Bundesrepublik dient auch die Tätigkeit ihres Auslandsnachrichtendienstes. Der Staat, der diesen Dienst geschaffen hat und unterhält, kann nicht zugleich dessen Mitarbeiter und Agenten wegen ihrer dienstlichen Tätigkeit mit Strafe bedrohen. Für Mitarbeiter und Agenten des Geheimdienstes einer fremden Macht gelten diese Gesichtspunkte nicht, vor allem wenn ihre Tätigkeit gegen die Bundesrepublik gerichtet ist. Es entspricht demzufolge der Sachgesetzlichkeit des Staatsschutzrechts, dass es stets nur den eigenen Staat gegen fremde Spionage schützt und in diesen Schutz allenfalls noch gewisse Verbündete einbezieht, dagegen die dem Schutz und den Interessen des eigenen Staates dienende Tätigkeit der eigenen Geheimdienste nicht als strafbar ansieht.[15]

Verfassungsrechtlich ist im Nachrichtendienstrecht zwar die Unterscheidung zwischen Deutschen und Nichtdeutschen wesentlich, völkerrechtlich macht es aber für die Rechtmäßigkeit staatlichen Handelns keinen Unterschied, ob Sie einen Österreicher, einen Franzosen oder einen Taliban ausspähen! Das ist die Rechtslage. Unter militärischen Bündnispartnern und noch mehr im Rahmen der Europäischen Union erscheint es aber politisch unverständlich, einander als nachrichtendienstliche Aufklärungsziele zu behandeln. Das schafft nicht mehr Sicherheit, sondern ist ein Sicherheitsrisiko, weil es eine vertrauensvolle und dringend notwendige Zusammenarbeit in Europa behindert. Was im ge-

---

[12] BVerfGE 100, 313, 371.
[13] BVerfGE 92, 277, 318 f.
[14] BVerfGE 57, 250, 262 ff.
[15] BGHSt 37, 305, 312 f.

genseitigen Verhältnis dieser Staaten unklar ist, sollte nicht durch den Einsatz heimlicher Mittel, sondern durch offene Aussprache geklärt werden, wie es in Demokratien üblich ist.

IV. Die vorrangige Bekämpfung von Terrorismus und organisierter Kriminalität

Das große Gewicht einer effektiven Bekämpfung des Terrorismus für die demokratische und freiheitliche Ordnung hat das Bundesverfassungsgericht bereits in seinem Urteil zur Anti-Terrordatei ausgeführt.[16] Straftaten mit dem Gepräge des Terrorismus zielen auf eine Destabilisierung des Gemeinwesens und umfassen hierbei in rücksichtsloser Instrumentalisierung anderer Menschen Angriffe auf Leib und Leben beliebiger Dritter. Sie richten sich gegen die Grundpfeiler der verfassungsrechtlichen Ordnung und das Gemeinwesen als Ganzes. Es ist Gebot unserer verfassungsrechtlichen Ordnung, solche Angriffe nicht als Krieg oder als Ausnahmezustand aufzufassen, die von der Beachtung rechtsstaatlicher Anforderungen dispensieren, sondern sie als Straftaten mit den Mitteln des Rechtsstaats zu bekämpfen. Dem entspricht umgekehrt, dass der Terrorismusbekämpfung im rechtsstaatlichen Rahmen der Verhältnismäßigkeitsabwägung ein erhebliches Gewicht beizumessen ist.[17]

In diesem Zusammenhang dürfen auch heimliche Mittel eingesetzt werden. So hat das Bundesverfassungsgericht erst im Jahr 2016 die Ermächtigung des Bundeskriminalamts zum Einsatz von heimlichen Überwachungsmaßnahmen – wie Wohnraumüberwachungen, Telekommunikationsverkehrsdatenerhebungen, Online-Durchsuchungen, Telekommunikationsüberwachungen und Überwachungen außerhalb von Wohnungen mit besonderen Mitteln der Datenerhebung – zur Abwehr von Gefahren des internationalen Terrorismus im Grundsatz mit den Grundrechten des Grundgesetzes für vereinbar erklärt. Die Ausgestaltung solcher Befugnisse muss allerdings dem Verhältnismäßigkeitsgrundsatz genügen.[18]

Politisch muss aber gefragt werden, was eigentlich naiver – oder sagen wir es deutlicher – wichtiger für unsere Sicherheit und unsere freiheitlichen Gesellschaften ist: Nachrichtendienste, die die Mobiltelefone von befreundeten europäischen Politikern ausspionieren oder Nachrichtendienste, die sich auf ihre Kernaufgaben konzentrieren, nämlich die Bekämpfung von Terrorismus und organisierter Kriminalität? Stattdessen sollten Defizite in der Zusammenarbeit verbündeter Länder bei der Bekämpfung von Terrorismus und Kriminalität

---

[16] BVerfGE 133, 277, 333 f. Rn. 133.
[17] BVerfGE 115, 320, 357 f.
[18] BVerfG, Urt. v. 20.04.2016 – 1 BvR 966/09, 1 BvR 1140/09, Rn. 103.

verbessert werden. Es ist geradezu grotesk, wenn wir in Europa bis zum heutigen Tag nicht einmal eine gemeinsame Datenbank über sämtliche islamistische Gefährder haben, auf die alle europäischen Sicherheitsbehörden zugreifen können, stattdessen aber Sicherheitsbehörden der gleichen Länder einen Teil ihrer Ressourcen darauf verwenden, Regierungsmitglieder anderer befreundeter Staaten auszuspionieren.

V. Reform des Nachrichtendienstrechts in der 18. Wahlperiode

Der von der Regierungskoalition in der 18. Wahlperiode vorgelegte Entwurf zur Reform des Auslandsnachrichtendienstes heißt zwar thematisch einschränkend „Entwurf eines Gesetzes zur Ausland-Ausland-Fernmeldeaufklärung des Bundesnachrichtendienstes", führt das BND-Gesetz (BNDG) aber insgesamt auf ein bislang nicht vorhanden gewesenes Niveau von systematischer Klarheit sowie Regelungsdichte im Einzelfall.[19] Es konstitutionalisiert die Arbeit des Bundesnachrichtendienstes als Sicherheitsbehörde im demokratischen Rechtsstaat. Gesetzgebungstechnisch wird damit der Anschluss an die jahrzehntelange Entwicklung im Polizeirecht gefunden, hinter der das Gesetz bislang zurückgeblieben war. Es bleibt zwar bei zwei bestehenden legislatorischen Abhängigkeiten: zum einen vom G10 und zum anderen vom Bundesverfassungsschutzgesetz. Dabei ist allerdings einzuräumen, dass die Regelungen des G10 nicht wirklich befriedigend in das BNDG zu integrieren wären, weil sie auch andere Dienste betreffen. Und die inhaltlichen Bezugnahmen des BNDG auf die Befugnisse für besondere Auskunftsverlangen, weitere Auskunftsverlangen sowie besondere Formen der Datenerhebung im Bundesverfassungsschutzgesetz indizieren auch zukünftig Parallelentwicklungen von nachrichtendienstrechtlichen Institutionen – wie sie vergleichsweise auch im Polizeirecht vorhanden sind und dort typischerweise durch koordinierte Gesetzgebungsakte bewältigt werden. Soweit betrachtet, verkörpert die Novellierung des BNDG einen großen Sprung in der Gesetzgebungsgeschichte des deutschen Auslandsnachrichtendienstes.[20]

---

[19] Als der vorliegende Vortrag gehalten wurde, war die vom Deutschen Bundestag beschlossene Reform von BNDG und PKGrG noch nicht verkündet und im Bundesgesetzblatt veröffentlicht. Dies ist erst danach geschehen mit dem Gesetz zur Ausland-Ausland-Aufklärung des Bundesnachrichtendienstes vom 23.12.2016, BGBl. I S. 3346, und dem Gesetz zur weiteren Fortentwicklung der parlamentarischen Kontrolle der Nachrichtendienste des Bundes vom 30.11.2016, BGBl. I S. 2746.

[20] *Graulich*, Gutachterliche Stellungnahme zum Entwurf der Fraktionen der CDU/CSU und SPD eines Gesetzes zur Ausland-Ausland-Fernmeldeaufklärung des Bundesnachrichtendienstes, Ausschussdrucksache 18(4)653 B, September 2016, https://www.bundestag.de/blob/459620/a34e858b9999b071b2c79ac6495f89e7/18-4-653-b-data.pdf (Abruf: 13.06.2017), S. 3.

1. Die Hauptpunkte einer Reform des BNDG

Die Neufassung des BNDG macht Ernst mit der Bindung des Auslandsnachrichtendienstes an das Gesetz, indem die bislang großenteils nur aus Aufgabenbeschreibungen ableitbaren rechtlichen Grundlagen seiner Maßnahmen mit einer massiven Ausweitung von Befugnisnormen unterfüttert werden. Der Nachrichtendienst erhält damit eine klare Rechtsgrundlage für seine Arbeit, muss sich aber auch innerhalb dieser Schranken bewegen. In der Vergangenheit mitunter erhobene Vorwürfe eines Eigenlebens wird damit die Grundlage entzogen. An die Stelle von Eigenleben tritt zukünftig der Vollzug demokratisch ergangener gesetzlicher Regelungen. War die Kritik an nachrichtendienstlichen Maßnahmen seither meistens die Äußerung von Legitimitätszweifeln, wird sie zukünftig sich selbst sowie die Arbeit der Dienste an der Legalität messen müssen. Dies verspricht eine deutliche Erhöhung des rechtsstaatlichen Rationalitätsgehalts in den einschlägigen Auseinandersetzungen.

Natürlich ist klar, dass wenn man Dinge so explizit regelt, es immer Kritiker geben wird, die sich mehr wünschen und einem vorwerfen, bestimmte Praktiken würden jetzt legalisiert. Selbstverständlich: Wir schaffen die Nachrichtendienste nicht ab. Die strategische Fernmeldeaufklärung soll ein Teil ihrer Arbeit bleiben. Die Fernmeldeaufklärung findet auch nicht im rechtsfreien Raum statt. Vielmehr berührt sie fast unvermeidbar subjektive Rechte natürlicher und juristischer Personen. Das neue BNDG folgt beim Grundrechtsschutz der schon seither geübten Praxis in der Fernmeldeaufklärung, wonach maßgeblich zwischen dem umfassenden Schutz deutscher Rechtsträger (sog. G10-Schutz) und dem eingeschränkten Schutz ausländischer Rechtsträger bei der Ausland-Ausland-Fernmeldeaufklärung zu unterscheiden ist. Im Sinne dieser bereits in der Vergangenheit vom BND gepflegten Rechtspraxis bezieht der Gesetzentwurf in der Begründung zu § 6 Abs. 4 BNDG Stellung, als dort eine Erhebung von Daten aus Telekommunikationsverkehren von deutschen Staatsangehörigen, von inländischen juristischen Personen oder von sich im Bundesgebiet aufhaltenden Personen für unzulässig erklärt wird. Somit wird die Ausland-Ausland-Fernmeldeaufklärung – wie schon bislang – explizit abgegrenzt vom sonst gemäß Art. 10 GG zu gewährenden Schutz nach dem G10. Demnach wird der Schutz des Fernmeldegeheimnisses bei der Ausland-Ausland-Fernmeldeaufklärung sämtlichen deutschen Staatsangehörigen garantiert, und zwar ungeachtet ihres Aufenthaltes im In- oder Ausland; hinzu kommt der standortunabhängige Schutz von deutschen juristischen Personen. Oder umgekehrt ausgedrückt: Die Erhebung von Inhalts- und Verkehrsdaten von deutschen Staatsangehörigen, inländischen juristischen Personen oder sich im Bundesgebiet aufhaltenden Personen richtet sich nach dem Artikel 10-Gesetz.[21]

---

[21] *Graulich* (Fn. 20), S. 7.

In der Neufassung legt § 6 Abs. 5 BNDG fest, dass die Informationsgewinnung und -nutzung zur Erzielung von Wettbewerbsvorteilen (Wirtschaftsspionage) – wie bei der Auftragserfüllung durch den BND insgesamt – auch bei der Ausland-Ausland-Fernmeldeaufklärung unzulässig ist.[22] Darin liegt im Vergleich zu den Dienstegesetzen in anderen Ländern ein auffallendes Alleinstellungsmerkmal. Eine Praxis der Gegenseitigkeit würde die internationalen Beziehungen in diesem Bereich ein gutes Stück weit entgiften. Es ist daher wünschenswert, dass die neu geschaffene Regelung über das Verbot der nachrichtendienstlichen Wirtschaftsspionage Nachahmer bei anderen Gesetzgebern findet.

Der Rechtsraum der Europäischen Union unterliegt bei nachrichtendienstlicher Fernmeldeaufklärung nicht dem privilegierten Schutz nach dem G10. Die Reform des BNDG in der 18. Wahlperiode schafft für diesen Fall daher erstmals einen besonderen rechtlichen Schutz für europäische Bürgerinnen und Bürger sowie Regierungen und Institutionen. Das Bundeskanzleramt unterrichtet nämlich das neu geschaffene Unabhängige Gremium über die vom Bundesnachrichtendienst getroffenen Anordnungen nach § 9 Abs. 2 BNDG, also von Suchbegriffen, soweit sich diese auf Einrichtungen der Europäischen Union oder auf öffentliche Stellen ihrer Mitgliedstaaten beziehen. Das Unabhängige Gremium ist nach dieser obligatorischen Unterrichtung durch das Bundeskanzleramt befugt, die Bestimmung von Suchbegriffen für unzulässig oder nicht notwendig zu erklären, woraufhin diese unverzüglich aufzuheben sind (§ 9 Abs. 5 BNDG). Insofern können die Suchbegriffs-Bestimmungen durch den BND-Präsidenten – soweit sie sich auf Einrichtungen der Europäischen Union oder auf öffentliche Stellen ihrer Mitgliedstaaten beziehen – als schwebend unwirksam bis zur Befassung durch das Unabhängige Gremium angesehen werden.[23]

2. Die Reform der Parlamentarischen Kontrolle der Nachrichtendienste

Die Kontrolle der Nachrichtendienste in Deutschland ist insbesondere unter dem Gesichtspunkt der Gewaltenteilung vielfältig. Sie umfasst – administrativ – die normale Verantwortlichkeit gegenüber der Aufsichtsbehörde. Das ist im Falle des BND das Bundeskanzleramt, im Falle des Bundesamtes für Verfassungsschutz das Bundesministerium des Innern und im Falle des MAD das Bundesministerium der Verteidigung. Die Ministerien wiederum unterliegen im Rahmen der Gewaltenteilung der allgemeinen parlamentarischen Verantwortlichkeit. Kontrolliert wird außerdem der Haushaltsvollzug der Dienste durch den Bundesrechnungshof. Die gerichtliche Überprüfung auf rechtmäßiges Verwaltungshandeln obliegt – ausgelöst durch individualrechtliche Schutzgesuche – den Verwaltungsgerichten.

---

[22] BT-Drs. 18/9041 vom 05.07.2016, S. 38.
[23] *Graulich* (Fn. 20), S. 16, 18.

Und schließlich gibt es – als Qualifizierung der administrativen Kontrolle – eine gewachsene Anzahl von Genehmigungsvorbehalten, insbesondere vor Beschränkungen der Telekommunikationsfreiheit. Dient die Beschränkung dem Schutze der freiheitlichen demokratischen Grundordnung oder des Bestandes oder der Sicherung des Bundes oder eines Landes, so kann nach Art. 10 Abs. 1 Satz 2 GG das Gesetz bestimmen, dass sie dem Betroffenen nicht mitgeteilt wird und dass an die Stelle des Rechtsweges die Nachprüfung durch von der Volksvertretung bestellte Organe und Hilfsorgane tritt. Dies führt auf Grund des Artikel 10-Gesetzes bereits seit nahezu fünfzig Jahren dazu, dass vor der Überwachung deutscher Rechtsträger die G10-Kommission ihr Einverständnis erteilen muss. Der Gesetzgeber hat damit im Lichte der Rechtsprechung des Bundesverfassungsgerichts ein Organ geschaffen, das an die Stelle des Rechtswegs tritt,[24] das innerhalb des Funktionsbereichs der Exekutive agiert, aber nicht in diese inkorporiert ist,[25] das Rechtskontrolle ausübt, aber auch Opportunitätserwägungen treffen kann.[26] Es handelt sich um ein Kontrollorgan eigener Art außerhalb der rechtsprechenden Gewalt,[27] das als Ersatz für den fehlenden gerichtlichen Rechtsschutz dient.[28]

Durch die Novellierung des BNDG hinzugekommen ist die Schaffung eines Unabhängigen Gremiums aus Richtern des Bundesgerichtshofs sowie von Bundesanwälten (§ 16 BNDG-E), das vor Aufklärungsmaßnahmen einzuschalten ist, die mit Suchbegriffen unternommen werden, die zur gezielten Erfassung von Einrichtungen der Europäischen Union, von öffentlichen Stellen ihrer Mitgliedstaaten oder von Unionsbürgerinnen oder Unionsbürgern führen (§ 6 Abs. 3 Satz 1 BNDG-E). Die ihm übertragenen Aufgaben liegen zum Teil in der Ausfüllung von Genehmigungsvorbehalten und zum Teil in nachträglicher oder begleitender Kontrolle von Aufklärungstätigkeit des Bundesnachrichtendienstes. Die Befassung des Parlamentarischen Kontrollgremiums mit den Aufgaben des Unabhängigen Gremiums kommt nicht in Betracht. Ein parlamentarisches Gremium darf keinen verwaltungsförmigen Zustimmungsvorbehalt ausüben. Dies wäre eine unzulässige Überschreitung des Gewaltenteilungsprinzips[29]. Handelt es sich bei dem Unabhängigen Gremium somit weder um ein parlamentarisches noch um ein judikatives Organ, ist es wie eines der Verwaltung einzuordnen.[30]

---

[24] BVerfGE 30, 1, 23, aber kein Gericht ist (vgl. BVerfGE 67, 157, 170 f.; BVerfG (K), Beschl. v. 13.07.1993 – 1 BvR 1016/93, juris, Rn. 3).
[25] BVerfGE 30, 1, 28.
[26] BVerfGE 30, 1, 23 f.
[27] BVerfGE 67, 157, 171; BVerfG (K), Beschl. v. 13.07.1993 (Fn. 24), Rn. 4.
[28] BVerfG, Beschl. v. 20.09.2016 – 2 BvE 5/15, Rn. 41.
[29] *Graulich* (Fn. 20), S. 26.
[30] *Graulich* (Fn. 20), S. 29.

Die parlamentarische Kontrolle der Nachrichtendienste ist verfassungsrechtlich und politisch notwendig. Sie ist durch das Gesetz zur Änderung des Grundgesetzes (Artikel 45d) vom 17.07.2009[31] in der Bundesverfassung verankert worden. Die Effektivität des dadurch entwickelten Kontrollregimes hat sich aber als unzulänglich erwiesen. Der in der 18. Wahlperiode vorgelegte Entwurf unternimmt es, auf der vorhandenen Grundlage in Art. 45d GG die parlamentarische Kontrolle durch die Einführung eines Ständigen Bevollmächtigten fortzuentwickeln. Der Ständige Bevollmächtigte soll einerseits auf Weisung des Parlamentarischen Kontrollgremiums (PKGr) tätig werden (§5a Abs. 2 Satz 1 und 2 PKGr-E) und anderseits nach pflichtgemäßem Ermessen (§ 5a Abs. 2 Satz 3 PKGr-E). Er ist die Kanzlei des PKGr zur Vorbereitung seiner Sitzungen sowie der Berichte an das Plenum des Deutschen Bundestages (§ 5a Abs. 3 Satz 1 PKGr-E). Seine vorgesehene regelmäßige Teilnahme an Sitzungen des Parlamentarischen Kontrollgremiums, der G10-Kommission und des Vertrauensgremiums nach § 10a BHO (§ 5a Abs. 3 Satz 2 PKGr-E) ermöglichen auf Arbeitsebene eine Verschränkung der Parlamentarischen Kontrollfunktionen über die Nachrichtendienste und versprechen ihre Verstärkung.[32] Damit wird zugleich die Parlamentarische Kontrolle gestärkt: Mit einem ständigen Bevollmächtigten, einem unabhängigen Gremium aus Bundesrichtern und -anwälten, mehr Mitarbeitern, die die parlamentarische Kontrolle unterstützen, einem verbesserten Austausch der Kontrollgremien, zusätzlichen Befugnissen der parlamentarischen Gremien. Das dient letztlich auch den Diensten.

VI. Das verfassungsrechtliche Transparenzgebot

Nachrichtendienste arbeiten im Wesentlichen geheim. Deshalb reden wir ja auch landläufig von „Geheimdiensten". Wer Sicherheit mit heimlichen Mitteln erzeugt, unterliegt dabei aber besonderen Anforderungen. Diese ergeben sich insbesondere aus dem verfassungsrechtlichen Verhältnismäßigkeitsgrundsatz. Diesen Zusammenhang hat erst in diesem Jahr das Bundesverfassungsgericht zu den entsprechenden Ermächtigungen im BKAG beschrieben. Und diese Grundsätze sind auf die Dienstegesetze entsprechend anzuwenden und werden dort noch im erforderlichen Maße gesetzgeberisch nachzuarbeiten sein, wenn sie sich nicht ausreichend aus der Gesetzesanwendung generieren lassen. Wenigstens drei Wirkungsebenen des Verhältnismäßigkeitsgrundsatzes lassen sich demnach unterscheiden:

---

[31] BGBl. I S. 1977.
[32] *Graulich* (Fn. 20), S. 46.

(1) Übergreifende Anforderungen ergeben sich aus dem Verhältnismäßigkeitsgrundsatz in verfahrensrechtlicher Hinsicht. Die hier ganz überwiegend in Rede stehenden eingriffsintensiven Überwachungs- und Ermittlungsmaßnahmen, bei denen damit zu rechnen ist, dass sie auch höchstprivate Informationen erfassen und gegenüber den Betroffenen heimlich durchgeführt werden, bedürfen grundsätzlich einer vorherigen Kontrolle durch eine unabhängige Stelle, etwa in Form einer richterlichen Anordnung.[33] Dies gilt für Maßnahmen der Wohnraumüberwachung bereits gemäß Art. 13 Abs. 3 und 4 GG[34] und folgt im Übrigen unmittelbar aus dem Verhältnismäßigkeitsgrundsatz.[35] Sämtliche Ausführungen zum Kontrollregime über die Nachrichtendienste können als Beleg für die Implementierung dieses Gedankens gelten, d.h. die administrativen und judikativen Genehmigungsvorbehalte und die – nacheilende und begleitende – parlamentarische Kontrolle.

(2) Zusätzlich zu den verfassungsrechtlichen Anforderungen an die allgemeinen Eingriffsvoraussetzungen ergeben sich aus den jeweiligen Grundrechten in Verbindung mit Art. 1 Abs. 1 GG für die Durchführung von besonders eingriffsintensiven Überwachungsmaßnahmen besondere Anforderungen an den Schutz des Kernbereichs privater Lebensgestaltung.[36] Dem trägt die Neufassung des BNDG zukünftig mit § 11 BNDG Rechnung. Des Weiteren folgt aus den verfassungsrechtlichen Anforderungen aber, dass bei der Durchführung von Überwachungsmaßnahmen dem Kernbereichsschutz auf zwei Ebenen Rechnung getragen werden muss. Zum einen sind auf der Ebene der Datenerhebung Vorkehrungen zu treffen, die eine unbeabsichtigte Miterfassung von Kernbereichsinformationen nach Möglichkeit ausschließen. Zum anderen sind auf der Ebene der nachgelagerten Auswertung und Verwertung die Folgen eines dennoch nicht vermiedenen Eindringens in den Kernbereich privater Lebensgestaltung strikt zu minimieren.[37]

(3) Und schließlich folgt aus dem verfassungsgesetzlichen Verhältnismäßigkeitsgrundsatz nach der Rechtsprechung des Bundesverfassungsgerichts ein Transparenzgebot für individuellen Rechtsschutz und aufsichtliche Kontrolle,[38] das

---

[33] Vgl. dazu auch EGMR, Urt. v. 06.09.1978, Nr. 5029/71, Rn. 56 – *Klass*; Urt. v. 04.12.2015, Nr. 47143/06, Rn. 258, 275 – *Zakharov*; Urt. v. 12.01.2016, Nr. 37138/14, Rn. 77 – *Szabó und Vissy*.
[34] BVerfGE 109, 279, 57 ff.
[35] BVerfG (Fn. 18), Rn. 117, unter Hinweis auf BVerfGE 120, 274, 331 ff.; 125, 260, 337 ff.
[36] BVerfG (Fn.18), Rn. 119.
[37] BVerfG (Fn.18), Rn. 126, unter Hinweis auf BVerfGE 120, 274, 337 ff.; 129, 208, 245 f.
[38] BVerfGE 133, 277, 365, Rn. 204; vgl. auch BVerfGE 65, 1, 44 ff.; 100, 313, 361, 364; 109, 279, 363 f.; 125, 260, 334 ff.(stRspr); vgl. ähnlich auch Vorschlag für eine Richtlinie des Europäischen Parlaments und des Rates zum Schutz natürlicher Personen bei der Verarbeitung personenbezogener Daten durch die zuständigen Behörden zum Zwecke der Verhütung, Untersuchung, Aufdeckung oder Verfolgung von Straftaten oder der Strafvollstreckung sowie

sich tendenziell mit eher objektivrechtlichen Verhältnissen in den Diensten selbst verbindet. Die Heimlichkeit nachrichtendienstlicher Maßnahmen bedeutet nämlich auch: Sie können im Regelfall nicht über ihre Erfolge sprechen, über ihre Alltagsarbeit, aber auch ihre praktischen Probleme. Das ist manchmal misslich. Weil das Bild, das über unsere Nachrichtendienste in der Öffentlichkeit vermittelt wird, sich sehr häufig über Missstände und vermeintliche oder tatsächliche Skandale definiert, die irgendwann das Licht der Öffentlichkeit erblicken. An dieser Stelle lässt sich mit der Erfüllung des Transparenzgebots ein doppelter Effekt erzielen. Transparenz der Datenerhebung und -verarbeitung soll dazu beitragen, dass Vertrauen und Rechtssicherheit entstehen können und der Umgang mit Daten in einen demokratischen Diskurs eingebunden bleibt.[39] Durch sie soll, soweit möglich, den Betroffenen subjektiver Rechtsschutz ermöglicht und zugleich einer diffusen Bedrohlichkeit geheimer staatlicher Beobachtung entgegengewirkt werden.[40] Je weniger die Gewährleistung subjektiven Rechtsschutzes möglich ist, desto größere Bedeutung erhalten dabei Anforderungen an eine wirksame aufsichtliche Kontrolle und an die Transparenz des Behördenhandelns gegenüber der Öffentlichkeit.[41] Zu den Anforderungen an die verhältnismäßige Ausgestaltung der fraglichen Überwachungsmaßnahmen gehört die gesetzliche Anordnung von Benachrichtigungspflichten. Da solche Maßnahmen, um ihren Zweck zu erreichen, heimlich durchgeführt werden müssen, hat der Gesetzgeber zur Gewährleistung subjektiven Rechtsschutzes im Sinne des Art. 19 Abs. 4 GG vorzusehen, dass die Betroffenen zumindest nachträglich von den Überwachungsmaßnahmen grundsätzlich in Kenntnis zu setzen sind.[42] Zur Flankierung von informationsbezogenen Eingriffen, deren Vornahme oder Umfang die Betroffenen nicht sicher abschätzen können, hat der Gesetzgeber überdies Auskunftsrechte vorzusehen.[43] Zur Gewährleistung von Transparenz und Kontrolle bedarf es schließlich einer gesetzlichen Regelung von Berichtspflichten. Da sich die Durchführung von heimlichen Überwachungsmaßnahmen der Wahrnehmung der Betroffenen und der Öffentlichkeit entzieht und dem auch Benachrichtigungspflichten oder Auskunftsrechte mit der Möglichkeit anschließenden subjektiven Rechtsschutzes nur begrenzt entgegenwirken können, sind hinsichtlich der Wahrnehmung dieser Befugnisse regelmäßige Berichte des Bundeskanzleramts gegenüber Parlament und Öffentlichkeit gesetzlich sicherzustellen. Sie sind erforderlich und müssen hinreichend

---

zum freien Datenverkehr vom 25.01.2012, KOM[2012] 10 endgültig – Stand nach Abschluss des Trilogs, 16.12.2015: 15174/15; Stand 28.01.2016: 5463/16, Anlage.

[39] BVerfGE 133, 277, 366 Rn. 206.
[40] BVerfGE 125, 260, 335; ähnlich EuGH, Urt. v. 08.04.2014, C-293/12 und C-594/12 = NJW 2014, 2169, 2170, Rn. 37 – *Digital Rights Ireland*.
[41] BVerfG (Fn. 18), Rn. 135, unter Hinweis auf BVerfGE 133, 277, 366 f. Rn. 207.
[42] BVerfG (Fn. 18), Rn. 136.
[43] BVerfG (Fn. 18), Rn. 137.

gehaltvoll sein, um eine öffentliche Diskussion über Art und Ausmaß der auf diese Befugnisse gestützten Datenerhebung, einschließlich der Handhabung der Benachrichtigungspflichten und Löschungspflichten, zu ermöglichen und diese einer demokratischen Kontrolle und Überprüfung zu unterwerfen.[44]

VII. Anekdotische Schlussbemerkung eines Bundestagsabgeordneten

Als ich vor circa zwei Jahren durch die Magdeburger Innenstadt ging, rief mir ein älterer Herr von weitem zu: „Herr Lischka, warten Sie mal. Eins will ich Ihnen erzählen: Wenn unsere Stasi zu DDR-Zeiten so gearbeitet hätte, wie Ihre Dienste... die DDR hätte es keine zehn Jahre gegeben." Hört sich erstmal lustig an. Aber dahinter steckt ein sehr ernsthaftes Problem. Viele wissen überhaupt nichts über die Arbeit unserer Dienste im demokratischen Rechtsstaat und den Stellenwert, den ihre Arbeit hat, damit wir in einem sicheren Land leben können. Die Öffentlichkeit wird in der medialen Berichterstattung und Wahrnehmung konfrontiert mit Unzulänglichkeiten, Skandalen und Skandälchen und einem vorgeblichen Eigenleben der Dienste, das dann alle beklagen. Diese Zustandsbeschreibung ist falsch. Die voranstehende Schilderung von Arbeit und Kontrolle der deutschen Nachrichtendienste widerlegt sie. Kontrolle ist nicht nur ein aufsichtliches Mittel, sondern dient auch dazu, aus dem Alltagsleben der Dienste zu berichten und den Menschen einen Eindruck davon zu vermitteln, was unsere Dienste eigentlich tun und worin ihr Beitrag für die öffentliche Sicherheit liegt.

Einerseits Nachrichtendienste systematisch auf ihre Schwächen abzuklopfen und Regelverstöße zu benennen, auf der anderen Seite aber auch deutlich zu machen, wo Dienste eine wichtige Arbeit leisten und unverzichtbar sind: Auch dem dient Kontrolle. In einem Rechtsstaat sind Dienste auf eine breite Akzeptanz und Verständnis für ihre Arbeit angewiesen. Ohne eine gut aufgestellte Kontrolle wird dies aber nicht funktionieren.

Diese Erkenntnis wünsche ich mir nicht nur für die Kontrolleure, sondern hoffe, dass dies auch mehr und mehr in den Diensten erkannt wird.

---

[44] BVerfG (Fn. 18), Rn. 143 unter Hinweis auf BVerfGE 133, 277, 372 Rn. 221 f.

Entwicklungslinien und Prinzipien der parlamentarischen Kontrolle der Nachrichtendienste*

Heinrich Amadeus Wolff

I. Das parlamentarische Kontrollrecht 69
  1. Die parlamentarische Kontrolle als parlamentarische Aufgabe 69
  2. Die Struktur der parlamentarischen Kontrolle 72
  3. Die Grenzen der parlamentarischen Kontrolle 73
III. Die parlamentarische Kontrolle der Nachrichtendienste 79
  1. Die parlamentarische Kontrolle der ND als Form der
     parlamentarischen Kontrolle 79
  2. Sind nachrichtendienstliche Informationen von Natur
     aus geheim? 81
  3. Die Entwicklungslinie der parlamentarischen Kontrolle
     der Nachrichtendienste 82
  4. Das Parlamentarische Kontrollgremium 83
  5. Irrige Reformvorstellung 89
VII. Ergebnis 91

I. Das parlamentarische Kontrollrecht

1. Die parlamentarische Kontrolle als parlamentarische Aufgabe

Das Parlament hat, nach ganz einhelliger Auffassung, nicht nur die Funktion Gesetze zu erlassen und über wichtige Staatsämter zu entscheiden, sondern auch die Aufgabe, die Exekutive zu kontrollieren.[1] Parlamentarische Kontrolle ist die Überprüfung von Regierung und Verwaltung. Mit Überprüfung meint man zunächst die Nachprüfung, ob sich die Regierung an die für sie relevanten rechtlichen und politischen Vorgaben hält. Darüber hinaus erfasst die parlamentarische Kontrolle – insofern begrifflich irreführend – auch den Fall, dass

---

* Vortrag auf dem 1. Symposium zum Recht der Nachrichtendienste: Kontrolle – Rechtsschutz – Kooperationen des Bundesministeriums des Innern und des Bundeskanzleramtes am 03.11.2016.
[1] *Wolff* JZ 2010, 173, 174.

das Parlament niemanden kontrollieren will, sondern nur überprüft, ob ein bestimmter Rechtsbereich reformbedürftig ist oder nicht.[2] In den Worten des BVerfG heißt es:

„Das parlamentarische Regierungssystem wird auch durch die Kontrollfunktion des Parlaments geprägt. Die parlamentarische Kontrolle von Regierung und Verwaltung verwirklicht den Grundsatz der Gewaltenteilung, der für das Grundgesetz ein tragendes Funktions- und Organisationsprinzip darstellt. Der Gewaltenteilungsgrundsatz zielt dabei nicht auf eine absolute Trennung der Funktionen der Staatsgewalt, sondern auf die politische Machtverteilung, das Ineinandergreifen der drei Gewalten und die daraus resultierende gegenseitige Kontrolle und Begrenzung mit der Folge der Mäßigung der Staatsgewalt (vgl. BVerfGE 3, 225 <247>; 7, 183 <188>; 9, 268 <279 f.>; 22, 106 <111>; 34, 52 <59>; 95, 1 <15>; stRspr). Dabei ist parlamentarische Kontrolle eine politische Kontrolle, nicht administrative Überkontrolle (vgl. BVerfGE 67, 100 <140>; vgl. auch BVerfGE 104, 151 <208>; 131, 152 <196>)."[3]

Das Parlament hat das Recht dazu, die Regierung zu kontrollieren und zwar – insbesondere – aus drei Gründen.[4]
– Zum einen ist das Parlament als der Gesetzgeber dazu berufen, die allgemeinen Grundsätze des Miteinander festzulegen, die die Verwaltung dann im Sinne des Parlaments umzusetzen hat;
– aus dem Grundsatz der Gewaltenteilung,[5] die Gewalten sollen sich kontrollieren und sind miteinander verschränkt.
– Zum anderen ist das Parlament das unmittelbar vom Volk gewählte Organ, das die Regierung über die Wahl der Bundeskanzlerin wesentlich mitkreiert und daher dem Volk gegenüber auch die politische Verantwortung für diese Regierung trägt. Verantwortung setzt aber Einflussnahmemöglichkeit voraus.

In den Worten des BVerfG klingt dies so:

„Die Kontrollfunktion ist zugleich Ausfluss der aus dem Demokratieprinzip folgenden Verantwortlichkeit der Regierung gegenüber dem Parlament. Art. 20 Abs. 2 Satz 2 GG gestaltet den Grundsatz der Volkssouveränität aus. Er legt fest, dass das Volk die Staatsgewalt, deren Träger es ist, außer durch Wahlen und Abstimmungen durch besondere Organe der Gesetzgebung, der vollziehenden Gewalt und der Rechtsprechung ausübt. Das setzt voraus, dass das Volk einen effektiven Einfluss auf die Ausübung der Staatsgewalt durch diese Organe hat. Deren Akte müssen sich auf den Willen des Volkes zurückführen lassen und ihm gegenüber verantwortet werden (vgl. BVerfGE 83, 60 <72>; 93, 37 <66>; 130, 76 <123>). Dieser Zurechnungszusammenhang zwischen Volk und staatlicher Herrschaft wird außer durch die Wahl des Parlaments, die vom Parlament beschlossenen Gesetze als Maßstab der vollziehenden Gewalt und die grundsätzliche Weisungsgebunden-

---
[2] *Wolff*, in: BK-GG, Art. 45d (Stand Nov. 2012) Rn. 29.
[3] BVerfG, Beschl. v. 20.09.2016, 2 BvE 5/15, NVwZ 2016, 1701, 1704, Rn. 52.
[4] *Wolff* JZ 2010, 173, 174 f.
[5] Vgl. BVerfG 137, 185, 230 f. Rn. 130.

heit der Verwaltung gegenüber der Regierung auch durch den parlamentarischen Einfluss auf die Politik der Regierung hergestellt. Das „Ausgehen der Staatsgewalt" vom Volk muss für das Volk wie auch die Staatsorgane jeweils konkret erfahrbar und praktisch wirksam sein."[6]

Der parlamentarischen Kontrolle unterliegt die gesamte Tätigkeit der Verwaltung der jeweiligen Körperschaft, nicht nur die Tätigkeit der Regierung, und somit auch die Tätigkeit der Nachrichtendienste.[7] Die parlamentarische Kontrolle besteht zunächst aus dem parlamentarischen Untersuchungs- und Informationsrecht. Das Informationsrecht ist nicht identisch mit der parlamentarischen Kontrolle, aber ein wesentlicher Teil derselben.[8] In den Worten des BVerfG heißt dies:

„Ohne Beteiligung am Wissen der Regierung kann das Parlament sein Kontrollrecht gegenüber der Regierung nicht ausüben. Daher kommt dem parlamentarischen Informationsinteresse besonders hohes Gewicht zu, soweit es um die Aufdeckung möglicher Rechtsverstöße und vergleichbarer Missstände innerhalb von Regierung und Verwaltung geht (vgl. BVerfGE 67, 100 <130>; 110, 199 <219, 222>; 124, 78 <121>)."[9]

Dabei bestehen zwischen den unterschiedlichen Informationsmitteln Unterschiede, die hier zunächst außer Betracht bleiben sollen (Anfragen eines Abgeordneten/Fragestunden/kleine u. große Anfragen/Informationsrecht der Ausschüsse/Zitierrecht/Untersuchungsausschüsse/Enquêteausschüsse/parlamentarische Beauftragte usw.). Das parlamentarische Informationsrecht wird ergänzt durch Sanktionsmöglichkeiten, die die parlamentarische Kontrolle zum einen effektiv werden lassen und zum anderen der Durchsetzung der Erkenntnisse der Kontrolle dienen.[10]

Die Parlamentarische Kontrolle ist eine Aufgabe, die vor allem als Mittel der Ausübung der Opposition dient. In den Worten des BVerfG heißt dies:

„Effektivität und Intensität der vom Bundestag ausgeübten Kontrolle hängen im parlamentarischen Regierungssystem von der Reichweite der parlamentarischen Minderheitenrechte und ihrer Ausgestaltung im Hinblick auf Instrumente der Kontrolle von Regierung und regierungstragender Mehrheit ab. Die parlamentarische Kontrolle ist umso effektiver, je stärker die der parlamentarischen Opposition zur Verfügung stehenden Minderheitenrechte sind."[11]

---

[6] BVerfGE 137, 185, 232 Rn. 131.
[7] *Wolff*, in: Deutscher Bundestag, Dokumentation der 7. Konferenz der Parlamentarischen Kontrollgremien für die Nachrichten- und Sicherheitsdienste aus den Mitgliedstaaten der Europäischen Union sowie aus Norwegen und der Schweiz, vom 27. bis 28. Oktober 2011, 2012, S. 49, 50.
[8] *Wolff* JZ 2010, 173, 174 f.
[9] BVerfGE 137, 185, 231 Rn. 130.
[10] *di Fabio* Der Staat 29 (1990), 599, 610.
[11] BVerfG, Urt. v. 03.05.2016 – 2 BvE 4/14, Rn. 69.

Das GG enthält einen allgemeinen Grundsatz effektiver Opposition,[12] der nach zutreffender Ansicht des BVerfG zurückwirkt auf im GG vorgesehene Minderheitenrechte. Diese müssen auf Wirksamkeit hin ausgelegt werden,[13] damit die Opposition ihre parlamentarische Kontrollfunktion erfüllen kann.[14] Sie darf bei der Ausübung ihrer Kontrollbefugnisse nicht auf das Wohlwollen der Parlamentsmehrheit angewiesen sein.[15] Effektive parlamentarische Kontrolle dient daher auch dem Minderheitenschutz, indem sie die Grundlage für die Chance eines Machtwechsels schafft.

Die parlamentarische Kontrolle kommt dabei auch dort zum Tragen, wo das Grundgesetz eine ausschließliche Zuständigkeit der Regierung begründet. So heißt es:

„Unter dem Gesichtspunkt der demokratischen Legitimation staatlichen Handelns tritt die parlamentarische Kontrolle an die Stelle der in dem Bereich ausschließlicher Zuständigkeit der Regierung fehlenden sachlich-inhaltlichen Mitwirkungsrechte des Parlaments. Die Zuständigkeitszuweisung des Art. 26 Abs. 2 GG schafft somit für sich genommen keinen der parlamentarischen Verantwortung grundsätzlich entzogenen Raum gubernativen Entscheidens."[16]

Auf Seiten der Regierung und oft auch der Mehrheitsfraktion stößt dabei die Wahrnehmung der parlamentarischen Kontrolle in der Regel nicht auf Begeisterung. Sie wird daher in der Regel bemüht sein, ihre Mitwirkung auf das Maß zu reduzieren, zu dem sie rechtlich verpflichtet ist. Parlamentarische Kontrolle vollzieht sich daher typischerweise in einem spannungsvollen Verhältnis. Die parlamentarische Kontrolle ist für die Exekutive aber gut aushaltbar, insbesondere da sie schon allein wegen der beschränkten Arbeitskapazität der zahlenmäßig verhältnismäßig wenigen Abgeordneten begrenzt ist.

2. Die Struktur der parlamentarischen Kontrolle

Als klassisches Instrument der parlamentarischen Kontrolle kann das Fragerecht der Abgeordneten angesehen werden. Dies besteht darin, dass ein Abgeordnetes aus irgendeinem Grund etwas von der Regierung wissen will, was innerhalb des weiten Befassungsrechts des Parlaments liegt und daher eine seiner durch die Geschäftsordnung zahlenmäßig begrenzten Fragen dafür in Anspruch nimmt. An diesem Beispiel sieht man, was die parlamentarische Kontrolle ist:[17]

---

[12] *Wolff*, in: BK-GG (Fn. 2), Art. 45d Rn. 35.
[13] Vgl. BVerfGE 67, 100, 140.
[14] BVerfG (Fn. 11), Rn. 90.
[15] BVerfG (Fn. 11), Rn. 90.
[16] BVerfGE 137, 185, 236 Rn. 140.
[17] *Wolff* JZ 2010, 173, 174.

– erstens faktisch abhängig von einem Anlass,
– zweitens willkürlich, weil sie davon abhängt, dass mindestens ein Parlamentarier sich ihrer annimmt,
– drittens selektiv, weil selbst alle Parlamentarier zusammen bei weitem nicht alle in der Exekutvie lagernden Informationen abrufen können,
– viertens aufgabenbezogen und
– fünftens eingebettet in eine Verfahrensausgestaltung.[18]

Parlamentarische Kontrolle ist dabei grundsätzlich öffentliche Kontrolle. Das Öffentlichkeitsprinzip ist ein allgemeines parlamentarisches Prinzip, das von ungeheurer Wichtigkeit ist. Es besitzt verschiedene Funktionen (Rückkopplung der Macht vom Repräsentanten zum Repräsentierten/Kontrollfunktion des Parlaments/Gewährleistung des offenen Diskurses usw.), auf die die parlamentarische Kontrolle aufbaut.[19]

3. Die Grenzen der parlamentarischen Kontrolle

a) Überblick

Parlamentarische Kontrolle ist nicht unbegrenzt. Die Grenzen der parlamentarischen Kontrolle bilden:
– Die jeweiligen rechtlichen Voraussetzungen des einzelnen Kontrollinstrumentes, die im Rahmen der Befugnis zur Ausgestaltung des Parlaments vorgesehen sind oder die das Grundgesetz selbst normiert, wie etwa Quoren, Fristen und Formvoraussetzungen;
– Die kapazitären Grenzen des Parlaments;
– Der sog. Kernbereich der Exekutive, der aus dem Gewaltenteilungsprinzip hergeleitet wird;
– Der Schutz berechtigter Interessen des Einzelnen, der grundrechtlich hergeleitete Geheimnisschutz;
– Das Staatswohl, d.h. der aus berechtigten Interessen der Exekutive hergeleitete Geheimnisschutz.[20]

In den Worten des BVerfG heißt dies: Der Informationsanspruch wird begrenzt durch den Gewaltenteilungsgrundsatz, das Staatswohl und den Grundrechtsschutz.[21]

---

[18] So ist etwa der Informationsanspruch der einzelnen Abgeordneten auf Angelegenheiten beschränkt, die in die Zuständigkeit der Bundesregierung fallen, da es insoweit an einer Verantwortlichkeit der Bundesregierung gegenüber dem Deutschen Bundestag fehlt (BVerfG 137, 185, 233 Rn. 134), obwohl die parlamentarische Kontrolle selbst sich auf die gesamte Bundesverwaltung bezieht.
[19] *Wolff*, in: BK-GG (Fn. 2), Art. 45d Rn. 34.
[20] *Baier*, Die parlamentarische Kontrolle der Nachrichtendienste und deren Reform, 2009, S. 39 ff.
[21] BVerfGE 137, 185, LS und Rn. 134 ff.

b) Kernbereich der Exekutive als Grenze der parlamentarischen Kontrolle

Der Kernbereich der exekutivischen Eigenverantwortlichkeit besteht vor allem aus einem nicht ausforschbaren Initiativ-, Beratungs- und Handlungsbereich der Bundesregierung (etwa Beratungen im Kabinett). Die Regierung muss das Recht besitzen, ungestört Initiativen zu entwickeln. Das Parlament darf nicht bei der Regierung mitregieren wollen, auch wenn es unmittelbaren Anteil an der Staatsleitung hat.[22]

Der Schutz des Kernbereichs[23]
- ist nicht thematisch, sondern prozedural bestimmt;
- Er erstreckt sich auf die interne Entscheidungsfindung innerhalb der Regierung, wobei der unmittelbare Kontakt zu ausländischen Regierungen als eine interne Entscheidungsfindung gilt;
- Er erstreckt sich grundsätzlich weitgehend auf noch nicht abgeschlossene Vorgänge, ergreift aber auch abgeschlossene Vorgänge, wenn die Informationen aus dem Vorfeld von Regierungsentscheidungen zu einer Funktionsbeeinträchtigung der Regierung führen würden. Dies wäre der Fall, wenn das Aufdecken der alten Entscheidungsfindung künftige Entscheidungsvorgänge massiv beeinträchtigen könnte;
- Er setzt voraus, dass die Regierung selbst den Vorgang ausschließlich intern gehalten hat;
- Der Kernbereichsschutz verlangt weiter einen umso geringeren Schutz, je mehr es um die Aufklärung von Rechtsverstößen und Missständen geht;
- Er steht einer Permanentkontrolle der Verwaltung entgegen;
- und schließlich kann er je nach betroffener Sachmaterie unterschiedlich weit ausfallen.

Dabei wandelt sich ein wenig die sachliche Rechtfertigung zwischen dem Schutz abgeschlossener Vorgänge und dem Schutz laufender Vorgänge. So heißt es:

„Als funktioneller Belang fällt bei abgeschlossenen Vorgängen nicht mehr die Entscheidungsautonomie der Regierung, sondern vor allem die Freiheit und Offenheit der Willensbildung innerhalb der Regierung ins Gewicht. Unter diesem Aspekt sind Informationen aus dem Bereich der Vorbereitung von Regierungsentscheidungen, die Aufschluss über den Prozess der Willensbildung geben, umso schutzwürdiger, je näher sie der gubernativen Entscheidung stehen (vgl. BVerfGE 110, 199 <221>; 124, 78 <122 f.>)."[24]

Allerdings gilt auch hier wiederum, dass das parlamentarische Kontrollrecht ernst zu nehmen und ihm soweit wie möglich entgegen zu kommen ist.

---

[22] BVerfGE 137, 185, 234 ff. Rn. 136 ff.
[23] Siehe dazu etwa *Baier* (Fn. 20), S. 43 ff.
[24] BVerfGE 137, 185, 250 Rn. 170.

c) Geheimnisschutz

aa) Begriff des Geheimnisses

Geheimnisse sind Informationen, bei denen der Verfügungsberechtigte ein rechtlich berechtigtes Interesse daran hat, dass sie anderen nicht zugänglich gemacht werden. Die Geheimnisse können privater Natur sein – z.B. Betriebs- und Geschäftsgeheimnisse – oder sie können öffentlicher Natur sein – wie Staatsgeheimnisse, Dienstgeheimnisse etc. Geheimnisse sind ganz selten absolut, sondern zumeist relativ.[25] Das Interesse des Verfügungsberechtigten an Geheimhaltung ist i.d.R. nicht unüberwindbar.

bb) Geheimnisschutz als Grundrechtsschutz

Es entspricht ständiger Rechtsprechung des Bundesverfassungsgerichts, dass der Grundrechtsschutz betroffener Privater einen Geheimnisschutz auch gegenüber der parlamentarischen Kontrolle bieten kann, wobei es zu einem angemessenen Ausgleich zwischen parlamentarischer Kontrolle einerseits und Grundrechtsschutz andererseits kommen muss.[26]

cc) Geheimnisschutz als Staatsgeheimnis oder Dienstgeheimnisse

Deutlich schwieriger ist die Frage, ob es aus exekutiven oder etatistischen Gründen Geheimnisse geben kann, die die Regierung gegenüber dem Parlament haben darf und die sich nicht allein auf den Gedanken der Gewaltenteilung reduzieren. Gegenüber der Öffentlichkeit wird man aus der Natur der Sache zum Schutz der Funktionsfähigkeit der Organe und der Verhinderung, die Aufgabenstellung durch Publikation zu konterkarieren, grundsätzlich ein Recht anerkennen müssen, in bestimmten Fällen Geheimnisse zu wahren. Es sind gewissermaßen die Betriebs- und Geschäftsgeheimnisse des guten staatlichen Handelns.

Ob dies allerdings auch gegenüber dem Parlament gilt, erscheint nicht ganz so eindeutig, weil der Geheimnisschutz als auch das gute Staatslenken der Regierung und dem Parlament zur gemeinsamen Hand anvertraut sind. Dennoch bestehen auch im Verhältnis zwischen Regierung und Parlament Unterschiede im Bereich des Geheimnisschutzes aus zwei Gründen. Zunächst ist die Regierung institutionell besser auf den Geheimnisschutz ausgerichtet als das Parlament[27] und zweitens sind die Exekutivgeheimnisse von dem Gewaltenteilungsprinzip her ihr zugeordnet. So heißt es:

---

[25] *Wolff* JZ 2010, 173, 175.
[26] Vgl. jüngst BVerfGE 137, 185, 255 ff. Rn. 180 ff.
[27] Ausführlich *Wolff* JZ 2010, 173, 175 f.

„Die Geheimschutzbestimmungen des Bundestages lassen allerdings die eigene, aus der ihr anvertrauten Regierungsgewalt herrührende Verantwortung der Bundesregierung für die Wahrung der Dienstgeheimnisse unberührt (BVerfGE 67, 100 <137>; 70, 324 <359>)."[28]

Im Rahmen des Informationsbegehrens von Untersuchungsausschüssen gibt es einen normativen Ansatz für den Schutz der Dienstgeheimnisse, und zwar durch den Verweis auf die StPO in Art. 44 Abs. 2 S. 1 GG. In der StPO ist in § 96 vorgesehen, dass amtlich verwahrte Schriftstücke nicht vorzulegen sind, wenn das Bekanntwerden des Inhalts dieser Akten dem Wohl des Bundes oder eines deutschen Landes Nachteile bereiten würde. Diese Dienstgeheimnisse hat das Bundesverfassungsgericht in der Entscheidung zum Bundessicherheitsrat nun ohne jede weitere Begründung auf alle Informationsbegehren im Rahmen der parlamentarischen Kontrolle erstreckt und das Staatswohl als generelle Grenze der parlamentarischen Kontrolle begründet.[29] Dieser apodiktische Begründungsstil überzeugt nicht. Notwendig ist eine funktionale Begründung des Dienstgeheimnisses. Eine solche ist aber auch möglich und vom BVerfG wohl auch gemeint. Wenn Informationen weitergegeben werden, die die Aufgabenerreichung einer bestimmten Behörde, die Wahrnehmung einer bestimmten Staatsfunktion oder die Wahrnehmung einer konkreten Aufgabe in signifikanter Weise erschweren und diese Erschwernis abweichend ist von der Erschwernis für sonstige Aufgaben in vergleichbarer struktureller Situation, kann ein Dienstgeheimnis hergeleitet werden:

„c) Eine weitere Grenze des Informationsanspruchs des Bundestages bildet das Wohl des Bundes oder eines Landes (Staatswohl), das durch das Bekanntwerden geheimhaltungsbedürftiger Informationen gefährdet werden kann (vgl. BVerfGE 67, 100 <134 ff.>; 124, 78 <123> jeweils für das Beweiserhebungsrecht parlamentarischer Untersuchungsausschüsse). Die Frage, welche Grenzen die Verfassung dem parlamentarischen Frage- und Untersuchungsrecht setzt, ist unter Berücksichtigung seiner Bedeutung im Verfassungsgefüge zu beantworten. Dies gilt auch für die Auslegung und Anwendung des Begriffs der Gefährdung des Staatswohls (vgl. BVerfGE 124, 78 <123>)."[30]

Als Beispiel für das Staatswohl wird später die Störung anderer Länder genannt.[31] An anderer Stelle wird dafür der Begriff Dienstgeheimnisse genannt.[32]

dd) Parlamentarische Kontrolle als Offenbarungsgrund

Ein Grund für die Pflicht der Regierung Dinge zu offenbaren, die sie lieber für sich behalten würde, ist dabei das parlamentarische Kontrollrecht. Allerdings ist die rechtfertigende Kraft für die Offenlegung beschränkt. Nicht jedes Geheim-

---

[28] BVerfGE 137, 185, 241 Rn. 150.
[29] BVerfGE 137, 185, 240 f Rn. 149.
[30] BVerfGE 137, 185, 240 f. Rn. 149.
[31] BVerfGE 137, 185, 251 ff. Rn. 174 ff.
[32] BVerfGE 137, 185, 241 Rn. 150.

nis wird durch die parlamentarische Kontrolle gebrochen, vielmehr kommt es auf einen angemessenen Ausgleich zwischen Geheimnisschutz und parlamentarischer Kontrolle an. Es lassen sich dabei durchaus auch Bewertungskriterien benennen, um die Bedeutung der konkret begehrten Information für die Öffentlichkeit festzulegen. Zu nennen wären:[33]
- wie sehr die begehrte Information an schon Bekanntes anknüpft;
- wie sehr sich aus der Information Rückschlüsse auf Struktur, Methode und Arbeitsgebiete der Nachrichtendienste oder auf konkrete Operationen ziehen lassen;
- wie sehr die Nachrichtendienste in die Öffentlichkeit getreten sind, etwa durch Mitarbeiter und mögen diese sich auch nur als Klaus, Michael oder Sam bezeichnet haben;
- ob nur eine rechtliche Begründung für eine bekannte Tatsache gewünscht wird;
- ob der Vorgang auch innerbehördlich besonders vertraulich behandelt wird;
- wieviele Menschen innerhalb der Nachrichtendienste die begehrte Information kennen;
- inwieweit die Information von befreundeten Nachrichtendiensten stammt und wie sehr man diesen gegenüber verpflichtet ist, die Information nicht weiterzugeben;
- hinzu kommen die schon genannten Kriterien der Beachtung privater Geheimnisse und der Schutzpflicht für grundrechtliche Schutzgüter;
- Ob das Auskunftsbegehren an eine tatsächliche oder vermutliche Rechtsverletzung durch die Verwaltung anknüpft. Eine Rechtsverletzung hebt den Geheimnisschutz als solchen nicht vollständig auf, sondern relativiert ihn nur, ggf. allerdings erheblich.

ee) Spannungsverhältnis zwischen Öffentlichkeitsprinzip und Geheimhaltungsinteresse

Die grundsätzliche Öffentlichkeit der parlamentarischen Kontrolle auf der einen und der Geheimnisschutz auf der anderen Seite können in Widerspruch zueinander geraten.[34] Dieser Konflikt ist ernst zu nehmen, da das Parlament strukturell kein Gremium für Heimlichkeiten ist. Das liegt an folgenden Umständen:
- das Öffentlichkeitsprinzip prägt das Parlament; kennzeichnend ist das Reden, nicht das Schweigen;
- das Plenum ist mit seinen über 600 Mitgliedern groß;
- drittens sind die Rechtsverhältnisse der Parlamentarier nicht auf die Wahrung von Vertraulichkeit ausgerichtet; Abgeordnete müssen keine Sicher-

---
[33] So schon *Wolff* JZ 2010, 173, 177 f.
[34] *Baier* (Fn. 20), S. 58.

heitsprüfung durchlaufen, bevor sie gewählt werden dürfen; ihr Rechtsstatus ist frei und nicht abhängig; ihnen passiert faktisch nichts, wenn sie plappern und sie sind von Natur aus kommunikative Typen;
- viertens sind die Mandate und damit die Eingliederung des Abgeordneten in den Staat zeitlich begrenzt;
- Das Parlament kennt unterschiedliche Geheimnisvorkehrungen (Art. 42 Abs. 1 S. 2, Geheimschutzordnung, die als Anlage zur Geschäftsordnung des BT erlassen wurde), die einen gewissen Stand an Vertraulichkeit ermöglichen, aber im Ergebnis rein praktisch nicht den Vertraulichkeitsschutz der Regierung erreichen. Das liegt daran, dass Vorschriften alleine nicht einen Geheimnisschutz ausmachen. Das Maß eines bestehenden Geheimnisschutzes wird über die Rechtsvorschriften, die die Vertraulichkeit anordnen, hinaus geprägt durch (a) die Sanktionsmöglichkeiten, die für den Fall der Verletzung vorgesehen sind, durch (b) die Absicherung durch tatsächliche Umstände (abgeschlossene Räume, abgeschlossene Gerätschaften), durch (c) die Wahrscheinlichkeit eines Rechtsbruchs und die ist bei Abgeordneten nun einmal höher als bei Beamten, durch (d) die Wahrscheinlichkeit, mit der man einen Vertraulichkeitsbruch aufdecken wird können; durch (e) die Anzahl der Geheimnisträger, da jede Weitergabe eines Geheimnisses, gleichgültig an wen, dieses gefährdet.

ff) Auswirkung auf die parlamentarische Kontrolle

Die Geheimhaltungsbedürftigkeit kann im Ausgangspunkt ein Grund sein, die öffentliche Beantwortung zu verweigern, berechtigt aber nicht dazu, die Information insgesamt dem Parlament vorzuenthalten. So heißt es:

„Geheimhaltung gegenüber dem Parlament beschränkt die parlamentarischen Kontrollmöglichkeiten und kann deshalb den notwendigen demokratischen Legitimationszusammenhang beeinträchtigen oder unterbrechen."35 „Sobald das Parlament den gebotenen Vertraulichkeitsschutz anbietet, müssen auch Geheimnisse offenbart werden. In den Worten des BVerfG heißt dies: Die Bundesregierung ist daher nicht verpflichtet, Verschlusssachen, die Dienstgeheimnisse enthalten, dem Bundestag vorzulegen, wenn dieser nicht den von der Bundesregierung für notwendig gehaltenen Geheimschutz gewährleistet (vgl. BVerfGE 67, 100 <137>)."36

Das von der Regierung geforderte Geheimhaltungsinteresse muss allerdings die Bedeutung der parlamentarischen Kontrolle und die Bedeutung der Öffentlichkeit für die parlamentarische Kontrolle in Rechnung stellen. Die Regierung kann nicht immer uneingeschränkt vom Parlament den Geheimnisschutz verlangen, den sie intern für die Information für angemessen hält. Auch der Öf-

---

[35] BVerfGE 137, 185, 233 Rn. 132.
[36] BVerfGE 137, 185, 241 Rn. 150.

fentlichkeitsgrundsatz und der Geheimnisschutz sind in ein angemessenes Verhältnis zu setzen. Für das Öffentlichkeitsprinzip spricht es,[37] wenn
- das öffentliche Interesse an der Aufklärung des Sachverhaltes groß ist;
- die Aufklärung zugleich der Aufklärung von Rechtsbrüchen dient;
- die eigentlichen Kontrollfunktionen, d.h. die Überprüfung der „Gesetzlichkeit oder Lauterkeit von Regierungs- oder Verwaltungsmaßnahmen" eine Antwort verlangt;
- für die Opposition ein legitimes Interesse an der Aufklärung besteht;
- grundlegende Verfassungsprinzipien des GG tangiert sind;
- eine Handlung eines Regierungsmitglieds unmittelbar für die Vorfälle verantwortlich ist.

Bedeutsam ist auch, um welches Informationsrecht es geht. Der Geheimnisschutz ist unterschiedlich stark, je nachdem, um was für Informationsrechte es konkret geht.

Dagegen spricht in Richtung eines Ausschlusses der Öffentlichkeit:
- die Bedeutung der betroffenen privaten Geheimnisse, insbesondere sofern diese durch Anonymisierung nicht hinreichend zu schützen sind;
- die Gefährdung, die eine öffentliche Beantwortung für konkrete Verwaltungsverfahren oder konkrete Operationen darstellen würde;
- die Schutzpflicht für grundrechtliche Schutzgüter, insbesondere für Leib und Leben;
- die Geheimhaltungsbedürftigkeit des konkreten Geheimnisses.

III. Die parlamentarische Kontrolle der Nachrichtendienste

1. Die parlamentarische Kontrolle der ND als Form der parlamentarischen Kontrolle

Für die parlamentarische Kontrolle der Nachrichtendienste gelten die allgemeinen Regeln der parlamentarischen Kontrolle. Der Bereich der Nachrichtendienste ist ein Exekutivbereich, der einer parlamentarischen Kontrolle nicht per se entzogen ist. Der Bereich der Nachrichtendienste bildet allerdings einen Exekutivbereich, bei dem wegen seiner Eigengesetzlichkeit die Grenzen der parlamentarischen Kontrolle in besonderer Weise relevant werden. Eine organisatorische Besonderheit besteht darin, dass es für die parlamentarische Kontrolle der Nachrichtendienste ein besonderes Gremium gibt, das parlamentarische Kontrollgremium. Eine weitere Besonderheit besteht darin, dass die Ausfor-

---

[37] Siehe dazu schon *Wolff* JZ 2010, 173, 177.

mung der parlamentarischen Kontrolle der Nachrichtendienste sich im Laufe der Zeit erheblich entwickelt hat.[38]

Das Parlamentarische Kontrollgremium soll die herkömmliche parlamentarische Kontrolle ergänzen, nicht ersetzen.[39] Die Regierung beachtete das in der Vergangenheit aber nicht immer ausreichend und wurde vom BVerfG daher zu Recht gerügt.[40] So war es üblich, Anfragen im nachrichtendienstlichen Bereich sachlich unbeantwortet zu lassen, mit dem Hinweis, zu diesem Thema sei schon das parlamentarische Kontrollgremium unterrichtet worden, auch wenn die Fragesteller diesem nicht angehören. Der Verweis wird gegenwärtig in einer so pauschalen Weise gehandhabt, dass auch in Einzelfällen berechtigte Fragen unzulässig offen gelassen werden. Der uneingeschränkten Weitergeltung der anderen Instrumente der parlamentarischen Kontrolle, trotz der Existenz des parlamentarischen Kontrollgremiums, widerspricht auch nicht der jüngste Hinweis des Bundesverfassungsgerichts in der Entscheidung zum Bundessicherheitsrat, dass im Anwendungsbereich des G 10 dem parlamentarischen Kontrollgremium die politische Kontrolle obliegt.[41] Die Passage ist vom Kontext her auf die Abgrenzung des Charakters der G 10-Kommission zum parlamentarischen Kontrollgremium ausgerichtet und soll keinen Inhalt zur Abgrenzung des parlamentarischen Kontrollgremiums im Vergleich zum Untersuchungsausschuss oder zum Fragerecht des einzelnen Abgeordneten bilden.

Keine Sondererscheinung der parlamentarischen Kontrolle der Nachrichtendienste ist demgegenüber die G 10-Kommission. Diese soll Schwächen im Rechtsschutz ausgleichen und ist dem Bereich der Exekutiven und nicht der Legislativen zuzurechnen (vgl. BVersG, G 10-Kommission). So heißt es zu recht jüngst:

„Die G 10-Kommission hingegen wird im Funktionsbereich der Exekutive (vgl. BVerfGE 30, 1 <28>), mithin im „operativen" Bereich (vgl. Hörauf, Die demokratische Kontrolle des Bundesnachrichtendienstes, 2011, S. 158) tätig, indem sie über die Zulässigkeit und Notwendigkeit von konkreten Beschränkungsmaßnahmen entscheidet. Über die Überprüfung der ministeriellen Beschränkungsanordnungen im Einzelfall hinaus erstreckt sich die Kontrolle der G 10-Kommission als Ausgestaltung von Verfahrenssicherung auf den gesamten Prozess der Erhebung, Verarbeitung und Nutzung der mit Beschränkungsmaßnahmen erlangten personenbezogenen Daten (vgl. § 15 Abs. 5 G 10). Dabei stützt die G 10-Kommission ihre Entscheidungen auf die Stellungnahmen des zuständigen Bundesministeriums sowie des Bundesnachrichtendienstes und klärt den Sachverhalt in der Regel nicht selbst auf (vgl. BVerwGE 130, 180 <195 f. Rn. 44, 47>; Droste, Handbuch des Verfassungsschutzrechts, 2007, S. 642; B. Huber, in: Schenke/Graulich/Ruthig, Sicherheitsrecht

---

[38] Vgl. dazu *Christopeit/Wolff* ZG 2010, 77, 79 ff.
[39] *Wolff*, in: BK-GG (Fn. 2), Art. 45d Rn. 118 ff.
[40] BVerfGE 124, 78, 114 ff.; BVerfGE 124, 161, 189 ff.; siehe dazu *Wolff*, in: *Möllers/van Ooyen* (Hrsg.), Jahrbuch Öffentliche Sicherheit 2010/2011, 2011, S. 397, 401 f.; siehe dazu *Hecker* DVBl 2009, 1239.
[41] BVerfG, Urteil v. 20.09.2016 – 2 BvE 5/15, Rn. 53.

des Bundes, 2014, § 15 G 10 Rn. 52; Kornblum, Rechtsschutz gegen geheimdienstliche Aktivitäten, 2011, S. 194, 309; Miltner, Die parlamentarische Kontrolle des Verfassungsschutzes, in: BfV, Verfassungsschutz in der Demokratie: Beiträge aus Wissenschaft und Praxis, 1990, S. 53 <63>; Wetzling, Das Herzstück der deutschen Geheimdienstreform: Vorschläge für eine starke G 10-Kommission, in: Stiftung Neue Verantwortung, Policy Brief September 2015, S. 12, 14). Die G 10-Kommission als eine neutrale Instanz dient zum einen der Einbindung der Exekutive und zum anderen der „kompensatorischen Repräsentation" der Interessen des Betroffenen durch eine laufende und umfassende Rechtskontrolle."[42]

Darüber hinaus bedarf es auch dann, wenn eine Frage wegen Geheimhaltungsbedürftigkeit nicht öffentlich beantwortet werden muss, einer substantiellen und individuellen Begründung.

2. Sind nachrichtendienstliche Informationen von Natur aus geheim?

Es ist aber nicht so, dass ausnahmslos alles, was die Nachrichtendienste anfassen, dadurch wie von Zauberhand schon zu einem Geheimnis wird. Dies sieht man schon an dem Verfassungsschutzbericht. Dieser ist öffentlich und manch einer wünschte sich, er wäre geheim. Dennoch unterscheiden sich Informationen der Nachrichtendienste von sonstigen vertraulichen Vorgängen innerhalb der Verwaltung durch folgende Umstände:[43]
– Informationen der Nachrichtendienste werden in relevantem Umfang durch geheime Methoden gewonnen, auch wenn der Umfang geringer ist, als man abstrakt vermuten mag;
– Informationen der Nachrichtendienste verlieren oftmals in besonderer Weise ihren Nutzen für den Staat, wenn sie offenbart werden;
– durch die Offenbarung von Informationen kann die Arbeitsweise der Nachrichtendienste in besonderer Weise in Frage gestellt werden, auch weil eine künftige Informationsgewinnung erschwert wird;
– die Geheimhaltung als Prinzip ist Voraussetzung für die Zusammenarbeit mit ausländischen Nachrichtendiensten und für die Gewinnung neuer Informationsquellen;
– durch die Offenlegung können Mitarbeiter, Informationen oder Dritte ggf. erheblich in Gefahr geraten;
– die Offenbarung von nachrichtendienstlichen Informationen stellt oftmals zugleich die materielle Aufgabenerfüllung der Sicherheitsgewährleistung dar, für die die Nachrichtendienste errichtet werden.

Im Ergebnis ist es daher zutreffend, wenn man dem Geheimnisschutz im Bereich der Nachrichtendienste eine besondere Bedeutung beimisst, die auch gegenüber parlamentarischen Informationsansprüchen Bestand haben kann.

---

[42] BVerfG (Fn. 41), Rn. 54.
[43] Vgl. dazu schon *Wolff* JZ 2010, 173, 174 f.

3. Die Entwicklungslinie der parlamentarischen Kontrolle der Nachrichtendienste

Das Recht der Nachrichtendienste ist durch eine unglaubliche Verdichtung der gesetzlichen Regelungen gekennzeichnet. Vergleicht man die gesetzlichen Regelungen zum Bundesnachrichtendienst aus dem Jahr 1980 mit denen im Jahr 2016 sieht man welch grundsätzliche kodifikatorische Revolution sich ereignet hat. Dies färbt auch auf die parlamentarische Kontrolle dieses Bereiches ab. Die Entwicklung in diesem Bereich ist bemerkenswert und von einer permanenten Stärkung der parlamentarischen Kontrolle gekennzeichnet. Beschränkt man sich auf die wichtigsten Eckdaten der Entwicklung der parlamentarischen Kontrolle der Nachrichtendienste gilt:

– Begonnen hat alles mit dem sog. Vertrauensmännergremium im Jahr 1956, welches aus je drei Vertretern der Bundestagsfraktionen bestand. Es hatte keine gesetzliche Grundlage und bis zur siebten Legislaturperiode keinen nennenswerten Einfluss;[44]
– Mit Gesetz vom 11. April 1978 wurde die parlamentarische Kontrollkommission durch Gesetz gegründet. Dieses Gesetz erfuhr bisher vier Novellen.
  – Mit der ersten Novelle von 1992 wurde die parlamentarische Kontrolle auf die Wirtschaftspläne der Nachrichtendienste erstreckt, die Möglichkeit der Bewertung aktueller Vorgänge geschaffen und die Berichtspflicht normiert.
  – Durch die Novelle 1999 wurde das Gremium in den heutigen Namen umbenannt und zusätzliche Kontrollmöglichkeiten eingefügt (v.a. Akteneinsichtsrecht, Anhörungsrecht von Mitarbeitern, Berufsrechte). Seitdem kann das Gremium mit Zweidrittelmehrheit einen Sachverständigen mit besonderer Aufklärung beauftragen.
  – Die dritte Novelle im Jahr 2009 fügte eine Zuständigkeit des Bundesverfassungsgerichts für Streitigkeiten im Zusammenhang mit der Kontrolltätigkeit ein, stärkte die Informationsbefugnisse der Gremien, präzisierte die Unterrichtungspflichten, veränderte das Akteneinsichtsrecht in ein Aktenübermittlungsrecht, das Besuchsrecht wandelte sich in ein Zutrittsrecht und das Anhörungsrecht mutierte zu einem Befragungsrecht. Die Rechte und die Amtshilfe aller staatlichen Stellen wurden verschärft. Die Informationen aus den Nachrichtendiensten heraus wurden erleichtert.
  – Die vierte Reform vollzieht sich gegenwärtig und sieht die Installierung eines Beauftragten vor sowie eine Erleichterung der Informationen aus den Nachrichtendiensten heraus. Sie ist jüngst in Kraft getreten.[45]
– Im Jahr 2009 wurde eine verfassungsrechtliche Grundlage für das parlamentarische Kontrollgremium geschaffen.

---

[44] Vgl. *Wolff*, in: BK-GG (Fn. 2), Art. 45d Rn. 1.
[45] Artikel 1 des Gesetzes vom 30.11.2016 (BGBl. I S. 2746).

- Am 14. Januar 1986 entschied das Bundesverfassungsgericht, dass es zulässig sein kann, dass bei dem Vertrauensmännergremium der Bundeshaushaltsordnung für das Jahr 1984 Vertreter der Fraktion der Grünen vom Plenum nicht hineingewählt wurden.
- Im Jahr 2009 entschied das Bundesverfassungsgericht sowohl bezogen auf den Untersuchungsausschuss (auf Beschluss vom 17. Juni 2009) als auch auf das parlamentarische Fragerecht des einzelnen Abgeordneten (1. Juli 2009). Die Existenz des parlamentarischen Kontrollgremiums ändert nichts an der Relevanz und Bedeutung der anderen Informationsrechte des Parlaments und die Bundesregierung ist nicht berechtigt, unter Hinweis auf Informationen des parlamentarischen Kontrollgremiums bei anderen Informationsinstrumenten Informationen zurückzuhalten, mit der Begründung, man informiere nur im parlamentarischen Kontrollgremium. Ein Vergleich der Antworten auf kleine Anfragen vor und nach der verfassungsgerichtlichen Entscheidung verdeutlichen, wie maßgeblich dieses Urteil die Praxis der parlamentarischen Kontrolle geändert hat.

4. Das Parlamentarische Kontrollgremium

a) Deformation parlamentarischer Grundsätze

Das Parlamentarische Kontrollgremium ist eine rechtfertigungsbedürftige Ausnahmeerscheinung, da
- der Grundsatz der Öffentlichkeit der parlamentarischen Kontrolle fast vollständig ausgeschlossen ist;
- nur ein Teil der Parlamentarier die Informationen erhalten; die Nicht-Mitglieder partizipieren an den Informationen nicht;
- die Besetzung des Gremiums den Minderheitenschutz relativiert;
- die Rechte der Fraktionen beeinträchtigt werden.

Man wird das Parlamentarische Kontrollgremium nur verstehen, wenn man seine Unterschiede zum Innenausschuss sieht. Im Innenausschuss wird der Grundsatz der Spiegelbildlichkeit eingehalten, kommen alle Fraktionen notwendig vor, werden die Abgeordneten von den Fraktionen bestimmt. Im parlamentarischen Kontrollgremium werden die Vertreter vom Plenum bestimmt, können Fraktionen ausgeschlossen werden und kann das Prinzip der Spiegelbildlichkeit eingeschränkt werden, deshalb heißt das Gremium ja auch gerade Gremium und nicht Ausschuss. Wenn das parlamentarische Kontrollgremium etwas macht, ist daher die entscheidende Frage, warum dies nicht auch vom Innenausschuss vorgenommen werden kann. Nur wenn es einen sachlichen Grund dafür gibt, eine Frage dem Innenausschuss zu entziehen, kann es einen sachlichen Grund dafür geben, dass das Parlamentarische Kontrollgremium zuständig ist. In den Worten des BVerfG klingt dies so:

„Soweit Abgeordnete durch die Übertragung von Entscheidungsbefugnissen auf einen beschließenden Ausschuss von der Mitwirkung an der parlamentarischen Entscheidungsfindung ausgeschlossen werden, ist dies nur zum Schutz anderer Rechtsgüter mit Verfassungsrang und unter strikter Wahrung des Grundsatzes der Verhältnismäßigkeit zulässig (BVerfGE 131, 230 <235>). Es bedarf eines besonderen Grundes, der durch die Verfassung legitimiert und von einem Gewicht ist, das der Gleichheit der Abgeordneten die Waage halten kann (BVerfGE 131, 230 <235>)."[46]

Der Rechtfertigungsgrund liegt dabei in der besseren Gewährleistung des Geheimnisschutzes. „Auch Belange des Geheimschutzes im Interesse verfassungsrechtlich geschützter Güter sind als zwingende Gründe des Staatswohls grundsätzlich geeignet, die Einschränkung von Statusrechten der Abgeordneten zu rechtfertigen."[47] Das reicht bis in das Organisationsrecht hinein.

„Vorkehrungen zur Geheimhaltung und die Entscheidung, nur ein sehr kleines parlamentarisches Gremium mit Beratungsgegenständen aus einem vertraulichen Bereich zu befassen, können daher verfassungsrechtlich zulässig sein, obgleich damit erhebliche Beschränkungen des Zugangs der meisten Abgeordneten zu diesen Informationen verbunden sind (BVerfGE 70, 324 <360, 364>; 130, 318 <352 f., 359>; 131, 230 <235>)."[48]

Die sachliche Rechtfertigung des parlamentarischen Kontrollgremiums besteht in folgendem Umstand:
- die herkömmliche Kontrolle bleibt uneingeschränkt bestehen;
- das Kontrollgremium erweitert die parlamentarische Kontrolle in einen Bereich hinein, der dem Parlament ansonsten verschlossen wäre (mitlaufende Kontrolle und konkrete Kontrolle).

Der Gewinn für die Deformation der parlamentarischen Grundsätze liegt darin, dass das parlamentarische Kontrollgremium in seiner gegenwärtigen Ausgestaltung auf Bundesebene ein so hohes Maß an Vertraulichkeit gewährleistet, dass kaum Informationen wegen des Gesichtspunktes der Geheimhaltungsbedürftigkeit zurückgehalten werden dürfen. Möglich ist weiterhin die Zurückhaltung aus dem Gesichtspunkt der Gewaltenteilung. Treibt man die Frage der Geheimhaltungsbedürfnisse ganz auf die Spitze, bliebe zu fragen, ob überhaupt Informationen zurückgehalten werden dürften unter dem Hinweis auf die Geheimhaltungsbedürftigkeit. Dies wird man in einem ganz allerletzten Kreis wohl annehmen müssen, wobei hier der entscheidende Kern dann allerdings der Grundrechtsschutz der betroffenen Personen sein dürfte. Auch auf höchster Geheimhaltungsstufe gibt es Geheimnisse, die nicht dem Ausschuss, sondern nur dem Parlamentarischen Kontrollgremium zu offenbaren sind.[49]

---

[46] BVerfGE 137, 185, 242 f. Rn. 151.
[47] BVerfGE 137, 185, 242 Rn. 152; siehe auch BVerfGE 130, 318, 359.
[48] BVerfGE 137, 185, 241 Rn. 150.
[49] Siehe dazu schon *Wolff* JZ 2010, 173, 180.

Es ist in der Verfassungsrechtlichen Rechtsprechung schon vor Normierung des Art. 45d GG anerkannt gewesen,[50] dass die Eigenart der Nachrichtendienste es rechtfertigt, Sondergremien einzurichten, die parlamentarische Grundsätze deformieren, um auf diese Weise die parlamentarische Kontrolle zu verbessern.[51]

An dem Charakter der Deformation des parlamentarischen Kontrollgremiums und der Notwendigkeit, ihm seine Befugnisse auf das zu beschränken, was dem Innenausschuss nicht anvertraut werden kann, hat sich durch die Einfügung des Art. 45 d GG nicht grundsätzlich etwas geändert. Zwar ist die Verfassung berechtigt, die parlamentarischen Grundsätze, insbesondere die Egalität der Abgeordneten, partiell einzuschränken, sodass es grundsätzlich möglich wäre, durch die Verfassung ein Gremium zu schaffen, bei dem die generellen Grundsätze der Bundestagsausschüsse nicht gelten, ohne dass es deswegen auf ein notwendiges Ausmaß an Aufgaben beschränkt sein muss. Eine solche Sonderstellung, die Spannungen innerhalb der Verfassungsprinzipien hervorruft, wäre aber nur dann möglich, wenn der jeweiligen Verfassungsnorm eine solche Rolle zugewiesen wird. Dies war bei der Einfügung von Art. 45 d GG gerade nicht der Fall. Der verfassungsändernde Gesetzgeber hat deutlich gemacht, dass er der Auffassung ist, am bisherigen System und dem Verhältnis von Innenausschuss einerseits und parlamentarischem Kontrollgremium andererseits nichts ändern zu wollen.[52] Er wollte nur die Rolle des parlamentarischen Kontrollgremiums verfassungsrechtlich absichern, ohne seine Stellung im Vergleich zu den Bundestagsausschüssen essenziell zu erweitern. Andererseits wird man die Einführung einer selbstständigen Verfassungsnorm bei der Interpretation nicht vollständig unberücksichtigt lassen können. Selbst für den Fall, dass der verfassungsändernde Gesetzgeber am bisherigen Verhältnis nichts ändern wollte, ändert er allein durch die Einfügung dann doch etwas, sodass man die Strenge, mit der man die Rechtfertigungsbedürftigkeit der Zuweisung von Aufgaben an das parlamentarische Kontrollgremium vorsieht, seit 2009 etwas zurücknehmen muss. Auch wenn in der verfassungsgerichtlichen Rechtsprechung seit 2009 kein Kurswechsel in dieser Frage zu ersehen ist.

b) Schutz der Informationsquellen

Umstritten ist die Relevanz des Hinweises, die Vertraulichkeit sei notwendig, weil man dem Informationsgeber die Vertraulichkeit zugesichert habe und man ohne die Zustimmung beispielsweise eines befreundeten Nachrichtendienstes die Information nicht im Rahmen der parlamentarischen Kontrolle offen legen

---

[50] BVerfGE 137, 185, 242 f. Rn. 152.
[51] Siehe schon *Wolff* JZ 2010, 173, 180; *Christopeit/Wolff* ZG 2010, 77, 84 f.
[52] *Wolff*, in: BK-GG (Fn. 2), Art. 45d Rn. 118 ff.

dürfe. Auch die Reform des PKGRG aus dem Jahr 2016 nimmt in erheblichem Maße Rücksicht auf die Vertraulichkeitszusagen.[53] Ist das Argument im Kern nachvollziehbar, so wird es dennoch überzogen eingesetzt. Die parlamentarische Kontrolle gehört zum Nachrichtendienst genauso wie die Zusammenarbeit mit ausländischen Diensten. Der Sache nach dürfte es sich um einen Anwendungsfall des sogenannten Dienstgeheimnisses, d.h. des Staatswohls handeln.[54]

Aus externer Sicht erscheint die Rücksichtnahme auf Vertraulichkeitszusagen gegenüber befreundeten Nachrichtendiensten nur beschränkt tragfähig. Die Verwaltung ist in die parlamentarische Kontrolle eingebettet. Sie kann nicht einseitig die Reichweite der parlamentarischen Kontrolle bestimmen. Werden der Verwaltung Bedingungen für eine Zusammenarbeit gestellt, die mit den Grundsätzen der parlamentarischen Kontrolle nicht zu vereinbaren sind, darf sie sich auf diese Bedingungen nicht einlassen. Jeder, der in einem demokratischen Rechtsstaat der Verwaltung Informationen gibt, muss wissen, dass unter Berücksichtigung der gebotenen Vertraulichkeit eine parlamentarische Kontrolle stattfindet. Diese Einschätzung widerspricht nicht der Wertung des Bundesverfassungsgerichts in der Entscheidung zum Bundessicherheitsrat. Das Bundesverfassungsgericht hat bekanntlich in dieser Entscheidung das Verweigerungsrecht der Bundesregierung hinsichtlich Voranfragen zu möglichen Waffenexporten eines Staates an die Bundesrepublik Deutschland als Dienstgeheimnis qualifiziert, das zumindest im Rahmen des Fragerechtes der Abgeordneten zu einer Verweigerung der Auskunft berechtigt.[55] Ob das Dienstgeheimnis dieser Art stark genug wäre, um es auch einem Informationsbegehren des parlamentarischen Kontrollgremiums entgegenhalten zu können, sagt das Gericht nicht. Darüber hinaus ist der dort behandelte Fall mit dem Fall der Vertraulichkeitszusage an andere Staaten inhaltlich nicht vergleichbar. Die Zusage kommt nicht von Regierungsebene. Der Informationsaustausch ist deutlich kleinräumiger und häufiger als Waffenanfragen; die Bedeutung der Waffenanfrage für die gesamtstaatliche Beziehung ist eine deutlich andere als der Informationsaustausch; beim Informationsaustausch besteht zudem ein do ut des.

---

[53] Siehe dazu *Wolff*, Schriftliche Stellungnahme zur Vorbereitung der mündlichen Anhörung am 26.09.2016 vor dem Innenausschuss des Deutschen Bundestags, 22.09.2016, Ausschussdrucksache 18(4)653 F, https://www.bundestag.de/blob/459628e6b3125cfbb2a079 40d375aa744b4e0a/18-4-653-f-data.pdf (Abruf: 28.06.2017), S. 19 f.
[54] So schon *Wolff* JZ 2010, 173, 180.
[55] BVerfGE 137, 185, 253 f. Rn. 177.

c) Die parlamentarische Kontrolle ist kein Optimierungsgrundsatz

Die parlamentarische Kontrolle bildet dabei keinen Optimierungsgrundsatz, vielmehr kann es auch ein zu viel an parlamentarischer Kontrolle der Nachrichtendienste geben. Diese These beruht dabei auf folgenden Gedanken:

Die parlamentarische Kontrolle ist Kontrolle und keine Aufsicht. Sie ist ein Element der Gesamtkontrolle der Nachrichtendienste. Sie wird ersetzt von der inneradministrativen Kontrolle, vor allem über das Bundesministerium des Inneren, das Bundesministerium der Verteidigung und das Bundeskanzleramt. Es wird ergänzt durch die rechtsschutzähnliche Kontrolle der G10-Kommission und durch die Gerichtskontrolle.[56] Ab 2017 wird das Unabhängige Gremium gem. § 10 BNDG n.F. – ebenfalls als rechtliches Kontrollgremium – hinzukommen.[57]

Die parlamentarische Kontrolle hat nicht die Aufgabe, die Nachrichtendienstbehörden zu beaufsichtigen. Der Unterschied zwischen Kontrolle und Aufsicht liegt im Ausmaß der zukunftsgerichteten Steuerung, der Wahrnehmung von Entscheidungsbefugnissen und der Ausfüllung von Wertungsspielräumen. Wer die Aufsicht wahrnimmt, darf in der Regel im Notfall an die Stelle des primärzuständigen Organes treten. Bei der Kontrolle wiederum wird zeitlich nachzeichnend die Übereinstimmung der Handlung mit dem vorgegebenen Maßstab geprüft. Je mehr Kontrolle das parlamentarische Kontrollgremium ausübt, umso mehr gerät es in die Funktion einer Aufsicht. Die Funktion einer Aufsicht wäre aber mit dem Gewaltenteilungsprinzip nicht zu vereinbaren.

Aus diesem Grunde war etwa der im ersten Entwurf der Reform des Verfassungsschutzgesetzes von Niedersachsen enthaltene Vorschlag, dass das Aufsichtsgremium des Parlamentes über die Verlängerung des Einsatzes von V-Leuten entscheidet, ausgesprochen kritisch anzusehen und ist zu recht fallen gelassen worden.[58]

Ein Übermaß an parlamentarischer Kontrolle wäre auch politisch ausgesprochen unklug. Die Vorstellung, man könne mit einer weitreichenden parlamentarischen Kontrolle Fehler hundertprozentig vermeiden, ist nicht lebensnah. Auch bei einem ausgefeilten parlamentarischen Kontrollsystem wird es zu Pannen kommen. Je mehr Kontrollbefugnisse man hat, umso mehr Mitverantwortung trägt man. Das Parlament ist aber gut beraten, das Ausmaß der Mitverantwortung für die Handlungen der Nachrichtendienste nicht übermäßig groß werden zu lassen.

---

[56] BVerfG (Fn. 41), Rn. 39 ff.
[57] Siehe dazu *Wolff* (Fn. 53), S. 4.
[58] Vgl. § 6b Abs. 3 S. 6 Gesetzentwurf der Regierung – Nds LT-Drs. 17/2161 vom 14.10.2014; gesetzliche Regelung nur § 21 Abs. 5 Nds. VerfSchG (siehe dazu LT-Drs. 17/2161 vom 14.10.2014). Zur Begründung der Änderung siehe LT-Drs. 17/6464 vom 13.09.2016, S. 29.

Drittens führt eine parlamentarische Kontrolle im Sinne eines Optimierungsprinzips leicht zu einer Deformation der parlamentarischen Kontrolle. Die parlamentarische Kontrolle muss von ihrem Charakter her selektiv sein und vom Parlamentarier getragen werden. Bei einer parlamentarischen Kontrolle im Sinne eines Optimierungsgebotes tendiert man schnell dazu, behördenartige Stellen innerhalb der Parlamentsverwaltung zu errichten, die für das Parlament stellvertretend unter der Aufsicht der Parlamentarier die Kontrolle ausüben. Auf diese Weise wird es dann keine Kontrolle der Parlamentarier mehr, sondern eine Kontrolle der Institution des Parlaments. Dies würde den Charakter der parlamentarischen Kontrolle massiv verändern. Würden die Abgeordneten die parlamentarische Kontrolle alleine ausüben, würde es zu einer Fehlgewichtung der Aufgaben der Parlamentarier kommen. Die Parlamentarier haben nicht nur die Aufgabe die Nachrichtendienste zu kontrollieren, sondern auch die übrige Bundesverwaltung. Darüber hinaus sollen sie ja nach Hörensagen auch die Aufgabe haben, Gesetze zu erlassen und vernünftige Grundsatzentscheidungen für das Gemeinwohl zu treffen. Auch soll es zulässig sein, dass die Abgeordneten Kontakt mit der Bevölkerung halten, insbesondere in ihrem Wahlkreis, um auf diese Weise den Gedanken der Demokratie lebendig werden zu lassen. All dies leidet notwendig darunter, wenn man die parlamentarische Kontrolle als Optimierungsgebot versteht. Gibt es kein Optimierungsgebot, bleibt zu klären, was das richtige Ausmaß der parlamentarischen Kontrolle bildet.

d) Das richtige Maß an parlamentarischer Kontrolle

Ein abstrakt zu bestimmendes Ausmaß der richtigen parlamentarischen Kontrolle gibt es nicht. Die parlamentarische Kontrolle soll in ihrer Intensität gerade auch durch die Parlamentarier selbst bestimmt werden.

Die Gewichtungskriterien, die daher aus der Sicht des Parlaments über die Bedeutung der parlamentarischen Kontrolle bestimmen, haben auch Einfluss auf das Ausmaß der richtigen parlamentarischen Kontrolle der Nachrichtendienste. Entscheidend ist daher, welche Bedeutung der relevante Verwaltungsbereich für das politische Gemeinwesen hat, welche Bedeutung der Bereich für die Bundesverwaltung hat, welche Mitentscheidungsgewalt das Parlament in diesem Fragenkreis hat, wie die bisherigen Erfahrungen dieses Bereiches sind, wie das Informationsbedürfnis der Bevölkerung ist und Ähnliches.

Im Bereich der Nachrichtendienste besteht grundsätzlich ein relativ hoher Bedarf an parlamentarischer Kontrolle, weil sowohl die allgemeine Öffentlichkeitskontrolle als auch die Gerichtskontrolle deutlich schwächer ausgeprägt sind als in anderen Verwaltungsbereichen und dies zumindest teilweise durch die parlamentarische Kontrolle auszugleichen ist.

Darüber hinaus wird das gebotene Maß der parlamentarischen Kontrolle auch von Erfahrungen gespeist. Die bisherige Entwicklung, die sich Schritt für

Schritt in einer maßvollen Ausweitung der parlamentarischen Kontrolle vollzog, erscheint daher aus externer Sicht richtig.

Die Ausweitung der parlamentarischen Kontrolle kann daher nicht nur als eine Verschiebung der Grenzlinie zwischen Kontrolle und unkontrolliertem Bereich verstanden werden. Vielmehr ist die Erhöhung der parlamentarischen Kontrolle auch als Reaktion auf die Ausweitung der Tätigkeit der Nachrichtendienste zu verstehen. Legt man diesen Ansatz zugrunde, besteht eine Vermutung dafür, dass das gegenwärtige Ausmaß der parlamentarischen Kontrolle genau so ist, wie es sein sollte.

Ein richtiges Verhältnis zwischen parlamentarischer Kontrolle und Eigenverantwortlichkeit der Nachrichtendienste gibt es dabei nicht im Abstrakten. Jeder Staat kann das Verhältnis von Exekutive und Parlament selbst bestimmen. Es ist daher auch ein Ausdruck des eigenen Selbstverständnisses des Verhältnisses der drei Gewalten, wie in einem Staat die parlamentarische Kontrolle ausgestaltet ist. Der Hinweis, dass die Länder Frankreich, Großbritannien oder die USA die parlamentarische Kontrolle stärker oder weniger stark ausgeprägt haben, besitzt daher für sich genommen keine überragende Bedeutung.

5. Irrige Reformvorstellung

Bei der Beurteilung der Reformvorschläge ist allerdings vorweg der Vorbehalt anzubringen, dass aus wissenschaftlicher Sicht die Beurteilung von Reformvorschlägen deswegen schwerfällt, weil der Bedarf einer Reform immer auch von dem Ausmaß eines festgestellten Mangels abhängig ist. Wie sehr die parlamentarische Kontrolle im gegenwärtigen Zeitpunkt notleidend ist oder nicht, ist aufgrund des hohen Vertraulichkeitsmaßstabes in diesem Bereich von außen schwer zu beurteilen, sodass eine externe Beurteilung leicht in Schieflage gerät. Legt man die hier vertretene Ansicht des Charakters der parlamentarischen Kontrolle als selektiv, personenbezogen und egalitär einerseits, und zum anderen die Sonderrolle des parlamentarischen Kontrollgremiums zugrunde, folgt daraus, dass eine Reihe von Reformvorschlägen für die parlamentarische Kontrolle nicht wünschenswert sind.[59]

– Die Schaffung einer parlamentarischen Kontrollbehörde, die mit Beamten besetzt ist und für das Parlament Untersuchungsaufträge übernimmt, ist abzulehnen, weil es nicht mehr als parlamentarische Kontrolle der Parlamentarier zu werten ist.
– Die Schaffung von Mitarbeitern der Fraktionen, die im parlamentarischen Kontrollgremium anwesend sein dürfen und Akteneinsicht erhalten, ist abzulehnen, weil es das Ausmaß der Vertraulichkeit reduziert und zudem den personalen Charakter der Kontrolle, bezogen auf Abgeordnete, relativiert.

---

[59] Ausführlich dazu *Baier* (Fn. 20), S. 136 ff.

– Eine Berichtspflicht gegenüber den Fraktionsvorsitzenden ist abzulehnen, weil sie die Vertraulichkeit relativiert und damit die Informationsdichte des parlamentarischen Kontrollgremiums infrage stellt. Die Stärkung von Oppositionsrechten innerhalb des Vertraulichkeitsgremiums ist schwer möglich, ohne den Rechtfertigungsgrund des parlamentarischen Kontrollgremiums zu relativieren. Die Oppositionsrechte werden dadurch gestärkt, dass man den Aufgabenbereich des parlamentarischen Kontrollgremiums schmal hält und alle weiteren Fragen dem Innenausschuss zuweist, in dem dann die Opposition auf die ausgearbeiteten Minderheitsrechte zugreifen kann.
– Die Unterstützung jedes Kontrollgremiumsmitgliedes durch einen Mitarbeiter ist abzulehnen, weil es wiederum den personalen Charakter der Kontrolle schwächt und die Vertraulichkeit erheblich absetzt.
– Die Einfügung eines Beauftragten des Parlaments für die Nachrichtendienste, vergleichbar mit dem Wehrbeauftragten, ist ein grundsätzlich denkbares Instrument. Es drängt sich bei den Nachrichtendiensten allerdings weniger auf als beim Militär, da die Bedeutung der Zufriedenheit und Stimmung der Mitarbeiter innerhalb dieses Exekutivbereiches eine weniger große Bedeutung für die Ausübung der parlamentarischen Kontrolle besitzt. Weiter hat das Parlament beim Militär aufgrund des vom Bundesverfassungsgericht so bezeichneten Charakters als Parlamentsheer eine größere Bedeutung. Schließlich würde mit der Schaffung eines Nachrichtendienstbeauftragten ein zweites unabhängiges Kontrollgremium neben dem parlamentarischen Kontrollgremium auftreten. Die Parallelität von zwei unabhängigen Instanzen wirft Schwierigkeiten auf, die das Verhältnis von Bundesbeauftragten für Datenschutz einerseits und der G 10-Kommission andererseits gerade im Bereich der Nachrichtendienste verdeutlicht.

Verwunderlich ist aus wissenschaftlicher Sicht die Abwesenheit von besonderen Kontrollinstrumenten hinsichtlich der nachrichtendienstlichen Beobachtung einzelner Abgeordneter. Warum auf Bundesebene kein besonderes Regime vorgesehen ist, das sicherstellt, dass das Parlament als Institution erfährt, wenn einzelne Abgeordnete beobachtet werden, ist nicht nachvollziehbar.

Notleidend ist der Bereich der Sanktionen. Das Parlamentarische Kontrollgremium hat keine Möglichkeit, bei rechtswidriger Verweigerung der Regierung seinen Informationsanspruch durchzusetzen. Es müssen Instrumente gefunden werden, mit denen diese Durchsetzung verbessert wird.

Irrig ist auch die Konzentration der Reformvorstellung allein auf das parlamentarische Kontrollgremium. Die parlamentarische Kontrolle verbessert sich auch, wenn die Rechtsvorschriften klarer werden und die Ausdifferenzierung des Geheimnisschutzes vorangetrieben wird. Gelingt es dem Bundestag, seinen Geheimnisschutz im Innenausschuss tatsächlich noch einmal zu verbessern, wird auch die Reichweite der allgemeinen parlamentarischen Kontrolle ausgeweitet. Weiter verbessert sich die parlamentarische Kontrolle auch, wenn die Transparenz der Tätigkeit der Nachrichtendienste in den Bereichen, in denen mehr Transparenz möglich ist, voranschreitet. Die gesetzliche Normierung des Auslandseinsatzes der Nachrichtendienste erscheint ein wichtiger Schritt in diese Richtung.[60] Der gegenwärtige Gesetzentwurf will die Fernmeldeaufklärung der Auslandsnachrichtendienste gesetzlich normieren. Dies ist ein großartiges Unterfangen. Leider verpasst der Entwurf die Chance, die sonstige Auslandstätigkeit der Nachrichtendienste wenigstens ansatzweise zu normieren.[61] Weiter erscheint eine kritische Durchsicht der Geheimhaltungsvorschriften und der Vertraulichkeitsregeln deutlich gebotener als eine weitere Fortschreibung der Befugnisse des parlamentarischen Kontrollgremiums.

VII. Ergebnis

1. Die parlamentarische Kontrolle ist wichtig für das Machtgefüge innerhalb der parlamentarischen Demokratie. Sie ist ernst zu nehmen. Andererseits darf der Kampf um die Vorherrschaft der Information nicht zu einem Wert an sich werden, bei dem man übersieht, um was es bei den Geheimnissen eigentlich geht, nämlich um den Schutz eines Rechtsgutes.
2. Die parlamentarische Kontrolle ist politische Kontrolle, keine Administrativkontrolle. Das schließt freilich Detailgenauigkeit in Einzelfällen nicht aus.
3. Der Geheimnisschutz im nachrichtendienstlichen Bereich rechtfertigt in weiten Bereichen ein Zurückdrängen des Öffentlichkeitsprinzips, aber nicht die Aufgabe des Informationsrechts als solches.
4. Die Regierung darf den ggf. erforderlichen Geheimnisschutz innerhalb des Parlaments nicht selbst festlegen, sondern nur die Information so lange zurückhalten, bis das Parlament die Vertraulichkeitsstufe selbst festgelegt hat.
5. Der Kernbereich der Exekutiven ist primär prozedural zu verstehen, kann aber auch je nach Sachbereich unterschiedlich ausfallen.
6. Auch auf höchster Geheimhaltungsstufe gibt es Geheimnisse, die nicht dem Ausschuss, sondern nur dem Parlamentarischen Kontrollgremium zu offenbaren sind.

---

[60] BT-Drs. 18/9041 vom 05.07.2016.
[61] Siehe dazu *Wolff* (Fn. 53), S. 4.

Diskussionsbericht Panel 1:
Kontrolle der Nachrichtendienste durch Parlament und Regierung*

Maria Geismann, Fabian Gilles und *Alexandra Adenauer*

Diskussionsgegenstände im von Prof. Dr. *Christoph Gusy* (Universität Bielefeld) moderierten Panel waren Fragen rund um Kontrollmöglichkeiten der Nachrichtendienste durch das Parlament und die Regierung, sowie die Entwicklung und Entwicklungsmöglichkeiten dieser Kontrollbefugnisse. Maßgeblich war die Frage, inwiefern überhaupt die Nachrichtendienste kontrolliert werden können und in welchem Rahmen eine solche Kontrolle stattfinden könne. Im Fokus standen hierbei einerseits die parlamentarischen Kontrollgremien auf Bundesebene (das PKGr, die G-10 Kommission, das Vertrauensgremium sowie darüber hinaus die Untersuchungsausschüsse mit Bezügen zur Arbeit der Nachrichtendienste). Andererseits wurde die Fachaufsicht durch die jeweiligen Aufsichtsbehörden thematisiert. Diskutiert wurden auch Möglichkeiten der Zusammenarbeit bzw. Effektuierung der Zusammenarbeit dieser Institutionen. Die Diskussionsrunde wurde durch eine Frage von MdB *Hans-Christian Ströbele* (Bündnis 90/Die Grünen) eröffnet, der in Bezug auf aktuelle parlamentarische Untersuchungsausschüsse (insbesondere hinsichtlich des NSA-Untersuchungsausschusses) die Frage aufwarf, wie er denn reagieren solle, wenn er im Rahmen der Untersuchungsausschussarbeit von rechtswidrigen Handlungen erfahre. Schließlich könne er nach der aktuellen Gesetzeslage nicht einmal seine Fraktionsvorsitzende informieren. Ebenso sehe er Schwächen in Bezug auf die Informationspflichten. Es könne nicht kontrolliert werden, ob die Dienste diesen nachkämen. Darüber hinaus kritisierte er die viel zu geringe Kontrolldichte und ging damit auf Distanz zum Vortrag von MinDir *Günter Heiß* (Bundeskanzleramt). Prof. Dr. *Heinrich Amadeus Wolff* (Universität Bayreuth) entgegnete hierauf, dass bei rechtswidrigen Handlungen der Innenausschuss zu informieren sei (es sei vorausgesetzt, dass die Mitglieder des

---

* Die folgende Darstellung widmet sich den angesprochenen Themen im inhaltlichen Zusammenhang und gibt den Gesprächsverlauf nicht chronologisch in der Reihenfolge wieder, in der die verschiedenen Aspekte angesprochen wurden.

Kontrollgremiums auch im Innenausschuss säßen, ansonsten sei dies eine Fehlplanung der Fraktion). Zudem sei er sich sicher, dass sich immer Mehrheiten finden würden, dem Fehlverhalten entgegenzuwirken, sodass aus verfassungsrechtlicher Sicht keine Probleme entstehen würden. In Bezug auf fehlerhafte Berichte sieht jedoch auch er noch Reformbedarf. MdB *Burkhard Lischka* (SPD) betonte in diesem Zusammenhang, dass durch die nähere Definition der „besonderen Ereignisse" in der Geschäftsordnung des PKGr eine Basis geschaffen worden sei, die zwar nicht bindend, jedoch zur Erreichung des Ziels sicher dienlich sei. Der ehemalige und erste Bundesdatenschutzbeauftragte Prof. em. Dr. *Hans Peter Bull* (Universität Hamburg) „vermutete" (bewusst überspitzt) aufgrund der geringen Kontrolldichte einen geheimen Konsens, dass Kontrolle nur durch eine nicht erlaubte Öffentlichkeit in der Presse bspw. durch Whistleblower erfolgen solle. Ein „Verlassen" auf Whistleblower wurde jedoch einhellig abgelehnt. Diese seien sehr schädlich für das Vertrauen der Bevölkerung in die Dienste. *Heiß* wies darauf hin, dass die Gremien, die installiert worden seien, ja gerade dazu dienten, solche Verfehlungen aufzudecken. Ebenso lebten diese Institutionen gerade davon, dass Informationen geheim gehalten werden können. Die Kontrolle müsse dementsprechend eben auch geheim erfolgen. Anderenfalls würde die Konstruktion schlicht keinen Sinn machen. Gerade in der Vergangenheit sei durch unreflektierte Veröffentlichungen in den Medien unter Berufung auf Whistleblower immer wieder ein sehr großer Schaden entstanden. Es entstehe eine gewisse Inkongruenz in der öffentlichen Wahrnehmung, da die Nachrichtendienste oder aber auch die Kontrollgremien keine Möglichkeiten zur Gegendarstellung hätten. Dies hatte zuvor bereits *Lischka* betont, der auf die Berichte des PKGr verwies. Zudem habe die parlamentarische Kontrolle bei den Selektoren funktioniert, der zeitliche Zusammenhang mit den Berichten müsse nur besser werden.

Ein zweiter Schwerpunkt der Diskussionen ergab sich aus der von Dr. *Thorsten Wetzling* (Stiftung Neue Verantwortung, Berlin) aufgeworfenen Frage, welchen Sinn die Teilung zwischen parlamentarischem Kontrollgremium und Vertrauensgremium habe. *Heiß* erwiderte hierauf, dass es stimme, dass die Arbeitsbelastung hierdurch sehr hoch sei und die Arbeit zum Teil doppelt gemacht werden müsse. Er sehe einen gewissen Wettkampf zwischen den Kontrollgremien durchaus. Dieser entstünde insbesondere aus der Tatsache, dass jede Institution andere Untersuchungsfragen und -grundlagen habe. *Lischka* würde am bestehenden System dennoch nichts ändern, da grundsätzlich vernünftig gearbeitet werde. Gerade die Unterteilung in PKGr, G-10 Kommission sowie Vertrauensgremium sollten bestehen bleiben. Die Diskussion wurde mit einem Hinweis aus dem Publikum erweitert, dass bei der Bundeswehr durch den Wehrbeauftragten und insbesondere durch den Bundesrechnungshof eine effektive Kontrolle gewährleistet werden könne. Einen Fortschritt im Hinblick auf die Kontrolle könne man zudem durch den nun gesetzlich implementierten „ständigen Bevollmächtigten" erwarten.

Gusy stellte in seinem Schlusswort noch einmal klar, dass die Kontrolle für beide Seiten wichtig sei. In Bezug auf die Kontrollinstrumente sehe er noch Handlungsbedarf, ebenso müsse eine Bündelung der Kontrolle erfolgen. Im Hinblick auf den Rechtsschutz sei die Installation eines Bevollmächtigten sinnvoll. Abschließend stellte er – anknüpfend an einen Beitrag aus dem Publikum – fest, dass es *eine* effektive Kontrolle schon gebe: Die durch den Bundesrechnungshof.

Panel 2

Rechtsschutz gegen nachrichtendienstliche Aktivitäten

Moderation: *Klaus Ferdinand Gärditz*

Die Rechtsschutzbeauftragten – das österreichische Modell des kommissarischen Rechtsschutzes bei nachrichtendienstlichen Tätigkeiten

Reinhard Klaushofer

I.	Einleitung	99
II.	Das österreichische System	100
III.	Entwicklung	101
IV.	Organisation	102
V.	Funktionen	102
VI.	Rechte	103
VII.	Kritische Aspekte	104
VIII.	Schluss	106

I. Einleitung[1]

Der Beitrag soll in groben Zügen das österreichische System der Rechtsschutzbeauftragten umreißen, denen vereinfachend gesprochen die Funktion außergerichtlichen Grundrechtsschutzes im sensiblen Bereich (geheimer) staatlicher Überwachung zukommt.

---

[1] Detailliert zu den Rechtsschutzbeauftragten *Klaushofer*, Strukturfragen der Rechtsschutzbeauftragten, 2012. Entsprechend der Aufgabenstellung des Autors und Zielsetzung des Beitrags sind die folgenden Ausführungen im Wesentlichen eine geraffte Zusammenfassung der zitierten Arbeit und es können Einzelheiten mit zahlreichen Nachweisen dort nachgelesen werden. Auf Zitate wird daher weitgehend verzichtet. Siehe auch *Klaushofer*, in: *Dietrich/Eiffler* (Hrsg.), Handbuch des Rechts der Nachrichtendienste, 2017, S. 1767 ff.

II. Das österreichische System

Der Plural der Rechtsschutzbeauftragten ist deshalb nötig, weil mittlerweile in vier Sektoren derartige Organe eingerichtet sind. Im Einzelnen sind im:
- Strafrecht (§ 47 Strafprozessordnung [StPO])
- Sicherheitspolizeirecht (§ 91a Sicherheitspolizeigesetz [SPG], respektive § 14 Polizeiliches Staatsschutzgesetz [PStSG])
- Militärwesen (§ 57 Militärbefugnisgesetz [MBG])
- Finanzwesen (§ 74a, b Finanzstrafgesetz [FinStrafG])[2]

Rechtsschutzbeauftragte vorgesehen. Gemeinsamer Nenner aller vier Bereiche ist die erwähnte grundrechtliche Schutzfunktion der Rechtsschutzbeauftragten.[3]

Zum besseren Verständnis der österreichischen Rechtslage ist anzumerken, dass zwischen polizeilicher und nachrichtendienstlicher Tätigkeit kein Trennungsgebot besteht. Die für die nachrichtendienstlichen Tätigkeiten[4] zuständigen Polizeieinheiten sind befugt, nachrichtendienstliche und unter den gesetzlichen Voraussetzungen klassisch polizeiliche Befugnisse einzusetzen.[5] Die im polizeilichen, wie wohl auch militärischen Bereich normierten Aufgaben der Nachrichtendienste sind strafrechtsakzessorisch konzipiert, sprich die Befugnisse der Dienste setzen im Vorfeld zu strafrechtsrelevantem Verhalten an (Gefahrenabwehr – Prävention). Der strafrechtliche Vollzug und damit die Zuständigkeit des Rechtsschutzbeauftragten gemäß § 47 StPO setzt hingegen erst zu einem späteren Zeitpunkt ein. Die Rechtsschutzbeauftragen nach dem SPG und MBG sind folglich jene Organe, die typische nachrichtendienstliche Tätigkeiten zu prüfen haben und auf die sich die weiteren Ausführungen beziehen.[6] Dem polizeilichen Staatsschutz kommt am nachrichtendienstlichen Sektor das Übergewicht zu, weil die militärischen Agenden wegen ihrer Rückbindung an die militärische Landesverteidigung auf einen engen Aufgabenkreis beschränkt sind.[7] Da die Befugnisse der militärischen und polizeilichen Organe weder von einem richterlichen Befehl noch von einer richterlichen Genehmigung abhängig sind, stellen die Rechtsschutzbeauftragten die einzigen unabhängigen Organe[8]

---

[2] Die zitierten Gesetze können im zentralen Rechtsinformationssystem abgefragt werden: www.ris.bka.gv.at.

[3] Die Tätigkeit des Rechtsschutzbeauftragten nach dem FinStrafG spielt für nachrichtendienstliche Agenden keine Rolle.

[4] § 1 PStSG verwendet den Ausdruck polizeilicher Staatsschutz. Die zentral zuständige Einrichtung wird allerdings als Bundesamt für Verfassungsschutz und Terrorismusbekämpfung bezeichnet (§ 1 Abs. 3 PStSG).

[5] § 5 PStSG.

[6] Der Rechtsschutzbeauftragte gemäß § 74a FinStrafG spielt im Kontext der inneren und äußeren Sicherheit des Staates ohnehin keine Rolle.

[7] Dazu ausführlich *Klaushofer*, in: *Dietrich/Eiffler* (Fn. 1), S. 1767 ff.

[8] Zum Ausmaß der Unabhängigkeit kritisch *Klaushofer* (Fn. 1), S. 150 ff. Zur Bewertung infolge gesetzlicher Veränderungen *Klaushofer*, in: *Dietrich/Eiffler* (Fn. 1), S. 1767 ff.

der Kontrolle im Vorfeld zu Ermittlungsmaßnahmen dar. Die Zuständigkeiten der jeweiligen Rechtsschutzbeauftragten bestehen im jeweiligen Vollzugsbereich: Endet also die polizeiliche oder militärische Aufgabenwahrnehmung und wird in weiterer Folge ein Strafverfahren geführt, in dem es möglicherweise wiederum zu Ermittlungsmaßnahmen kommt, die der Mitwirkung des Rechtsschutzbeauftragten bedarf, so ist der Rechtsschutzbeauftragte nach der StPO zuständig. Informationsaustausch und sonstige Kooperationsformen zwischen den Rechtsschutzbeauftragten nach den verschiedenen Vollzugsbereichen sind gesetzlich nicht grundgelegt.

III. Entwicklung

Ursprünglich wurde im Regelungsbereich der StPO ein Rechtsschutzbeauftragter installiert. Seine Einführung stand im Zusammenhang mit der Aufnahme neuer Ermittlungsmethoden in das Gesetz. Lausch-, Spähangriffe sowie Rasterfahndung wurden 1997 als neue Überwachungsmöglichkeiten gesetzlich geregelt. Ihre gemeinsame Klammer war und ist die Heimlichkeit staatlicher Tätigkeit, die als besonders eingriffsintensiv klassifiziert[9] wurde und vom Gesetzgeber zur ausreichenden Wahrung der Grundrechte betroffener Personen ein ergänzender Schutzmechanismus als nötig angesehen wurde. Drei Aspekte des Art. 8 EMRK wurden im parlamentarischen Beratungsprozess hervorgehoben: Privatleben – kommunikativer Aspekt; Familienleben – sozialer Aspekt; Wohnung – räumlicher Aspekt.[10] Selbstverständlich wurden datenschutzrechtliche Garantien ebenso als berührt angesehen.

Mit der Einführung geheimer Ermittlungsmethoden im Sicherheitspolizeirecht wurde – im Grunde auf Basis derselben Überlegungen und nach dem Vorbild der StPO im Jahr 2000 – auch für den polizeilichen Bereich ein Rechtsschutzbeauftragter geschaffen. Dieser organisatorisch im SPG verankerte Rechtsschutzbeauftragte ist zur Kontrolle des polizeilichen Staatsschutzes gemäß PStSG zuständig.[11] Mit Inkrafttreten des PStSG am 1. Juli 2016 wurde für zwei spezifische Ermittlungsmaßahmen die Mitwirkung durch einen Rechtsschutzsenat vorgesehen.[12]

---

[9] Wörtlich wurde von Grundrechtseingriffen „in bislang unbekanntem Ausmaß" gesprochen. Regierungsvorlage 49, 20. GP, S. 11.
[10] Justizausschussbericht 812, 20. GP, S. 3.
[11] Der Großteil der im PStSG vorgesehenen Befugnisse war zuvor im SPG normiert. Die betreffenden Aufgaben des polizeilichen Staatsschutzes wurden aus diesem herausgelöst. Der polizeiliche Staatsschutz ist nunmehr eine Sondermaterie, die aber in Ausübung der Sicherheitspolizei geschieht (§ 1 PStSG).
[12] § 14 Abs. 3 PStSG, zu dessen Zusammensetzung unten Pkt IV.

Ein solcher wurde im selben Jahr auch im militärischen Bereich eingerichtet, der hinsichtlich der Gestaltung der Ermittlungsmittel und dem Organ des Rechtsschutzbeauftragten eng an den sicherheitspolizeilichen Sektor angelehnt ist.

Schließlich hat man mit dem Steuerreformgesetz 2015/16 im Jahr 2015 auf das bewährte Modell der Rechtsschutzbeauftragten zurückgegriffen. Dieser entfaltet im Finanzstrafverfahren seine Tätigkeit, weil für vorsätzliche Finanzvergehen die Möglichkeit der Auskunft über Verkehrsdaten unter bestimmten Voraussetzungen eröffnet wurde und man für die vergleichbare Befugnis im Rahmen des Sicherheitspolizeirechts ebenfalls die Zuständigkeit des Rechtsschutzbeauftragten vorsah.[13]

IV. Organisation

Die Rechtsschutzbeauftragten sind unabhängige, weisungsfreie Verwaltungsorgane. Die Funktionsausübung ist grundsätzlich monokratisch angelegt, allerdings sind den Hauptamtsträgern Stellvertreterinnen und Stellvertreter zur Seite gestellt. Für verdeckte Ermittlungen und gewisse Auskunftsverlangen über elektronische Verbindungsdaten ist die Zuständigkeit des Rechtsschutzsenates vorgesehen, der aus dem Rechtsschutzbeauftragten gemäß SPG und zwei seiner Stellvertreterinnen bzw. Stellvertreter besteht.[14] Die Rechtschutzbeauftragten müssen ausgebildete Juristen sein und werden in einem Bestellverfahren ausgewählt, das die Mitwirkung mehrerer angesehener Organe, wie insbesondere des Präsidenten des Verfassungsgerichtshofes, vorsieht. Personelle und finanzielle Mittel sowie Räumlichkeiten werden ihnen zur Verfügung gestellt. Sie erhalten für ihre Tätigkeit eine Aufwandsentschädigung.

V. Funktionen

Die Funktionsausübung der Rechtsschutzbeauftragten kann in drei Segmente aufgefächert werden, die dem zeitlichen Verlauf von Ermittlungen entsprechen:
1. Der Vorabkontrolle, die vor Durchführung von Ermittlungen geschieht.
2. Der Aufsicht und begleitenden Kontrolle von Ermittlungen.
3. Dem kommissarischen Rechtsschutz, womit die Möglichkeiten der Rechtsschutzbeauftragten zur Erhebung von Beschwerden zu Gunsten Betroffener gemeint sind.

---

[13] Regierungsvorlage 684, 25. GP, S. 46 f., BGBl I S. 118/2015.
[14] § 14 Abs. 3 PStSG.

Im Rahmen der Vorabkontrolle hat der Rechtsschutzbeauftragte gemäß SPG einerseits die Möglichkeit zur Äußerung und andererseits kommt ihm ein Zustimmungsvorbehalt zu. Einen solchen genießt der Rechtsschutzbeauftragte gemäß MBG – mit einer Ausnahme – für alle ihm der Kontrolle zugewiesenen Ermittlungsmaßnahmen der nachrichtendienstlichen Aufklärung und Abwehr. Zustimmungsvorbehalt bedeutet, dass die betreffende Ermittlungsmaßnahme nur nach Ermächtigung des Rechtsschutzbeauftragten/Rechtsschutzsenates ausgeübt werden darf. Würde ein nicht wiedergutzumachender, schwerer Schaden für die nationale Sicherheit, insbesondere die Einsatzbereitschaft des Bundesheeres oder für die Sicherheit von Menschen, eintreten, dürfen militärische Organe auch ohne Zustimmung des Rechtsschutzbeauftragten handeln, müssen sich aber umgehend um eine Ermächtigung bemühen – wird diese nicht erteilt, sind die Ermittlungen einzustellen. Für den polizeilichen Staatsschutz ist eine derartige Handlungsmöglichkeit bei Gefahr im Verzug nicht vorgesehen.[15]

Den Rechtsschutzbeauftragten sind auch während laufender Ermittlungen Kontrollrechte eingeräumt.[16]

Sofern Betroffene keine Kenntnis von den Ermittlungsmaßnahmen haben und eine Information im Wesentlichen aus Sicherheits- respektive ermittlungstaktischen Gründen nicht erfolgt, können die Rechtsschutzbeauftragten zu ihren Gunsten Datenschutzbeschwerden erheben.

VI. Rechte

Zur Ausübung ihrer Funktionen sind den Rechtsschutzbeauftragten unterschiedliche Rechte eingeräumt.

Die größte Macht wird ihnen durch die Zustimmungs-/Ermächtigungsrechte eingeräumt. Sie haben zur Konsequenz, dass von den Exekutivorganen beantragte Ermittlungsmaßnahmen gänzlich davon abhängig sind und ohne Zustimmung nicht ausgeübt werden dürfen.[17]

Zur begleitenden Kontrolle laufender Ermittlungen stehen den Rechtsschutzbeauftragten Einsichtnahmerechte, Auskunftsverlangen, der Zugang zu Räumlichkeiten, in denen Überwachungsergebnisse aufbewahrt werden, wie insgesamt die Durchführung von Überwachungen zu prüfen, offen. Sie können

---

[15] Das erscheint aus Sicherheitsüberlegungen insofern unproblematisch als bei erhöhten Gefahrenmomenten oder unmittelbar bevorstehenden Rechtsgutbeeinträchtigungen die im SPG respektive StPO vorgesehenen Befugnisse in Anspruch genommen werden können und nicht auf das PStSG rekurriert werden muss.
[16] Siehe dazu im nächsten Punkt.
[17] Zur Praxis *Burgstaller/Kubarth* SIAK-Journal 2015 H 3, 4. Zum Zustimmungsvorbehalt des Rechtsschutzbeauftragten gemäß SPG in Bezug auf die Information Betroffener sogleich weiter unten in diesem Punkt.

sich auch von der Einhaltung der Pflichten zur Richtigstellung und Löschung ihrer Überprüfung unterliegenden Daten überzeugen.

Nach Abschluss der Ermittlungen können die Rechtsschutzbeauftragten zum einen Betroffene im Nachhinein darüber informieren. Allerdings steht diese Möglichkeit unter dem Vorbehalt, dass die Rechtsschutzbeauftragten der Auffassung sind, dass es zu Datenschutzverletzungen gekommen ist. Unter diesem Vorbehalt können sie zum anderen auch zu Gunsten Betroffener Beschwerde an die Datenschutzbehörde erheben, wenn eine Information der Grundrechtsträger nicht erfolgt.[18] In § 16 Abs. 3 PStSG ist zusätzlich vorgesehen, dass die Information Betroffener mit Zustimmung des Rechtsschutzbeauftragten unter näher genannten Gründen aufgeschoben werden kann.

VII. Kritische Aspekte

Typischerweise werden die Rechtsschutzbeauftragten als Instrument der Grundrechtssicherung durch Organisation und Verfahren begriffen.[19] Ihrer Funktion nach haben sie die Exekutivorgane vor einer allzu großzügigen Inanspruchnahme der verschiedenen Ermittlungsinstrumentarien zu zügeln. Ebenso trägt die ihnen eingeräumte Möglichkeit der Datenschutzbeschwerde zu einem bedachten Einsatz der unterschiedlichen Überwachungsmöglichkeiten bei. Allerdings wurde bis dato und damit während eines Zeitraums von über 15 Jahren keine Datenschutzbeschwerde erhoben.[20] Das kann dahingehend gedeutet werden, dass die Maßnahmen der Vorabkontrolle und Überprüfungen während laufender Ermittlungen effektiv zu einer rechtskonformen Befugnisausübung durch die Exekutivorgane führen. Es ist aber andererseits ein systematischer Gesichtspunkt zu bedenken: Wenn die Rechtsschutzbeauftragten ihre Zustimmung zu Ermittlungen erteilt haben, ist unwahrscheinlich, dass sie (zu Gunsten der Betroffenen) eine Datenschutzbeschwerde gegen die betreffende Maßnahme erheben, weil sie dadurch ihre eigene Entscheidung mittelbar hinterfragen würden.[21] Es ist allerdings einzuräumen, dass freilich nicht

---

[18] Wie zuvor ausgeführt, kann die Information aus Sicherheits- respektive ermittlungstaktischen Gründen aufgeschoben werden.

[19] Näher *Klaushofer* (Fn. 1), S. 329 ff. mit anderer grundrechtlicher Deutung.

[20] Gesicherte Informationen liegen diesbezüglich nur zum Rechtsschutzbeauftragten gemäß SPG vor, der von sich aus die Praxis der Publikation seiner Tätigkeiten etabliert hat. Kritisch zur Transparenz der Aufgabenbesorgung durch die Rechtsschutzbeauftragten *Klaushofer*, in: Dietrich/Eiffler (Fn. 1), S. 1767 ff.

[21] Mittelbar deshalb, weil Gegenstand des Verfahrens nicht die Zustimmung des Rechtsschutzbeauftragten zur konkreten Ermittlungsmaßnahme ist, sondern die Frage, ob die belangten Behörden ihre Befugnisse rechtmäßig in Anspruch genommen haben. Da die Ermächtigung der Rechtsschutzbeauftragten zu den gesetzlichen Voraussetzungen rechtskonformer Ermittlungen gehört und vor ihrer Erteilung zu beurteilen ist, ob die gesetzlichen

nur die Inanspruchnahme der Maßnahme selbst, also der Einsatz eines konkreten Ermittlungsinstrumentariums releviert werden kann. Darüber hinaus kann die konkrete Durchführung der Maßnahme und der anschließende Umgang mit den Daten Gegenstand der Beschwerde sein. Bei der Durchführung und Nachbereitung der Ermittlungen können sowohl gesetzliche Bestimmungen wie unter Umständen auch die Ermächtigungen der Rechtsschutzbeauftragten überschritten worden sein. Hinsichtlich dieser Gesichtspunkte sind die Rechtsschutzbeauftragten nicht wie zuvor angesprochen strukturell befangen, weil die eigene Zustimmung im Vorfeld zu Ermittlungen nicht mittelbar hinterfragt wird.

Mit Einführung des PStSG wurde dem Rechtsschutzbeauftragten gemäß SPG die Rolle einer mitbeteiligten Amtspartei in Verfahren über Beschwerden von Betroffenen zugeschrieben.[22] Das erscheint insofern problematisch als der Rechtsschutzbeauftragte mit dieser verfahrensrechtlichen Stellung tendenziell in Opposition zu den Grundrechtsträgern gedrängt wird, obwohl er grundsätzlich seinen Aufgaben nach zu deren Schutz agieren soll.

Hinsichtlich der für eine faktisch-effektiven Amtsführung erforderlichen Sach- und Personalausstattung ist mit Einführung des PStSG eine bedeutende Weiterentwicklung hervorzuheben: In § 91 Abs. 3 SPG wurde ein Relationskriterium aufgenommen und ist nunmehr bestimmt, dass die zur Bewältigung der administrativen Tätigkeiten notwendigen Personal- und Sacherfordernisse adäquat den jeweiligen gesetzlichen Aufgaben anzupassen sind.[23] Aufgabenlast und Ressourceneinsatz sind also aufeinander abzustimmen, wodurch die tatsächliche Ausübung der Funktion sichergestellt wird. Weitere Aufgabenzuschreibungen an den Rechtsschutzbeauftragten können folglich nicht zu einer Überlastungssituation führen, die eine tatsächliche Amtsausübung unterlaufen und *de facto* seine grundrechtliche Schutzfunktion desavouieren. Für den Rechtsschutzbeauftragten gemäß MBG ist in § 57 Abs. 3 MBG folgendes vorgesehen: „Der Bundesminister für Landesverteidigung und Sport hat dem Rechtsschutzbeauftragten das zur Bewältigung seiner administrativen Tätigkeit notwendige Personal zur Verfügung zu stellen und für seine Sacherfordernisse aufzukommen." Diese Bestimmung gewährleistet dem Wortlaut nach ebenfalls eine zur Aufgabenerfüllung ausreichende Ressourcausstattung, bleibt jedoch

---

Rahmenbedingungen erfüllt sind, wird allerdings in einem nachfolgenden Verfahren vor der Datenschutzbehörde mittelbar die Rechtmäßigkeit der Entscheidung der Rechtsschutzbeauftragten hinterfragt, weil die Beschwerdeinstanz am gleichen Maßstab zu beurteilen hat, ob die gesetzlichen Voraussetzungen für den Einsatz des konkreten Ermittlungsinstrumentariums eingehalten wurden.

[22] § 15 Abs. 3 PStSG.

[23] § 91b Abs. 3 Satz 1 SPG lautet: „Der Bundesminister für Inneres stellt dem Rechtsschutzbeauftragten und seinen Stellvertretern die zur Bewältigung der administrativen Tätigkeit notwendigen Personal- und Sacherfordernisse zur Verfügung, wobei diese den jeweiligen gesetzlichen Aufgaben adäquat anzupassen sind."

hinter der parallelen Regelung im SPG zurück, die ausdrücklich die gesetzlichen Aufgaben als Relationskriterium nennt und ferner ein dynamisches Element enthält, wenn davon die Rede ist, dass die Ausstattung jeweils „adäquat anzupassen" ist.

VIII. Schluss

Das Modell der Rechtsschutzbeauftragten ist ein Austriacum und trägt trotz der angedeuteten Kritik in seiner gesetzlichen Ausgestaltung erheblich zum Schutz von Grundrechtsträgern bei. Wie häufig im Leben hängt aber seine tatsächliche Wirkung nicht unbeträchtlich mit der Gestion und dem Ethos der Amtsträger zusammen.

Gerichtlicher Rechtsschutz gegen nachrichtendienstliche Aktivitäten?*

Elisabeth Buchberger

Vorbemerkung 107
  I. Rechtsschutzeinschränkungen nach Art. 19 Abs. 4 Satz 2 GG 108
 II. Vorbedingungen effektiver Rechtsschutzgewährung 110
    1. Mitteilungspflicht 110
    2. Auskunftsanspruch 111
III. Zugang zu den Gerichten 112
    1. Rechtsschutz als Individualrechtsschutz 112
    2. Überprüfungsumfang durch die Justiz 115
IV. Ausgewählte Entscheidungen 120
    1. Kein nachgehender Rechtsschutz bei fehlender Mitteilung
       und Löschung von Daten 120
    2. Auskunft an Betroffene 123
    3. Presseauskünfte 124

Vorbemerkung

Die Überschrift ist mit einem Fragezeichen versehen, schließlich vollzieht sich die Tätigkeit der Nachrichtendienste im Geheimen, ein Betroffener erfährt von ihr im Laufe des Vollzugs im Allgemeinen nichts. Die Nachrichtendienste agieren aber nicht außerhalb der Rechtsordnung, sondern sie sind wie alle staatliche Gewalt an Gesetz und Recht gebunden, Art. 20 Abs. 3 GG, was für das Bundesamt für Verfassungsschutz einfachgesetzlich normiert worden ist, § 3 Abs. 3 BVerfSchG, und vom Bundesverfassungsgericht bereits in der Entscheidung zum Abhörurteil und erneut in der Entscheidung zur Vorratsdatenspeicherung[1] ausdrücklich hervorgehoben wurde. Deshalb gilt Art. 19 Abs. 4 GG, der den Rechtsweg gegen Rechtsverletzungen durch die öffentliche Gewalt schlechthin eröffnet[2], grundsätzlich auch für den Rechtsschutz

---
 * Dem Beitrag liegt ein Vortrag beim 1. Symposium zum Recht der Nachrichtendienste am 3. und 4. November 2016 in Berlin zugrunde.
 [1] BVerfGE 30, 1, 28; 125, 260, 333.
 [2] BVerfGE 100, 313, 364.

gegen Maßnahmen der Nachrichtendienste. Allerdings schränkt Satz 2 dieser Vorschrift ein: „Art. 10 Abs. 2 Satz 2 GG bleibt unberührt". Danach kann der Gesetzgeber in engen Grenzen an die Stelle des Rechtsweges die Nachprüfung durch von der Volksvertretung bestellte Organe und Hilfsorgane vorsehen. Das ist in § 13 des Gesetzes zur Beschränkung des Brief-, Post- und Fernmeldegeheimnisses (Artikel 10-Gesetz – G 10[3]) geschehen. Rechtsschutz gegen nachrichtendienstliche Tätigkeiten kann danach nicht präventiv erlangt werden, sondern in der Regel nur im Rahmen einer nachträglichen Kontrolle. Zudem stellt sich die Frage, ob es Fälle gibt, in denen Rechtsschutz nach Art. 19 Abs. 4 GG durch die Gerichte letztlich nicht erlangt werden kann. Angesichts der Kürze der zur Verfügung stehenden Zeit beschränkt sich der Beitrag auf die Bundesregelungen.

I. Rechtsschutzeinschränkungen nach Art. 19 Abs. 4 Satz 2 GG

Art. 10 Abs. 2 Satz 2 GG ermächtigt den Gesetzgeber, den Rechtsschutz gegen Beschränkungen des Fernmeldegeheimnisses zumindest einzuschränken, wenn nicht auszuschließen. In das durch Art. 10 GG geschützte Brief-, Post- und Fernmeldegeheimnis darf nämlich nach Maßgabe des Satzes 2 eingegriffen werden. Das Artikel 10-Gesetz regelt im Einzelnen, wann und unter welchen Voraussetzungen die Verfassungsschutzbehörden des Bundes und der Länder, der Militärische Abschirmdienst und der Bundesnachrichtendienst das Brief-, Post- und Fernmeldegeheimnis beschränken dürfen und es bestimmt auch, dass der Rechtsweg ausgeschlossen und die Nachprüfung durch von der Volksvertretung bestellte Organe und Hilfsorgane vorgenommen wird, die G10-Kommission, § 15 Abs. 5 G 10. Die G10-Kommission übt richterähnliche Befugnisse aus, ist aber nicht Teil der Justiz, sondern ein Kontrollorgan eigener Art außerhalb der rechtsprechenden Gewalt, das als Ersatz für fehlenden Rechtsschutz dient.[4] Sie entscheidet nach § 15 Abs. 5 G 10 von Amts wegen oder auf Grund von Beschwerden über die Zulässigkeit und Notwendigkeit von Beschränkungsmaßnahmen. Damit gilt die Rechtsweggarantie bei Maßnahmen nach Art. 10 Abs. 2 GG zumindest in Teilen nicht. Nach § 13 G 10 ist der Rechtsweg vor Mitteilung an den Betroffenen ausgeschlossen bei den in § 3 und § 5 Abs. 1 Satz 3 Nr. 1 G 10 aufgeführten Maßnahmen, d.h. bei Individualmaßnahmen und bei bestimmten strategischen Beschränkungsmaßnahmen.[5] Damit ist schon vom Wortlaut her

---

[3] Gesetz zur Beschränkung des Brief- Post- und Fernmeldegeheimnisses vom 26.06.2001, zuletzt geändert durch Art. 5 des Gesetzes vom 26.07.2016, BGBl. I S. 1818.
[4] BVerfG, Beschl. v. 20.09.2016 – 2 BvE 5/15, Rn. 34, 40.
[5] Vgl. dazu im Einzelnen *Huber*, in: *Ruthig/Schenke/Graulich*, Sicherheitsrecht des Bundes, 2014, Art.10-Gesetz § 13 Rn. 6.

klar, dass sich der Rechtswegausschluss vor der Mitteilung an den Betroffenen weder auf sämtliche Fälle strategischer Beschränkungen nach § 5 G 10, nämlich nicht auf § 5 Abs. 1 Satz 3 Nr. 2 bis 8 G 10, noch auf Maßnahmen nach § 8 G 10 bezieht.[6]

Im Umkehrschluss bedeutet der Wortlaut von § 13 G 10 aber auch, dass die Beschränkungsmaßnahmen nach § 3 und § 5 Abs. 1 Satz 3 Nr. 1 G 10 der Rechtsschutzgarantie ab dem Zeitpunkt unterliegen, ab dem sie dem Betroffenen mitgeteilt worden sind. Eine nachträgliche Kontrolle ist damit jedenfalls bei Benachrichtigung der Betroffenen, die allerdings nicht stets erfolgen muss, sichergestellt. In all diesen Fällen können die Verwaltungsgerichte angerufen werden.[7] Erfährt ein Betroffener auf andere Weise von den Beschränkungsmaßnahmen, kann er ebenfalls den Rechtsweg beschreiten.[8]

Das bedeutet aber auch, dass der Rechtsweg grundsätzlich eröffnet ist für die Kontrolle der Daten, die aus den Maßnahmen nach dem Artikel 10-Gesetz gewonnen wurden, auch wenn zuvor die G 10-Kommission die ihr nach dem Gesetz obliegenden Kontrollrechte ausgeübt hat. Die vorherige Einschaltung der G 10-Kommission soll bei Beschränkungen nach Art. 10 Abs. 2 GG die Rechtsschutzlücke kompensieren, die dadurch entsteht, dass trotz eines schwerwiegenden Grundrechtseingriffs gerichtlicher Rechtsschutz in der Regel nicht präventiv gewährt werden kann. Deshalb ist der Rechtsweg nur für die Vorabkontrolle ausgeschlossen, im Übrigen aber großteils nachverlagert auf den Zeitpunkt nach Befassung der G 10-Kommission[9], die im Übrigen auch zustimmen muss, ob eine Mitteilung an den Betroffenen länger als zwölf Monate oder für längere Zeit nach Beendigung der Maßnahme unterbleibt, § 12 G 10. Allerdings räumt das Bundesverwaltungsgericht für die Frage des richtigen Zeitpunkts der Mitteilung der Telefonüberwachung an den Betroffenen eine der G 10-Kommission zustehende Beurteilungsermächtigung ein, die die Rechtskontrolle begrenzt.[10] Das Bundesverfassungsgericht hat in seiner Entscheidung zur Vorratsdatenspeicherung[11] die Eröffnung einer nachträglichen gerichtlichen Kontrolle der Verwendung von Daten, die durch eine Telekommunikationsüberwachung gewonnen wurden, für von Verfassungs wegen geboten gehalten[12] und darauf

---

[6] Vgl. BVerwGE 149, 359, 362 f. Rn. 15 f.; zutreffend auch *Kornblum*, Rechtsschutz gegen geheimdienstliche Aktivitäten, 2011, S. 119.
[7] Vgl. BVerfGE 100, 313, 399 und jüngst BVerfG (Fn. 4), Rn. 59; missverständlich *Kornblum* (Fn. 6), S. 119.
[8] BVerfGE 100, 313, 399 f.
[9] Vgl. dazu etwa BVerwGE 130, 180, 186 ff. Rn. 28 ff.
[10] BVerwG, Urt. v. 20.05.2009 – 6 A 4.08, juris, Rn. 11, Bestätigung von BVerwGE 130, 180, 194 Rn. 42 f.; zu den Voraussetzungen einer Beurteilungsermächtigung vgl. BVerwGE 130, 39, 48 f. Rn. 29 und BVerwGE 129, 27, 33 Rn. 27 m.w.N.
[11] BVerfGE 125, 260.
[12] BVerfGE 125, 260, 339.

in der Entscheidung zur fehlenden Parteifähigkeit der G 10-Kommission im Organstreitverfahren kürzlich erneut hingewiesen.[13]

Eine Kompensation für fehlenden präventiven gerichtlichen Rechtsschutz sieht Art. 13 Abs. 2 GG mit dem Richtervorbehalt bei Beschränkungen der Unverletzlichkeit der Wohnung vor. Gleiches gilt gem. § 9 Abs. 2 Satz 3 BVerfSchG für entsprechende Maßnahmen des Verfassungsschutzes und des MAD. § 5 letzter Halbsatz MADG verweist darauf. Die an sich gebotene Transparenz bei Eingriffen in die Freiheitsrechte der Bürger wird durch eine richterliche Kontrolle ersetzt.[14] Die Kontrolle dient insoweit der „kompensatorischen Repräsentation der Interessen des Betroffenen im Verfahren"[15]. Allerdings stellt das Bundesverfassungsgericht an die Ausübung des Richtervorbehalts hohe Anforderungen, nachdem es selbst schon Kritik an dessen Praxis in anderem Zusammenhang geübt hat.[16]

II. Vorbedingungen effektiver Rechtsschutzgewährung

1. Mitteilungspflicht

Rechtsschutz können die Betroffenen aber überhaupt erst begehren, wenn sie Kenntnis von den sie betreffenden Maßnahmen haben. Die Information der Betroffenen ist zur Gewährleistung subjektiven Rechtsschutzes i.S.d. Art. 19 Abs. 4 GG notwendig[17] und ein Erfordernis effektiven Grundrechtsschutzes.[18]

Eine bedeutsame Mitteilungspflicht ergibt sich nach Beendigung einer Telekommunikationsüberwachung aus § 12 Abs. 1 G 10. Soll die Mitteilung von Beschränkungsmaßnahmen nach § 3 später als zwölf Monate nach Beendigung der Maßnahme oder auch gar nicht erfolgen, muss die G 10-Kommission zustimmen, § 12 Abs. 1 Satz 3 G 10, der allerdings wiederum Einschränkungen festlegt. Die Nachrichtendienste dürfen deshalb nach Ablauf von zwölf Monaten nicht allein entscheiden, ob und wann der Betroffene informiert wird. Gleiches gilt für die strategischen Beschränkungen nach § 5 G 10 sowie die Beschränkungen nach § 8 G 10, allerdings mit der Einschränkung, dass die personenbezogenen Daten nicht gelöscht worden sein dürfen, § 12 Abs. 2 Satz 1 2.

---

[13] BVerfG (Fn. 4), Rn. 59.
[14] *Moser-Knierim*, Vorratsdatenspeicherung – Zwischen Überwachungsstaat und Terrorabwehr, 2014, S. 99 f.
[15] BVerfGE 120, 274, 332.
[16] Vgl. BVerfGE 103, 142, 152; zur Kritik am Richtervorbehalt vgl. auch die Untersuchung von *Gusy/Backes*, Wer kontrolliert die Telefonüberwachung? Eine empirische Untersuchung zum Richtervorbehalt, 2003, insbes. S. 47 sowie *Moser-Knierim* (Fn. 14), S. 278, 366, insoweit deutlich anders als S. 99.
[17] So erneut BVerfG, Urt. v. 20.04.2016 – 1 BvR 96/09, 1140/09, Rn. 136.
[18] BVerfGE 125, 260, 336; 120, 351, 363 f.

Halbsatz G 10. Die Mitteilungspflicht folgt aus dem von Art. 10 GG vermittelten Anspruch auf Kenntnis von Maßnahmen der Fernmeldeüberwachung, die die Grundrechtsträger betroffen haben.[19] Die Mitteilungspflicht erstreckt sich allerdings nicht notwendig auch auf Dritte, die durch die Beschränkungsmaßnahmen nur zufällig miterfasst wurden und selbst nicht im Fokus des behördlichen Handelns standen.[20]

Die Mitteilungspflichten für die Nachrichtendienste im Übrigen sind nur in beschränktem Umfang und zudem recht versteckt geregelt. Für besonders schwerwiegende Eingriffe sieht § 9 Abs. 3 Nr. 1 BVerfSchG eine Mitteilung an den Betroffenen vor. § 3 Satz 2 BNDG und § 5 letzter Halbsatz MADG verweisen hierauf. Außerdem ergibt sich aus § 8b Abs. 7 BVerfSchG mit Verweis auf § 12 Abs. 1 G 10 eine Mitteilungspflicht. Sie gilt über die entsprechende Verweisung auch für den BND, § 2a Abs. 1 Satz 3 BNDG, und den MAD, § 4a MADG.

Für die Übermittlung der heimlich erhobenen personenbezogenen Daten gibt es noch einmal gesonderte Regelungen für alle Dienste, auch diese nur nach intensivem Studium aller drei Gesetze zu finden – für das Bundesamt für Verfassungsschutz § 19 Abs. 4 Satz 7 BVerfSchG, für den Bundesnachrichtendienst, § 9 Abs. Abs. 2 Satz 1 BNDG, und den Militärischen Abschirmdienst, § 11 Abs. 1 MADG. Beide Vorschriften verweisen (auch) auf § 19 Abs. 4 Satz 7 BVerfSchG.

2. Auskunftsanspruch

Daraus wird schon deutlich, dass eine Mitteilung von Amts wegen nicht in allen Fällen, sondern nur sehr eingeschränkt erfolgt. Der Grundrechtsschutz gebietet aber auch, dem Betroffenen auf sein Verlangen Auskunft zu erteilen, ob Nachrichtendienste Daten über ihn gespeichert haben.[21] Deshalb sind hierzu alle Dienste gesetzlich verpflichtet; die Auskunft über die zu ihrer Person gespeicherten Daten hat unentgeltlich zu erfolgen (§ 15 Abs. 1 BVerfSchG, § 7 BNDG i.V.m. § 15 BVerfSchG, § 9 MADG i.V.m. § 15 BVerfSchG). Allerdings setzt dies voraus, dass der Betroffene einen konkreten Sachverhalt darlegt und besonderes Interesse an einer Auskunft besteht. Anträge, die „Ins Blaue hinein" im Sinne eines Ausforschungsantrages ganz allgemeiner Art gestellt werden, werden keinen Erfolg haben können. Das allgemeine Auskunftsrecht nach § 19 BDSG gilt für keinen der Nachrichtendienste, wie sich aus § 13 MADG, § 27 BVerfSchG, § 11 BNDG ergibt. Die Beschränkung des Auskunftsanspruchs aus

---

[19] BVerfGE 100, 313, 361; 125, 260, 336; zum Umfang der Mitteilungen an Betroffene und Nebenbetroffene vgl. etwa die Berichte der Parlamentarischen Kontrollkommission 2016 BT-Drs. 18/7423 vom 29.01.2016 S. 5 ff., 2015 BT-Drs. 18/3709 vom 08.01.2015, 5 ff., 2013 BT-Drs. 18/218 vom 19.12.2013, S. 5 ff.
[20] BVerfGE 125, 260, 337.
[21] BVerfGE 120, 351, 362 f.; auch BVerfGE 118, 168, 208 ff.

§ 15 Abs. 1 BVerfSchG auf gezielt zu dem Betreffenden gespeicherte Informationen entspricht dem Zweck dieser Vorschrift. Sie soll das durch das Grundrecht auf informationelle Selbstbestimmung (Art. 1 Abs. 1 i.V.m. Art. 2 Abs. 1 GG) geschützte Interesse des Einzelnen an möglichst weitgehender Auskunft mit den durch eine Auskunftserteilung berührten öffentlichen Interessen in einen angemessenen Ausgleich bringen. Die Auskunft unterbleibt nur dann, wenn einer der in § 15 Abs. 2 BVerfSchG bezeichneten Verweigerungsgründe vorliegt. Die Gründe der Auskunftsverweigerung sind aktenkundig zu machen; dadurch werden sie der gerichtlichen Überprüfung zugänglich.[22] In diesem Fall kann sich der Betroffene an den Datenschutzbeauftragten wenden, § 15 Abs. 4 Satz 3 BVerfSchG, dem die Behörden Auskunft erteilen müssen, soweit nicht die Sicherheit des Bundes oder eines Landes gefährdet werden würde, was das Bundesministerium des Innern bzw. das Bundeskanzleramt (BND) bzw. Bundesministerium der Verteidigung (MAD) feststellen muss. Ein über die erteilte Auskunft hinausgehendes Akteneinsichtsrecht gibt es gegen die Nachrichtendienste nicht. § 29 VwVfG ist nicht einschlägig, weil die Tätigkeit der Nachrichtendienste nicht als Verwaltungsverfahren zu begreifen ist. Sie handeln nicht in der Form von Verwaltungsakten mit Außenwirkung, sondern durch Realakte.[23] Zudem trifft § 15 BVerfSchG eine Spezialregelung i.S.d. § 1 Satz 1 VwVfG, so dass auch diesem Grund § 29 VwVfG nicht angewandt werden kann.[24]

Begehrt ein Betroffener Auskunft nach § 7 BNDG i.V.m. § 15 BVerfSchG über die zu seiner Person gespeicherten Daten, kann er nicht nur Auskunft über die in Dateien gespeicherten Daten verlangen, sondern auch über die, die sich über seine Person in Akten befinden, soweit nicht normierte Geheimhaltungsgründe vorliegen.[25]

III. Zugang zu den Gerichten

1. Rechtsschutz als Individualrechtsschutz

Nach § 40 VwGO entscheiden Verwaltungsgerichte über Klagen und Anträge gegen die Nachrichtendienste, weil eine öffentlich-rechtliche Streitigkeit nichtverfassungsrechtlicher Art anzunehmen ist. Über „Klagen, denen Vorgänge im Geschäftsbereich des Bundesnachrichtendienstes zugrunde liegen", entscheidet das Bundesverwaltungsgericht gem. § 50 Abs. 1 Nr. 4 VwGO ausschließlich. Alle anderen Klagen, etwa auf Auskunft gegen Behörden des Verfassungsschut-

---

[22] BVerfG, Nichtannahmebeschl. v. 10.10.2000 – 1 BvR 586/90, 1 BvR 673/90, juris, Rn. 18.
[23] Vgl. die zusammenfassende Darstellung bei *Kornblum* (Fn. 6), S. 147 f.
[24] Vgl. den Überblick bei *Kornblum* (Fn. 6), S. 148.
[25] BVerwGE 130, 29, 32 Rn. 16.

zes, sind bei den Verwaltungsgerichten zu erheben. Ihre örtliche Zuständigkeit richtet sich nach den allgemeinen Regeln, § 52 VwGO. Für Streitigkeiten gegen Maßnahmen nach dem Artikel-10-Gesetz ist gem. § 10 Abs. 1 2. Halbsatz G 10 das Bundesministerium des Innern zuständig und deshalb das VG Berlin.

Verwaltungsrechtsschutz soll in erster Linie das Individuum schützen, Popularrechtsschutz gewährt Art. 19 Abs. 4 GG in der Regel nicht. Im Verwaltungsprozessrecht ist nach § 42 Abs. 2 VwGO nur derjenige klagebefugt, der geltend macht, durch den Verwaltungsakt in eigenen Rechten (subjektiv-öffentliche Rechte) verletzt zu sein. Die Ausnahmen, die es inzwischen gibt für Vereinigungen, die die Verletzung der der Allgemeinheit zustehenden Rechte verfolgen können, z.B. im Umweltrecht, aber auch im Verbraucherschutzrecht,[26] können hier außer Betracht bleiben. Der Betroffene kann seine Rechte, soweit ein Verwaltungsakt erlassen wurde, mit der Anfechtungsklage (§ 42 VwGO) oder, wenn sein Erlass begehrt wird, mit der Verpflichtungsklage (§ 42 VwGO) verfolgen.

Als Verpflichtungsklage ist der Auskunftsanspruch nach § 7 BNDG i.V.m. § 15 BVerfSchG durchzusetzen. Denn nach den gesetzlichen Vorschriften geht der Erteilung der Auskunft durch den BND eine „Entscheidung" in der Form eines Verwaltungsakts voraus, dessen Erlass an einen entsprechenden Antrag gebunden ist.[27] Eine Verpflichtungsklage ohne vorhergehenden Antrag ist deshalb unzulässig, ihr fehlt das Rechtsschutzbedürfnis. Deshalb kann ohne vorherigen Antrag bei der Behörde auch keine auf Auskunft gerichtete einstweilige Anordnung ergehen.[28]

Demgegenüber ist eine Presseauskunft mit der allgemeinen Leistungsklage zu verfolgen. Ein solches Begehren ist auf ein tatsächliches Handeln der Beklagten gerichtet. Anders als bei Auskünften nach § 7 BNDG i.V.m. § 15 BVerfSchG geht der Erteilung einer Presseauskunft keine davon gesonderte und als Verwaltungsakt zu qualifizierende „Entscheidung" des Behördenleiters oder einer von ihm beauftragten Person (§ 15 Abs. 2 Satz 2 BVerfSchG) voraus.[29]

Die Feststellungsklage (§ 43 VwGO) kommt in Betracht, wenn die Rechtswidrigkeit einer Maßnahme festgestellt oder ein Rechtsverhältnis geklärt werden soll, ohne dass ein Verwaltungsakt in Rede steht.[30] Auch die Feststellungsklage dient dem Individualrechtsschutz. Deshalb erfordert ein Rechtsverhältnis rechtliche Beziehungen, die sich aus einem konkreten Sachverhalt aufgrund einer öffentlich-rechtlichen Norm für das Verhältnis von natürlichen oder juristischen Personen untereinander oder einer Person zur Sache ergeben. Ein Rechts-

---

[26] Vgl. etwa § 2 UmwRG, insbesondere auch das Anfang 2016 eingeführte Verbandsklagerecht zum Verbraucherdatenschutz, Art. 3 des Gesetzes vom 17.02.2016, BGBl I S. 233.
[27] BVerwGE 130, 29, 31 f. Rn. 13 und BVerwG, Urt. v. 15.06.2016 – 6 A 7.14, juris, Rn. 13
[28] BVerwG, Beschl. v. 13.01.2014 – 6 VR 2.13, juris.
[29] BVerwGE 130, 29, 31 f. Rn. 13; 146, 56, 57 Rn. 15.
[30] BVerwGE 149, 359; 130, 180, 184 f. Rn. 26.

verhältnis liegt zweifelsohne etwa vor, wenn der BND den Betroffenen über Beschränkungsmaßnahmen nach dem § 5 Abs. 1 Satz 1 und 3 Nr. 2 oder auch § 3 G 10 unterrichtet hat.[31] Zwar sind strategische Überwachungsmaßnahmen nicht auf eine bestimmte Person gerichtet und gegenüber dem Betroffenen kein Verwaltungsakt. Den in der Überwachung liegenden Grundrechtseingriff[32] kann der Betroffene zwar nicht unterbinden, er kann ihn aber im Nachhinein einer Rechtskontrolle unterziehen. Die Betroffenheit von den Beschränkungsmaßnahmen begründet das feststellungsfähige Rechtsverhältnis.[33]

Anders ist das zu beurteilen, wenn völlig offen bleibt, ob ein Einzelner von einer strategischen Beschränkung betroffen war, weil sich jedenfalls unstreitig kein Telekommunikationsverkehr des Betroffenen als nachrichtendienstlich relevant erwiesen hat und auch wegen der Löschung der einschlägigen Protokolldaten (§ 6 Abs. 1 Satz 5 G 10) die für den Rechtsschutz relevanten Tatsachen nicht mehr geklärt werden können. D. h. es lässt sich nicht mehr feststellen, ob Telekommunikationsverkehr zwar erfasst, anhand angeordneter Suchbegriffe selektiert, unverzüglich auf nachrichtendienstliche Relevanz überprüft worden ist, wenn danach die Daten, weil irrelevant gem. § 6 Abs. 1 Satz 2 G 10, unverzüglich gelöscht worden sind. In diesem Fall fehlt es an einem feststellungsfähigen konkreten Rechtsverhältnis.[34] Deshalb wurde die Klage eines Rechtsanwaltes, der sich gegen eine strategische Beschränkung des Telekommunikationsverkehrs durch den BND 2010 wandte, als unzulässig abgewiesen. Seine Betroffenheit war nicht mehr feststellbar. Diese Entscheidung ist deutlich kritisiert worden[35]. Für die Kritik sprechen gute Argumente[36]. Jedoch sei darauf hingewiesen, dass sich der Senat mit seiner Auffassung, dass ein nur erdachter oder als möglich vorgestellter Sachverhalt als Grundlage einer Feststellungsklage nicht ausreicht, auf der Linie der Rechtsprechung des Bundesverwaltungsgerichts hält. Sie wurde jüngst erneut bestätigt.[37] Ein Verstoß gegen die Rechtsschutzgarantie des Art. 19 Abs. 4 GG liegt darin nicht, hält doch das Bundesverfassungsgericht seit seiner Entscheidung vom 15. Oktober 1970 daran fest, dass

---

[31] Siehe unter II 1. Mitteilungspflicht.
[32] BVerfGE 125, 260, 318 ff.
[33] BVerwGE 130, 180, 184 ff. Rn. 26 f.
[34] BVerwGE 149, 359, 381 Rn. 25 ff.
[35] Vgl. *Gärditz* JZ 2014, 994, 1001 f.; *Schantz* NVwZ 2015, 873, 876; *Görlich* AnwBl 2014, 979, 979 ff.
[36] Näheres siehe unter IV 1.
[37] Z.B. BVerwG NJW 1990, 1866 m.w.N.; BVerwGE 130, 180, 184 f. Rn. 26; BVerwG, Urt. v. 14.12.2016 – 6 A 9.14 und 6 A 2.15, jeweils Rn. 12 ff. Die Verfassungsbeschwerden wurden vom BVerfG mit Beschlüssen vom 26.04.2017 nicht zur Entscheidung angenommen (1 BvR 456/17, 1 BvR 458/17).

„die in der Vorschrift vorgesehene Nichtbenachrichtigung des Betroffenen und das Ersetzen des Gerichtsschutzes durch eine anderweitige Kontrolle nicht nur aus der „Natur der Sache" heraus – weil eben ohne diese Maßnahmen der Zweck der Einschränkung des Brief,- Post- und Fernmeldegeheimnisses nicht erreichbar wäre – zu rechtfertigen ist, sondern zusätzlich verfassungsrechtlich legitimiert ist durch die Grundentscheidung des Grundgesetzes für die streitbare Demokratie"[38].

2. Überprüfungsumfang durch die Justiz

Verwaltungsgerichte sind verpflichtet, den ihnen vorgelegten Sachverhalt von Amts wegen zu überprüfen, § 86 VwGO, soweit er für die Entscheidung des Rechtsschutzbegehrens erheblich ist. Sie dürfen deshalb von Amts wegen Akten beiziehen, Auskünfte einholen und Beweis erheben. Nach § 99 Abs. 1 Satz 1 VwGO sind Behörden zur Vorlage von Urkunden oder Akten, zur Übermittlung elektronischer Dokumente und zu Auskünften verpflichtet. Die Aufklärung muss sich jedoch stets auf den konkreten Sachverhalt beziehen, sie muss entscheidungserheblich sein.

a) Datenvernichtung und Rechtsschutzgarantie

Ist die Kenntnis des Betroffenen von den Maßnahmen der Nachrichtendienste Voraussetzung für die Anrufung der Gerichte, setzt effektiver – nachträglicher – Rechtsschutz allerdings zusätzlich voraus, dass die Gerichte den dem Rechtsschutzbegehren zugrundeliegenden Sachverhalt auch nachprüfen können. Die Rechtsschutzgarantie des Art. 19 Abs. 4 GG verbietet deshalb Maßnahmen, die darauf abzielen oder geeignet sind, den Rechtsschutz der Betroffenen zu vereiteln[39]. Insofern steht die Aufbewahrung von Daten einerseits, die für sich genommen einen Grundrechtseingriff darstellt, und die Pflicht zur Löschung (z.B. § 4 Satz 2 G 10, § 12 Abs. 2 BVerfSchG) im Spannungsverhältnis zum Rechtsschutz, der auch ex post nur gewährt werden kann, wenn die Eingriffstatsachen, also ob überhaupt Daten erhoben worden sind, um welche es sich handelt, ob und an wen sie übermittelt wurden, usw., überprüft werden können. Insofern ist effektiver Rechtsschutz nach Art. 19 Abs. 4 GG mit dem Interesse des Betroffenen, staatliche Informations- und Datenverarbeitungsmaßnahmen gerichtlich kontrollieren zu lassen, auszutarieren.[40] Deshalb hat die Löschung zu unterbleiben, wenn die Daten für die gerichtliche Nachprüfung der Rechtmäßigkeit von Bedeutung sein können. Dann sind die Daten zu sperren. Soweit das Gesetz eine unverzügliche Datenlöschung vorschreibt (Vgl. etwa § 4 Abs. 1 und § 6 Abs. 1 G 10, § 12 Abs. 2 BVerfSchG, § 5 BNDG i.V.m.

---

[38] BVerfGE 30, 1, 21.
[39] BVerfGE 100, 313, 364 f., 400 mit Bezug auf BVerfGE 69, 1, 49.
[40] BVerfGE 100, 313, 364 f. mit Bezug auf BVerfGE 69, 1, 49; die Bedeutung für den nachgehenden Rechtsschutz erneut bestätigend BVerfG, Urt. v. 20.04.2016 – 1 BvR 966/09, 1 BvR 1140/09, Rn. 129, 138.

§ 12 BVerfSchG), ist deshalb vorgesehen, dass die Daten nicht zu löschen, aber zu sperren sind, wenn Sie zum Zwecke der Information des Betroffenen oder des Rechtsschutzes benötigt werden (§ 4 Abs. 1 Satz 7 und § 6 Abs. 1 Satz 7 G 10). Allerdings sind auch die Protokolldaten nach dem Ende des Kalenderjahres, das der Protokollierung folgt, zu löschen, wenn sie nicht benötigt werden (§ 4 Abs. 1 Satz 5, § 5 Abs. 2 Satz 6, § 5a Satz 7, § 6 Abs. 1 Satz 5 G 10). Danach kann nicht mehr festgestellt werden, ob in Bezug auf eine bestimmte Person Daten erhoben wurden.

b) Rechtsschutz und Öffentlichkeitsprinzip contra Geheimnisschutz-Geheimhaltungsbedürftigkeit und In-camera-Verfahren

Effektiver gerichtlicher Rechtsschutz kann jedenfalls nur gewährt werden, wenn zumindest das Gericht Einsicht in alle Unterlagen hat, die der nachrichtendienstlichen Maßnahme zugrunde gelegen haben. Werden Akten in einem gerichtlichen Verfahren beigezogen, gibt es ein Einsichtsrecht der Verfahrensbeteiligten, § 100 VwGO. Die Verhandlungen sind grundsätzlich öffentlich, § 169 VwGO. Nachrichtendienstliche Unterlagen sind aber nicht für jeden zur Einsicht bestimmt, weshalb solche Unterlagen in vielen Fällen zurückgehalten werden. Ob dies zu Recht geschieht, muss das Gericht durch Einblick in die geheim gehaltenen Unterlagen überprüfen können.[41]

c) Voraussetzungen des In-camera-Verfahrens

Um das Spannungsverhältnis von Öffentlichkeit und Geheimschutz zu bewältigen, wurde – nach einer Entscheidung des Bundesverfassungsgerichts zur zu weitgehenden Geheimhaltung – das In-camera-Verfahren geschaffen. § 99 Abs. 1 Satz 2 VwGO bestimmt für den Geheimnisschutz: Wenn das Bekanntwerden des Inhalts der beizuziehenden Urkunden, Akten, elektronischen Dokumente oder dieser Auskünfte dem Wohl des Bundes oder eines Landes Nachteile bereiten würde oder wenn die Vorgänge nach einem Gesetz oder ihrem Wesen nach geheim gehalten werden müssen, kann die zuständige oberste Aufsichtsbehörde die Vorlage von Urkunden oder Akten, die Übermittlung der elektronischen Dokumente und die Erteilung der Auskünfte verweigern. Die Verwaltungsgerichte prüfen in einem besonderen Verfahren, ob diese Voraussetzungen vorliegen.

aa) Formelle Voraussetzungen des Verfahrens nach § 99 VwGO

Verweigert eine Behörde die Vorlage von Akten, Urkunden elektronischer Dokumente usw., prüft ein besonders eingerichteter Senat (Fachsenat) des Oberverwaltungsgerichts bzw. des Bundesverwaltungsgerichts, 189 VwGO, ob die

---

[41] Vgl. jüngst BVerwG, Beschl. v. 18.08.2016 – 6 A 4.15, Rn. 6.

Weigerung rechtmäßig war. Den Antrag kann jeder Beteiligte stellen. Der an das Gericht der Hauptsache gerichtete Antrag wird mit den Hauptakten an den Fachsenat abgegeben. Das Verfahren vor diesem Senat unterliegt dem materiellen Geheimschutz. Diesem Fachsenat sind von der obersten Aufsichtsbehörde alle geforderten Unterlagen ungeschwärzt und vollständig vorzulegen. Es genügt nicht die Erklärung der Behörde, die Sperrerklärung erfülle die gesetzlichen Voraussetzungen. Vielmehr ist rechtsstaatlichen Belangen geschuldet, dass ein Mindestmaß an Plausibilität der Begründung eines Nachteils vorgebracht wird.[42] Der Fachsenat muss in der Lage sein, die geltend gemachten Weigerungsgründe überprüfen zu können. Die Einsichtnahme in diese Unterlagen durch die Beteiligten verbietet sich aus Gründen des Geheimhaltungsschutzes, deshalb gilt § 100 VwGO, der das Akteneinsichtsrechts der Beteiligten bestimmt, nicht, § 99 Abs. 2 Satz 9 VwGO.

bb) Prüfung durch den Fachsenat

aaa) Entscheidungserheblichkeit

Eine inhaltliche Überprüfung setzt voraus, dass das Gericht der Hauptsache die zurückgehaltenen Unterlagen für entscheidungserheblich hält.[43] Entscheidungserheblichkeit ist immer anzunehmen, wenn die Pflicht zur Vorlage der Behördenakten bereits Streitgegenstand des Verfahrens zur Hauptsache ist und die dortige Entscheidung von der allein anhand des Inhalts der umstrittenen Akten zu beantwortenden Frage abhängt, ob die Akten, wie von der Behörde geltend gemacht, geheimhaltungsbedürftig sind.[44] Die oberste Aufsichtsbehörde darf nicht Unterlagen pauschal unter Verweis auf einen Geheimhaltungsgrund wie den Schutz persönlicher Daten zurückhalten, auch wenn es sich um umfangreiche Materialsammlungen handelt. Die Verweigerung der Vorlage von Akten in einem gerichtlichen Verfahren erfordert eine konkrete Zuordnung der Geheimhaltungsgründe zu den jeweiligen Aktenbestandteilen.[45] Dass umfangreiche Aktenbestände betroffen sind, weil die Behörde weitgreifend Informationen zusammengetragen hat, ist kein Grund, in einer Sperrerklärung nur pauschale oder zusammenfassende Erklärungen ausreichen zu lassen.[46]

Hält das Gericht der Hauptsache geheime Unterlagen nicht für entscheidungserheblich, kann es nicht über die Beiziehung von solchen Unterlagen im Rahmen dieses Verfahrens nach § 99 VwGO gezwungen werden, das Verfahren

---

[42] BVerwG DVBl. 2015, 901 Rn. 14.
[43] Vgl. BVerwG, Beschl. v. 17.02.2014 – 20 F 1.14, juris, Rn. 7 f.
[44] Vgl. BVerwGE 136, 345 Rn. 4; BVerwG, Beschl. v. 07.08.2013 – 20 F 13.12, juris, Rn. 6.
[45] Vgl. zur Notwendigkeit einer Sichtung und Ordnung nach den jeweiligen Geheimhaltungsinteressen BVerwGE 136, 345, 353 Rn. 15; BVerwG Buchholz 310 § 99 VwGO Nr. 56 Rn. 13 m.w.N.
[46] BVerwG Buchholz 310 § 99 VwGO Nr. 63 Rn. 13.

bis zur Entscheidung des Fachsenats auszusetzen.[47] Das Verfahren nach § 99 Abs. 2 VwGO hat nur die Funktion zu überprüfen, ob die Behörde die Vorlage von Unterlagen rechtmäßig verweigert. Es gibt dem Kläger des Hauptsacheverfahrens nicht die Möglichkeit, die Vorlage von Akten zu erzwingen, deren Entscheidungserheblichkeit das Gericht der Hauptsache verneint und die es deshalb von der Behörde nicht angefordert hat.[48]

Ob Unterlagen und Akten im gerichtlichen Verfahren verwertet werden dürfen, entscheidet ausschließlich und abschließend der Fachsenat nach § 189 VwGO.[49] Die Zwischenentscheidung ist im weiteren Verfahren zur Hauptsache wie ein rechtskräftiges Zwischenurteil zugrunde zu legen. Das Gericht der Hauptsache darf eine eigenständige – ggf. abweichende – Bewertung der öffentlichen Geheimschutzbelange und deren Abwägung mit dem Rechtsschutzinteresse des Betroffenen nicht treffen.[50] Entscheidet dann der Fachsenat, dass die Weigerung der Aktenvorlage rechtmäßig ist, bindet diese Entscheidung deshalb das Gericht der Hauptsache, so dass ein Kläger mit dem Vortrag, der Fachsenat habe die verfassungsrechtlichen Maßstäbe und Begründungsanforderungen verkannt, beim Gericht der Hauptsache nicht durchdringen kann.[51] Hat der Fachsenat eines Oberverwaltungsgerichts entschieden, kann der Beschluss jedoch mit der Beschwerde angefochten werden, § 99 Abs. 2 Satz 12 VwGO. Gegen die Entscheidung des Fachsenats beim Bundesverwaltungsgericht ist die Verfassungsbeschwerde eröffnet.[52]

bbb) Materielle Prüfung

Unterlagen dürfen nur zurückgehalten werden, wenn ihre Offenlegung dem Wohl des Bundes oder eines Landes Nachteile bereiten würden oder wenn die Vorgänge nach einem Gesetz oder ihrem Wesen nach geheim gehalten werden müssen. Nachteile für das Wohl des Bundes fordern gewichtige Gründe und setzen Beeinträchtigungen wesentlicher Bundesinteressen voraus.[53] Dazu zählen namentlich Gefährdungen des Bestandes oder der Funktionsfähigkeit des Bundes sowie Bedrohungen der äußeren oder inneren Sicherheit. Ein Nachteil in diesem Sinne ist dann gegeben, wenn und soweit die Bekanntgabe des Akteninhalts die künftige Erfüllung der Aufgaben der Sicherheitsbehörden einschließlich deren Zusammenarbeit mit anderen Behörden erschweren oder

---

[47] BVerwGE 149, 359, 360 f. Rn. 11.
[48] BVerwGE 149, 359, 362 Rn. 13.
[49] BVerwGE 118, 352, 355.
[50] BVerwG Buchholz 310 § 108 Ab. 1 VwGO Nr. 78 Rn. 21.
[51] BVerwG Buchholz 310 § 108 Ab. 1 VwGO Nr. 78 Rn. 25.
[52] BVerfGE 101, 106, 120; 115, 205, 227.
[53] BVerwG DVBl 2015, 901 Rn. 13.

Leben, Gesundheit oder Freiheit von Personen gefährden würde.⁵⁴ Ein Nachteil für das Wohl des Bundes kann folglich auch gegeben sein, wenn die Bekanntgabe des Akteninhalts an Dritte unter Missachtung einer zugesagten oder vorausgesetzten Vertraulichkeit die künftige Erfüllung der Aufgaben der Sicherheitsbehörden erschweren würde oder Leben, Gesundheit oder Freiheit von Personen gefährdet würde.⁵⁵ Die rechtliche Einordnung der „Third-Party-Rule" im Übrigen hat der Senat offen gelassen.⁵⁶ Gleichwohl: Auch den Schutz funktionierender nachrichtendienstlicher Kooperation wird man als Schutzgut ansehen müssen.⁵⁷

Ihrem Wesen nach geheimhaltungsbedürftig können insbesondere personenbezogene Daten sein. Dazu kann auch Informantenschutz gehören,⁵⁸ wenn die Behörde zur Erfüllung öffentlicher Aufgaben auf die entsprechenden Informationen angewiesen ist, deren Erfüllung durch die Preisgabe der Identität des Dritten ernstlich gefährdet oder erheblich erschwert werden würde.⁵⁹

Bereitet das Bekanntwerden des Inhalts zurückgehaltener Dokumente dem Wohl des Bundes oder eines Landes Nachteile, ist ihre Geheimhaltung ein legitimes Anliegen des Gemeinwohls.⁶⁰ Stets ist aber Ermessen auszuüben, ob dem öffentlichen Interesse und dem individuellen Interesse der Prozessparteien an der Wahrheitsfindung Vorrang vor dem Interesse an der Geheimhaltung der gesperrten Unterlagen einzuräumen ist. Das setzt eine umfassende Abwägung voraus. Unterliegen die Akten nach dieser Prüfung weiterhin dem Geheimschutz, kann das Gericht der Hauptsache insoweit nicht weiter aufklären. Es ist an die Entscheidung des Fachsenats gebunden. Dann muss es anhand der bekannten Sachlage entscheiden.

ccc) Ermessensentscheidung der obersten Aufsichtsbehörde

Schließlich räumt § 99 Abs. 1 Satz 2 VwGO der obersten Aufsichtsbehörde ein Ermessen ein, ob sie die Vorlage von Unterlagen etc. verweigert. Das bedeutet, dass sie für das Gericht nachvollziehbar erkennen und prüfen muss, ob überwiegende Interessen an der unbeschränkten Offenlegung von Unterlagen trotz des geheimen Inhalts gegeben sind.⁶¹

---

⁵⁴ BVerwG, Beschl. vom 25.02.2008 – 20 F 43.07, juris, Rn. 10; Beschl. v. 05.11.2008 – 20 F 6.08, juris, Rn. 4; DVBl 2015, 901 Rn. 13.
⁵⁵ Vgl. BVerwG NVwZ 2010, 844 Rn. 3; DVBl 2015, 901 Rn. 14.
⁵⁶ BVerwG DVBl 2015, 901 Rn. 14.
⁵⁷ So *Gärditz* DVBl 2015, 903.
⁵⁸ BVerwG, Beschl. v. 04.03.2016 – 20 F 1.16, juris, Rn. 6 f.
⁵⁹ BVerwG (Fn. 58), Rn. 8.
⁶⁰ BVerfGE 101, 106, 127 f.
⁶¹ BVerwG (Fn. 58), Rn. 11; DVBl 2015, 901 Rn. 19.

ddd) Kein In-camera-Verfahren im Strafprozess

Dieses Verfahren gibt es nur im Verwaltungsprozess. Ein Angeklagter, der im Strafprozess auf geheim gehaltene Unterlagen abstellen will, die aber von der zuständigen Behörde nicht vorgelegt werden, muss die Sperrerklärung einer Behörde vor dem Verwaltungsgericht anfechten, wenn die gesperrten Unterlagen zu den Erkenntnisquellen des Strafprozesses gehören. Denn im Strafprozess gibt es kein In-camera-Verfahren. Nach § 96 StPO kann die Vorlage von gesperrten Unterlagen nicht verlangt werden. Zwar dürfen nach dem Grundsatz in dubio pro reo die sich daraus ergebenden belastenden Tatsachen dann nicht zu Lasten des Angeklagten verwertet werden. Ob das ein Klagerecht vor dem Verwaltungsgericht ausschließt, mag bezweifelt werden können.[62] Immerhin ließe sich der Anspruch des Angeklagten auf ein rechtsstaatliches, faires Strafverfahren denken, das durch eine rechtswidrige Sperrerklärung i.S. von § 96 StPO gegenüber dem Strafgericht verletzt sein kann.[63] Jedenfalls aber, wenn sich daraus entlastende Momente ergeben können, ist dem Angeklagten ein Anfechtungsrecht im Verwaltungsprozess und die Durchführung eines Verfahrens nach § 99 VwGO zuzugestehen.[64]

IV. Ausgewählte Entscheidungen

1. Kein nachgehender Rechtsschutz bei fehlender Mitteilung und Löschung von Daten

Dem bereits oben erwähnten Urteil des Bundesverwaltungsgerichts vom 28. Mai 2014[65] lag das Begehren eines Rechtsanwalts zugrunde, der die Rechtmäßigkeit einer strategischen Beschränkung des Telekommunikationsverkehrs, die der Bundesnachrichtendienst 2010 durchgeführt hatte, überprüft wissen wollte. Er habe 2010 häufig mit Kollegen, Mandanten und anderen Personen im Ausland kommuniziert und müsse damit rechnen, dass diese von strategischen Beschränkungsmaßnahmen nach § 5 G 10 betroffen gewesen seien. Angesichts der Verwendung tausender auch allgemein gängiger Suchbegriffe und ca. 37 Mio. „Treffern" müsse er davon ausgehen, dass auch seine eigene, insbesondere anwaltliche E-Mail-Korrespondenz erfasst und auf nachrichtendienstliche Relevanz hin ausgewertet worden sei. Der BND habe sein Fernmeldegeheimnis verletzt, indem er im Zuge der strategischen Fernmeldeüberwachung E-Mail-Verkehr des Klägers erfasst und weiterbearbeitet habe. Die angeord-

---

[62] Zur Kritik *Gärditz* DVBl 2015, 903.
[63] So *Gärditz* DVBl 2015, 903, 904.
[64] BVerwG DVBl 2015, 901 Rn. 8.
[65] BVerwGE 149, 359.

neten Telekommunikationsbeschränkungen hätten gegen das Übermaßverbot verstoßen.

Das Bundesverwaltungsgericht hat die Klage für unzulässig gehalten. Es verneinte das Bestehen eines für die Feststellungsklage nach § 43 VwGO erforderlichen Rechtsverhältnisses, d.h. der rechtlichen Beziehungen, die sich aus einem konkreten Sachverhalt aufgrund einer öffentlich-rechtlichen Norm für das Verhältnis von natürlichen oder juristischen Personen untereinander oder einer Person zur Sache ergeben. An einer solchen Konkretisierung des Rechtsverhältnisses fehle es aber.[66] Eine Popularklage lasse § 43 VwGO nicht zu. Zwar liege grundsätzlich in der Erfassung selbst schon ein Eingriff – so hat es das Bundesverfassungsgericht im Beschluss vom 14. Juli 1999[67] entschieden – weil die Erfassung die Basis des nachfolgenden Abgleichs mit den Suchbegriffen bilde. Der Senat könne jedoch nicht feststellen, dass Telekommunikationsverkehre unter Beteiligung des Klägers tatsächlich erfasst worden seien. Überwiegend wahrscheinlich sei das nicht.[68] Es lasse sich auch nicht ermitteln, ob ein Telekommunikationsverkehr des Klägers zwar zunächst erfasst, aber im Ergebnis als irrelevant gemäß § 6 Abs. 1 Satz 2 G 10 unverzüglich gelöscht worden sei. Im konkreten Fall stünden die Protokolldaten, die weiteren Aufschluss geben könnten, unstreitig nicht mehr zur Verfügung. Sodann hat der Senat nach den allgemeinen Regeln der Darlegungslast entschieden, wonach es zu Lasten desjenigen gehe, der sich auf eine Norm berufe, deren tatsächliche Voraussetzungen sich nicht klären ließen.[69]

Die Entscheidung ist kritisiert worden. Zwar habe das Bundesverwaltungsgericht dem „prozessualen Schleppnetzeinsatz einen Riegel vorgeschoben". Jedoch sei es inkonsequent, einerseits einen Eingriff schon durch die Datenerfassung zu bejahen, aber dann über die Beweislastverteilung letztlich doch keinen Rechtsschutz i.S.v. Art. 19 Abs. 4 VwGO zu gewähren.[70] Vielmehr hätte hier ein feststellungsfähiges Rechtsverhältnis angenommen werden müssen,[71] zumindest aber hätte eine Beweislastumkehr nach den „Grundsätzen der Beweisvereitelung" nahegelegen.[72] Es liege eine gänzlich „asymmetrische Streitlage" vor, die einseitig durch die Verwaltung hergestellt worden sei.[73] Die Kritik ist durchaus beachtlich. Jedoch sei darauf hingewiesen, dass sich der Senat mit seiner Auffassung, dass ein nur erdachter oder als möglich vorgestellter Sachverhalt als Grundlage einer Feststellungsklage nicht ausreicht, auf der bis dahin ver-

---

[66] BVerwGE 149, 359, 364 f. Rn. 21.
[67] BVerfGE 100, 313, 366, 398.
[68] BVerwGE 149, 359, 367 Rn. 28.
[69] BVerwGE 149, 359 Rn. 27, 33.
[70] Vgl. *Gärditz* JZ 2014, 998, 1001 f.
[71] *Schantz* NVwZ 2015, 873, 876.
[72] *Gärditz* JZ 2014, 998, 1001.
[73] *Görlich* AnwBl 2014, 979.

folgten Linie der Rechtsprechung des Bundesverwaltungsgerichts hält. Danach muss Gegenstand der Feststellungsklage ein streitiges konkretes Rechtsverhältnis sein, d.h. es muss die Anwendung einer Rechtsnorm auf einen bestimmten bereits übersehbaren Sachverhalt streitig sein, es genügt nicht, dass die Klärung einer abstrakten Rechtsfrage oder einzelner Elemente eines Rechtsverhältnisses erstrebt wird.[74] Deshalb hat es ein feststellungsfähiges konkretes Rechtsverhältnis in einem Fall strategischer Überwachung nur angenommen, weil feststand, dass die Telekommunikationsverkehre Gegenstand der strategischen Fernmeldeüberwachung waren[75]. Denn dem Betroffenen, der rechtskräftig wegen Mitgliedschaft in einer terroristischen Vereinigung verurteilt worden war, war die Tatsache der Überwachung mitgeteilt worden. Gegen die Anordnung selbst konnte der Betroffene nicht vorgehen, weil diese auf § 5 Abs. 1 Satz 1 i.V.m. Satz 3 Nr. 2 G 10 beruhende strategischen Telefonüberwachung gemäß § 5 G 10 durch das Bundesministerium des Innern kein Verwaltungsakt gegenüber den Betroffenen ist, sondern eine innerdienstliche Weisung an den für diese Maßnahme zuständigen Bundesnachrichtendienst.[76]

Die vom Senat im Urteil vom 28. Mai 2014 angenommene Beweislastverteilung ist letztlich gesetzlich dadurch vorgegeben, dass jedenfalls die Protokolldaten, aus denen noch spezifische Informationen hätten gewonnen werden können, nach den gesetzlichen Vorgaben am Ende des Kalenderjahres, das dem Jahr der Protokollierung folgt, zu löschen sind, § 5 Abs. 2 Satz 6, § 6 Abs. 1 Satz 5 G 10. Hier standen die Protokolldaten bereits vor Klageerhebung nicht mehr zur Verfügung. Damit ist klar, dass nach der Löschung der Daten Aufklärung in Bezug auf die Betroffenheit eines Einzelnen nicht mehr erlangt werden konnte. Dies ist ein gesetzlich und verfassungsrechtlich gebotener Zustand. Der Senat hat das gesehen, aber gerade die Beteiligung der G10-Kommission im Vorfeld der Beschränkungen des Telekommunikationsverkehrs als kompensatorischen Grundrechtsschutz für effektiv (genug) gehalten[77]. Auch das überzeugt die Kritiker allerdings nicht[78]. Gegebenenfalls hätte das Gericht im Rahmen eines In-camera-Verfahrens eine Beweisaufnahme über den Inhalt der Überwachungsanordnung durchführen müssen. Nur: Auch die Überwachungsanordnung hätte keine Aufschlüsse über die Betroffenheit des Klägers zugelassen, da die vom Kläger genannten Suchbegriffe nicht den Erfassungsprozess, der den Eingriff darstellt, steuern und keinen Rückschluss auf die Erfassung zulassen. Eine gerichtliche Überprüfung diente dann nicht mehr dem Individualrechtsschutz. Fazit: Für den Fall einer strategischen Überwachung lässt sich im

---

[74] z.B. BVerwG NJW 1990, 1866 m.w.N.
[75] BVerwGE 130, 180, 184 f. Rn. 26.
[76] BVerwGE 130, 180, 185 f. Rn. 27.
[77] BVerwGE 149, 359, 371 f. Rn. 40 f.
[78] Vgl. *Gärditz* JZ 2014, 998, 1001; *Schantz* NVwZ 2015, 873, 877; *Görlich* AnwBl 2014, 979, 981.

Nachhinein die mögliche Erfassung von bestimmten Betroffenen zugeordneten E-Mail-Verkehren dann auch nicht mehr durch ein Gericht nachprüfen, wenn der Telekommunikationsverkehr gemäß § 6 Abs. 1 Satz 1 G10 unverzüglich auf nachrichtendienstliche Relevanz überprüft und dann als irrelevant gemäß § 6 Abs. 1 Satz 2 G 10 unverzüglich gelöscht worden ist ebenso wie die Protokolldaten nach den gesetzlich vorgegebenen Fristen. Eine Mitteilungspflicht, die Betroffenen zu einem Zeitpunkt, zu dem noch keine Löschung der Protokolldaten erfolgt ist, Kenntnis verschaffen würde, sieht der Senat auch im Hinblick auf Art. 19 Abs. 4 GG unter Verhältnismäßigkeitsgesichtspunkten nicht. Er befindet sich damit im Einklang mit der Rechtsprechung des Bundesverfassungsgerichts[79]. Die in der Literatur verlangte weitergehende Aufklärung im Rahmen der Begründetheit etwa zur Überprüfung der Voraussetzungen des § 5 Abs. 2 Satz 1 und 2 G 10, die bei dieser Sachlage (nur) einer objektiven Rechtskontrolle dienen könnte, läuft auf eine Popularklage hinaus. Hielte man sie angesichts des Einschüchterungseffekts, den eine heimliche Überwachung zeitigen kann, wie das Bundesverfassungsgericht ausgeführt hat,[80] trotz der vorherigen Prüfung durch die G 10-Kommission, weil diese als parlamentarische Kommission den Rechtsweg zur unabhängigen Gerichten (lediglich) ersetzt, für notwendig, bedürfte es derzeit nicht vorhandener gesetzlicher Regelungen.

2. Auskunft an Betroffene

Nicht für jeden Streit gegen Maßnahmen der Nachrichtendienste bedarf es der Vorlage geheim zu haltender Akten. Über einen Auskunftsanspruch nach § 15 Abs. 1 BVerfSchG kann mitunter anhand der behördlichen Erklärungen entschieden werden. Dabei ist es Sache der Behörde, die Voraussetzungen für die Geheimhaltung in ausreichend nachvollziehbarer Weise darzutun. Allerdings schränkt § 15 Abs. 2 und Abs. 3 BVerfSchG den Auskunftsanspruch ein. § 15 Abs. 2 BVerfSchG listet die Versagungsgründe auf, bei deren Vorliegen die Auskunft unterbleibt. Die Entscheidung ist voll gerichtlich überprüfbar. Sie fordert eine Einzelfallabwägung der Geheimhaltungsinteressen mit den Belangen des Betroffenen.[81] Denn § 15 Abs. 1 BVerfSchG trägt dem Recht auf informationelle Selbstbestimmung Rechnung, indem die Norm es den Bürgern ermöglicht, gegebenenfalls gerichtlichen Rechtsschutz gegen einen unrechtmäßigen Umgang mit Daten in Anspruch zu nehmen.[82]

Nach § 15 Abs. 3 BVerfSchG bzw. nach § 7 BNDG i.V.m. § 15 Abs. 3 BVerfSchG ist die Herkunft von Daten nicht Gegenstand der Auskunftsverpflich-

---

[79] Vgl. etwa BVerfGE 125, 260, 336 f.
[80] Vgl. nur BVerfGE 100, 313, 376, 381, 384; 120, 378, 402.
[81] Vgl. im Einzelnen *Mallmann*, in: *Schenke/Graulich/Ruthig*, Sicherheitsrecht des Bundes, 2014, § 15 BVerfSchG Rn. 19.
[82] BVerwGE 130, 29, 37 f. Rn. 29.

tung[83] der Nachrichtendienste. Damit sind Angaben darüber ausgeschlossen, auf welche Weise der BND Daten erlangt und ob und an wen er sie weitergegeben hat.[84] Die Ausschlussregelung erfasst unabhängig von den Umständen des Einzelfalles sämtliche Angaben über die Herkunft und die Empfänger von Übermittlungen gespeicherter personenbezogener Daten.

3. Presseauskünfte

Auskünfte an die Presse sind ebenfalls nicht unbeschränkt zu leisten. Zwar vermittelt Art. 5 Abs. 1 Satz 2 GG der Presse grundsätzlich einen verfassungsunmittelbaren Anspruch auf Auskunft gegenüber Bundesbehörden, soweit auf sie die Landespressegesetze nicht anwendbar sind, wie etwa beim Bundesnachrichtendienst. Der Auskunftsanspruch ist jedoch begrenzt durch das berechtigte schutzwürdige Interesse Privater oder öffentlicher Stellen an der Vertraulichkeit von Informationen.[85] Mit den schutzwürdigen Interessen des Bundesnachrichtendienstes hat das Bundesverwaltungsgericht einer Tageszeitung Einsicht in die Selektorenliste der NSA verweigert. Operative Vorgänge im Bereich des Bundesnachrichtendienstes einschließlich seiner Zusammenarbeit mit ausländischen Nachrichtendiensten seien generell von dem verfassungsunmittelbaren Anspruch der Presse ausgenommen.[86]

---

[83] BVerwG Buchholz 402.71 BNDG Nr. 2 Rn. 36.
[84] BVerwG, Urt. v. 15.06.2016 – 6 A 7.14, juris, Rn. 15 – Datenweitergabe an NSA.
[85] BVerwG Buchholz 11 Art. 5 Abs. 1 GG Nr. 5 Rn. 6 mit Verweis auf BVerwGE 151, 348, 355 Rn. 24; BVerwGE 146, 56, 64 f. Rn. 29.
[86] BVerwG Buchholz 11 Art. 5 Abs. 1 GG Nr. 5 Rn. 12.

Diskussionsbericht Panel 2:
Rechtsschutz gegen nachrichtendienstliche Aktivitäten*

Maria Geismann, Fabian Gilles und *Alexandra Adenauer*

Moderiert von Prof. Dr. *Klaus F. Gärditz* (Universität Bonn) wurden im zweiten Panel des Tages Möglichkeiten und Grenzen externer Kontrolle nachrichtendienstlicher Tätigkeiten diskutiert. Dabei ging es nicht nur um das deutsche Rechtsschutzsystem nachgelagerter justizieller Kontrolle, sondern auch um einen Blick über die nationale Rechtsordnung hinaus – vor allem in das österreichische System, das einen sog. Rechtsschutzbeauftragten mit der umfassenden Kontrolle nachrichtendienstlicher Tätigkeiten betraut. Ein erster Schwerpunkt der Diskussion lag auf den Folgen für den gerichtlichen Rechtsschutz gegen Maßnahmen der Informationsgewinnung durch Nachrichtendienste, wenn Informationen über den Sachverhalt für das gerichtliche Verfahren nicht zur Verfügung stehen, weil sie entweder als geheimhaltungsbedürftig gelten (§ 99 Abs. 1 und 2 VwGO), oder, weil sie gelöscht wurden. Es herrschte viel Einigkeit bezüglich der Annahme, dass die Rechtschutzposition jener, gegen die verdeckt ermittelt wird, strukturell grundsätzlich beschränkt ist. Wie dem begegnet werden könne, oder ob die Rechtsschutzlücke hinzunehmen sei, war jedoch umstritten. Insbesondere wurde diskutiert, ob den widerstreitenden Interessen der Geheimhaltung und der gerichtlichen Überprüfung auf Grundlage des (vollständigen) Sachverhalts durch das *in-camera*-Verfahren nach § 99 Abs. 2 VwGO ausreichend Rechnung getragen werden könne. Während das Publikum eher dazu zu tendieren schien, einer Lösung den Vorzug zu geben, mit der der in der Sache entscheidende Spruchkörper auch über die Geheimhaltungsbedürftigkeit der Unterlagen entscheiden solle (Beispiel § 138 TKG), führte RiBVerwG a.D. *Elisabeth Buchberger* auch gute Gründe für das bestehende System an. Es mache insbesondere Sinn, die Erfahrungen der Entscheidung über Geheimhaltungsbedürftigkeit von Informationen, die bestimmten inneren Strukturen folge, bei einem Fachsenat zu bündeln und zu konzentrieren. Eine andere Re-

---

* Die folgende Darstellung widmet sich den angesprochenen Themen im inhaltlichen Zusammenhang und gibt den Gesprächsverlauf nicht chronologisch in der Reihenfolge wieder, in der die verschiedenen Aspekte angesprochen wurden.

gelung sei aber gewiss grundsätzlich denkbar. Mit Bezug auf gelöschte Daten wurde von MR *Dietmar Marscholleck* (Bundesministerium des Inneren) vertreten, dass mit der Löschung ein etwaiger Grundrechtseingriff beendet sei und es einer gerichtlichen Überprüfung nicht mehr bedürfe. Unter anderem MdL Dr. *Patrick Breyer* (Piraten, Kiel) vertrat die Gegenposition, die sofortige Löschung von Daten bedeute nicht, dass ihre Erhebung grundrechtskonform gewesen sei. Aus Sicht des Betroffenen sei dies vor allem insofern problematisch, als dieser nicht wissen könne, ob erhobene Daten gelöscht worden seien oder nicht. Die vermittelnde Ansicht meinte, ein Beweismittelnotstand in dieser Gemengelage (nicht nur bei Löschung, sondern auch bei Geheimhaltungsbedürftigkeit) erfordere einen differenzierten Umgang; eine Entscheidung könne jedoch nicht ohne Weiteres *in dubio pro reo* zu Lasten der Behörde ergehen. In engem Zusammenhang mit dieser Frage stand die Diskussion, ob und in welchem Umfang die Dienste Mitteilungen an die Betroffenen geben, wenn diese Objekt einer Überwachungsmaßnahme geworden seien. Während einige Teilnehmer bezweifelten, dass überhaupt je Benachrichtigungen nach § 12 Artikel 10-Gesetz erfolgten, konnten *Marscholleck* und Dr. *Gunter Warg* (Hochschule des Bundes für die öffentliche Verwaltung, Brühl) aus der Praxis das Gegenteil berichten. Der BND speichere unter besonderen Sicherheitsvorkehrungen Informationen sogar gerade und ausschließlich zum Zwecke der Benachrichtigung der Betroffenen. Es gebe eine Vielzahl von Streitigkeiten vor den Verwaltungsgerichten über die Mitteilungspflichten der Dienste. Umstritten war schließlich auch, wie ein adäquater Rechtsschutz gegen die Massenerhebung von Daten durch die Dienste aussehen könnte. Dabei ging es u.a. um die Entscheidung des BVerwG vom 28.05.2014.[1] Diese wurde vor allem dahingehend kritisiert, als sie eine Grundrechtsrelevanz durch die strategische Beschränkung des Telekommunikationsverkehrs durch den BND ablehnt und eine gerichtliche Überprüfung so gut wie unmöglich mache. Prof. Dr. *Matthias Bäcker* (Universität Mainz) schlug vor, darüber nachzudenken, ob eine Popularklage gegen die Massenerhebung von Daten ähnlich der Verbraucherschutzklage einzurichten sei. Über die Funktionsbedingungen, Vor- und Nachteile des Modells des österreichischen Rechtsschutzbeauftragten für kommissarischen Rechtsschutz bei nachrichtendienstlichen Tätigkeiten berichtete schließlich anschaulich Prof. em. Dr. Dr. h.c. *Manfred Burgstaller* (Universität Wien), seines Amtes österreichischer Rechtsschutzbeauftragter, und ergänzte den Vortrag von Prof. Dr. *Reinhard Klaushofer* (Universität Salzburg). Kritisch betrachteten beide, dass der Rechtsschutzbeauftragte gleichzeitig einerseits nachrichtendienstliche Maßnahmen im Vorfeld genehmige und andererseits für die Kontrolle der Durchführung der Maßnahme und im Nachgang für den kommissarischen Rechtsschutz gegen die Maßnahme verantwortlich sei.

---

[1] BVerwGE 149, 359.

Panel 3

Nachrichtendienste zwischen Aufgabenbeschreibung und Befugnisnorm

Moderation: *Gunter Warg*

SIGINT Support to Cyber Defense*

Wilfried Karl

Die Abkürzung SSCD[1] steht für Signals Intelligence (SIGINT) Support to Cyber Defense, das heißt die Unterstützung der Cyberabwehr durch die strategische Fernmeldeaufklärung des BND.

Das Internet ist heute integraler Bestandteil unseres Lebens. Wir kommunizieren über das Internet, mit Messengern, Chat-Software, Internettelefonie. Manche, so wie ich, auch noch per E-Mail; meine Kinder sagen mir deshalb, ich sei altmodisch. Wir posten in sozialen Netzwerken, recherchieren und kaufen online ein.

Aber auch wichtige Infrastrukturen arbeiten vernetzt. Kraftwerke, die Steuerung von Versorgungsnetzen und Telekommunikationsnetzen oder die IT von Krankenhäusern. Gleiches gilt für die staatliche und privatwirtschaftliche Verwaltung und die hochkomplexen Prozesssteuerungen in einer globalisiert ausgerichteten Industrie und im Transportwesen.

Erst die Vernetzung macht diese Systeme so effizient und auch so komfortabel wie wir es heute erwarten und wie wir es gewohnt sind.

Wir sprechen hier vom sogenannten Cyberspace.[2] Darunter versteht man alle auf Datenebene über nationale Landesgrenzen hinweg vernetzten IT-Systeme und die hierüber transportierten Daten. Die bekannteste Verbindungsstruktur ist das öffentlich zugängliche Internet.[3]

Mit der Bedeutung des Datenaustausches im Cyberspace wächst aber auch die Möglichkeit der Datenspionage und die Bedrohung, durch Angriffe diese vernetzten Infrastrukturen zu sabotieren, zu stören oder sogar zu zerstören.[4]

---

* Der Beitrag ist die schriftliche Fassung des Vortrags, den der Verf. am 04.11.2016 in Berlin gehalten hat. Der Vortragsstil wurde beibehalten.
[1] BT-Drs. 18/10395 vom 11.11.2016, S. 12.
[2] *Neuhaus*, Als William Gibson den Cyberspace erfand..., vom 15.10.2006, https://www.heise.de/tp/features/Als-William-Gibson-den-Cyberspace-erfand-3408271.html (Abruf: 27.06.2017).
[3] *Bleich*, Bosse der Fasern. Die Infrastruktur des Internet, vom 21.03.2005, https://www.heise.de/ct/artikel/Bosse-der-Fasern-289840.html#nav_hohe_tiere__5 (Abruf: 27.06.2017) = c't 2005, 88.
[4] Vgl. hierzu die jährlichen Berichte des BSI zur Lage der IT-Sicherheit in Deutschland:

Früher musste ein Mensch einbrechen, um wichtige Unterlagen eines Unternehmens zu fotografieren oder er musste Hand an eine Schaltanlage legen, um etwa eine Energieversorgung zu unterbrechen.

Heute bricht ein Angreifer virtuell ein und kann sich mit vergleichbar geringem Aufwand wertvolle Informationen beschaffen – Pläne zur Unternehmensstrategie, Verhandlungspositionen, Entwicklungsunterlagen – vom Laptop aus, versteckt und aus sicherer Entfernung.

Verschiedene nichtstaatliche und staatliche Akteure nutzen diese Möglichkeiten der weltweit zunehmenden Vernetzung für illegale Zwecke.

Lassen wir einmal die allgemeine, vor allem inlandsbezogene Cyberkriminalität beiseite. Für Sie als Betroffene ist ein „Online-Banking-Trojaner" oder die Ransomware, die ihre Daten verschlüsselt und erst gegen Bezahlung wieder freigibt, alles andere als eine Nebensache.[5]

Aber die Aufgabe des BND ist es, Erkenntnisse zu Auslandssachverhalten zu gewinnen, die von außen- und sicherheitspolitischer Bedeutung für Deutschland sind. Vor diesem größeren Hintergrund geht die größte Gefahr im Cyber-Raum derzeit von staatlichen Akteuren aus. Diese haben langfristige Strategien und verfügen über große personelle und finanzielle Ressourcen.[6]

Sie entwickeln ausgefeilte, z.T. auf spezielle Ziele zugeschnittene Schadsoftware und haben ihre Fähigkeiten zur Durchführung von Cyber-Spionage und Sabotage über die letzten Jahre mit viel Aufwand ausgebaut. Für die Sicherheit der Bundesrepublik Deutschland – und anderer Staaten – stellt dies eine ernste und keinesfalls zu unterschätzende Bedrohung dar. Beispiele der letzten Jahre sind aus den Medien allgemein bekannt:
- Angriffe auf die Verfügbarkeit des Internet in Estland[7]
- Sabotage des französischen Medienunternehmens TV5 Monde
- Kompromittierung von Finanznetzwerken mit dem Schadprogramm Carbanak[8]

---

https://www.bsi.bund.de/DE/Publikationen/Lageberichte/lageberichte_node.html (Abruf: 03.07.2017).

[5] Vgl. BSI, Ransomware: Bedrohungslage, Prävention & Reaktion, vom 11.03.2016, www.bsi.bund.de/SharedDocs/Downloads/DE/BSI/Cyber-Sicherheit/Themen/Ransomware.pdf (Abruf: 27.06.2017).

[6] Vgl. FireEye, APT28: A Window into Russia's Cyber Espionage Operations?, vom 27.10.2014, https://www.fireeye.com/content/dam/fireeye-www/global/en/current-threats/pdfs/rpt-apt28.pdf (Abruf: 27.06.2017).

[7] Der Spiegel, Wer steckt hinter dem Cyberangriff auf Estland?, vom 21.05.2007, www.spiegel.de/spiegel/print/d-51644730.html (Abruf: 03.07.2017).

[8] *Beutelsbacher/Fuest*, So funktioniert der globale Raubzug von Carbanak, vom 15.02.2015, https://www.welt.de/wirtschaft/article137485229/So-funktioniert-der-globale-Raubzug-von-Carbanak.html (Abruf: 27.06.2017).

- Spionage von rüstungsrelevanten Forschungsdaten bei der DLR[9]
- Kompromittierung des Bundestagsnetzwerkes.

Wie kann man Bedrohungen dieser Größenordnung begegnen? Zunächst muss man sie überhaupt erkennen (z.B. einen gut verdeckten langfristigen Datenabzug) und man muss sie rechtzeitig erkennen, um genügend Zeit für Gegenmaßnahmen zu bekommen.

Der Bundesnachrichtendienst nutzt für die Feststellung von Cyberangriffen seine Mittel der strategischen Fernmeldeaufklärung.[10] Was SIGINT Support to Cyber Defense (SSCD) nun bedeutet, möchte ich anhand eines Szenarios erläutern, das zwar in seiner Gesamtheit fiktiv ist, dessen einzelne Elemente aber aus der täglichen Arbeit des BND stammen.

Stellen Sie sich vor, Sie hören heute in den Abendnachrichten folgenden Beitrag:

In Zusammenarbeit von BND, BfV und BSI konnte ein gezielter Cyberangriff gegen ein renommiertes deutsches Hochtechnologie-Unternehmen abgewehrt werden. Die geplante Entwendung der Unternehmensdaten wurde damit rechtzeitig verhindert.

Was steckt hinter dieser Meldung? Dazu muss ich ein bisschen ausholen.

Die strategische Fernmeldeaufklärung des BND stützt sich auf das BND-Gesetz, darin bis Ende 2016 auf die Aufgabenzuweisung in § 1 Abs. 2 Satz 1,[11] konkretisiert durch das Auftragsprofil der Bundesregierung (APB).[12] Darin ist die Aufklärung und Berichterstattung zur Bedrohungslage Cyber seit 2011 ein fester Bestandteil.[13]

Deutschland fand sich seit Langem schon mit Cyberangriffen konfrontiert: Beispiele um das Jahr 2011 sind der Angriff auf den PATRAS-Server der Bun-

---

[9] Zeit Online, Hacker spionierten Luft- und Raumfahrtzentrum aus, vom 13.04.2014, www.zeit.de/digital/datenschutz/2014-04/dlr-hacker-angriff-datenspionage-geheimdienst (Abruf: 27.06.2017).

[10] Siehe auch *Obermaier/Goetz*, Geheimdienst verstärkt Kampf gegen Cyber-Angriffe, vom 09.05.2014, http://www.sueddeutsche.de/politik/abwehr-von-schadsoftware-geheimdienst-plant-fruehwarnsystem-fuer-cyber-angriffe-1.1956067 (Abruf: 27.06.2017).

[11] BND-Gesetz vom 20.12.1990 (BGBl. I S. 2954, 2979), nun geändert durch das Gesetz zur Ausland-Ausland-Fernmeldeaufklärung des Bundesnachrichtendienstes vom 23.12.2016 (BGBl. I S. 3346), in Kraft getreten am 31.12.2016, zuletzt geändert durch Artikel 3 des Gesetzes vom 10.03. 2017 (BGBl. I S. 410).

[12] BT-Drs. 18/9142 vom 07.07.2016, S. 5: „Das APB stellt eine Konkretisierung des in § 1 Absatz 2 Satz 1 BNDG definierten Auftrags dar. Es handelt sich dabei um eine Priorisierung der außen- und sicherheitspolitischen Interessen […]. Daraus ergeben sich Aufklärungsschwerpunkte, Bearbeitungstiefe und Berichtsprioritäten des BND".

[13] Auftragsprofil der Bundesregierung von 2009, i.d.F. von 13.12.2011.

despolizei,[14] Angriffe gegen die deutsche Rüstungsindustrie, aber auch der Angriff auf die EU-Kommission[15] berührt deutsche Interessen.

Die anfangs genannten Beispiele und diese Vorfälle um das Jahr 2011 waren der Anlass für die Bundesregierung, mehr und wirkungsvollere Maßnahmen zu ergreifen, um die Sicherheitsbehörden in ihrer Warn- und Aufklärungsfunktion für Deutschland zu stärken. In der Folge verabschiedete der Deutsche Bundestag im November 2015 eine Ergänzung des G10-Gesetzes zum Gefahrenbereich Cyber.[16] Die bereits bestehenden technischen Fähigkeiten der strategischen Fernmeldeaufklärung des Bundesnachrichtendienstes konnten dadurch auch zur Detektion und Analyse von gegen Deutschland gerichteten Cyberangriffen genutzt werden.

Heute verfügen wir über eine Anfangsbefähigung zur technischen Analyse von Cyberangriffen, die aus dem Ausland gegen deutsche Netze gerichtet werden.[17] Ausgehend von einer Analyse der Netzwerkverkehre im Ausland und unterstützt durch sowohl nachrichtendienstliche als auch offene Fachinformationen baut der BND eine Wissensbasis auf zu Cyber-Vorfällen und ihren technischen Erkennungsmerkmalen. Damit ist ihm im ersten Schritt die Aufklärung bereits bekannter Cyberangriffe und deren Infrastrukturen im Ausland möglich.

Die Fähigkeiten des BND werden weiter ausgebaut, das Ziel ist eine Früherkennung von in Deutschland bislang unbekannten Angriffen, bevor sie uns treffen.

Zurück zum fiktiven Szenario der heutigen Abendnachrichten. Begonnen hatte der Fall ein paar Monate zuvor, als ein ausländisches Sicherheitsunternehmen über eine neuartige Cyberangriffs-Kampagne in Fernost berichtete. Die bei dem Angriff verwendete neuartige Software und deren Erkennungsmerkmale[18] zeigten sich als sehr fortschrittlich und erregten die Aufmerksamkeit der SSCD-Auswerter des BND.

---

[14] Der Police Applications Intercommunication Protocol Tracking Server ist laut Wikipedia ein elektronisches Ortungssystem des Zollfahndungsdienstes und wurde am 07.07.2011 von der deutschen Gruppe „No-Name-Crew" gehackt, siehe hierzu auch *Lischka/Rosenbach*, Hacker klauen Daten von Zoll-Server, vom 08.07.2011, www.spiegel.de/netzwelt/web/cyber-attacke-hacker-klauen-daten-von-zoll-server-a-773189.html (Abruf: 27.06.2017).

[15] BBC Online, ,Serious' Cyber Attack on EU Bodies before Summit, vom 23.03.2011, http://www.bbc.com/news/world-europe-12840941 (Abruf: 27.06.2017).

[16] Durch Art. 6 des Gesetzes zur Verbesserung der Zusammenarbeit im Bereich des Verfassungsschutzes vom 17.11.2015 (BGBl. I S. 1938) wurde § 5 Abs. 1 Satz 3 Nr. 8 G10 neu in das G10 eingefügt. Hierdurch wurde der neue Gefahrenbereich Cyber eröffnet.

[17] Vgl. BND, Cyber-Sicherheit – Sicherung der nationalen Informationstechnik in Zeiten globaler Vernetzung, www.bnd.bund.de/DE/Themen/Lagebeitraege/Cyber-Sicherheit/Cyber-Sicherheit_node.html (Abruf: 27.06.2017).

[18] International auch „Indicator of Compromise – IOC" genannt. Typische Beispiele sind IP-Adressen, Signaturen eines Computervirus oder Prüfsummen von Schadprogrammen („Hashwerte").

In der Folge konnte der BND die Erkennungsmerkmale[19] ganz gezielt als Suchbegriffe verwenden und so Aufzeichnungen zu den weltweiten Datenströmen dieser Schadsoftware auswerten. Bereits jetzt deutete dies auf eine sehr weitreichende, fast globale Angriffs-Infrastruktur mit vielen Servern hin.

Wie funktioniert so ein Angriff?

In den meisten Fällen beginnt er mit der Suche nach möglichen Einfallstoren beim ausgewählten Opfer, so auch hier. Der BND erkannte, dass die einzelnen Server dieser erkannten Infrastruktur periodisch die Internetadressen von Regierungsstellen vieler asiatischer Staaten nach technischen Schwachstellen absuchten. In den Fokus des Bundesnachrichtendienstes gerieten mehrere Server in einem dieser asiatischen Länder, denn offensichtlich spielten sie im Netz des Angreifers eine zentrale Rolle.[20]

Von ihnen gingen nämlich nicht nur Steuersignale an weite Teile der Angriffsinfrastruktur aus, sie waren auch eine Ablage für Zwischenergebnisse, die ihre Suche nach Schwachstellen in dem System der potentiellen Opfer erbracht hatte.

Der BND informierte die Behörden in diesem Land, die eine anschließende Vor-Ort-Untersuchung dieser Server möglich machten.

Der Bundesnachrichtendienst konnte nun seine Systeme mit weiteren hieraus erkannten Suchbegriffen gezielt steuern, um mehr Erkenntnisse zu gewinnen. Die Behörden im Land ergänzten die Detektierung mit der Beobachtung der nationalen Netzwerkverkehre.

Was zu Beginn noch der Intuition der Spezialisten des BND zu verdanken war, ergab nun Einblicke in einen der technisch bislang hochwertigsten und bedrohlichsten Cyberangriffe:

Der Angreifer wechselte kontinuierlich große Teile der eingesetzten Infrastruktur aus und variierte seine Suche nach Schwachstellen der Opfersysteme mit ständiger Verwertung der bereits erzielten Ergebnisse. Erfolgreiche Eindringversuche wurden an zentrale Stellen im Angriffsnetzwerk weitergemeldet und darauf spezialisierte Server begannen mit der Penetration der Opfernetzwerke, der zweiten Phase eines Cyberangriffs nach dem Schwachstellenscan.[21]

Die Zielgruppe waren militärische Forschungsunternehmen sowie Regierungsinstitutionen, die mit militärischen und technologischen Aufträgen be-

---

[19] Sogenannte „Suchbegriffe" werden in den Erfassungssystemen des BND eingesetzt, um Verkehre zu erkennen und auszuleiten, die diesen Suchbegriff enthalten, vgl. BT-Drs. 18/9041 vom 05.07.2016, S. 24.

[20] Vgl. die Untersuchung der Firma Kaspersky Lab. 2013 zum Cyberangriff „Roter Oktober": ‚Red October' Diplomatic Cyber Attacks Investigation, vom 14.01.2013, securelist.com/analysis/publications/36740/red-october-diplomatic-cyber-attacks-investigation/#8 (Abruf 03.07.2017).

[21] Vgl. BSI, Register aktueller Cyber-Gefährdungen und -Angriffsnormen, BSI-CS 026 vom 15.10.2012, https://www.allianz-fuer-cybersicherheit.de/ACS/DE/_/downloads/BSI-CS_026.pdf;jsessionid=4A9C693B0EB16DC0FF9DC711BCD22C39.2_cid360?__blob=publicationFile&v=4 (Abruf: 27.06.2017).

fasst sind. Darunter befanden sich auch zwei global tätige Unternehmen, die u.a. Niederlassungen in Deutschland hatten, sowie das Hochtechnologie-Unternehmen, über welches später in den Abendnachrichten berichtet werden wird.

An dieser Stelle wurde der Bundesnachrichtendienst wie folgt tätig: Er stellte einen Antrag auf eine G10-Maßnahme,[22] um auf ausgewählten internationalen Übertragungswegen mit den erkannten Suchbegriffen mögliche weitere deutsche Betroffene erkennen zu können. Nur so kann er dazu beizutragen, einen eventuell auf diese stattfindenden Cyberangriff abzuwehren.

Dem Bundesnachrichtendienst kommt innerhalb der Cybersicherheitsstrategie der Bundesregierung die wichtige Frühwarnfunktion zu.[23] Daher gab er bereits – noch ohne die Ergebnisse der G10-Maßnahme abzuwarten – die allerersten Erkenntnisse zu dem ausländischen Angriff an die zuständigen Inlandsbehörden weiter, über die Kooperationsplattform des Nationalen Cyber-Abwehrzentrums (Cyber-AZ), allen voran an BfV und BSI, aber auch an das BKA.[24] Nicht nur, damit diese rechtzeitig betroffene Unternehmen in Deutschland informieren, sondern auch damit sie proaktiv zum Schutz der Regierungsnetze in Deutschland[25] tätig werden können. Möglicherweise betroffene Unternehmen erhielten auf diesem Weg die für ihren technischen Schutz erforderlichen Daten wie beispielsweise die IP-Adressen der Angreifer.

Nachdem das in meinem Abendnachrichten-Beispiel erwähnte Unternehmen das eigene Netz daraufhin untersuchte, wurde festgestellt, dass ein Server aus dem Unternehmensnetzwerk mit einem der Angreiferserver Daten austauschte. Weitere Untersuchungen der Spezialisten ergaben, dass sich der Angreifer erst seit einigen Stunden in dem Unternehmensnetz befand; kurz vor dem Untersuchungszeitpunkt hatte er es also geschafft, auf einem Unternehmens-Computer seine hoch entwickelte Schadsoftware zu installieren.

Nur durch die vom Bundesnachrichtendienst bereitgestellten Informationen konnte dieser Computer ausfindig gemacht werden, das Unternehmensnetz damit geschützt und ein weiterer Datenabfluss verhindert werden. Um einer Wie-

---

[22] Artikel 10-Gesetz vom 26.06.2001 (BGBl. I S. 1254, 2298; 2007 I S. 154), zuletzt geändert durch Artikel 2 Absatz 2 des Gesetzes vom 16.06.2017 (BGBl. I S. 1634):
„Der Bundesnachrichtendienst ist im Rahmen seiner Aufgaben nach § 1 Abs. 2 des BND-Gesetzes auch berechtigt, die Telekommunikation zu überwachen und aufzuzeichnen, um rechtzeitig eine Gefahr des internationalen kriminellen, terroristischen oder staatlichen Angriffs mittels Schadprogrammen oder vergleichbaren schädlich wirkenden informationstechnischen Mitteln auf die Vertraulichkeit, Integrität und Verfügbarkeit von IT-Systemen in Fällen von erheblicher Bedeutung mit Bezug zur Bundesrepublik Deutschland zu erkennen. Diese Maßnahmen unterliegen der Kontrolle durch das Parlamentarische Kontrollgremium und durch die G 10-Kommission des Deutschen Bundestages".
[23] BT-Drs. 18/10395 vom 11.11.2016, S. 12.
[24] Für den Informationsaustausch existiert seit 01.04.2011 das Nationale Cyber-Abwehrzentrum, vgl. BT-Drs. 17/5694 vom 02.05.2011, S. 3.
[25] Vgl. § 3 Abs. 1 Satz 1. des Gesetzes zur Stärkung der Sicherheit in der Informationstechnik des Bundes, BGBl. I 2009, 2821.

derholung des Angriffs vorzubeugen, erhielt das Unternehmen auch die notwendigen Informationen zu der vom BND im Ausland beobachteten Vorgehensweise, dem Modus Operandi der Täter.

Aus den mit der genehmigten G10-Maßnahme erkannten Verkehren konnten zudem inzwischen weitere deutsche Opfer ermittelt und an sie entsprechende Warnungen abgesetzt werden.

Im Ergebnis konnte durch die mit SIGINT gewonnenen Erkenntnisse und die zeitnahe Zusammenarbeit zwischen den Sicherheitsbehörden der Angriff bereits in einem frühen Stadium erkannt und erfolgreich abgewehrt werden.

Dieses nicht ganz fiktive Szenario sollte anschaulich zeigen, welche drei Voraussetzungen erfüllt sein müssen, damit der BND eine erfolgreiche Unterstützung der Cyberabwehr in Deutschland leisten kann:

Erstens ist wichtig, einen Cyberangriff und dessen Kommunikation technisch erkennen zu können. Mit den Mitteln der im BND seit vielen Jahren bewährten strategischen Fernmeldeaufklärung kann der BND hier die entscheidenden ersten Informationen bringen, die zur Aufklärung eines Cyberangriffs führen.

Hierzu nutzt er seine Mittel der Fernmeldeaufklärung im Ausland und auf den internationalen Übertragungswegen, die Deutschland mit dem Ausland verbinden, noch bevor ein Angriff Deutschland erreicht.

Dazu braucht er modernste Technologie und Methodik, sowie Personal, das für diese Aufgabe befähigt ist. Der BND verfügt hier über die größte Expertise aller Sicherheitsbehörden bei Entwicklung und Einsatz der notwendigen Technik.

Zudem benötigt der BND auch die Erfassungsmöglichkeit, denn niemand weiß im Voraus, welchen Weg ein Angreifer wählt. Diesen Teil wird der BND alleine nicht schaffen.

Zweitens ist die intensive und schnelle Kooperation der deutschen Sicherheitsbehörden enorm wichtig. Idealerweise werden die deutschen Inlandsbehörden vom BND mit den für Abwehrmaßnahmen erforderlichen Informationen versorgt, bevor ein im Ausland vorbereiteter Cyberangriff gegen die deutsche Industrie, Verwaltung oder Forschung ausgeführt wird. Der BND arbeitet hier bereits eng über die Kooperationsplattform des Cyber-AZ mit dem BSI und dem BfV zusammen und informiert diese Behörden immer ausführlich und zeitnah über die durch SSCD gewonnenen Erkenntnisse.

Drittens schließlich – und das ist ganz wichtig – gehört zu SSCD auch die unverzichtbare internationale Kooperation der Nachrichtendienste.

Manche kennen vielleicht den Roman „Blackout"[26] (von Marc Elsberg; er handelt von einem Cyberangriff, der zu einem lang anhaltenden europaweiten Stromausfall führt). Egal, wie viel davon Fiktion oder Fakt ist, in einem Punkt ist die Geschichte real: In unserer vernetzten Welt betrifft ein Cyberangriff keinen Staat mehr alleine. Die Akteure – seien es staatliche oder auch nicht-staatliche – halten sich weder an Landesgrenzen noch differenzieren sie nach nationalen gesetzlichen Vorgaben.

Sie sind eine ernste Bedrohung für alle Länder und der Schutz eigener Netze, eigener Infrastrukturen gelingt keinem Staat mehr vollumfassend alleine. Bei der Bekämpfung terroristischer Aktivitäten ist die internationale Betrachtung der Gefährdung selbstverständlich und gleiches muss auch für das Erkennen von Cyberangriffen gelten: Nur die Sicht über die Grenzen der Bundesrepublik Deutschland hinaus erlaubt uns ein frühzeitiges Erkennen vorbereitender Aktivitäten von aus dem Ausland heraus agierenden Tätergruppen bereits ab dem Planungsstadium.

---

[26] *Elsberg*, Blackout – Morgen ist es zu spät, 2012. Siehe zu diesem Thema auch: *Petermann/Bradke/Lüllmann/Poetzsch/Riem*, Gefährdung und Verletzbarkeit moderner Gesellschaften – am Beispiel eines großräumigen Ausfalls der Stromversorgung, Arbeitsbericht des TAB Nr. 141, November 2010, http://www.tab-beim-bundestag.de/de/pdf/publikationen/berichte/TAB-Arbeitsbericht-ab141.pdf (Abruf: 03.07.2017).

Zur Reform der Eingriffstatbestände im Nachrichtendienstrecht

Matthias Bäcker

I. Einfuhrung 137
II. Bestandsaufnahme 138
   1. Tatbestandstypen in den Fachgesetzen der Nachrichtendienste 138
   2. Sonderfall Telekommunikationsüberwachung 143
III. Reformbedarf 144
   1. Grundrechte 144
   2. Aufgabenadäquanz 147
IV. Reformperspektiven 149

I. Einführung

Zentraler Baustein eines rechtsstaatlichen Nachrichtendienstrechts sind gesetzliche Eingriffstatbestände, welche die Aufklärungstätigkeit der Nachrichtendienste wirksam anleiten und hinreichend begrenzen. Jedoch erstreckt sich – so die These dieses Beitrags – die allgemeine Regelungskrise des Sicherheitsrechts[1] auch auf die Regulierung der Nachrichtendienste. Die Eingriffstatbestände des geltenden Rechts weisen zahlreiche Defizite auf. Mehrere Eingriffsermächtigungen verfehlen daher verfassungsrechtliche Anforderungen. Andere Ermächtigungen sind zwar noch verfassungskonform, aber konzeptionell verfehlt. Sie drohen daher Fehlsteuerungen zu bewirken. Die Eingriffstatbestände des Nachrichtendienstrechts bedürfen deshalb der Reform.

Der Beitrag entwickelt diese These anhand des Nachrichtendienstrechts des Bundes. Die dabei gewonnenen Erkenntnisse lassen sich grundsätzlich auf die Verfassungsschutzgesetze der Länder übertragen, die sich in weitem Umfang am BVerfSchG orientieren. Eine Stellungnahme zu den problematischen und umstrittenen Regelungskompetenzen im Verfassungsschutzrecht[2] ist mit die-

---

[1] Näher *Bäcker*, Kriminalpräventionsrecht, 2015, S. 1 ff.
[2] Vgl. zum G 10, aber verallgemeinerbar einerseits *Bäcker* DÖV 2011, 840, 841 ff.; *ders.* DÖV 2012, 560; andererseits *Risse/Kathmann* DÖV 2012, 555; *Huber*, in: *Schenke/Graulich/Ruthig* (Hrsg.), Sicherheitsrecht des Bundes, 2014, Vorb. Artikel 10-Gesetz Rn. 17 ff.

sem Untersuchungsansatz nicht verbunden. Zudem beschränken sich die folgenden Ausführungen darauf, anhand legistischer Qualitätskriterien zu erörtern, wie die gegenwärtigen Aufklärungsaufträge der Nachrichtendienste verfassungskonform und aufgabenadäquat rechtlich umgesetzt werden können.[3] Sie gehen damit von den sicherheitspolitischen Wertungen aus, die dem geltenden Nachrichtendienstrecht zugrunde liegen. Die grundlegendere sicherheitspolitische Debatte über die Erforderlichkeit der Nachrichtendienste und über das wünschenswerte Ausmaß ihrer Aufgaben und Befugnisse liegt außerhalb des Erkenntnishorizonts dieses Beitrags, wenngleich die hier gewonnenen Erkenntnisse für diese Debatte hoffentlich fruchtbar gemacht werden können.

Im Folgenden wird auf der Grundlage einer Bestandsaufnahme des geltenden Rechts (unten II) dargelegt, inwieweit die nachrichtendienstlichen Eingriffstatbestände reformbedürftig sind (unten III). Anschließend werden Perspektiven der gebotenen Reform in Form eines Arbeitsprogramms aufgezeigt (unten IV).

II. Bestandsaufnahme

Eingriffsermächtigungen für die Nachrichtendienste des Bundes finden sich zum einen in den Fachgesetzen der einzelnen Dienste, zum anderen für Telekommunikationsüberwachungen gebündelt im G 10. Die Eingriffstatbestände in beiden Normkomplexen weichen erheblich voneinander ab.

1. Tatbestandstypen in den Fachgesetzen der Nachrichtendienste

Im Nachrichtendienstrecht hat das BVerfSchG eine Leitfunktion inne. Die Eingriffsermächtigungen der anderen Fachgesetze verweisen in weitem Umfang auf dieses Gesetz. Diese Verweisungstechnik erzeugt allerdings insbesondere im BNDG beträchtliche Interpretationsprobleme.

a) Eingriffsermächtigungen im BVerfSchG

Die Tatbestände der Eingriffsermächtigungen im BVerfSchG lassen sich grob in vier Typen systematisieren, die stufenweise höhere Anforderungen errichten. Diese Tatbestandstypen werden im Folgenden exemplarisch anhand ausgewählter Normen veranschaulicht, die jeweils in den Fußnoten nachgewiesen werden. Im Detail finden sich in den einzelnen Regelungen des BVerfSchG weitere Unterschiede, denen im Rahmen dieses Beitrags nicht nachgegangen werden kann.[4]

---

[3] Zu diesem rechtsetzungsorientierten Analyseansatz *Bäcker* (Fn. 1), S. 22 ff.
[4] Vgl. für eine detaillierte Darstellung auf dem Stand von 2013: Bericht der Regierungskommission zur Überprüfung der Sicherheitsgesetzgebung in Deutschland, v. 28.08.2013, https://www.bmi.bund.de/SharedDocs/Downloads/DE/Broschueren/2013/regierungskommission-sicherheitsgesetzgebung.pdf?__blob=publicationFile (Abruf: 07.06.2017), S. 126 ff.

Auf der ersten Stufe fordert das BVerfSchG als Mindestanlass für Aufklärungsmaßnahmen, die in Grundrechte eingreifen, eine Tatsachengrundlage, aufgrund derer anzunehmen ist, dass die Maßnahme Erkenntnisse über verfassungsschutzrelevante Bestrebungen oder Tätigkeiten oder über Quellen erbringen wird.[5] Die abweichende Formulierung, dass eine Maßnahme zur Aufgabenerfüllung erforderlich sein muss,[6] dürfte im Rahmen der nachrichtendienstlichen Aufklärung im Ergebnis dieselbe Eingriffsschwelle errichten. Ausgeschlossen sind danach anlasslose Ermittlungen „ins Blaue hinein".[7] Ausreichend ist es hingegen, wenn sich eine bestimmte Zielstruktur zumindest grob konturieren lässt, von der verfassungsfeindliche Bestrebungen oder Tätigkeiten erwartet werden und die deshalb aufgeklärt werden soll. Die Prognose eines konkret drohenden Schadensereignisses im Einzelfall wird nicht gefordert.[8] Ebenso wenig schränkt das Gesetz ein, gegen welche Personen sich eine Aufklärungsmaßnahme richten darf.[9] Allerdings muss die Maßnahme geeignet sein, Erkenntnisse über die Zielstruktur zu erbringen.[10]

Auf der zweiten Stufe werden bestimmte Aufklärungsmaßnahmen nur zugelassen, um Bestrebungen aufzuklären, denen ein besonderes Bedrohungspotenzial innewohnt. Damit wird der Eingriffsanlass hinsichtlich des Gegenstands der Aufklärung, nicht allerdings hinsichtlich der tatsächlichen Grundlage des Eingriffs qualifiziert. Im Einzelnen finden sich unterschiedliche Beschreibungen. So werden teils unspezifisch „Bestrebungen von erheblicher Bedeutung" gefordert,[11] teils wird eine besondere Gewaltaffinität vorausgesetzt.[12]

Drittens macht das BVerfSchG manche Aufklärungsmaßnahmen von einer „schwerwiegenden Gefahr" für die Schutzgüter des Verfassungsschutzes abhängig.[13] Teilweise müssen die Betroffenen der Aufklärungsmaßnahme darüber hinaus in einer Nähebeziehung zu der Gefahr stehen.[14] Es liegt nahe, dass dieser Eingriffstatbestand neben dem Gegenstand auch die Tatsachengrundlage der

---

[5] § 9 Abs. 1 Satz 1 BVerfSchG.
[6] § 8d Abs. 1 Satz 1 BVerfSchG.
[7] BVerfGE 130, 151, 206; BVerwG NVwZ 2011, 161, 164; OVG Münster, Urt. v. 12.02.2008 – 5 A 130/05, juris, Rn. 270; *Droste*, Handbuch des Verfassungsschutzrechts, 2007, S. 175 ff.; *Mallmann*, in: *Schenke/Graulich/Ruthig* (Hrsg.), Sicherheitsrecht des Bundes, 2014, § 8a BVerfSchG Rn. 7.
[8] Vgl. zu der weitgehend gleichartigen allgemeinen Bedrohungslage im Polizeirecht *Bäcker* (Fn. 1), S. 215 ff.
[9] *Droste* (Fn. 7), S. 306 f.; kritisch *Bergemann* NVwZ 2015, 1705, 1707.
[10] Instruktives Beispiel für einen Fall, in dem eine positive Aufklärungsprognose nicht möglich war: VG Köln, Urt. v. 23.04.2009 – 20 K 5429/07, juris, Rn. 35 ff.
[11] § 9a Abs. 1 Satz 2 BVerfSchG, wobei die Gewaltaffinität der Bestrebung als bloßes Regelbeispiel benannt wird.
[12] § 18 Abs. 1 Satz 1 BVerfSchG.
[13] § 8a Abs. 1, Abs. 2 Satz 1, Abs. 2a BVerfSchG.
[14] § 8a Abs. 3 BVerfSchG.

Aufklärung qualifizieren soll. Er ist allerdings in zweifacher Hinsicht schwierig zu interpretieren:

Zum einen wird zur Konkretisierung der Schutzgüter des Verfassungsschutzes auf § 3 Abs. 1 BVerfSchG verwiesen, der seinerseits jedoch primär nicht Schutzgüter, sondern Aufklärungsobjekte beschreibt. Nur mittelbar und mit einigen Unsicherheiten können dieser Norm Kollektivgüter entnommen werden, die der Verfassungsschutz gewährleisten soll. Hierzu zählen etwa die freiheitliche demokratische Grundordnung, der Bestand und die Sicherheit des Bundes und der Länder, die ungestörte Amtsführung der Verfassungsorgane von Bund und Ländern oder die auswärtigen Belange der Bundesrepublik.

Zum anderen legt der Begriff der schwerwiegenden Gefahr zumindest auf den ersten Blick einen kaum tragfähigen Rekurs auf das Polizeirecht nahe. Wäre der Gefahrbegriff im polizeilichen Sinn zu verstehen, so wäre eine einzelfallbezogene Schadensprognose für eines der Schutzgüter des Verfassungsschutzes erforderlich.[15] Dann liefen diese Eingriffsermächtigungen jedoch zumindest hinsichtlich vieler Schutzgüter leer. Denn selbst hochgradig gefährliche Bestrebungen können kaum die freiheitliche demokratische Grundordnung beeinträchtigen oder den Bestand des Bundes in Frage stellen. Wenn eine Krisenlage, in der diese Güter bedroht sind, doch einmal eintreten sollte, könnte der Verfassungsschutz voraussichtlich kaum dazu beitragen, sie zu bewältigen.

Um diesen Eingriffstatbestand zu konturieren, bedarf es daher eines spezifisch nachrichtendienstlichen Gefahrbegriffs, dessen Gehalt jedoch unscharf bleibt. Verbreitet wird verlangt, dass Anhaltspunkte für Bestrebungen und Tätigkeiten im Sinne von § 3 Abs. 1 BVerfSchG vorliegen. Aus dem Erfordernis einer „schwerwiegenden" Gefahr wird geschlossen, dass es sich um Bestrebungen oder Tätigkeiten handeln muss, die geeignet sind, die Schutzgüter des Verfassungsschutzes erheblich zu beschädigen.[16] In dieser Auslegung hat der nachrichtendienstliche Gefahrbegriff keinen erkennbaren eigenständigen Gehalt, sondern entspricht den Anforderungen, welche bereits die Eingriffstatbestände auf der zweiten Stufe errichten.[17] Wegen dieser Interpretationsprobleme sind im Übrigen auch die Betroffenenregelungen, die an den (nachrichtendienstlichen) Gefahrbegriff anknüpfen, schwierig zu handhaben.[18]

---

[15] Näher zum polizeilichen Gefahrbegriff *Bäcker* (Fn. 1), S. 79 ff.
[16] So die Gesetzesbegründung zur Vorgängerfassung der Norm, BT-Drs. 16/2921 vom 12.10.2006, S. 14; daran anschließend *Mallmann*, in: *Schenke/Graulich/Ruthig* (Fn. 7), § 8a BVerfSchG Rn. 7. Eine „erhöhte Intensität der Rechtsgutsbedrohung" verlangt, ohne dies zu konkretisieren, zu dem gleichlautenden § 5a Abs. 1 VSG NW a.F. BVerfGE 120, 274, 348.
[17] Illustrativ hierzu VG Berlin, Urt. v 07.09.2016 – 1 K 12.15, juris, Rn. 26 ff.
[18] Vgl. zu den Regelungsproblemen, die Betroffenenregelungen für Ermittlungsermächtigungen bereits im Zusammenhang mit dem polizeilichen Gefahrbegriff aufwerfen, *Bäcker* (Fn. 1), S. 135 ff.

Viertens verwendet das BVerfSchG den Gefahrbegriff schließlich auch im polizeilichen Sinne, indem es Wohnraumüberwachungen nur zur Abwehr einer gegenwärtigen gemeinen Gefahr oder einer gegenwärtigen Lebensgefahr zulässt.[19]

Quer zu diesen Tatbestandstypen liegt die Differenzierung des Eingriffsanlasses nach „tatsächlichen Anhaltspunkten",[20] „Tatsachen"[21] und „bestimmten Tatsachen".[22] Was diese Differenzierung bedeuten soll, wird unterschiedlich beurteilt. Teils werden ihr unterschiedlich hohe Anforderungen an die Tatsachengrundlage,[23] teils an den Wahrscheinlichkeitsgrad[24] des Prognoseurteils entnommen, auf dem die Aufklärungsmaßnahme beruht. Allerdings ist in jedem Fall zu bezweifeln, dass sich diese Unterscheidung trennscharf handhaben lässt.[25]

b) Eingriffsermächtigungen im MADG und im BNDG

Das BVerfSchG bildet das Leitregime für das Nachrichtendienstrecht des Bundes. Die Eingriffsermächtigungen im MADG und im BNDG verweisen in weitem Umfang auf die entsprechenden Ermächtigungen in diesem Gesetz, um die Eingriffsvoraussetzungen zu beschreiben.

Diese Regelungstechnik verursacht im MADG, das mit dem Militärischen Abschirmdienst eine besondere Verfassungsschutzbehörde zum Gegenstand hat, keine größeren Probleme. Schwieriger stellt sich die Lage im BNDG dar. Dieses Gesetz überträgt das vierstufige Tatbestandsmodell des BVerfSchG mit leichten Modifikationen auf die Aufgabe des Bundesnachrichtendienstes zur Auslandsaufklärung,[26] soweit der Dienst hierzu personenbezogene Daten im Inland erhebt.[27] Hierdurch entstehen allerdings zusätzliche Interpretationsprobleme.

Auf der ersten Stufe verlangt das BNDG, dass eine Aufklärungsmaßnahme erforderlich ist, um die Aufgaben des Bundesnachrichtendienstes zu erfüllen.[28]

---

[19] § 9 Abs. 2 Satz 1 BVerfSchG.
[20] § 8a Abs. 1 BVerfSchG.
[21] § 9 Abs. 1 Satz 1 BVerfSchG.
[22] § 8a Abs. 3 Nr. 2 BVerfSchG.
[23] So etwa *Gnüchtel* NVwZ 2016, 13, 16.
[24] So etwa *Mallmann*, in: *Schenke/Graulich/Ruthig* (Fn. 7), § 8a BVerfSchG Rn. 16.
[25] Vgl. zu gleichartigen Differenzierungen im Strafverfahrensrecht *Bäcker* (Fn. 1), S. 133 ff.; skeptisch auch *Bergemann*, in: *Lisken/Denninger* (Begr./Hrsg.), Handbuch des Polizeirechts, 5. Aufl. 2012, Kapitel H Rn. 82; eine Gleichsetzung von „Tatsachen" und „tatsächlichen Anhaltspunkten" findet sich daneben etwa bei *Gusy*, in: *Schenke/Graulich/Ruthig* (Hrsg.), Sicherheitsrecht des Bundes, 2014, § 3 BNDG Rn. 7.
[26] § 1 Abs. 2 Satz 1 BNDG.
[27] § 1 Abs. 2 Satz 2 BNDG; näher zu dieser Aufklärung im Inland über das Ausland *Gusy*, in: *Schenke/Graulich/Ruthig* (Fn. 25), § 1 BNDG Rn. 24.
[28] § 5 Satz 1 BNDG; die abweichende Formulierung in § 2 Abs. 1 Nr. 4 BNDG wiederholt die Aufgabenbestimmung und dürfte synonym zu verstehen sein.

Anders als im BVerfSchG ist sehr zweifelhaft, ob diese Eingriffsschwelle die Aufklärungstätigkeit des Dienstes überhaupt begrenzt. Grund hierfür ist die im Vergleich zum Verfassungsschutz viel weiter gefasste Aufgabe des Bundesnachrichtendienstes. Die Inlandsaufklärung der Verfassungsschutzbehörden richtet sich gegen vergleichsweise trennscharf beschriebene verfassungsfeindliche Bestrebungen und Tätigkeiten. Der Bundesnachrichtendienst soll hingegen allgemein Erkenntnisse über das Ausland von außen- und sicherheitspolitischer Bedeutung für die Bundesrepublik gewinnen.[29] Dieser Auftrag ist thematisch nahezu grenzenlos und lässt sich nur anhand der jeweiligen außenpolitischen Lage konkretisieren.[30] Erst ein politisch definiertes Erkenntnisprofil und nicht das Gesetz schneidet damit die Aufklärungstätigkeit des Bundesnachrichtendienstes zu.

Auf der zweiten Stufe werden die Erkenntnisziele des Bundesnachrichtendienstes eingegrenzt, ohne in tatsächlicher Hinsicht besondere Anforderungen zu errichten. Das BNDG verweist hierzu auf die in § 5 Abs. 1 Satz 3 G 10 genannten Gefahrenbereiche,[31] die besonders schadensträchtige Vorgänge und Handlungen mit internationalem Bezug beschreiben.[32]

Auf der dritten Stufe findet sich auch im BNDG der Gefahrbegriff, der allerdings im Vergleich zum BVerfSchG hinsichtlich des Schutzguts modifiziert wird. Das Gesetz verlangt eine Gefahr für bestimmte der im G 10 genannten Gefahrenbereiche.[33] Sprachlich leuchtet das Konstrukt einer „Gefahr für einen Gefahrenbereich" nicht ein. Die gesetzliche Eingriffsschwelle lässt sich jedoch rekonstruieren, indem das Gefahrerfordernis auf die Handlungen bezogen wird, welche die Gefahrenbereiche definieren. Die Veränderung des Schutzguts wirft allerdings die Frage auf, ob der Gefahrbegriff im BNDG ebenso als spezifisch nachrichtendienstlicher Begriff zu verstehen ist wie im BVerfSchG. Anders als im BVerfSchG ergäbe ein Rekurs auf den polizeilichen Gefahrbegriff hier durchaus Sinn. Denn Gegenstand der Gefahrprognose nach dem BNDG sind bestimmte schadensträchtige Handlungen und nicht Schäden für Kollektivgüter, die einzelne Personen oder Gruppierungen nicht ernsthaft beeinträchtigen können. Andererseits erscheint es zumindest ungewöhnlich, im Rahmen einer Normverweisung einen Begriff in der verweisenden Norm anders zu verstehen als in der Norm, auf die verwiesen wird.

---

[29] § 1 Abs. 2 Satz 1 BNDG.
[30] Vgl. *Gusy*, in: *Schenke/Graulich/Ruthig* (Fn. 25), § 1 BNDG Rn. 26 ff.; *Bergemann*, in: *Lisken/Denninger* (Fn. 25), Kapitel H Rn. 26.
[31] § 23 Abs. 1 Nr. 2 BNDG.
[32] Siehe unten II. 2.
[33] § 3 Abs. 1 Satz 2 Nr. 1 BNDG.

Schließlich nimmt das BNDG auf der vierten Stufe durch einen Verweis auf die Ermächtigung zu Wohnraumüberwachungen im BVerfSchG auch den polizeilichen Gefahrbegriff in Bezug.[34]

2. Sonderfall Telekommunikationsüberwachung

Die Tatbestände der Ermächtigungen zu Telekommunikationsüberwachungen weichen von den bisher erörterten Regelungsmustern deutlich ab. Diese Ermächtigungen finden sich herkömmlich im G 10, das Telekommunikationsüberwachungen für alle Nachrichtendienste gebündelt regelt. Hinzu kommen die Regelungen über die Ausland-Ausland-Fernmeldeaufklärung im BNDG.

Das G 10 ermächtigt alle Nachrichtendienste des Bundes und der Länder zu Inhaltsüberwachungen der Telekommunikation im Einzelfall. Voraussetzung sind tatsächliche Anhaltspunkte dafür, dass jemand eine Straftat aus einem Katalog plant, begeht oder begangen hat oder Mitglied einer Vereinigung ist, die auf Straftaten gegen die freiheitliche demokratische Grundordnung, den Bestand oder die Sicherheit des Bundes oder eines Landes gerichtet ist.[35]

Daneben ermächtigt das G 10 den Bundesnachrichtendienst dazu, die internationale Telekommunikation zwischen der Bundesrepublik und dem Ausland[36] strategisch zu überwachen. Die strategische Überwachung unterscheidet sich von allen bisher erörterten Aufklärungsmaßnahmen dadurch, dass sie keinen konkreten Überwachungsanlass voraussetzt, sondern Verdachtsmomente erst generieren soll. Dementsprechend grenzt das Gesetz die Überwachung tatbestandlich nur final ein, indem es bestimmte Gefahrenbereiche benennt, deren Aufklärung die Überwachung dienen muss.[37] Hierbei handelt es sich um sicherheitsbedrohende Vorgänge mit internationaler Dimension und Bezug zur Bundesrepublik, insbesondere bewaffnete Angriffe auf die Bundesrepublik, terroristische Anschläge, bestimmte Erscheinungsformen der organisierten Kriminalität sowie erhebliche Angriffe auf informationstechnische Systeme.

Schließlich regelt das BNDG seit Ende 2016 die Überwachung ausländischer Telekommunikation durch den Bundesnachrichtendienst, soweit diese vom Inland aus erfolgt (sog. Ausland-Ausland-Fernmeldeaufklärung). Hierbei handelt es sich gleichfalls um eine strategische Überwachung, die nicht an einen konkreten Anlass gebunden ist. Im Unterschied zur G 10-Überwachung begrenzt das Gesetz auch das Aufklärungsziel kaum, sondern erlaubt dem Bundesnachrichtendienst die Ausland-Ausland-Fernmeldeaufklärung allgemein, um im Rah-

---

[34] § 5 Satz 2 BNDG i.V.m. § 9 Abs. 2 Satz 1 BVerfSchG.
[35] § 3 Abs. 1 G 10.
[36] Näher zum – technisch nicht mehr trennscharf handhabbaren – Begriff der internationalen Telekommunikation *Bäcker* K&R 2014, 556, 557 f.
[37] § 5 Abs. 1 Satz 3 G 10.

men des Auftragsprofils der Bundesregierung Erkenntnisse von außen- und sicherheitspolitischer Bedeutung zu gewinnen.[38]

III. Reformbedarf

Die Eingriffstatbestände des geltenden Nachrichtendienstrechts bedürfen aus zwei Gründen der Reform: Erstens verstoßen sie teilweise gegen Grundrechte. Zweitens orientieren sich auch die grundrechtskonformen Eingriffstatbestände nicht durchweg präzise genug an den Aufgaben der Nachrichtendienste.

1. Grundrechte

Um die grundrechtlichen Anforderungen an die Eingriffsermächtigungen im Nachrichtendienstrecht zu konkretisieren, müssen im Ausgangspunkt die spezifischen Aufgaben der Dienste berücksichtigt werden. Insbesondere dürfen die Eingriffsschwellen für Aufklärungsmaßnahmen der Nachrichtendienste hinsichtlich des tatsächlichen Aufklärungsanlasses grundsätzlich weiter gefasst werden als im Polizei- und Strafverfahrensrecht.[39] Der nachrichtendienstliche Aufklärungsauftrag beginnt bereits erheblich im Vorfeld konkreter sozialer Konflikte, wie sie die hergebrachten eingriffsrechtlichen Schwellen der konkreten Gefahr und des Anfangsverdachts einer Straftat beschreiben. Zudem gewinnen die Nachrichtendienste Erkenntnisse zur politischen Information von Staatsorganen und Öffentlichkeit und nicht zur Vorbereitung operativer Maßnahmen. Ihre Aufklärungstätigkeit birgt daher geringere Risiken für die Betroffenen als Ermittlungsmaßnahmen der Polizei- und Strafverfolgungsbehörden.

Allerdings müssen auch die Eingriffsermächtigungen im Nachrichtendienstrecht selbstverständlich den rechtsstaatlichen Geboten der Bestimmtheit und Verhältnismäßigkeit genügen. Aufklärungsmaßnahmen der Nachrichtendienste sind daher an handhabbare und hinreichend begrenzte Eingriffsschwellen zu binden. Die verfassungsrechtlichen Anforderungen verschärfen sich mit zunehmender Eingriffsintensität der jeweiligen Aufklärungsmaßnahme.[40] Schließlich konvergieren sie mit den Anforderungen an polizeirechtliche Ermächtigungen: Besonders eingriffsintensive Überwachungsmaßnahmen dürfen von Verfassungs wegen auch den Nachrichtendiensten nur zur Abwehr einer konkreten Gefahr für ein überragend wichtiges Rechtsgut erlaubt werden.[41]

---

[38] § 6 Abs. 1 Satz 1 Nr. 3 BNDG.
[39] Vgl. BVerfGE 100, 313, 383; 120, 274, 330; 130, 151, 206; 133, 277, 325 ff.; kritisch hierzu mit der Forderung nach einer partiellen „Deprivilegierung der Geheimdienste" *Wegener* VVDStRL 75 (2016), 293, 312 ff.
[40] Vgl. zu Eingriffen in das Fernmeldegeheimnis des Art. 10 GG BVerfGE 120, 274, 342 f.
[41] Vgl. zur Wohnraumüberwachung Art. 13 Abs. 4 GG; zur „Online-Durchsuchung"

Aus grundrechtlicher Sicht überzeugt die gestufte Systematik der Eingriffsermächtigungen im geltenden Nachrichtendienstrecht grundsätzlich. Es liegt verfassungsrechtlich nahe, Aufklärungsmaßnahmen nach ihrer Eingriffsintensität zu gliedern und an zunehmend strenge Eingriffsschwellen zu binden. Eine vierstufige Gliederung von Maßnahmen geringer, mittlerer, hoher und höchster Eingriffsintensität erscheint zugleich handhabbar und hinreichend differenziert. Jedoch reichen die Tatbestandstypen des geltenden Rechts nicht durchweg aus, um Eingriffe auf den jeweiligen Intensitätsstufen zu rechtfertigen.

Zumindest problematisch ist der im BVerfSchG auf der dritten Eingriffsstufe verortete Gefahrbegriff. Er kann nicht sinnvoll durch einen Rekurs auf den polizeilichen Gefahrbegriff bestimmt werden. Als spezifisch nachrichtendienstlicher Begriff hat er keine klaren Konturen, was erhebliche Zweifel unter dem Gesichtspunkt der Normenklarheit weckt. Wird der nachrichtendienstliche Gefahrbegriff so verstanden, dass er den tatsächlichen Eingriffsanlass im Vergleich zu den Eingriffsermächtigungen auf den ersten beiden Stufen nicht qualifiziert, so kann er Aufklärungsmaßnahmen hoher Eingriffsintensität nicht legitimieren.

Allerdings hat das Bundesverfassungsgericht den Gefahrbegriff in einer Ermächtigung des nordrhein-westfälischen Verfassungsschutzgesetzes gebilligt.[42] Es hat sich jedoch nicht näher damit auseinandergesetzt, wie dieser Begriff in diesem Regelungskontext konkretisiert werden kann. Die Entscheidung des Bundesverfassungsgerichts bedarf daher in diesem Punkt einer kritischen Neuwürdigung. Zumindest müssen die verfassungsrechtlichen Maßstäbe präzisiert werden.

Das BNDG verfehlt die grundrechtlichen Anforderungen hingegen auf der ersten Eingriffsstufe. Die Bezugnahme auf die Aufgaben des Bundesnachrichtendienstes grenzt den Eingriffsanlass – anders als im Verfassungsschutzrecht – praktisch nicht ein. Anlasslose Grundrechtseingriffe sind jedoch auch den Nachrichtendiensten unabhängig von der Eingriffsintensität grundsätzlich verwehrt.[43]

Verfassungsrechtlich nicht haltbar ist schließlich die Ermächtigung zu Telekommunikationsüberwachungen im Einzelfall im G 10. Wegen ihrer hohen Eingriffsintensität darf eine solche Überwachung auch den Nachrichtendiensten nur unter qualifizierten Voraussetzungen ermöglicht werden. Der im G 10 enthaltene Eingriffstatbestand verfehlt diese Vorgabe in zweifacher Hinsicht: Erstens enthält der gesetzliche Straftatkatalog neben gewichtigen Straftaten

---

BVerfGE 120, 274, 329 ff., zum Abruf bevorrateter Telekommunikations-Verkehrsdaten BVerfGE 125, 260, 331 f.; ferner BVerfG, Urt. v. 20.04.2016 – 1 BvR 966/09 u.a. Rn. 320.
[42] BVerfGE 120, 274, 348.
[43] Wie hier zumindest andeutungsweise BVerfG, Urt. v. 20.04.2016 (Fn. 41), Rn. 320; vgl. für polizeiliche Eingriffsmaßnahmen etwa BVerfGE 115, 320, 361; 118, 168, 201; 120, 378, 429.

auch weniger gravierende oder sogar bloße Bagatelldelikte.[44] Soweit eine Überwachung an die Mitgliedschaft in einer auf Straftaten gerichteten Vereinigung anknüpft, grenzt das Gesetz die drohenden Straftaten sogar überhaupt nicht ein, sondern setzt lediglich eine bestimmte Zielrichtung dieser Straftaten voraus.[45] Zweitens greift die Ermächtigung zu weit ins Vorfeld aus, indem sie das Planungsstadium ohne jede Begrenzung einbezieht[46] und zudem der Straftatkatalog auch auf strafrechtliche Vorfeldtatbestände verweist.[47] Beide Vorverlagerungen können miteinander kombiniert werden, so dass eine Überwachung an den Verdacht der Planung eines Vorfelddelikts anknüpft. Spätestens diese doppelte materiell-strafrechtliche und prozedural-nachrichtendienstrechtliche Vorverlagerung entgrenzt den Eingriffsanlass nahezu vollständig.

Im Übrigen trägt die Stufensystematik der Eingriffsermächtigungen verfassungsrechtlich nur, wenn die Eingriffsintensität zutreffend bestimmt wird. Auch insoweit ist das Nachrichtendienstrecht in erheblichem Umfang defizitär.[48] Dies im Einzelnen auszuführen, würde den Rahmen dieses Beitrags sprengen. Es seien daher nur zwei Beispiele genannt:

Erstens verorten das BVerfSchG und das BNDG den Einsatz von Vertrauenspersonen und verdeckten Ermittlern grundsätzlich auf der ersten, höchstens aber auf der zweiten Eingriffsstufe.[49] Diese Wertung überzeugt nicht für Einsatzformen, bei denen eine solche Ermittlungsperson gezielt auf bestimmte Zielpersonen angesetzt wird. Hierbei handelt es sich um einen Eingriff hoher Intensität,[50] der durch einen qualifizierten tatsächlichen Eingriffsanlass eingehegt werden muss. Zudem fehlen im Gesetz Betroffenenregelungen, die gewährleisten, dass Ermittlungspersonen nur ausnahmsweise gezielt auf Außenstehende angesetzt werden.[51]

---

[44] Beispielhaft seien genannt die in § 3 Abs. 1 Satz 1 G 10 aufgeführten Vereinigungsstraftaten nach § 85 Abs. 2 StGB (Strafrahmen: bis drei Jahre Freiheitsstrafe) und § 20 Abs. 1 Nr. 1–4 VereinsG (Strafrahmen: bis ein Jahr Freiheitsstrafe).
[45] Zur Uferlosigkeit dieses Zielkriteriums mit Blick auf den gleichläufigen § 20 Abs. 1 Satz 2 BVerfSchG eingehend *Gazeas*, Übermittlung nachrichtendienstlicher Erkenntnisse an Strafverfolgungsbehörden, 2014, S. 330 ff.
[46] Kritisch hierzu etwa *Bergemann*, in: *Lisken/Denninger* (Fn. 25), Kapitel H Rn. 68.
[47] Vgl. zu den Auswirkungen einer solchen Bezugnahme für das Polizeirecht *Bäcker* (Fn. 1), S. 349 ff.
[48] Wie hier und mit weiteren Beispielen *Bergemann*, in: *Lisken/Denninger* (Fn. 25), Kapitel H Rn. 83 ff.
[49] Vgl. § 9a Abs. 1 Satz 1, § 9b Abs. 1 Satz 1 BVerfSchG und § 5 Satz 3 BNDG.
[50] BVerfG, Urt. v. 20.04.2016 (Fn. 41), Rn. 160; als „[m]öglicherweise … (nach der akustischen Wohnraumüberwachung) das eingriffsintensivste Mittel überhaupt" stuft den Einsatz von Vertrauensleuten ein *Bergemann*, in: *Lisken/Denninger* (Fn. 25), Kapitel H Rn. 85; a.A. anscheinend *Marscholleck* NJW 2015, 3611, 3615.
[51] Vgl. zu den verfassungsrechtlichen Anforderungen an Ermächtigungen zum Einsatz von Vertrauensleuten mit Blick auf das Polizeirecht und das Strafverfahrensrecht *Bäcker* (Fn. 1), S. 461 ff.

Zweitens bedarf die Ermächtigung zu strategischen Telekommunikationsüberwachungen im G 10 einer grundrechtlichen Neuwürdigung. Das Bundesverfassungsgericht hat zwar im Jahr 1999 die Vorgängerregelung weitgehend bestätigt.[52] Wegen der zwischenzeitlichen sozialen und technischen Entwicklungen ist die Eingriffsintensität der großflächigen Auswertung von Telekommunikationsdaten jedoch nunmehr weit höher anzusetzen.[53] Eine bloß finale Programmierung, wie sie die gesetzliche Vorgabe von Gefahrenbereichen vorsieht, kann diese Aufklärungsmaßnahme heute nicht mehr rechtfertigen. Dies gilt im Übrigen auch für die Ausland-Ausland-Fernmeldeaufklärung. Die sehr weitreichende Ermächtigung im BNDG beruht auf der unzutreffenden Annahme, diese Maßnahme greife nicht in das Grundrecht aus Art. 10 GG ein.[54]

2. Aufgabenadäquanz

Auch soweit die Eingriffstatbestände des geltenden Nachrichtendienstrechts den verfassungsrechtlichen Anforderungen genügen, sind sie teilweise kritikwürdig. Denn sie sind nicht durchweg auf die spezifischen Aufgaben der Dienste zugeschnitten, die politische Informationen über die Sicherheitslage erzeugen sollen.[55] Darunter leidet ihre Steuerungskraft.

Problematisch ist insoweit wiederum der nachrichtendienstliche Gefahrbegriff. Ohne Rekurs auf das Polizeirecht bleibt dieser Begriff konturenlos. Wird er im Einklang mit dem polizeilichen Gefahrbegriff interpretiert, schränkt er zumindest im Verfassungsschutzrecht die Aufklärungstätigkeit zu stark ein. Darüber hinaus führt der Gefahrbegriff im Nachrichtendienstrecht zu Interpretationsproblemen, weil die Nachrichtendienste auf Beobachtung und Aufklärung, aber nicht unmittelbar auf den Schutz von Rechtsgütern programmiert sind.

Nicht adäquat ist auch die Bezugnahme auf einen Straftatkatalog wie im G 10. Ein solcher Eingriffstatbestand knüpft an Verdachtsmomente an, die mit den Aufgaben der Nachrichtendienste nicht unmittelbar verknüpft sind. Denn diese Aufgaben bestehen nicht darin, Straftaten zu verhüten oder zu verfolgen. Nur mittelbar lässt sich ein Aufgabenbezug herstellen. Danach indiziert die

---

[52] BVerfGE 100, 313.
[53] Vgl. die vom Verfasser im Auftrag von Amnesty International und der Gesellschaft für Freiheitsrechte erhobene Verfassungsbeschwerde gegen die Erweiterung der strategischen Telekommunikationsüberwachung v. 11.11.2016 (1 BvR 2539/16), https://freiheitsrechte.org/home/wp-content/uploads/2016/10/GFF-AI-G10-Verfassungsbeschwerde-anonymisiert.pdf (Abruf: 07.06.2017).
[54] Näher *Bäcker*, Stellungnahme zu dem Entwurf eines Gesetzes zur Ausland-Ausland-Fernmeldeaufklärung des Bundesnachrichtendienstes, BT-Ausschussdrs. 18(4)653 G v. 23.09.2016, S. 3 ff.
[55] Vgl. BVerfGE 133, 277, 326; eingehend für den Verfassungsschutz *Poscher/Rusteberg* KJ 2014, 57, 59 ff.

Planung oder Begehung bestimmter Straftaten, dass der Aufklärungsauftrag der Dienste eröffnet ist.⁵⁶ Diese mittelbare Folgerung erscheint aber allenfalls dann durchweg tragfähig, wenn der Straftatkatalog auf einen Kernbestand von Staatsschutzdelikten reduziert wird. Dies könnte allerdings den Eingriffstatbestand über Gebühr einengen. Diese Regelungstechnik überzeugt daher schon im Verfassungsschutzrecht kaum. Vollends verfehlt ist sie für den Bundesnachrichtendienst, der überhaupt nicht dazu berufen ist, straftataffine Strukturen im Inland auszuleuchten.

Schließlich ist es nicht sinnvoll, den Nachrichtendiensten Aufklärungsmaßnahmen von höchster Eingriffsintensität wie Wohnraumüberwachungen oder „Online-Durchsuchungen" zu erlauben. Solche Maßnahmen dürfen von Verfassungs wegen nur zur Abwehr einer konkreten Gefahr für ein besonders bedeutsames Rechtsgut ermöglicht werden. Zwar endet der Aufklärungsauftrag der Nachrichtendienste nicht automatisch mit dem Einsetzen einer konkreten Gefahr. Daher können in einer solchen Lage Nachrichtendienste und Polizeibehörden durchaus nebeneinander tätig werden. Jedoch knüpft das Grundgesetz Überwachungsmaßnahmen von höchster Eingriffsintensität nicht nur an eine konkrete Gefahr, sondern auch an das Ziel der Gefahrenabwehr.⁵⁷ Die Nachrichtendienste sind aber nicht zur Gefahrenabwehr berufen und haben hierzu auch nicht die Mittel, da sie nicht über operative Befugnisse verfügen.⁵⁸ Sie können zur Gefahrenabwehr in aller Regel lediglich mittelbar beitragen, indem sie ihre bereits gewonnenen Erkenntnisse an die Polizei übermitteln.⁵⁹ Dabei handelt es sich allerdings um eine Zweckänderung der übermittelten Daten und nicht um das Ziel ihrer Erhebung.⁶⁰ Eine Ermächtigung im Nachrichtendienstrecht, die eine Überwachungsmaßnahme allein mit dem Ziel ermöglicht, die gewonnenen Erkenntnisse zur Gefahrenabwehr weiterzuleiten, wäre ein Widerspruch in sich und auch verfassungsrechtlich nicht tragfähig. Die Nachrichtendienste sind daher auch in Gefahrlagen auf solche Aufklärungsmaßnahmen verwiesen, mit denen sie ihren spezifischen Aufklärungsauftrag wahrnehmen dürfen. Überwachungen mit dem Ziel der Gefahrenabwehr sind hingegen Sache der Polizei und nicht der Dienste.⁶¹

---

⁵⁶ *Poscher/Rusteberg* KJ 2014, 57, 67.

⁵⁷ Näher zur Bedeutung dieses Erfordernisses gerade für Ermittlungsmaßnahmen *Bäcker* (Fn. 1), S. 95 f., 102.

⁵⁸ *Gusy* DVBl 1991, 1288, 1292 f.

⁵⁹ Ähnlich *Poscher/Rusteberg* KJ 2014, 57, 67 f., die es allerdings für möglich halten, „dass sich gerade die politische Information der Bundesregierung als integraler Bestandteil der Abwehr einer dringenden Gefahr erweist". Ob das von ihnen genannte Beispiel („Deutscher Herbst") zur Illustration dieser These taugt oder ob nicht auch in diesem Fall politische Krisenbewältigung und polizeiliche Gefahrenabwehr auseinanderzuhalten sind, bedürfte genauerer zeithistorischer Untersuchungen.

⁶⁰ *Zöller* JZ 2007, 763, 766 f.; *Poscher/Rusteberg* KJ 2014, 57, 68.

⁶¹ Es leuchtet darum nicht ein, im Wege eines Erst-recht-Schlusses daraus, dass der Poli-

IV. Reformperspektiven

Aus der Bestandsaufnahme und Kritik der Eingriffstatbestände im geltenden Nachrichtendienstrecht lassen sich Eckpunkte für ihre gebotene Reform ableiten.

Erforderlich ist zunächst eine Entflechtung des Nachrichtendienstrechts. Die Aufgaben der Verfassungsschutzbehörden und des Bundesnachrichtendienstes unterscheiden sich so stark voneinander, dass eine jeweils eigenständige Regulierung erforderlich ist. Die großflächige Verweisungstechnik, die das geltende Recht kennzeichnet, führt zwangsläufig zu Interpretationsproblemen und Wertungswidersprüchen. In einem grundrechtlich so sensiblen Rechtsgebiet wie dem Nachrichtendienstrecht haben diese Defizite oft zur Folge, dass Eingriffsermächtigungen die verfassungsrechtlichen Anforderungen verfehlen. Erst recht muss eine gemeinsame Regulierung aller Dienste scheitern, wie sie sich für Telekommunikationsüberwachungen im Einzelfall im G 10 findet. Dieses Gesetz sollte vielmehr aufgelöst und seine Inhalte, soweit sie überhaupt verfassungskonform regelbar sind, in das Fachrecht der einzelnen Dienste überführt werden.[62]

Sodann ist für die Dienste getrennt zu beurteilen, welche Aufklärungsbefugnisse sie benötigen, um ihre Aufgaben zu erfüllen. Die benötigten Aufklärungsmaßnahmen sind nach ihrer Eingriffsintensität zu ordnen. Dazu ist eine systematische Evaluation der grundrechtlichen Wertungen erforderlich, die dem geltenden Recht zugrunde liegen. Maßnahmen höchster Eingriffsintensität haben im Nachrichtendienstrecht aus verfassungsrechtlichen Gründen keinen sinnvollen Anwendungsbereich und entfallen deshalb. Die gegenwärtige vierstufige Systematik der Eingriffsermächtigungen ist daher auf drei Stufen für Aufklärungsmaßnahmen geringer, mittlerer und hoher Eingriffsintensität zu reduzieren.

Schließlich müssen auf den drei Intensitätsstufen jeweils aufgabenadäquate und grundrechtskonforme Tatbestandsmuster entwickelt werden. Dies bedarf teils neuer konzeptioneller Überlegungen, die sich im Rahmen dieses Beitrags nicht umfassend leisten lassen. Ein Arbeitsprogramm sei aber abschließend skizziert:

---

zei bestimmte Ermittlungsmaßnahmen zur Gefahrenabwehr zustehen, zu folgern, dass diese Maßnahmen auch den Verfassungsschutzbehörden ermöglicht werden müssen, so aber *Marscholleck* NJW 2015, 3611, 3616.

[62] Die Auflösung des G 10 könnte auch die kompetenziellen Bedenken gegen dieses Gesetz zumindest insoweit beheben, als der Bund derzeit Telekommunikationsüberwachungen durch Landesbehörden weitgehend vollständig regelt, ohne dass dafür ein Kompetenztitel ersichtlich wäre, siehe dazu die Nachweise in Fn. 2.

Hingegen lässt sich gegen eine Auflösung des G 10 insbesondere nicht Art. 10 Abs. 2 Satz 2 G 10 anführen. Die Regelungsoptionen, die diese Norm eröffnet, können auch in den Fachgesetzen der Nachrichtendienste umgesetzt werden.

Für die Verfassungsschutzbehörden enthält das geltende Recht auf den ersten beiden Intensitätsstufen Regelungsmuster, die grundsätzlich beibehalten werden können. Für Aufklärungsmaßnahmen hoher Eingriffsintensität bedarf es hingegen neuer Eingriffstatbestände, da weder der nachrichtendienstliche Gefahrbegriff des BVerfSchG noch die auf das Strafrecht bezogene Regelungstechnik des G 10 überzeugen. Stattdessen sollte stärker maßnahmespezifisch vorgegangen werden.

Dient eine Aufklärungsmaßnahme primär dazu, gezielt Informationen über einzelne Personen oder trennscharf konturierbare Gruppierungen zu beschaffen, so kann sie an eine auf bestimmte Personen oder Gruppierungen bezogene Gefährlichkeitsprognose geknüpft werden.[63] Gegebenenfalls können – hinreichend restriktiv zu fassende – Betroffenenregelungen den Verfassungsschutzbehörden ermöglichen, solche Aufklärungsmaßnahmen auch gegen Personen zu richten, von denen selbst keine verfassungsfeindlichen Bestrebungen oder Tätigkeiten erwartet werden, die den Aufklärungszielen des Verfassungsschutzes aber faktisch nahestehen, etwa als Kontaktperson oder Kommunikationsmittler.[64]

Soll hingegen eine Aufklärungsmaßnahme Verdachtsmomente in einer schadensträchtigen Lage verdichten, so kann sie von einer situationsbezogenen Schadensprognose abhängig gemacht werden. Zur Regulierung solcher Maßnahmen könnte der polizeiliche Gefahrbegriff in modifizierter Form fruchtbar gemacht werden. Die Maßnahme könnte davon abhängig gemacht werden, dass eine konkrete Gefahr für bestimmte Schutzgüter besteht. Diese Schutzgüter wären aus dem spezifischen Aufklärungsauftrag des Verfassungsschutzes abzuleiten. Als Ziel der Maßnahme wäre jedoch nicht die Abwehr der Gefahr vorzugeben, sondern die fortdauernde nachrichtendienstliche Aufklärung.

Für den Bundesnachrichtendienst sind grundlegendere und weiterreichende Überlegungen erforderlich. Grund hierfür ist zum einen, dass aufgrund des grundrechtlichen Gesetzesvorbehalts neben der Inlands- auch die bisher weitgehend gesetzesfreie Auslandsaufklärung des Dienstes regelungsbedürftig ist.[65] Inwieweit sich für beide Aufklärungsfelder gemeinsame Regelungsmuster finden lassen, ist allerdings noch offen. Zum anderen müssen für die Aufklärungstätigkeit des Bundesnachrichtendienstes auf allen Intensitätsstufen neue Eingriffstatbestände konzipiert werden, da die bisher übliche Verweisung auf das Verfassungsschutzrecht nicht trägt und die spezifisch auf den Bundesnachrich-

---

[63] Näher zu den insoweit bestehenden Regelungsmöglichkeiten mit Blick auf das Polizeirecht, aber im Ansatz übertragbar *Bäcker* (Fn. 1), S. 205 ff., 228 ff.; vgl. auch die Erweiterung des (verfassungsrechtlichen) Gefahrbegriffs in BVerfG, Urt. v. 20.04.2016 (Fn. 41), Rn. 112 f.

[64] Vgl. zu den verfassungsrechtlichen Anforderungen an solche Betroffenenregelungen BVerfG, Urt. v. 20.04.2016 (Fn. 41), Rn. 114 ff.

[65] Ähnlich *Bergemann*, in: *Lisken/Denninger* (Fn. 25), Kapitel H Rn. 76.

tendienst zugeschnittenen Ermächtigungen zu strategischen Telekommunikationsüberwachungen verfassungsrechtlich nicht tragfähig sind.

Zumindest für die Inlandsaufklärung bedarf es bereits auf der ersten Stufe wegen der sehr weit gefassten Aufgabe des Bundesnachrichtendienstes eingrenzender Tatbestandselemente. Hierzu liegt es nahe, positiv einen Katalog von Aufklärungszielen zu formulieren, die der Dienst mit Grundrechtseingriffen verfolgen darf. Um auf der zweiten Stufe Aufklärungsmaßnahmen mittlerer Eingriffsintensität zu legitimieren, könnte dieser Katalog auf herausgehobene Ziele verengt werden, wie sie derzeit das G 10 mit den Gefahrenbereichen für die strategische Telekommunikationsüberwachung vorgibt. Für Aufklärungsmaßnahmen hoher Eingriffsintensität bedarf es auf der dritten Stufe wie im Verfassungsschutzrecht eines stärker maßnahmespezifischen Ansatzes. Hier könnte wiederum zwischen primär personen- und stärker situationsbezogenen Aufklärungsmaßnahmen differenziert werden. Insbesondere die massenhafte Erfassung und Auswertung sensibler Kommunikationsdaten ist auf dieser dritten Stufe zu verorten. Sie muss daher in tatsächlicher Hinsicht personenbezogen an eine hinreichend konkretisierte Gefährlichkeitsprognose oder situationsbezogen an eine konkrete Gefahr anknüpfen.

Der damit skizzierte Arbeitsplan bildet lediglich einen Baustein zur Reform des Nachrichtendienstrechts. Auch andere Regelungskomplexe wie die Vorschriften zum Verfahren bei eingriffsintensiven Aufklärungsmaßnahmen, zur nachrichtendienstlichen Informationsordnung, zur informationellen Zusammenarbeit von Nachrichtendiensten und anderen Sicherheitsbehörden oder zur Kontrolle der Nachrichtendienste bedürfen einer kritischen Evaluation ihrer Verfassungskonformität und Aufgabenadäquanz. Darüber hinaus sollte bei solchen legistischen Analysen nicht stehengeblieben werden. Sie sollten vielmehr in eine grundsätzlichere Reformdiskussion über Aufgaben und Befugnisse der Nachrichtendienste einfließen, an der Sicherheitspolitik, Behördenpraxis, Wissenschaft und Zivilgesellschaft teilnehmen sollten.[66] Eine solche offene Diskussion wäre am ehesten geeignet, dem viel beklagten Vertrauensverlust der Nachrichtendienste abzuhelfen.

---

[66] Vgl. beispielhaft für den Verfassungsschutz die unterschiedlich radikalen Beiträge von *Gusy* ZRP 2012, 230; Humanistische Union u.a. (Hrsg.), Brauchen wir den Verfassungsschutz? Nein!, Memorandum 2013; *Bull* RuP 2015, 2.

Diskussionsbericht Panel 3:
Nachrichtendienste zwischen Aufgabenbeschreibung und Befugnisnorm

Maria Geismann, Fabian Gilles und *Alexandra Adenauer*

Vor dem Hintergrund der Impulsvorträge über die praktische Arbeit des BND zur Abwehr von Cyberangriffen aus dem Ausland, über die Systematik der gesetzlichen Regelungen über die Datenerhebung durch die Nachrichtendienste und über die extraterritoriale Geltung deutscher Grundrechte für den BND entwickelte sich eine spannende Diskussion grundlegender Fragen des rechtlichen Anspruchs an die Arbeit der Nachrichtendienste. Die Diskussion, geleitet von Dr. *Gunter Warg* (Hochschule des Bundes für die öffentliche Verwaltung, Brühl), deckte schnell das Spannungsverhältnis zwischen den tatsächlichen Voraussetzungen nachrichtendienstlicher Tätigkeit und der bestehenden Rechtslage auf, das mit dem Titel des Panels bereits angesprochen war. Die Nachrichtendienste befinden sich in einem Spannungsfeld zwischen an sie gestellten Erwartungen, ihren tatsächlichen Möglichkeiten und den rechtlichen Rahmenbedingungen. Denn die Gesetze seien oftmals nicht in der Lage, die Realität abzubilden. Zahlreiche Wortbeiträge beschäftigten sich unter Bezug auf das Referat von Prof. Dr. *Wolfgang Löwer* (Universität Bonn) mit der Bindung des Bundesnachrichtendienstes an die deutschen Grundrechte bei sog. Ausland-Ausland-Überwachungen sowie im Schwerpunkt mit den Bedürfnissen nach und Vorschlägen für eine Systematisierung der Befugnisse der Dienste. Letzteres betraf nicht nur die Auslandstätigkeiten des BND, sondern ebenso die innerdeutschen Maßnahmen des BfV und das Verhältnis der Dienste zueinander und zu übrigen Sicherheitsbehörden. Mit Blick auf die Grundrechtsgeltung im Ausland ging es im Plenum nicht nur um die Frage, *ob* von den Diensten ein rechtskonformes Handeln zu fordern sei, sondern vor allem auch darum, *wie* dies rechtlich herzuleiten sei. Dr. *Markus Löffelmann* (Landgericht München I) war der Meinung, aus der unmittelbaren Bindung der deutschen

---

* Die folgende Darstellung widmet sich den angesprochenen Themen im inhaltlichen Zusammenhang und gibt den Gesprächsverlauf nicht chronologisch in der Reihenfolge wieder, in der die verschiedenen Aspekte angesprochen wurden.

Staatsgewalt an die Grundrechte nach Art. 1 Abs. 3 GG ließe sich eine allgemeine Auslandsgeltung der Grundrechte nicht folgern. Mit Art. 1 Abs. 2 GG differenziere das Grundgesetz selbst zwischen den Menschenrechten und den Grundrechten des Grundgesetzes. Der Verfassungsgeber habe sich zudem bei der Fassung des Art. 1 Abs. 3 GG nicht mit der Auslandsgeltung der Grundrechte befasst. Dass eine allgemeine Geltung der Grundrechte im Ausland aus der Verfassung nicht abzuleiten sei, hieße im Übrigen nicht, dass in speziellen Fällen eine Grundrechtsbindung nicht dennoch gegeben sein könnte. In dieselbe Richtung argumentierte Dr. *Michael Lysander Fremuth* (Universität Köln), der auf zwei unterschiedliche Rechtskreise abstellte. Während im Völkerrecht der Menschenrechtsschutz ein globales Individualrechtsverhältnis des Einzelnen zu den Staaten etabliere, bestehe auf Verfassungsebene eine Bindung der deutschen Staatsgewalt an die Grundrechte innerhalb ihrer Jurisdiktion („jurisdiction"). Fraglich sei, ob eine Ausdehnung der Bindung der deutschen Staatsgewalt durch den internationalen Menschenrechtsschutz zu erreichen sei. Ebenso wies Prof. Dr. *Wolfgang Bock* (Universität Gießen/Bundesakademie für Sicherheitspolitik, Berlin) darauf hin, dass jede Rechtsgemeinschaft sich eine Rechtsordnung für sich gebe. Für darüber hinausgreifende Regelungen sei dogmatische Vorsicht geboten. In seinem Abschlussstatement resümierte Prof. Dr. *Matthias Bäcker* diese und weitere Wortbeiträge: weder aus dem Grundgesetz noch aus der Europäischen Menschenrechtskonvention lasse sich eine Bindung der deutschen Staatsgewalt gegenüber Ausländern im Ausland konkret ableiten. Es sei *Löwer* und *Gärditz* darin zuzustimmen, dass der deutsche Staat ein rechtlich anderes Verhältnis zu Ausländern im Ausland habe als zu Personen, die sich auf seinem Hoheitsgebiet aufhielten. Dennoch sei zu beachten, dass gerade auch durch den technischen Fortschritt neue Eingriffsmöglichkeiten, z.B. durch sog. smart sanctions, entstünden, durch die auch Rechtsverhältnisse zwischen dem deutschen Staat und Ausländern im Ausland geschaffen würden. Dies erfordere eine Grundrechtsbindung der deutschen Staatsgewalt für diese spezifischen Fälle auch im Ausland. Ein Beamter des BND betonte, dass der Dienst (selbstverständlich) auch im Ausland rechtsgebunden handle.

Mit Blick auf das bestehende Regelungssystem wurde sehr grundlegend bemängelt, dem Recht der Nachrichtendienste fehle offensichtlich eine eigene Systematik. Zahlreiche Regelungen des BNDG seien der StPO entnommen und passten nicht auf das Recht der Dienste. Es fänden sich zahlreiche systemfremde Strukturen. Prof. Dr. *Klaus F. Gärditz* (Universität Bonn), führte aus, das Auseinanderhalten von Auslands- und Inlandstätigkeiten und die damit einhergehende horizontale Untergliederung der Nachrichtendienste in Bundesnachrichtendienst und Verfassungsschutzbehörden sei anachronistisch. Diese aktuelle Kompetenzregelung passe nicht mehr zur tatsächlichen Lage. Er schlage vor, das Recht der Dienste „mutig weiterzudenken" und die Binnengliederung aufzulösen, um einen modernen Nachrichtendienst zu schaffen. Er stimme außerdem dem von *Bäcker* vorgeschlagenen Gefahrenbegriff für das Recht der Nachrichtendienste zu. Die Anwendung des Gefahrenbegriffs aus dem Polizeirecht verknüpfe Eingriffe niedrigster Stufe mit hohen Voraussetzungen, was übertriebene Eingriffsschwellen für die Dienste schaffe. Einigkeit bestand unter den Diskutanten mit *Bäcker* außerdem offensichtlich darin, dass der technische Fortschritt Möglichkeiten für die Dienste bringe, die mit ihren Tätigkeiten in der Vergangenheit nicht mehr vergleichbar seien. Vor allem von Praktikern wurde dieses Bild bestätigt. Die technische Entwicklung müsse sich in den gesetzlichen Regelungen der Befugnisse der Dienste widerspiegeln, damit diese die technischen Möglichkeiten einerseits nutzen könnten und sie andererseits dabei auch kontrollierbar seien.

Panel 4

Nachrichtendienste in der behördlichen Kooperation

Moderation: *Jan-Hendrik Dietrich*

Völkerrechtliche Grenzen internationaler nachrichtendienstlicher Aktivitäten – ein Diskussionsbeitrag

Rainer J. Schweizer

I. Einleitende Überlegungen	159
1. Nachrichtendienste als Instrumente der Staatsmacht im Krieg, im Staatsnotstand oder zur Sicherung autoritärer Herrschaften	159
2. Wandel des völkerrechtlichen Umfeldes	163
3. Extraterritoriale Verpflichtungen	167
4. Heutige Anforderungen	168
II. Ausgewählte völkerrechtliche Fragen zum Wirken von Nachrichtendiensten im Ausland	171
1. Vorbemerkung	171
2. Verstoß gegen das völkerrechtliche Aggressionsverbot?	171
3. Auslandsaktivitäten in Friedenszeiten	175
4. Gemeinsame Informationsverarbeitung durch Nachrichtendienste	183
5. Fazit	184

I. Einleitende Überlegungen

1. Nachrichtendienste als Instrumente der Staatsmacht im Krieg, im Staatsnotstand oder zur Sicherung autoritärer Herrschaften

Selbstverständlich braucht auch ein freiheitlicher, demokratischer, rechtsstaatlich geprägter Staat von Seiten der Behörden eine gewisse Vorsorge vor schweren Gefahren und Schädigungen, z.B. um drohende schwere Auseinandersetzungen bei Demonstrationen zwischen rivalisierenden extremistischen Gruppen einzudämmen. Genauso sind im Dienste des Vorsorgeprinzips präventive Informationsmaßnahmen und Schutzvorkehrungen nötig, um die Bevölkerung auf mögliche schwere Naturkatastrophen wie Überschwemmungen, Lawinen oder in gewissen Gebieten auch Erdbeben sowie auf schwere technische Gefährdungen einigermaßen vorzubereiten.[1] Immer sind dabei auch

---

[1] Vgl. z.B. *Müller*, Katastrophenschutz in europäischer Perspektive, 2014, S. 107 ff. (rechts-

grenzüberschreitende Bedrohungen zu beachten. Doch die staatliche Vorsorge durch den Einsatz von Nachrichtendiensten (ND) resp. Geheimdiensten hat eine besondere Komponente: Die Dienste dienen eigentlich, auch nach ihrem Selbstverständnis, entweder als militärische Nachrichtendienste Instrumente im Hinblick auf und in bewaffneten Konflikten[2] oder als politische Nachrichtendienste dem Erhalt eines innen- und außenpolitisch gefährdeten Landes oder eines autoritären Regimes; Beispiele lieferten etwa die Verfolgungen und gezielten Tötungen von politischen Opponenten durch die Gestapo im In- und im Ausland.[3] Aus den Ideen über ein *ius ad bellum*[4] oder aus der Notwendigkeit der Bewältigung eines Staats-Notstandes, welcher alle extrakonstitutionellen Maßnahmen gebietet und rechtfertigt,[5] stammen die leitenden Vorstellungen über die Ansprüche der Geheim- resp. Nachrichtendienste, und daraus werden die wesentlichen Spielregeln auch der heutigen Nachrichtendienste noch hergeleitet.[6] Zu den leitenden Vorstellungen und den zentralen Forderungen der ND gehören:
- Der Anspruch auf Zugriff auf alle nützlichen Informationsquellen, die absolute Geheimhaltung über beteiligte Personen und Organisationen und über die von diesen bearbeiteten Informationen;
- die Auffassung, dass eigentlich alle in bewaffneten Konflikten eingesetzten Mittel auch außerhalb von solchen erlaubt sind, mit Ausnahme des Einsatzes besonders gefährlicher Waffen;
- dass jeglicher Verantwortung vor Gerichten in offenen Verfahren ausgewichen werden muss, selbst in Fällen, in denen strafbare Handlungen verübt worden sind,

---

vergleichend zu DE, F und UK); *Vukas*, Humanitarian Assistance in Cases of Emergency, MPEPIL 2013; für die Schweiz wegleitend *Wildhaber* Sicherheit&Recht 3/2015, 170.

[2] Siehe zur Spionage in bewaffneten Konflikten z.B. *Stephans/Skousgaard*, Military Reconnaissance, MPEPIL 2009, Rn. 18 ff.; sowie zu den Verboten von Heimtücke, von Perfidie und ähnlichen Methoden vorsätzlich täuschender Kriegsführung, z.B. durch Spione, Art. 37, 38 und 39 Abs. 3 Zusatzprotokoll zu den Genfer Abkommen vom 12. August 1949 über den Schutz der Opfer internationaler bewaffneter Konflikte (Protokoll I), v. 08.07.1977; *Rudinova*, Perfidy, MPEPIL 2011, Rn. 20; sowie: *Henekaerts/Doswald-Beck* (Hrsg.), International Committee of the Red Cross, Customary International Humanitarian Law, Vol. II, Cambridge 2005, S. 1244 ff. Kriegsentscheidend war, um ein Beispiel zu nennen, vermutlich die alliierte Spionage im 2. Weltkrieg.

[3] Berühmt-gefürchtet waren auch die Sbirren im Vatikanstaat und die Geheimpolizei in der oligarchisch geführten Republik Venedig.

[4] Dieses *ius ad bellum* wird allerdings bekanntlich schon lange zurückgewiesen bzw. nur noch im Rahmen der UN-Charta in engen Grenzen anerkannt, siehe etwa *Kolb*, ius contra bellum: Le droit international relatif au maintien de la paix, 2. Aufl., Basel 2009, S. 23 ff., 235 ff.

[5] Dazu nach Schweizer Verfassungsrecht *Rechsteiner*, Recht in besonderen und ausserordentlichen Lagen unter besonderer Berücksichtigung des Rechts bei Katastrophen, Zürich/St. Gallen 2016, S. 220 ff.

[6] *Chesterman* Michigan Journal of International Law 2006, 1071.

– und dass sogar die Kollaboration mit gegnerischen Geheimdiensten geboten sein kann.[7]

Unzweifelhaft hat die Bedeutung der „*Intelligence*" mit dem Anwachsen des radikalen arabischen Islams und dessen terroristischen Angriffen auf anders ausgerichtete Gesellschaften sehr zugenommen. Doch auch die Bedrohungen durch Nachbarstaaten wie namentlich das vom ehemaligen Geheimdienstoffizier *Putin* beherrschte Russland oder durch die von *Erdogan* zur Diktatur umgebaute ehemals demokratische Türkei sind eminent. Auf das alles haben unsere westlichen demokratischen Staaten reagieren müssen. Die europäischen ND orientieren sich heute ganz maßgeblich an den Diensten und deren Instrumenten und Methoden in den USA und im Vereinigten Königreich, wie sie dort nach dem 11. September 2001 auf- und ausgebaut worden sind. Im „Krieg gegen den Terror"[8] wurden nicht zuletzt die vielfältigen ND-Maßnahmen gemäß „*U.S. Patriot Act*"[9] von der Administration des Präsidenten *George W. Bush* als Kriegsrecht zur Verteidigung der USA beschlossen. Als zulässiges Kriegsrecht anerkannte die Regierung *Bush* z.B. das massenhafte Abhören breiter Bevölkerungskreise im In- und Ausland,[10] das Foltern von Gefangenen im Irak und in Guantánamo,[11] die Entführung von angeblichen resp. vermutlichen Terroristen in Gebieten außerhalb der USA[12] oder die Langzeithaft von als „*Gefährder*"

---

[7] Wie dies z.B. der Mossad und weitere israelische ND beherrschen.

[8] Zum „Krieg gegen den Terror" zahlreiche Hinweise bes. bei: *Kotzur* AVR 40 (2001); *Sassòli*, in: *Schmitt/Heintschel von Heinegg* (Hrsg.), The Scope and Applicability of International Humanitarian Law, Farnham/Burlington 2012, S. 479, zuerst in: Law and Equality 22 (2004), 195; *Steiger*, Das völkerrechtliche Folterverbot und der „Krieg gegen den Terror", 2013, S. 7 ff.

[9] Uniting and strengthening America by providing appropriate tools required to intercept and obstruct terrorism (USA Patriot Act) Act of 2001, PL 107–56, October 26, 2001 (H.R. 3162), insbes. section 215.

[10] Zu den von solchen Praktiken verursachten schweren Rechtsverstößen siehe besonders United States Court of Appeals, *American Civil Liberties Union v. Clapper*, 785 F.3d 787 (2nd cir. 2015); sodann: United Kingdom Investigatory Powers Tribunal, *Privacy International v. Secretary of State for Foreign and Commonwealth Affairs and Others*, [2016] UKIPTrib 15_110-CH; EGMR, Mitteilung v. 24.11.2015 sowie Stellungnahme der Kläger zum Standpunkt der Regierung vom September 2016, Nr. 24960/15 – *10 Human Rights Organisations v. United Kingdom*. Allgemein z.B. *Peters*, Surveillance without Borders?: The Unlawfulness of the NSA Panopticon Part I and II, EJIL:Talk! v. 01.11.2013 und 04.11.2013, https://www.ejiltalk.org/ (Abruf: 17.07.2017); *Gärditz/Stuckenberg* JZ 69 (2014), 209.

[11] *Steiger* (Fn. 8), S. 51 ff., 63 ff.; sowie *Taguba*, Article 15–6 Investigation of the 800th Military Police Brigade, https://www.thetortureddatabase.org/document/ar-15-6-investigation-800th-military-police-investigating-officer-mg-antonio-taguba-taguba- (Abruf: 17.07.2017).

[12] Europarat, Committee on Legal Affairs and Human Rights, Alleged secret detentions and lawful interstate transfers involving Council of Europe member states, Draft Report – Part II (Explanatory memorandum by Dick Marty), Dok. AS/Jur (2006) 16 Part II v. 07.06.2006; vgl. auch: Europäisches Parlament, Entschließung vom 8. Juni 2016 zur Weiterbehandlung der Entschließung des Europäischen Parlaments vom 11. Februar 2015 zu dem

oder verdächtigt angesehenen Personen, von „*unlawful belligerants*", ohne richterliche Kontrolle in Guantánamo.[13]

Dessen ungeachtet müssen freiheitliche, demokratische Rechtsstaaten die nachrichtendienstlichen Tätigkeiten in ihre jeweilige Verfassungsordnung einordnen sowie gemäß ihren internationalrechtlichen Verpflichtungen, z.B. aus dem Menschenrechtsschutz, einsetzen. Angesichts der historischen Grundlagen der ND und der dominanten kriegsrechtlichen Vorgaben der USA kommt es allerdings nicht von ungefähr, dass die freiheitlichen, rechtsstaatlichen und demokratischen Staaten auch heute noch erhebliche Schwierigkeiten haben, die Tätigkeiten der ND gemäß den für sie maßgeblichen Verfassungs- und Völkerrecht zu regeln. Das wird besonders am Paradox deutlich, dass die geheime Informationsbeschaffung in ausländischen Staaten, die keineswegs nur aus *open sources*, sondern häufig mit geheim gehaltenen Zwangsmitteln erfolgt, eine Tätigkeit ist, die völkerrechtlich zwar sehr umstritten ist, aber in der Regel, jedenfalls nach traditioneller Auffassung, doch geduldet wird, obwohl diese Tätigkeiten, wenn sie von ausländischen Behörden im Inland angezettelt werden, schwer strafbar sind.[14] Allerdings haben sich die modernen Aktivitäten der Nachrichtendienste weit entfernt von der Art von Spionage, wie sie im Ersten oder im Zweiten Weltkrieg, und noch im sog. Kalten Krieg betrieben und wie sie früher völkerrechtlich beurteilt wurde, etwa in Art. 29 der Haager Ordnung der Gesetze und Gebräuche des Landkrieges, dem Anhang zum (IV.) Abkommen betreffend die Gesetze und Gebräuche des Landkriegs vom 18. Oktober 1907[15,16]:

Bericht des Senats der Vereinigten Staaten von Amerika über Folterungen durch die CIA (2016/2573(RSP)); *Steiger* (Fn. 8), S. 38 ff. m.w.N. Zur Komplizenschaft mehrerer europäischer Staaten siehe: EGMR, Urt. v. 23.02.2016, Nr. 44883/09, Rn. 272 – *Nasr und Ghali*; Urt. v. 24.07.2014, Nr. 28761/11 – *Al Nashiri v. Polen* (zu diesem Fall: *Staffler* EuGRZ 43 (2016), 344) sowie Nr. 7511/13 – *Husayn (Abu Zubaydah) v. Polen*; vgl. zudem die beim EGMR anhängigen Verfahren Nr. 33234/12 – *Al-Nashiri v. Rumänien*, und Nr. 46454/11 – *Abu Zubaydah v. Littauen*, zu denen der Special Rapporteur Ben Emmerson des UN Menschensrechtsrates als amicus curiae Stellungnahmen abgegeben hatte (UN-Dok. A/HRC/34/61 v. 17.02.2017, Rn. 23 f.). Bezüglich der Schweiz wird davon ausgegangen, dass der Schweizer Nachrichtendienst des Bundes (NDB) Kenntnisse von den CIA-Aktionen hatte, und es wird kolportiert, dass es Zwischenlandungen auf dem (Militär-) Flugplatz von Sitten/Wallis gegeben habe.

[13] Grundlagen dafür waren die Rechtsakte des US Kongresses: Authorization for Use of Force, PL 107–40, 115 Stat 224, September 18, 2001, sowie der National Defense Authorization Act, PL 112–81, 125 Stat 1298, Section 1021, December 31, 2011. Näheres *Steiger* (Fn. 8), S. 51 ff. m.w.N. und Amnesty International, Elf Jahre Guantánamo: Zahlen und Fakten, Januar 2013, https://www.amnesty.de/2013/1/10/elf-jahre-guantanamo-zahlen-und-fakten (Abruf: 27.07.2017). Zu der so von den USA behandelten Saboteuren und sonstigen Feinden z.B. *Dörmann*, Combatants, Unlawful, MPEPIL 2015, Rn. 7 ff.

[14] *Fleck* Michigan Journal of International Law 28 (2006/2007), 687, 702 ff.; *Stephens/Skousgaard* (Fn. 2), Rn. 18 ff.

[15] Vgl. *Schaller*, Spies, MPEPIL 2015.

[16] Spione haben nach herkömmlichem Völkerrecht keinen Status von Kombattanten, siehe Art. 83 und 88 Lieber Code von 1863 (dazu: *Labuda*, Lieber Code, MPEPIL 2014, Rn. 13) sowie vor allem Art. 46 Abs. 1 Protokoll I von 1977 zu den Genfer Konventionen

"Als Spion gilt, wer heimlich oder unter falschem Vorwand in dem Operationsgebiet eines kriegführenden Nachrichten einzieht oder einzuziehen sucht in der Absicht, sie der Gegenpartei mitzuteilen." Das ist weit weg von heutigen Aktivitäten, wie Trojaner und weitere Mittel der digitalen Kriegführung oder Lauschangriffe in Wohnungen oder auf Regierungsstellen einzusetzen, auf Kabel- und Funkverkehr auf Vorrat nach zahllosen Selektoren zuzugreifen, oder eben dann Entführungen oder Zerstörungen im Ausland zu praktizieren.[17]

2. Wandel des völkerrechtlichen Umfeldes

Nun hat allerdings das Völkerrecht seit der Zeit des Kalten Krieges der 50er und 60er Jahre eine enorme Entwicklung erfahren. Deshalb werden heute in Friedenszeiten die Auslandsaktivitäten der ND sowie deren Zusammenarbeit mit ausländischen Diensten hier im Inland wie im Ausland rechtlich wesentlich kritischer beurteilt. Und man ist sich einig, dass die Aufgaben und Tätigkeiten auch viel sorgfältiger als früher normiert werden müssen, weil namentlich der völkerrechtliche Daten- und Persönlichkeitsschutz erheblich höhere Ansprüche stellt.[18] Beispielhaft ist hier die allerdings keineswegs unumstrittene Gesetz-

---

von 1949, unter Vorbehalt der Ausnahmen nach Abs. 2 und 3 von Art. 46 Protokoll I. Sie haben somit nicht den Status von Kriegsgefangenen und nicht deren Privilegien resp. besonderen Schutz, wie ihn Art. 85 des III. Genfer Abkommens von 1949 garantiert (vgl. *Henckaerts*, Armes Forces, MPEPIL 2015, Rn. 11). Somit können Spione von dem Staat, der sie festhält, vor Gericht gebracht und bestraft werden nach nationalem Recht (vgl. Art. 46 Abs. 3 Protokoll I). Dennoch haben sie Anspruch auf Schutz und die Achtung der grundlegenden Garantien gemäß Art. 75 Protokoll I (*Dinstein*, Warfare, Methods and Means, MPEPIL 2015, Rn. 32). Nicht zu Unrecht bemerkt aber *Schaller*: *„the traditional rules governing the status of spies in international armed conflict appear somewhat outdated"* (*Schaller*, Spies, MPEPIL 2015, Rn. 13).

[17] *Chesterman*, Secret Intelligence, MPEPIL 2011, insbes. Rn. 23 ff.
[18] Siehe dazu u.a. General Assembly, UN-Dok A/C.3/69/L.26/Rev.1 v. 19.11.2014 und Human Rights Council, UN-Dok. A/HRC/28/L.27 v. 24.03.2015; Verordnung (EU) 2016/679 des Europäischen Parlaments und des Rates vom 27. April 2016 zum Schutz natürlicher Personen bei der Verarbeitung personenbezogener Daten, zum freien Datenverkehr und zur Aufhebung der Richtlinie 95/46/EG (Datenschutz-Grundverordnung), ABl. EU 2016 L 119/1; Rahmenbeschluss 2008/977/JI des Rates vom 27. November 2008 über den Schutz von Personendaten im Rahmen der polizeilichen und justiziellen Zusammenarbeit in Strafsachen, ABl. EU 2008 L 350/60. Dieser Rahmenbeschluss wird am 06.05.2016 ersetzt durch die EU Richtlinie 2016/680 des Europäischen Parlaments und des Rates vom 27. April 2016 zum Schutz natürlicher Personen bei der Verarbeitung personenbezogener Daten durch die zuständigen Behörden zum Zweck der Verhütung, Ermittlung, Aufdeckung oder Verfolgung von Straftaten oder der Strafvollstreckung sowie zum freien Datenverkehr und zur Aufhebung des Rahmenbeschlusses 2008/977/JI des Rates (ABl. EU 2016 L 119/89). Vgl. sodann die internationale Übersicht von *Zimele*, Privacy, Right to, International Protection, MPEPIL 2009; *Aust* AVR 2014, 375, 389; *Schweizer/Rechsteiner*, in: *Passadelis/Rosenthal/Thür* (Hrsg.), Handbücher für die Anwaltspraxis, Datenschutzrecht, Beraten in Privatwirtschaft und öffentlicher Verwaltung, Basel 2015, S. 56 ff.

gebung der Bundesrepublik Deutschland über den Bundesnachrichtendienst.[19] Dabei spielt sicher eine große Rolle, dass nicht nur, aber vor allem in Europa regionale supranationale Gemeinschaften aufgebaut wurden, welche auch im Sicherheitsbereich die Staatenbeziehungen stärker „verrechtlichen".[20] Meines Erachtens sind mindestens vier Rechtsentwicklungen so stark und wirksam, dass auch das Recht der Nachrichtendienste nicht mehr als Sonderrecht *extra constitutionem* und *extra iurem publicum gentium* verstanden werden kann.

- In erster Linie und unzweifelhaft brachte der internationale Menschenrechtsschutz, der in seiner Bedeutung auf Grund vieler Faktoren erheblich gestiegen ist, den entscheidenden Paradigmenwechsel: Auch extraterritorial sind die Staaten durch die völkerrechtlichen Grundsätze und Schutzpflichten aus Menschenrechten gebunden und können eine Staatenverantwortlichkeit erfahren (Näheres nachfolgend I.3). Die Pflicht zur Garantie des verfassungs- und völkerrechtlichen Grund- und Menschenrechtsschutzes bedeutet nicht zuletzt, dass gegenüber nachrichtendienstlichen Aktivitäten und Überwachungsmaßnahmen wirksame innerstaatliche Beschwerderechte aufgrund von Art. 13 EMRK, evtl. Art. 6 EMRK, und Art. 2 Abs. 3 lit. a UNO-Pakt II, evtl. Art. 14 UNO-Pakt II, sowie verfassungsrechtliche Rechtsweggarantien bestehen müssen, auch wenn leider *„secrecy and lack of transparancy continue to be impediments to meaningful accountability and redress for victims"*.[21]
- Während die zwischenstaatlichen und internationalen Beziehungen gerade in Fragen der öffentlichen Sicherheit und der Friedenssicherung in den ersten Jahrzehnten nach dem Zweiten Weltkrieg, zu Zeiten des Kalten Krieges, noch eher rudimentär ausgebaut waren,[22] sind sie längstens seit den 1980er Jahren und erst recht ab 1990 sehr stark ausgebaut worden. Man vergleiche nur das erste Europäische Rechtshilfeabkommen mit seiner Konzeption eines blossen diplomatisch geleiteten Informationsaustausches von 1959[23] mit dem neu auf direkte Kontakte und gemeinsame Aktivitäten ausgerichteten Zweiten Zusatzprotokoll von 2001.[24] Die EU hat im Schengen-Raum mit einem Großteil ihrer Mitgliedstaaten und einzelnen assoziierten Staaten eine

---

[19] BND-Gesetz vom 20.12.1990, BGBl. I S. 2954, 2979, das durch Artikel 3 des Gesetzes vom 10.03.2017 geändert worden ist, BGBl. I S. 410.

[20] Das macht das Wort von Bundeskanzlerin *Merkel* deutlich: *„Abhören unter Freunden: Das geht gar nicht"*. Dazu z.B. *Terry* Revue québécoise de droit international 28 (2015), 173.

[21] UN Human Rights Council, Report of the Special Rapporteur on the promotion und protection of human rights und fundamental freedoms while countering terrorism, UN-Dok. A/HRC/34/61 v. 21.02.2011, Rn. 35.

[22] Siehe für die Schweiz *R.P. Müller*, Innere Sicherheit Schweiz, Rechtliche und tatsächliche Entwicklungen im Bund seit 1848, Basel 2009, S. 339 ff.

[23] Europäisches Übereinkommen über die Rechtshilfe in Strafsachen vom 20.04.1959, ETS No 031, BGBl. 1964 II S. 1386.

[24] Zweites Zusatzprotokoll zum Europäischen Übereinkommen über die Rechtshilfe in Strafsachen vom 08.11.2001, ETS No 181.

umfassende direkte Kooperation der Polizei- und Justizorgane aufgebaut[25] sowie parallel das „Europäische Justizielle Netz" (Eurojust).[26] Das bedeutet für die ND eine erhebliche Einengung ihrer staatsübergreifenden Handlungsmöglichkeiten, wenn sie sich nicht der Missachtung bestehender völkerrechtlicher Kooperationspflichten sowie von Menschenrechtsverstößen schuldig machen wollen.[27]

— Die ND sind heute bei ihrer präventiven *Intelligence*-Arbeit sowohl in ihren internationalen Aktivitäten, und erst recht im Inland, auf eine immer engere internationale Kooperation mit der Ordnungs- und Sicherheitspolizei und der Kriminalpolizei sowie der Straf- und Verwaltungsjustiz angewiesen.[28] Sie sind auch immer mehr in deren Auftrag zur Rechtsdurchsetzung eingebunden.[29] Es geht heute nicht mehr, dass ein ND die Kenntnisse der übrigen Polizei- und Sicherheitsorgane, z.B. aus deren präventiver Arbeit[30] „abschöpft", sondern er muss sich zunehmend in deren Rechtsrahmen in das für die übrige Polizei geltende Verwaltungsverfahrensrecht und in das Strafprozessrecht eingliedern lassen, sollte er letztlich nicht an Wirksamkeit und Legitimität verlieren. Die grenzüberschreitende Zusammenarbeit der ND kann heute nicht mehr wie früher nur auf einem nicht rechtsförmlich publizierten *memorandum of understanding* und auf persönlichen Kontakten beruhen,[31] sondern sie wird zunehmend von den nationalen und internationalen Gerich-

---

[25] Auf der Grundlage des Übereinkommens zur Durchführung des Übereinkommens von Schengen vom 14. Juni 1985 zwischen den Regierungen der Staaten der Benelux-Wirtschaftsunion, der Bundesrepublik Deutschland und der Französischen Republik betreffend den schrittweisen Abbau der Kontrollen an den gemeinsamen Grenzen (SDÜ) vom 19.06.1990, ABl. EG 2000 L 239/19, sowie zahllosen Folgeerlassen.

[26] Beschluss 2008/976/JI des Rates vom 16. Dezember 2008 über das Europäische Justizielle Netz, ABl. EU 2008, L 348/10.

[27] Z.B. bei Flügen von ND zum illegalen Transport von entführten Personen, vgl. *Giermulla/Hoppe* ZRP 2008, 240, sowie die in Fn. 12 genannten Fälle.

[28] Wodurch in Deutschland das zwischen Polizei und Nachrichtendiensten geltende Trennungsgebot aufgeweicht wird; dazu Näheres in Fn. 76, sowie *Zöller* JZ 2007, 763, insbes. 767 ff. betr. die „verschwimmenden Grenzen zwischen Sicherheitsbehörden".

[29] *Gusy*, in: *Dietrich/Eiffler* (Hrsg.), Handbuch des Rechts der Nachrichtendienste, 2017, § 2 Rn. 78 ff.

[30] Etwa bezüglich der Finanzierung des Terrorismus. Zu dieser: Internationales Übereinkommen zur Bekämpfung der Finanzierung des Terrorismus vom 09.12.1999, BGBl. 2003 II S. 1923; Europarat Übereinkommen des Europarats zur Verhütung des Terrorismus vom 16.05.2005, ETS No. 196, sowie Zusatzprotokoll vom 22.10.2015, ETS No. 217; für die Schweiz Art. 260^{quinquies} (Schweizer) Strafgesetzbuch (StGB), und bzgl. der Unterstützung krimineller Organisationen Art. 260ter StGB.

[31] Einlässlich zu den verschiedenen Formen zwischenstaatlicher Vereinbarungen der ND Bundesamt für Justiz und Direktion für Völkerrecht, Rechtliche Einschränkungen im Austausch von Informationen ausländischer Nachrichtendienste zwischen dem DAP und dem SND, Gutachten v. 22.12.2006, Verwaltungspraxis der Bundesbehörden (VPB) 2007.3.1, S. 84 ff.

ten geprüft[32] und von verschiedenen internationalen Organisationen kritisch begleitet.[33] Entsprechend braucht sie klare und genau bestimmte gesetzliche Grundlagen, etwa bezüglich des Betriebs und der Nutzung gemeinsamer Datenbanken,[34] wirksame unabhängige Kontrollen,[35] und sie benötigt auch völkerrechtliche Rechtfertigungen.

– Sodann bewegen wir uns mit allen staatlichen Aktivitäten in einer die Welt überspannenden, in den meisten Staaten (mit Ausnahme von autoritären Regimen wie z.B. China) weitgehend offenen Informations- und Kommunikationsgesellschaft, welche selbst autoritäre und diktatorische Staaten wie Russland oder gewisse arabische oder asiatische Staaten nicht restlos unterbinden können. In den freiheitlichen demokratischen Rechtsstaaten besteht heute nicht nur durch den, vorbehaltlich von Straftaten freien Gebrauch des Web, sondern vor allem auch die für die Demokratie notwendige Staats- und Verwaltungsöffentlichkeit (*freedom of information*) eine *conditio sine qua non* der Kommunikation zwischen Behörden und Landesbewohner/innen, der sich auch die ND zu unterziehen haben.[36] *Last but not least* erwachsen den Staaten aus den grund- und menschenrechtlichen Schutzpflichten auch qualifizierte Informationspflichten gegenüber den Opfern und der Öffentlichkeit[37] sowie nicht derogierbare Anforderungen an die Öffentlichkeit der

---

[32] Vgl. betr. die von den Höchstgerichten geforderten präzisen Informationen: EuGH (GK), Urt. v. 18.07.2013, C-584/10 P u.a., Rn. 95 ff., 119 ff., – *Kadi II*; EGMR (GK), Urt. v. 21.06.2016, Nr. 5809/08, Rn. 140 – *Al-Dulimi*.

[33] Man denke z.B. an die verschiedenen Gremien der EU und der UN zum Kampf gegen den Terrorismus.

[34] Siehe §§ 26–30 BND-Gesetz (Fn. 19) betr. der mit ausländischen Diensten gemeinsam betriebenen Datenbanken und deren Belieferung und Nutzung durch den BND. Das neue Schweizer Bundesgesetz über den Nachrichtendienst (Nachrichtendienstgesetz, NDG) vom 25.09.2015 (in Kraft seit 01.09.2017) hat *keine* ausreichend bestimmte Gesetzesgrundlage für die Mitwirkung der Schweiz, sondern enthält in Art. 12 Abs. 1 Bst. e sowie Art. 70 Abs. 3 nur eine pauschale Delegation an den Bundesrat (die Schweizer Bundesregierung); doch weite Generalklauseln sind im Anwendungsbereich von Art. 8 EMRK gerade für geheime Informationsbearbeitungen unzulässig: EGMR, Urt. v. 25.12.2001, Nr. 44787/98, Rn. 62 – *P.G. und J.H.*; Urt. v. 25.03.1998, Nr. 13/1997/797/1000, Rn. 70 – *Kopp*; Urt. v. 10.03.2009, Nr. 4378/02 (GC), Rn. 76 – *Bykov*; Urt. v. 02.09.2010, Nr. 35623/05, Rn. 61 – *Uzun*; *von Bernstorff/Asche*, in: *Dietrich/Eiffler* (Fn. 29), Zweiter Teil, § 1, Rn. 20 ff.

[35] Gesetz über die parlamentarische Kontrolle nachrichtendienstlicher Tätigkeit des Bundes (Kontrollgremiumgesetz – PKGrG, in der Fassung vom 05.01.2017, BGBl. I S. 17). Das parlamentarische Kontrollgremium hat neu gemäß §§ 5a/5b PKGrG die Unterstützung einer oder eines ständigen Bevollmächtigten, der insbes. spezifische Untersuchungen durchführen kann.

[36] *Schweizer* Sicherheit&Recht 3/2013, 123.

[37] EGMR, Urt. v. 09.06.1998, Nr. 23413/93, Rn. 150 – *L.C.B.*: Art. 2 EMRK gebietet, dass der Staat, der im Besitz von geheimdienstlichen Informationen über ein Mordkomplott gegen eine Person ist, nicht nur versucht, die Tat zu verhindern, sondern auch die Person zu schützen; *Grabenwarter/Pabel*, Europäische Menschenrechtskonvention, 6. Aufl. 2016, § 19 Rn. 13, § 20, Rn. 21 f.

Justiz.³⁸ Dem allen können sich auch die ND verfassungs- und völkerrechtlich kaum noch entziehen.³⁹

3. Extraterritoriale Verpflichtungen

Nicht nur aus dem allgemeinen Völkerrecht sowie dem Humanitären Völkerrecht in bewaffneten Konflikten, sondern vor allem aus dem völkerrechtlichen Menschenrechtsschutz erwachsen den Staaten heute vielfache Verpflichtungen bei ihren Aktivitäten mit Wirkungen auf andere Staaten, ihren Aktivitäten in ausländischen Staaten oder auf der hohen See.⁴⁰,⁴¹ Hier hat namentlich der EGMR wesentliche Meilensteine gesetzt, etwa bezüglich der Verantwortung des Vereinigten Königreichs und anderer alliierter Staaten im Irakkrieg⁴² oder

---

³⁸ EGMR, *Nasr u. Ghali* (Fn. 12) Rn. 272 ff., 316; dazu *Staffler* EuGRZ, 2016, 344; sowie oben Fn. 12.

³⁹ Das gilt leider für die Bundesrepublik nicht vorbehaltlos, siehe BVerfG, Beschl. v. 13.10.2016 – 2 BvE 2/15 betr. den begrenzten Zugriff des Untersuchungsausschusses auf die vom BND verwalteten und amtshilfeweise für den NSA genutzten Selektoren-Listen. Und es gilt weitgehend nicht für die Schweiz: Vgl. Schweizerisches Bundesgericht, Urt. v. 16.05. 2016 – 1C_122/2015, wonach selbst eine Offenlegung der Zahl der Mitarbeiter des ND des Bundes, der Anzahl an Partnerdiensten oder statistische Zahlen über Aufträge in den Bereichen Bekämpfung von Extremismus und Proliferation eine Beeinträchtigung der inneren oder äußeren Sicherheit des Landes darstellen können; dazu kritisch *Stähli* Sicherheit& Recht, 3/2016, 211.

⁴⁰ Allgemein siehe: StIGH, Urt. v. 07.09.1927, Judgment No. 9, P.C.I.J. Series A, No. 10 (1927), Rn. 18 ff. – *S.S. Lotus*; dazu *Epping*, in: *Ipsen* (Hrsg.), Völkerrecht, 6. Aufl. 2014, § 5 Rn. 14. Ein Staat kann nur auf eigenem Hoheitsgebiet seine Rechtsnormen ausnahmsweise auf Personen, Sachen oder Handlungen im Ausland zur Anwendung bringen, keineswegs aber ihre Anwendung auf fremdem Hoheitsgebiet ohne Zustimmung des betroffenen Staates anstreben (*Epping*, ebd., Rn. 69 ff.; *Schmahl* AVR 47 (2009), 285, 297 ff.).

⁴¹ Dazu etwa *Nowak*, in: *Gibney/Skogly* (Hrsg.), Universal Human Rights and Extraterritorial Obligations, Philadelphia 2010, S. 11 ff.; *Frey* in: *Gibney/Skogly* (ebd.), S. 30 ff.; *Grisel*, Application extraterritoriale du droit international des droits de l'homme, Basel 2010, S. 29 ff.; *Grabenwarter/Pabel* (Fn. 37), § 17 Rn. 12 ff.; *Matscher*, in: Festschrift für Trechsel, 2002, S. 25; *Sassòli*, in: Festschrift für Wildhaber, 2007, S. 709; *Schweizer*, in: Festschrift für Schwander, 2011, S. 985, 996 ff.; *Weyeneth* recht 2014, 114. Sodann EGMR (GK), Urt. v. 23.03.1995, Nr. 15318/89, Rn. 62 – *Loizidou*; Urt. v. 12.12.2001, Nr. 52207/99, Rn. 54 ff. – *Bankovic*; Human Rights Committee, Mitteilung Nr. 829/1998, UN-Dok. CCPR/C/78/D/829/1998 v. 29.07.1981 – *Judge v. Canada*; Mitteilung Nr.469/1991, UN-Dok CCPR/C/46/D/469/1991 v. 05.11.1993 – *Ng v. Canada*. Siehe zudem IGH, Gutachten v. 09.07.2004, ICJ Rep. 2004, 136, Rn. 107 ff.; Human Rights Committee, Mitteilung Nr. 52/1979, UN-Dok. CCPR/C/13/D/52/1979 v. 29.07.1981, Rn. 12.2–3 – *Lopéz Burgos v. Uruguay*; Mitteilung Nr. 56/1979, UN-Dok. CCPR/C/OP/1 at 92 (1984), Rn. 10.3 – *Lilian Celiberti de Casariego v. Uruguay*.

⁴² EGMR (GK), Urt. v. 07.07.2001, Nr. 55721/07, Rn. 136 – *Al-Skeini*; EGMR, Urt. v. 02.03.2010, Nr. 61498/06, Rn. 124 – *Al-Saadoun und Mufdhi*; EGMR (GK), Urt. v. 07.07.2011, Nr. 27021/08, Rn. 85 – *Al-Jedda*; Urt. v. 16.09.2014 , Nr. 29750/09, Rn. 74 – *Hassan*; Urt. v. 20.11.2014, Nr. 47708/08, Rn. 154 ff. – *Jaloud*.

bezüglich der Verantwortung europäischer Staaten auf See.[43] Die Lehre und die Praxis des EGMR[44] haben folgende vier Konstellationen entwickelt, in denen staatliche Aktivitäten mit Wirkung im Ausland oder im Ausland selbst im Hinblick auf den Menschenrechtsschutz eine Verantwortung des aktiven Staates auslösen:

a) wenn dieser eine wirksame Gesamtkontrolle über ein bestimmtes Gebiet ausübt;[45]
b) wenn die Organe des betreffenden Staates eine Befehlsgewalt und Kontrolle im ausländischen Staat ausüben, z.B. unmittelbar gegen betroffene Personen, und dies allenfalls auch mit Billigung des ausländischen Staates;[46]
c) wenn die Aktivitäten in einem EMRK-Mitgliedstaat erfolgen, von welchem Staat doch eine Mitverantwortung für den Grund- und Menschenrechtsschutz erwartet und angenommen werden darf;[47] sowie
d) wenn – und diese Fälle überlagern alle drei anderen Konstellationen – dem handelnden Staat gegenüber betroffenen Personen eine besondere Schutzpflicht, wie sie z.B. aus dem Recht auf Leben und dem Folterverbot oder dem Recht auf Privatleben fließt, obliegt[48] oder er einen effektiven Rechtsschutz gemäß Art. 6 und Art. 13 EMRK garantieren muss.

4. Heutige Anforderungen

Die Folge dieser Rechtsentwicklungen ist zweifellos, dass die Tätigkeiten der ND, die im Ausland oder mit Wirkungen im Ausland stattfinden und die in Zusammenarbeit mit ausländischen Diensten abgewickelt werden, sich keineswegs mehr in einem rechtsfreien und grauen Raum befinden, sondern dass sie vielfältigen völkerrechtlichen Bindungen unterworfen sind, und zwar je nachdem, ob sie in einem internationalen bewaffneten resp. einem nichtinternationalen bewaffneten Konflikt erfolgen, oder außerhalb von solchen in Friedenszeiten. Anders gesagt:

---

[43] EGMR (GK), Urt. v. 23.02.2010, Nr.27765/09, Rn. 77 – *Hirsi Jamaa u.a.*
[44] siehe Fn. 41 bis 43.
[45] EGMR, *Jaloud* (Fn. 42), Rn. 154 ff.; EGMR, *Al-Skeini* (Fn. 42), Rn. 133 ff.
[46] EGMR, *Al-Skeini* (Fn. 42), Rn. 136; *Andenas/Bjorge* European Public Law 2012, 473.
[47] EGMR, Urt. v. 18.12.1996, Nr. 15318/89, Rn. 78 – *Loizidou (Merits)*; EGMR, *Bankovic* (Fn. 41) Rn. 80.
[48] EGMR, Urt. v. 07.07.1989, Nr. 14038/88 – *Soering*; Urt. v. 09.06.2009, Nr. 33401/02, Rn. 137 ff. – *Opuz*; EGMR (GK), Urt. v. 21.01.2011, Nr. 30696/09 – M.S.S. Sodann zu den Schutzpflichten *Grabenwarter/Pabel* (Fn. 37), § 17 Rn. 18, § 20 Rn. 19 ff. (betr. Art. 2), § 20 Rn. 75 ff. (betr. Ausweisung und Auslieferung), § 22 Rn. 57 ff. (betr. Art. 8), jeweils m.w.N.; *Schweizer*, in: Festschrift für Schwander, 2011, S. 985; sowie generell *Nowak*, in: *Gibney/Skogly* (Fn. 41), S. 27 ff.

– Selbst in bewaffneten Konflikten gelten heute für die Nachrichtendienste andere Regeln als im und nach dem Zweiten Weltkrieg, weil sich das Aggressionsverbot und das Interventionsverbot sowie vor allem das humanitäre Völkerrecht, das mit diesem zusammenhängende Völkerstrafrecht und der allgemeine resp. der regionale Menschenrechtsschutz massiv fortentwickelt haben.[49] Auch die ND müssen in bewaffneten Konflikten die Vorgaben des Humanitären Völkerrechts, etwa bezgl. unzulässiger Methoden und Mittel der Kriegsführung (Art. 35–42 Protokoll I) respektieren[50] und alles zur Schonung der Zivilbevölkerung und ziviler Objekte unternehmen (Art. 45 ff., bes. 52 ff. Protokoll I; Art. 13 ff. Protokoll II; Art. 13 GenfKonv IV).[51,52]

– Wo es aber um *Law enforcement*[53] in Friedenszeiten[54] geht, hat z.B. ein nachrichtendienstlicher Zugriff auf eine Kabelkommunikation zwischen verschiedenen Ländern grundsätzlich denselben Grundsätzen zu gehorchen, die, wenn er der polizeilichen Gefahrenabwehr oder der Verbrechensbekämpfung dient, für die zwischenstaatliche Zusammenarbeit in der polizeilichen und justiziellen Amts- und Rechtshilfe maßgeblich sind. Vor allem muss ein Zugriff eines europäischen Staates auf eine ausländische Kabelkommunikation grundsätzlich nicht nur für den Schutz des Privatlebens und der freien Kommunikation unter Privaten die seit dem EGMR-Urteil *Klass & andere* gegen *Deutschland* vom 6. September 1978[55] vom EGMR und dem EuGH entwickelten Regeln befolgen,[56] und er muss nicht zuletzt jegliche Diskriminierung von Personen im Inland und Personen im Ausland

---

[49] Siehe oben I.1, sowie *Chesterman*, (Fn. 6), Rn. 23 ff.

[50] Siehe *Oeter*, in: *Fleck* (Hrsg.), The Handbook of Humanitarian Law in Armed Conflicts, 3. Aufl., Oxford 2013, S. 115 ff., *Dinstein* (Fn. 16), *passim*.

[51] Dazu *Henekaerts/Doswald-Beck* (Hrsg.), International Committee of the Red Cross (Fn. 2), S. 1985 ff.

[52] Zu den Gefährdungen ziviler Objekte, z.B. von Werken und Einrichtungen mit Risiken, International Committee of the Red Cross (Fn. 2), Vol. II, S. 671 ff.

[53] Zur grundlegenden Unterscheidung von (militärischen) Operationen in Feindseligkeiten einerseits und dem Law enforcement durch Polizeioperationen in Friedenszeiten, insbes.: *Melzer*, Targeted Killing under the International Normative Paradigms of Law Enforcement and Hostilities, Oxford 2008, insbes. S. 127 ff.; *van Steenberghe*, La légitime défense en droit international public, Brüssel 2016, S. 173 ff., 177 ff.

[54] Zum polizeilichen *Law enforcement* in Zeiten bewaffneter Konflikte vgl. neuestens einlässlich *Carron*, L'acte déclencheur d'un conflit armé international, Genf 2016, S. 175 ff.

[55] EGMR, Urt. v. 06.09.1978, Nr. 5029/71, Rn. 41 – *Klass*; sowie Urt. v. 26.03.1987, Nr. 9248/81, Rn. 48 – *Leander*; EGMR (GK), Urt. v. 16.02.2000, Nr. 27798/95, Rn. 69, 80 – *Amann*; EGMR, Urt. v. 04.05.2000, Nr. 28341/95, Rn. 43 ff. – *Rotaru* (mit eindrücklicher *concurring opinion* von Richter Wildhaber et al.). Vgl. *Einöckl*, in: Festschrift für Machacek/Matscher, 2008, S. 95; *Grabenwarter*, in: Festschrift für Paeffgen, 2015, S. 779, 784.

[56] EuGH, Urt. v. 08.04.2014, C-293/12 und 594/12 = EuGRZ 2014, 292 – *Digital Rights Ireland*; Urt. v. 06.10.2015, C-362/14 – *Schrems*; sowie EuGH (GK), Urt. v. 21.12.2016, C-203/15 und C-698/15 – *Tele2 Sverige*.

vermeiden.⁵⁷ Ein solcher Zugriff muss zudem den völkerrechtlichen Standards der zwischenstaatlichen Beziehungen entsprechen, etwa die völkerrechtlichen Grenzen einer Intervention sowie die territoriale Souveränität achten.⁵⁸

So stellen sich heute in Friedenszeiten dem nationalen Gesetzgeber, wie den Diensten und deren Kontrollorganen beispielsweise folgende Rechtsfragen: Welche Grundlagen und Schranken sind bei der Informationsbeschaffung durch diplomatisches Personal, namentlich durch die *Militärattachés* im ausländischen Staat zu befolgen? Dürfen verdeckte Ermittlungen, Lauschangriffe und Abhörungen von Telefon- oder anderer Kommunikation *(„human intelligence")* grenzüberschreitend oder namentlich auch mit extraterritorialer Wirkung oder im Ausland selbst vorgenommen werden, und wenn ja, unter welchen rechtlichen Voraussetzungen überhaupt? Wo aber bestehen völkerrechtliche Grenzen? Wie sind die Funk- und die Satellitenaufklärung *(„signal intelligence")* über ausländische Staaten rechtlich zu beurteilen, selbst wenn sie vom Inland aus gelenkt werden?⁵⁹ Wann und wie dürfen „Trojaner", d.h. schädigende Computerprogramme *(grove ware)* eingeschleust werden, um im Ausland Cyber-Spionage zu betreiben oder ausländische Cyberattacken abzuwehren? Welche weiteren Tätigkeiten, wie die Zerstörung wesentlicher, kritischer Infrastrukturen oder ausländischer ND-Anlagen oder gar die Entführung von Menschen sind – wenn überhaupt je – wann und weshalb völkerrechtlich zulässig?

---

⁵⁷ Zum menschenrechtlichen Verbot der Diskriminierung aufgrund der Staatsangehörigkeit z.B. EGMR, Urt. v. 22.03.2012, Nr. 5123/07 = NJW 2013, 2095, Rn. 87 – *Rangelov*; Urt. v. 16.09.1996, Nr. 17371/90, Rn. 45, 50 – *Gaygusuz*; Human Rights Committee, Concluding observations on the fourth periodic report of the USA, UN-Dok. CPR/C/USA/CO/4 v. 23.04.2014, Nr. 24 (a); Human Rights Committee, Concluding observations on the seventh periodic report of the UK, UN-Dok. CCPR/C/GBR/CO/7 v. 17.08.2015, Nr. 24 (a); zu der vor allem von den USA vertretenen Auffassung, dass U.S.-Staatsangehörige nicht unbegrenzt überwacht werden dürften *Severson* Harvard International Law Journal 56 (2015), 465.

⁵⁸ Dazu allgemein *Neuhold*, The Law of International Conflict, Force, Intervention and Peaceful Dispute Settlement, Leiden/Boston 2016, S. 159 ff.

⁵⁹ Zum Grundrechtsschutz gegenüber der Funkaufklärung mit dem System ONYX in der Schweiz *Biaggini*, Verfassungsrechtliche Abklärung betreffend die Teilrevision des Bundesgesetzes über die Wahrung der inneren Sicherheit (Vorlage „BWIS"), Gutachten Juli 2009, VPB 2009.14, 297; *Rothenbühler*, Völkerrechtliche Aspekte nachrichtendienstlicher Tätigkeit, am Beispiel der mit dem Ausland betrauten Dienststellen des Nachrichtendienstes des Bundes (NDB), Zürich 2012, S. 147 ff.

II. Ausgewählte völkerrechtliche Fragen zum Wirken von Nachrichtendiensten im Ausland

1. Vorbemerkung

In ihrem grundlegenden Einführungsreferat hat Kollegin Professorin *Stefanie Schmahl* nach verschiedenen allgemeinen Feststellungen einlässlich die Möglichkeiten einer Verletzung menschenrechtlicher Garantien für den Schutz des Privatlebens, von *privacy*, behandelt. Nachfolgend wird dieser Teil des Menschenrechtsschutzes ausgeklammert, dafür werden ergänzend andere Rechtsfragen angesprochen. Dabei führen die Rechtsfragen unweigerlich dazu, dass über die Geltung und Anwendbarkeit verschiedenster völkerrechtlicher Quellen reflektiert werden muss.

2. Verstoß gegen das völkerrechtliche Aggressionsverbot?

a) Fragen zur Auslösung einer Aggression durch Nachrichtendienste oder der Beteiligung an einer Aggression

Es empfiehlt sich auch heutzutage, das Wirken von Nachrichtendiensten gegenüber dem Ausland und im Ausland einerseits unter den völkerrechtlichen Vorgaben für bewaffnete Konflikte, und andererseits in Friedenszeiten zu beurteilen.

Zum ersten zentralen Fragenbereich sei Folgendes bemerkt: Ausgangspunkt für internationale bewaffnete Konflikte ist stets das völkerrechtliche Verbot der Androhung und Anwendung von bewaffneter Gewalt gemäß Art. 2 Ziff. 4 UN-Charta. Dieses Aggressionsverbot hat durch die Resolution 3314 (XXIX) der Generalversammlung der UN vom 14. Dezember 1974 eine internationale Definition erfahren[60] und ist z.B. auch in Art. 8*bis* des ICC Statuts[61] über die Zuständigkeit des Internationalen Strafgerichtshofes verankert worden.[62] Art. 1 der Res. 3314 (XXIX) bestimmt: *„Aggression is the use of armed force by a State against the sovereignty, territorial integrity or political independence of another State, or in any other manner inconsistent with the Charter of the United Nations, as set out in this Definition"*. Dazu hält der Art. 3 lit. g fest: *„Any of the following acts, regardless of a declaration of war, shall subject to and in accordance with the provisions of article 2, qualify as an act of aggression: ... g. The sending by or on behalf of a State of armed bands, groups, irregulars and mercenaries,*

---

[60] *Neuhold* (Fn. 58), S. 61 ff.
[61] Rome Statute of the International Criminal Court, A/CONF.183/9 v. 17.07.1998, mit Änderungen vom 10.11.1998, 12.07.1999, 30.11.1999, 08.05.2000, 17.01.2001, 16.01.2002; in Kraft seit 01.07.2002; Art. 8*bis* nach der Änderung vom 11.06.2010 (Resolution RC/Res.6, adopted by The Review Conference on 11 June 2010).
[62] *Schmalenbach*, in: Liber Amicorum Wolfrum, Vol. II, 2012, S. 1259.

which carry out acts of armed force against another State of such gravity as to amount to the acts listed above, or its substantial involvement therein."[63] Und nicht zuletzt im Blick auf nachrichtendienstliche Aktivitäten im Ausland betont Art. 5 Abs. 1 der Resolution: *„No consideration of whatever nature, whether political, economic, military or otherwise, may serve as a justification for aggression"*; gegenteils löst jede Aggression eine internationale Verantwortlichkeit aus (Art. 5 Abs. 2). Bekanntlich bestimmen schon der allgemeine Art. 2 der vier Genfer Konventionen zum Humanitären Völkerrecht von 1949 (in Verbindung mit dem Allgemeinen Art. 3 der GenfKonv) und wiederum die Art. 1–3 des I. Zusatzprotokolls von 1977, was völkerrechtlich als „bewaffneter Konflikt" zu verstehen ist: Die Abkommen sind *„in allen Fällen eines erklärten Krieges oder jedes anderen bewaffneten Konflikts anzuwenden, der zwischen zwei oder mehreren der Hohen Vertragsparteien entsteht, und zwar auch dann, wenn der Kriegszustand von einer dieser Parteien nicht anerkannt wird."*[64] Im Hinblick auf ND-Aktivitäten ist nun zu beurteilen, wann diese Teil eines bewaffneten Angriffs i.S. von Art. 51 UN-Charta darstellen.

Was als „Waffe" für den verbotenen Gewalteinsatz eingesetzt wird, ist nicht definiert; es kommt auf die schreckliche Wirkung der Gewaltmittel auf Leben und Gesundheit der Menschen und die Einwirkung auf die Umwelt an (wie dies etwa bei der Verwendung von zwei Zivilflugzeugen bei den terroristischen Attacken vom 11. September der Fall war).[65] Im Feld des ND treten die Beteiligten grundsätzlich nicht offiziell als „Kombattanten" in Erscheinung (keine Kennzeichnung, etc.), weshalb hier auf den *„Interpretive Guidance on the Notion of Direct Participation in Hostilities under International Humanitarian Law"* aus der Feder von *Nils Metzer* im Jahr 2009 für das IKRK Bezug genommen wird, der individuelle Beiträge von „Zivilisten" als Kampfhandlungen qualifiziert, welche analog als Verletzung des Gewaltverbots und insbes. als Anstoß oder Beteiligung an einem bewaffneten Konflikt gelten können; darin wird zum „threshold of harm" festgehalten: *„In order to reach the required threshold of harm, a specific act must be likely to adversely affect the military operations or military capacity of a party to an armed conflict or, alternatively, to inflict death,*

---

[63] Dazu IGH, Urt. v. 27.06.1986, ICJ Rep. 1986, 14, Rn. 118 f. – *Armed Activities in and against Nicaragua, Merits.* IGH, Urt. v. 19.12.2005, ICJ Rep. 2005, 168, Rn. 226 ff. – *Armed Activities on the Territory of the Congo*; *Heintschel von Heinegg*, in: *Ipsen* (Fn. 40), § 51 Rn. 20 ff.

[64] Die Bestimmungen des HRL gelten auch für die militärische Besetzung von Gebieten: sie gelten aber in drei Ausnahmefällen nicht, nämlich 1. bei der gezielten Tötung einer ausgewählten Person (z.B. eines Terroristenführers) im Ausland, 2. bei einem Angriff auf eine kriminelle Gruppe (z.B. von Piraten), und 3. im Falle eines Angriffs auf einen Drittstaat.

[65] Vgl. IGH, Gutachten v. 08.07.1996, ICJ Rep. 1996, 226, Rn. 39. Näheres dazu *Kolb* (Fn. 4), S. 201 ff.; *Dörr/Randelzhofer*, in: *Simma/Khan/Nolte/Paulus* (Hrsg.), The Charter of the United Nations: a Commentary, 3. Aufl., Oxford 2012, S. 200, 210; *Carron* (Fn. 54), S. 175 ff.

injury, or destruction on persons or objects protected against direct attack." Der aggressive Akt muss eine schreckliche Wirkung auf den Gegner oder auf die Zivilbevölkerung haben, wie etwa Störungen von Strom- und Wasserversorgungen und weiterer lebenswichtiger Infrastrukturen, Verhaftung und Entführung von Menschen, gezielte Tötungen etc., und er muss einen direkten Bezug zu den Feindseligkeiten haben.[66]

Wie hoch die Schwelle ist, ab welcher ein bewaffneter Konflikt angenommen wird, ist im Völkerrecht strittig. Sie ist in der Regel allerdings tief, auch wenn die ILA in einem Bericht von 2010 eine höhere Schwelle für den Wechsel des Rechtsregimes vorgeschlagen hat. Schon die Entführung eines gegnerischen Soldaten kann dann, wenn organisierte, bewaffnete Gruppen von einem Staat zu einem heftigen Schlag eingesetzt werden, den Beginn von Feindseligkeiten nach dem allgemeinen Art. 2 GenfKonv auslösen. Dennoch ist ein bewaffneter Konflikt nicht leicht anzunehmen. So steht Frankreich, entgegen der Beteuerung von Präsident *Hollande* nach dem 15. November 2015, u. E. nicht in einem bewaffneten Konflikt mit dem IS (anderes gilt sicherlich für den Irak), sondern Frankreich kämpft gegen eine oder mehrere internationale kriminelle Organisationen. Dass Frankreich oder andere Staaten sich auf solche terroristische Angriffe hin auch auf Art. 51 UN-Charta berufen können, wird heute im Völkerrecht von Vielen angenommen.[67] Die Folgen eines internationalen bewaffneten Konflikts sind bekannt.[68] Aber kann denn die Tätigkeit von Nachrichtendiensten überhaupt den Parteien, die den bewaffneten Konflikt führen, zu-

---

[66] *Melzer*, Interpretive Guidance on the Notion of Direct Participation in Hostilities under International Humanitarian Law, Genf 2009, S. 47 ff.; sowie *Van Steenberghe* (Fn. 53), S. 201 ff.; *Carron* (Fn. 54), S. 175 ff.; ähnlich *Rothenbühler* (Fn. 59), S. 92 ff.

[67] Jedenfalls wenn die Angriffe der nichtstaatlichen Akteure die internationale Sicherheit gefährden und die Staaten zur Selbstverteidigung zwingen: vgl. UN Security Council, UN-Dok. S/RES/1368 (2001) v. 12.09.2001 und UN-Dok. S/RES/1373 (2001) v. 28.09.2001. Siehe *Peters/Marxsen* (Hrsg.), Self-Defense against Non-State Actors: Impulses from the Max Planck Trialogues on the Law of Peace and War, MPIL Research Paper Series No 2017–07, insbes. S. 42 ff.

[68] Dann haben eben nur die Kombattanten einen besonderen Status nach Humanitärem Völkerrecht im bewaffneten Konflikt (IHL), zugleich müssen sie die übrige zivile Bevölkerung aber möglichst schonen und schützen, wie dies das HRL verlangt (so generell Art. 48 Protokoll I). Die Kombattanten sind befugt, andere Kombattanten zu töten, ohne Warnung, diese auch gefangen zu nehmen ohne richterliche Genehmigung, dem Gegner im Konflikt nützliche Anlagen zu stören, bisher die in der Beziehung zum gegnerischen Staat geltenden Verträge und weiteren Verpflichtungen zu brechen, etc. (vgl. etwa *Ipsen*, in: *ders.*(Fn.40), § 61 Rn. 12 ff. zur grundsätzlichen Begrenzung bewaffneter Schädigungen, sowie Rn. 40 ff. zur begrenzten Befugnis zur Vornahme bewaffneter Schädigungen). Doch umgekehrt müssen die kriegführenden bewaffneten Kräfte die Verwundeten und Kranken schonen und schützen (Art. 8 ff. GenfKonv. I), Kulturgüter achten, die Identität einer verletzten oder gefangenen Person der Partei, der sie zugehört, bekannt geben, etc., sodann zugunsten der Zivilbevölkerung alle notwendigen Schutzmaßnahmen treffen (Art. 13 GenfKonv IV), Hilfsmaßnahmen für die Zivilbevölkerung vorkehren (Art. 68–71 Protokoll I) und nicht zuletzt Frauen und Kinder besonders schützen und helfen (Art. 76–78 Protokoll I), etc. (*Ipsen*, ebd.).

gerechnet werden? Der „*Interpretive Guidance*" des IKRK von 2009 bestimmt: „*The notion of direct participation in hostilities refers to specific acts carried out by individuals a part of the conduct of hostilities between parties to an armed conflict.*" Und es werden drei konstitutive Elemente einer solchen aktiven Mitwirkung aufgestellt:

„*A specific act must meet the following cumulative criteria:*
1. *The act must be likely to adversely affect the military operations or military capacity of a party in a armed conflict, or, alternatively, to inflict death, injury, or destruction on persons or objects protected against direct attack (threshold of harm), and*
2. *there must be a direct causal link between the act and the harm likely to result either from the act, or from a coordinated military operation of which that act constitutes an integral part (direct causation), and*
3. *the act must be specifically designed to directly cause the required threshold of harm in support of a party to the conflict and to the detriment of another (belligerent nexus).*"[69]

Es steht außer Frage, dass Nachrichtendienste in bewaffneten Konflikten alle drei Kriterien in vielfältigster Art erfüllen können, genauso wie Übermittlungstruppen oder Logistikverbände. Soweit sich ihr Vorgehen aber gegen Zivilisten oder kranke und gefangene Kombattanten richtet, wird es nach humanitärem Völkerrecht beurteilt. Zudem kann das Vorgehen auch weiteres internationales Kriegsrecht verletzen, z.B. beim Einsatz giftiger Stoffe oder mörderischer Waffen oder wenn es sonst zu einem Verbrechen nach dem Römer Statut oder weiterem Kriegsvölkerstrafrecht führt. Schließlich könnte nach Art. 4 Bst. g der obgenannten Resolution 3314 (XXIX) ein Nachrichtendienst selbst dann gegen das Aggressionsverbot verstoßen, wenn er private Söldnerfirmen oder Banden für Gewalteinsätze, wie etwa den Einsatz von Drohnen[70] oder terroristische Attentate, bezahlen würde oder wenn er nichtstaatlichen bewaffneten Kräften Kriegsmaterial liefern würde.[71] Besonders aktuell sind heute Cyberoperationen, die dann den bewaffneten Unternehmungen gleichgestellt werden, wenn sie unmittelbar Wirkungen von einem Ausmaß und mit einem Effekt auslösen, die einem schweren Waffeneinsatz gleichkommen.[72] Selbstverständliche Voraussetzung der Zulässigkeit solcher Aktivitäten muss also immer sein, dass ein ND

Weiterführend zum Humanitären Völkerrecht etwa *Kolb*, Advanced Introduction of International Humanitarian Law, Cheltenham 2014.

[69] *Melzer* (Fn. 66), S. 46.
[70] *Löffelmann* Kritische Justiz 2013, 372.
[71] Vgl. UN Security Council, UN- Dok. S/RES1540 (2004).
[72] Siehe *Schmitt* (Hrsg.), Tallinn Manual on the International Law Applicable to Cyber Warfare, Cambridge 2013, insbes. S. 45; *Dinniss*, Cyber Warfare and the Law of War, Cambridge 2012, S. 74; *Marxsen* JZ 2017, 543, 549 ff.

nachweisen kann, dass er mit seinen (internationalen oder nationalen) Feindseligkeiten nicht das Aggressionsverbot nach Art. 2 Abs. 4 UN-Charta verletzt, sondern kriegsrechtlich grundsätzlich gerechtfertigt handelt. Doch ist allseits bekannt, unter welch sehr engen Voraussetzungen ein Staat grenzüberschreitend bewaffnet vorgehen darf, wenn er sich nur auf sein „naturgegebenes Recht" zur Selbstverteidigung nach Art. 51 UN-Charta berufen kann.[73] Insgesamt müssen auch die ND in bewaffneten Konflikten bedenken, dass das Völkerrecht heute weniger das *ius in bellum* verteidigen und ausbauen will, sondern das *ius contra bellum*, respektive *the law against war* dringend stärken will und muss.[74]

b) Allfällige Rechtfertigung einer Aggression durch Nachrichtendienste

Rechtfertigen lassen sich Aktivitäten im Ausland oder mit Wirkung im Ausland von ND, welche das Aggressionsverbot verletzen, nur ausnahmsweise aufgrund des Rechts zu Selbstverteidigung oder einer vom Sicherheitsrat beschlossenen Maßnahme (Art. 51 UNO Charta), denn die ND-Mitarbeiter sind in aller Regel keine zur Vornahme bewaffneter Schädigungshandlungen privilegierte Kombattanten (vgl. Art 1 und 2 HLKO, Art. 4 III. Genfer Abkommen sowie Art. 43 und 46 Protokoll I).[75]

3. Auslandsaktivitäten in Friedenszeiten

Wie aber steht es mit den ND-Aktivitäten im Ausland oder im Verbund mit ausländischen Diensten in Friedenszeiten, wo die völkerrechtliche Rechtslage eine komplett andere ist? Am besten ist wohl, anhand ausgewählter Beispiele zum Einen die Grundlagen und Schranken aufzuweisen, die das allgemeine Völkerrecht über die Beziehungen von Staaten kennt sowie zum Anderen immer den völkerrechtlichen Schutz der Menschen gegenüber solchen Aktivitäten im Auge zu behalten.

Was tut der ND im Ausland? Er kann sich im strategischen Sinne über die Aufklärung der zwischenstaatlichen und/oder regionalen Sicherheitslage kümmern, hat dann also eine staats- bzw. sicherheitspolitische Informationsaufgabe. Oder aber, und dahin ging die Entwicklung nach dem Ende des Kalten Krieges, der ND wird für die präventive, notfalls auch repressive Gefahrenabwehr, z.B.

---

[73] *Schindler* sowie *Hailbronner*, Die Grenzen des völkerrechtlichen Gewaltverbotes (Limitations of the prohibition of the use of force in international law), BDGVR 1986, Heft 26; *Greenwood*, Self-Defence, MPEPIL 2011, *passim*; sodann *Bothe*, in: *Graf Vitzthum/Proelss* (Hrsg.), Völkerrecht, 7. Aufl. 2016, Rn. 19; *Heintschel von Heinegg*, in: *Ipsen* (Fn. 40), § 51 Rn. 29 ff.
[74] *Heintschel von Heinegg*, in: *Ipsen* (Fn. 40), § 51 Rn. 29 ff.
[75] *Ipsen*, in: *Fleck* (Fn. 50), S. 79 ff.

zur Aufdeckung und Verhinderung von illegaler Waffenproliferation eingesetzt, und dann nimmt der ND eine grenzüberschreitende Polizeiaufgabe wahr.[76]

a) Beachtung des Rechts der diplomatischen und konsularischen Missionen

Dass diplomatisches und konsularisches Personal im Ausland auch nachrichtendienstliche Aufgaben erfüllt, ist eine Selbstverständlichkeit seit jeher. Ebenso kommt es aber immer wieder vor, dass solche Personen die völkerrechtlichen Privilegien und Immunitäten des diplomatischen und konsularischen Dienstes missachten. Dann kann der Empfangsstaat dem Entsendestaat gegenüber diese Personen als *persona non grata* erklären (Art. 9 WÜD).[77] Bei schweren Rechtsverstößen solcher Personen verlangt z.B. das Vereinigte Königreich Schadenersatz.[78] Unabhängig vom Diplomatenrecht kann gegen einen Spion z.B. auch eine Einreisesperre verhängt werden.[79]

b) Schutz von Staatsangehörigen im Ausland?

Eine andere, kritische Frage ist: Kann ein Staat den ND oder gar militärische Kräfte einsetzen, um eine bedrohte Person, insbesondere einen bedrohten Staatsangehörigen im Ausland zu retten? Nach *Ipsen* lässt sich sagen, dass ein Staat sich für eine solche Gewaltaktion zwar nicht auf das Selbstverteidigungsrecht berufen kann, wohl aber einen völkergewohnheitsrechtlichen Rechtfertigungsgrund hat, „sofern der Aufenthaltsstaat nicht willens oder in der Lage ist, den erforderlichen Schutz zu gewährleisten", und sofern die Aktion begrenzt und verhältnismäßig bleibt.[80] *Bothe* hingegen hält aufgrund mancher missbräuchlicher Fälle dafür, dass solche Aktionen ohne Zustimmung des betroffenen Staates völkerrechtlich nicht zulässig sind.[81] Alle weitergehenden Aktionen

---

[76] So auch die neuste Doktrin: *Magnin*, Die Polizei: Aufgaben, rechtsstaatliche Grenzen und Haftung, LBR Bd. 116, Zürich 2017, S. 73 ff. In der BRD wird aufgrund des Trennungsgebotes, das die Militärgouverneure der drei westlichen Besatzungszonen in einem „Polizei-Brief" vom 14.04.1949 gegenüber dem Parlamentarischen Rat forderten, von einer grundsätzlichen Verschiedenheit von Polizei und Nachrichtendiensten, bes. Verfassungsschutz ausgegangen (siehe *Denninger*, in: *Lisken/ders.* (Hrsg.), Handbuch des Polizeirechts, 5. Aufl. 2012, Teil B Rn. 40 ff.; *Bergemann*, in: *Lisken/Denninger*, ebd., Teil H Rn. 12 ff.; *Gusy*, in: *Dietrich/Eiffler* (Fn. 29), dessen ungeachtet können auch in Deutschland die ND-Aufgaben materiell-rechtlich und in völkerrechtlicher Sicht als Polizeiaufgaben verstanden werden.
[77] Zum Art. 9 Wiener Übereinkommen vom 18. April 1961 über diplomatische Beziehungen siehe z.B. *d'Aspremont*, Persona non grata, MPEPIL 2009; *Heintze*, in: *Ipsen* (Fn. 40), § 24 Rn. 6.
[78] *Hestermeyer*, Vienna Convention on Diplomatic Relations (1961), MPEPIL 2009, Rn. 20.
[79] So Schweizer Bundesrat, Entscheid vom 16.05.2001, VPB 65.93; oder durch sonstige Fernhaltemaßnahmen, so Eidgenössisches Justiz- und Polizeidepartement (EJPD), Entscheid vom 04.08.1997, VPB 62.1.
[80] *Ipsen*, in: *ders.* (Fn. 40), § 52 Rn. 45 ff.
[81] *Bothe*, in: *Graf Vitzthum/Proelss* (Fn. 73), Rn. 21.

für oder gegen Staatsangehörige im Ausland sind nach den europäischen und internationalen Menschenrechtsgarantien zu beurteilen.[82]

c) Verletzung des völkerrechtlichen Interventionsverbots

Anschaulich ist ein Beispiel aus den jüngeren Beziehungen zwischen Deutschland und der Schweiz: Der schweizerische NDB beschloss offenbar 2010, einen in Teilzeit engagierten informellen Mitarbeiter zur Gegenspionage in der BRD einzusetzen, um den Versuchen deutscher Finanzbehörden entgegen zu treten, Bankkundendaten über Steuerflüchtlinge aus Deutschland von Datendieben zu bekommen. Zu betonen ist, dass eine Gegenspionage gegen deutsche Wirtschaftsspionage, die gegen Art. 273 Schweizer StGB verstieß[83], im Ausland grundsätzlich denkbar, aber rechtlich kaum abstützbar war.[84] Jedenfalls waren solche Aktionen sicher seit Ende 2012, als die Schweizer Landesregierung beschlossen hatte, eine völlige Weißgeld-Politik zu vertreten,[85] nicht mehr zulässig. Im Konkreten waren die Aktivitäten des Beauftragten M. im deutschen Agentenmilieu völkerrechtlich sicher irrelevant; wenn es aber zutrifft, dass dieser versuchte, seinerseits einen Agenten in das Finanzministerium des Bundeslandes Nordrhein-Westfalen einzuschleusen, so hat er bzw. der Schweizer NDB m.E. das völkerrechtliche Interventionsverbot verletzt.[86]

Dieses Verbot wird aus dem Grundsatz der souveränen Gleichheit der Staaten gemäß Art. 2 Abs. 1 UN-Charta sowie der zugehörigen Pflicht der Staaten, die jeweils alleinigen Zuständigkeiten, welche dem „*domaine réservé*" eines anderen Staates zugerechnet werden, zu achten, abgeleitet. Die in Art. 2 Abs. 4 UN-Charta verbotene Anwendung militärischer Gewalt ist nur die schlimmste

---

[82] Diskutieren kann man auch, was ein Konflikt zwischen den Interessen des ND zur Verfolgung eines Staatsangehörigen im Ausland und der völkerrechtlichen Schutzpflicht gegenüber diesem Staatsangehörigen bedeutet. Völkerrechtlich ist eine Schädigung oder Tötung eines Staatsangehörigen *extra forum proprium* im Ausland durch den ND eine Menschenrechtsverletzung wie jede andere Verletzung, selbst wenn das nationale Recht diese fordern oder rechtfertigen würde.
[83] Art. 273 StGB *Verbotener wirtschaftlicher Nachrichtendienst* gehört zu den Staatsschutzdelikten von Art. 265–277 StGB des 13. Titels des StGB.
[84] Das bis zum 30.09.2017 noch geltende Bundesgesetz über Massnahmen zur Wahrung der inneren Sicherheit (BWIS) vom 21.03.1997 (SR 120) gibt in den Art. 11, 14 über Informationsbeschaffungen sowie Art. 14a-14c betr. Informantinnen und Informanten kaum eine ausreichende Gesetzesgrundlage her.
[85] Näheres bei *Opel*, Neuausrichtung der schweizerischen Abkommenspolitik in Steuersachen: Amtshilfe nach OECD-Standard, Eine rechtliche Würdigung, Basel/Bern 2015, S. 173 f.
[86] Wie hier *Ewer/Thiel* NJW 2014, 31 f.; a.A. *Matz-Lück*, in: *Dietrich/Eiffler* (Fn. 29), Rn. 26 ff., welche die erhebliche Zwangswirkung solcher Eingriffe bezweifelt; doch auch durch geheime illegale Machenschaften kann erheblicher Druck auf eine Staatsführung ausgeübt werden, wie z.B. die Erfahrung mit dem Stasiagenten Guillaume im Bundeskanzleramt gezeigt hatte. Weitere Beispiele bei *Rothenbühler* (Fn. 59), S. 177 f.

Form einer unerlaubten Intervention. Unzulässig ist jede mit Zwang oder subversiven oder sonst völlig unlauteren Druckmitteln erfolgte, rechtswidrige Einmischung in die Angelegenheiten eines anderen Staates.[87] Einen „Maulwurf" mit rechtswidrigen Aufträgen in ein Zentrum staatlicher Finanzhoheit einzuschleusen, ist ein gegen eine andere staatliche Hoheitsgewalt gerichtete, völkerrechtlich unzulässige, schädigende Zwangsmaßnahme, vergleichbar einem schädigenden *grove ware*-Einsatz.[88]

d) Verbot des hoheitlichen Handelns auf dem Hoheitsgebiet eines anderen Staates

Eine außerordentlich wichtige Schranke des Völkerrechts ist das Verbot hoheitlichen Handelns auf fremden Hoheitsgebiet. Dabei ist nicht relevant, dass der Informant oder Agent des ND oder eine von diesem beauftragte Organisation in aller Regel einen öffentlich-rechtlichen staatlichen Auftrag erfüllt; das ist dem Aufenthaltsstaat gleichgültig. Unzulässig ist aber, wenn sich diese Personen oder Unternehmen hoheitliche Befugnisse eines Staates anmaßen. M.E. trifft dies z.B. zu für technische Eingriffe in die Telekommunikation im Ausland zur ND-Informationsbeschaffung, oder für das sonstige illegale Eindringen in Computer und Hosts im Ausland.[89] Denn jeder moderne Staat behält

---

[87] Siehe IGH, *Armed Activities in and against Nicaragua, Merits* (Fn. 63), Rn. 107 ff.; IGH, *Armed Activities on the Territory of the Congo* (Fn. 63), Rn. 227 f.; UN General Assembly, UN- Dok. A/RES/36/103 v. 09.12.1981; dazu *Neuhold* (Fn. 58), S. 159 ff., insbes. 166 ff.; Näheres zum völkerrechtlichen Interventionsverbot z.B. *Ipsen*, in: *ders.* (Fn. 40), § 51 Rn. 41 ff.; zu subversiven Interventionen, z.B. von ND: *Ipsen*, ebd., Rn. 51; skeptisch *Bothe*, in: *Graf Vitzthum/Proelss* (Fn. 73), Rn. 17; *Janejad/Wood* Leiden Journal of International Law 22 (2009), 345; siehe zudem: *Janik*, in: *Bockley et al.* (Hrsg.), Nichtstaatliche Akteure und Interventionsverbot, Beiträge zum 39. Österreichischen Völkerrechtstag 2014 in Klosterneuburg, 2015, S. 107 ff. Allgemein zu unlauteren Mitteln der ND oben Fn. 2.

[88] Vgl. Bundesamt für Justiz im Eidgenössischen Justiz- und Polizeidepartement (EJPD) und Direktion für Völkerrecht im Eidgenössischen Departement für auswärtige Angelegenheiten (EDA), Gutachten über Rechtsgrundlagen für Computernetzwerkoperationen durch Dienststellen des Departements für Verteidigung, Bevölkerungsschutz und Sport (VBS), vom 10.03.2009 (VPB 2009.10a, 141): Diese Ämter haben festgehalten, dass Computerangriffe, die nicht physischer Waffengewalt entsprechen, wie z.B. die Zerstörung des Computernetzes eines Bankensystems, das Interventionsverbot verletzen, wenn ein solcher Angriff einem Staat zurechenbar ist. Hingegen haben sie das Eindringen eines Staates in ein Computernetzwerk nur zur Informationsbeschaffung bloß als „unfreundlichen Akt" bezeichnet (S. 165 ff.). Diese letztere Auffassung steht zweifellos unter dem Vorbehalt der Verletzung menschenrechtlicher Schutzpflichten, wie dies der EGMR entschieden hat: Urt. v. 13.12.2012, Nr. 39630/09 – *el Masri*; dazu *Aust* AVR 52 (2014), 402, 403; sowie oben Fn. 48.

[89] So das Urteil des Bundesgerichts vom 07.07.2000 – *Schweizer. Bundesanwaltschaft v. Isaac Bental* (Aliasname, Angehöriger des Israelischen Geheimdienstes) betr. Installation einer Abhöranlage. Der Angeklagte wurde u.a. wegen verbotener Handlungen für einen fremden Staat, einem zentralen Staatsschutzdelikt gemäß Art. 271 Ziff. 1 StGB, verurteilt, denn er habe sich eine „amtliche" Tätigkeit angemaßt, wo doch „der ganze Bereich der Telefonüberwachung in der Schweiz den Behörden vorbehalten ist" (Erw. 6.b).

sich vor, muss sich vorbehalten, die von ihm als zulässig erachteten Eingriffe in die Telekommunikation (z.B. zu Zwecken der Strafverfolgung) zu regeln und dann den ausschließlich hoheitlich dazu ermächtigten Staatsorganen oder staatlich zugelassenen Agenturen zu übertragen.[90] Entsprechend hat das Schweizer Bundesgericht unlängst festgehalten: „Vorbehältlich abweichender völkerrechtlicher Bestimmungen ist ein Staat aufgrund des Grundsatzes der Territorialität nicht berechtigt, eigene Strafverfolgungsmassnahmen auf dem Hoheitsgebiet eines anderen Staates vorzunehmen. Dies gilt namentlich für strafprozessuale Beweismittelbeschlagnahmungen oder Fernmeldeüberwachungen im Ausland."[91] Zusätzlich obliegen jedem Staat völkerrechtliche resp. menschenrechtliche Schutzpflichten zur effektiven Gewährleistung des Telekommunikationsgeheimnisses sowie der *privacy* und Vertraulichkeit privater Kommunikationen;[92] der ausländische ND erschwert oder verunmöglicht mit seinen Aktionen einem dem Rechtsstaat und dem Grund- und Menschenrechtsschutz verpflichteten ausländischen Staat, seine Schutzpflichten wirksam wahrzunehmen, bzw. er unterläuft und verhindert die staatlichen Schutzpflichten.[93]

e) Durchsetzung staatlicher Jurisdiktionsansprüche mittels der Geheimdienste im Ausland?

Ein keineswegs so seltener Fall ist, dass ein Staat (wie Israel im Fall *Eichmann*) versucht, eine eines schweren Verbrechens bezichtigte Person im Ausland zu entführen und der nationalen Strafgerichtsbarkeit zuzuführen. Den diplomatischen Missionen im Ausland ist eine solche Aktion durch Art. 22 WÜD verbo-

---

[90] Ähnlich *Matz-Lück*, in: *Dietrich/Eiffler* (Fn. 29), Rn. 23 ff. Zum Verbot der Vornahme fremder Hoheitsakte: *Ziegler*, Einführung in das Völkerrecht, 3. Aufl., Bern 2015, Rn. 633 ff. Zu prüfen ist bei der Kabelaufklärung oder dem Einsatz von *grove ware* (Trojaner) im Ausland sogar, wenn sie gegen staatliche Instanzen richten, ob diese nicht auch Verstöße gegen das Interventionsverbot sind.
[91] BGE 141 IV 108 Erw. 5.3.
[92] Zu den völkerrechtlichen Schutzpflichten bei solchen schweren Gefährdungen und Verletzungen dieser Menschenrechte durch ausländische ND siehe oben Fn. 48. Diese Schutzpflichten übersieht *Hochreiter*, Die heimliche Überwachung internationaler Telekommunikationen, 2002, S. 131 ff., völlig.
[93] Dazu z.B. *Neubert* AöR 140 (2015), 267, 278 ff. Anderer Ansicht ist *Gärditz* Die Verwaltung 48 (2015), 463, 483 ff., der meint, dass der BND im Ausland in der Regel, selbst wenn er technische Überwachungsmittel einsetze oder Korruptionshandlungen zur Informationsbeschaffung begehe, keine Hoheitsbefugnisse der Bundesrepublik ausübe; ausgenommen bleibe nur die Anwendung erheblicher physischer Gewalt. Das ist unzutreffend, denn auch wenn die Agenten des BND im Ausland als Private auf eigenes Risiko agieren, sind sie m.E. doch Mitarbeiter des Bundesrepublik bzw. im Auftrag der Bundesrepublik tätig; ebenso *Gusy*, in: *Dietrich/Eiffler* (Fn. 29) S. 382 ff. Rn. 71 ff. Vgl. zur völkerrechtlichen Verantwortlichkeit von ND-Agenten im Ausland, ob sie unter der effektiven Kontrolle des Sendestaates stehen oder bloß *de facto*-Agenten sind: *Fleck* Michigan Journal of International Law 28 (2006/2007), 694; zur völkerrechtlichen Stellung von Agenten siehe oben Fn. 16.

ten, und militärische Einheiten im Ausland müssen gemäß den *Status of Armed Forces on Foreign Territory Agreements (SOFA)* die Zuständigkeiten der nationalen Justiz respektieren. Während die israelische und die U.S.-amerikanische Höchstjustiz solche extraterritorialen Aktionen für gerechtfertigt halten, vertritt diejenige des Vereinigten Königreichs den Vorrang der *rule of law* vor den staatlichen Strafverfolgungsinteressen.[94] Da insbesondere Verbrechen gegen die Menschlichkeit und Kriegsverbrechen jetzt in immer mehr Ländern nach Revisionen der Strafgesetze entsprechend dem Universalitätsprinzip bestraft werden können und bei Landesanwesenheit einer verdächtigten oder gar international ausgeschriebenen Person auch sollten, sind die Staaten auf verfassungsrechtlich und schon wegen der Grenzen der staatlichen Jurisdiktion unbedingt angehalten, auf völkerrechtlich fragwürdige ND-Aktionen zur Strafdurchsetzung zu verzichten.[95]

f) Konkurrenz von internationalen Kooperationsabsprachen mit völkerrechtlichen Verträgen zur Polizei- und Justizzusammenarbeit?

Wie verträgt sich ein geheimes *Memorandum of Understanding* zwischen zwei Diensten, welches meist nur ein internationales Verwaltungsabkommen darstellt, mit den diversen europäischen und bilateralen Konventionen über Rechtshilfe in Strafsachen und vor allem mit den vielfältigen bilateralen Abkommen über polizeiliche Kooperation und gar mit den EU-/EWR-Regeln über das zur Verfügung stellen von Informationen im Rahmen der direkten polizeilichen Zusammenarbeit im Schengen-Raum? Oder anders gesagt: Darf ein Dienst einen Trojaner im Ausland einsetzen, völlig außerhalb und entgegen dem Europäischen Übereinkommen über Computerkriminalität vom 23. November 2001[96] und der Richtlinie 2013/40/EU über Angriffe auf Informationssysteme von 2013[97]?

---

[94] Siehe *Bantekas*, Criminal Jurisdiction of States under International Law, MPEPIL 2011, Rn. 20 und Rn. 33. Siehe: Jerusalem District Court, *Attorney-General of the Government of Israel v. Eichmann*, Criminal Case No. 40/61, 1962; U.S. Supreme Court, *United States v. Alarez-Machain*, No. 91–712, 504 U.S. 655, 1992, bes. 2197; House of Lords, *Bennett v. Horseferry Road Magistrate's Court*, UKHL (1993), 3 All ER 138, 150.
[95] Dazu z.B. *Schmahl* AVR 47 (2009), 285, 297 ff., sowie oben Fn. 40.
[96] ETS No 185. Vgl. zur Notwendigkeit der Beachtung dieser völker- und europarechtlichen Rechtsinstrumente: BGE 141 IV 108 Erw. 3.6: „Da der Anwendungsbereich der staatlichen Gesetzgebungen demgegenüber von Territorialitätsgrundsatz begrenzt wird ..., muss die Strafverfolgung im Bereich des Cybercrime über adäquate Instrumente des internationalen Strafrechts unterstützt werden (vgl. Präambel CCC; Council of Europe, Explanatory Report to the Convention on Cybercrime, Ziff. 6, publ. auf: http://conventions.coe.int/treaty/en/reports/html/185.htm (Abruf: 27.07.2017))."
[97] Richtlinie 2013/40/EU des Europäischen Parlaments und des Rates vom 12. August 2013 über Angriffe auf Informationssysteme und zur Ersetzung des Rahmenbeschlusses 2005/222/JI des Rates, Abl. EU 2013 L 218/8.

Diese Fragen sind völker- und landesrechtlich nicht ausreichend geklärt. Die Lösungen, welche Art. 30 WVRK für die Kollision von Verträgen über „denselben Gegenstand" bieten, sind wenig weiterführend. *Heintschel von Heinegg* etwa meint, man werde „allein im Wege einer Abwägung der in Frage stehenden Schutzgüter zu einem die Integrität der betroffenen Verträge wahrenden Ergebnis gelangen, das freilich unter Vorbehalt der Zustimmung der Vertragsparteien steht."[98] M.E. muss deshalb ein ND einen *grove ware*-Einsatz nach den Vorgaben des Europäischen Abkommens über die Computerkriminalität resp. der Richtlinie 2013/40/EU durchführen; die für ND angeblich oder tatsächlich nötige qualifizierte Geheimhaltung erlaubt auch dieses spezielle europäische Strafprozessrecht ohne weiteres.[99] Für die strikte Beachtung der bestehenden Prozessvorschriften spricht *last but not least*, dass dann, wenn ein ND die Informationen außerrechtlich besorgt, diese in einem allfällig nachfolgenden Strafprozess als nicht verwertbare Beweismittel angesehen werden können und dürfen.[100]

g) Rechtsschutz für Personen und private Organisationen gegen Verletzungen durch ausländische Nachrichtendienste?

Die Möglichkeiten betroffener Personen des Informationszugangs sowie des Ergreifens von Rechtsmitteln sind entscheidend für den Rechtsschutz. Entsprechend stellen sich z.B. die Fragen: Gilt denn die Benachrichtigungspflicht gegenüber betroffenen Personen bei geheimen Telefonabhörungen nicht bei Eingriffen im Ausland, bzw. haben denn die im Ausland abgehörten Menschen nicht einen Grundrechtsanspruch auf eine nachträgliche Benachrichtigung und einen Rechtsschutz, jedenfalls im weiten Geltungsbereich der EMRK? Es steht außer Frage, dass die Verfahrensgarantien von Art. 13 und Art. 6 EMRK auch gegenüber den ND gelten, wenn sie z.B. im Ausland einen Lauschangriff oder eine Telefonabhörung *extra et contra legem* vornehmen. Die Lösung, welche das neue Schweizer Bundesgesetz über den Nachrichtendienst vom 25. September 2015 trifft, nämlich dass rechtsuchenden Personen, die eine Auskunft über

---

[98] *Heintschel von Heinegg*, in: *Ipsen* (Fn. 40), § 13 Rn. 21.
[99] Ebenso Eidgenössisches Justiz- und Polizeidepartement (EJPD), Bundesamt für Justiz, und Eidgenössisches Departement für auswärtige Angelegenheiten (EDA), Direktion für Völkerrecht (Fn. 88), VPB 2009/3, 172: „Ausgehend vom materiellen Geltungsbereich der Konvention werden Kampfhandlungen nicht ausgeschlossen. In diesem Sinne werden sich zukünftig CNO grundsätzlich auch an der Europaratskonvention über die Cyber-Kriminalität von 2001 messen lassen müssen."; sowie *Zöller* JZ 2007, 763, 764f. zu den europarechtlichen Vorgaben in der Terrorismusbekämpfung.
[100] Vgl. *Ackermann/Vogler*, in: *Ackermann/Hilf* (Hrsg.), Top Secret, Geheimnisschutz und Spionage: 8. Schweizerische Tagung zum Wirtschaftsstrafrecht, Zürich/Basel/Genf 2015, S. 161; sowie *Rehbein*, Die Verwertbarkeit von nachrichtendienstlichen Erkenntnissen aus dem In- und Ausland im deutschen Strafprozess, 2011.

die sie betreffenden Daten beim NDB verlangen, keine solche gewährt wird und ihr Auskunftsersuchen nur eine geheim gehaltene Überprüfung durch den Datenschutzbeauftragten und allenfalls einem Mitglied des BVGer auslöst, die von den Betroffenen in keinem Fall mit einem Rechtsmittel angefochten werden kann (Art. 63–66 NDG, bes. Art. 66 Abs. 2 NDG), ist völkerrechtswidrig. Ebenso ist auch die Lösung des neuen Schweizer NDG, dass nach einer Kabelaufklärung mit Wirkungen im Ausland (Art. 39–43 NDG) sowie nach einer Funkaufklärung (Art. 38 NDG) oder einem Trojaner-Einsatz (Art. 37 NDG) auch nachträglich keine Mitteilung an die betroffenen Personen erfolgt (Art. 41 Abs. 2 i.V.m. Art. 33 NDG), entgegen den Anforderungen der *Klass*-Rechtsprechung des EGMR[101], zweifellos völkerrechtswidrig.[102] Generelle gesetzliche Ausschlüsse des Rechtsschutzes verletzen, wie etwa die *Kadi*-Rechtsprechung des EuGH bestätigte, den internationalen sowie den europäischen *ordre public*.[103]. Für den Rechtsschutz ist allgemein bedeutsam, dass dieser nicht nur über den den Staaten einigen Gestaltungsraum belassenden Art. 13 EMRK und Art. 2 Abs. 3 UNO-Pakt II gewährleistet wird, sondern wenn immer möglich vor ordentlichen Gerichten mit voller Kognition und Entscheidungsbefugnis endet. Da die menschenrechtlichen Verletzungen durch ND im Ausland i.d.R. Art. 8 EMRK bzw. Art. 17 UNO-Pakt II betreffen, ist es bedeutsam, dass der EGMR nun schrittweise Ansprüche wegen ähnlicher staatlicher Verletzungen auch als „civil rights" ansieht und auf Art. 6 EMRK verweist; das ergibt sich für EU-Mitgliedstaaten schon aus Art. 47 GRCh.[104]

---

[101] Zu dieser Rechtsprechung oben Fn. 55.
[102] Ähnlich *Biaggini* (Fn. 59), der zum (2017 vom NDG abgelösten) Bundesgesetz über die Wahrung der inneren Sicherheit (BWIS) eine, zwar fallweise einschränkbare, Anwendung von Art. 13 EMRK auch für unabdingbar hält.
[103] Vgl. betr. den Schutz der menschenrechtlichen Verfahrensgarantien aufgrund des *ordre public*: EGMR (GK), Urt. v. 04.02.2005, Nr. 46827/99 und 46951/99, Rn. 88 ff. – *Mamatkulov und Askarov*; und bes. EuGH, Urt. v. 03.09.2008, C-402/05 P u.a., Slg. 2008, I-6351 – *Kadi*; bestätigt durch Urt. v. 03.12.2009, C-399/06 und C-403/06 – *Hassan und Ayadi*; BVerfGE 63, 332, 337; Schweizerisches Bundesgericht, BGE 107 Ib 68 Erw. 2. Zum internationalen und europäischen *ordre public* jetzt einlässlich, *Weyeneth*, Der nationale und internationale ordre public im Rahmen der grenzüberschreitenden Amtshilfe in Steuersachen, Basel 2017, S. 285 ff.
[104] EGMR, Urt. v. 07.07.2015, Nr. 28005/12, Rn. 83 – *M.N. u.a./San Marino*: Es gehe nicht an, dass eine betroffene Person „[...] did not have available to him the ‚effective control' [...] and which would have been capable of restricting the interference in question to what was „necessary in a democratic society."; sowie EuGH, Urt. v. 16.05.2017, C-682/15 – *Berlioz Investment Fund SA*; dazu z.B. *Breitenmoser*, in: Festschrift für Würtenberger, 2013, S. 425.

4. Gemeinsame Informationsverarbeitung durch Nachrichtendienste

Zunehmend bauen verschiedenste ND gemeinsame, internationale Informationsverbunde oder gemeinsam geführte Spezialstellen auf.[105] Selbstverständlich sollten diese Verbunde und Stellen, angesichts der tatsächlichen Eingriffe in die *privacy* und andere Menschenrechte von betroffenen Personen, auf ausreichend bestimmten, präzisen rechtlichen Grundlagen beruhen, welche die Zwecke und konkreten Aufgaben des internationalen Verbundes, die Zugriffsbefugnisse der einzelnen staatlichen ND sowie die Rechte der betroffenen Personen regeln.[106] Die völkerrechtliche Vereinbarung über ein solches Vorhaben unterliegt grundsätzlich der parlamentarischen Genehmigung und in der Schweiz zudem – als einem Bundesgesetz vergleichbare Normierung – dem fakultativen Staatsvertragsreferendum nach Art. 141 Abs. 1 Bst. d Ziff. 3 der Bundesverfassung. Die bloße Gesetzesermächtigung zum Abschluss von Vereinbarungen mit ausländischen ND, wie sie in der Schweiz Art. 12 Abs. 1 Bst. e und Art. 70 Abs. 3 NDG bietet, reicht angesichts der Tragweite solcher internationaler ND-Informationsverbunde nicht aus. Entscheidend für die Völkerrechtskonformität dieser Vorhaben ist allerdings, dass eine unabhängige, internationale Kontrollinstanz eingerichtet wird, wie dies z.B. für *Interpol* der Fall ist, wo die Statuten vorsehen, dass es eine *Commission de contrôle des fichiers/Commission for the control of the files* gibt,[107] und wie sie auch für das Schengener Informationssystem mit der Gemeinsamen Kontrollinstanz Schengen GKI (*Schengen Joint Supervisory Authority*) nach Art. 115 SDÜ besteht.[108] Am Wichtigsten ist allerdings, dass auch die Nachrichtendienste bei ihren Kontakten mit ausländischen Diensten immer bedenken, welch gravierende menschenrechtliche und außenpolitische Schäden durch eine Zusammenarbeit mit Staaten wie Russland oder der Türkei entstehen können, die nicht nur vielfach korrupte Staatsorgane haben, sondern vor allem in diverse bewaffnete Konflikte verwickelt sind, keinerlei rechtsstaatliche Justiz

---

[105] So hat der 1968 geschaffene „Club of Berne" der Nachrichtendienstchefs der EU, der Schweiz und Norwegens nach 9/11 eine Antiterrorismus-Gruppe (Groupe antiterroriste GAT) für Studien und Evaluationen geschaffen (vgl. Bundesamt für Justiz und Direktion für Völkerrecht (Fn. 31), VPB 2007.3.1, 87).

[106] Wie oben Fn. 34 ausgeführt, gewährleisten dies die Art. 12 Abs. 1 Bst. c und Art. 70 Abs. 3 NDG nicht.

[107] Siehe Art. 36/37 Statut de l'O.I.P.C.-Interpol vom 13.06.1956, in der Fassung von 2008; diese verbesserte Datenschutzaufsicht kam nicht zuletzt auf französischen Einfluss hin im Rahmen des Abschlusses des *Accord de siège* von O.I.C.P.-Interpol mit der Republik Frankreich vom 14./24.04.2008 zustande.

[108] Die GKI führt namentlich periodische Inspektionen durch und kann Empfehlungen an die Schengen-Instanzen und die Staaten abgeben. Vgl. den letzten Bericht der GKI: Ninth Acitivity Report, January 2009 – April 2013, https://www.edoeb.admin.ch/datenschutz/00796/00798/01159/index.html?lang=de (Abruf: 17.07.2017). Wie schwierig die Durchsetzung eines datenschutzrechtlichen Anspruchs gegenüber einem anderen Schengen-Land ist, selbst mit Hilfe der GKI, zeigt eindrücklich *König*, in: *Breitenmoser/Gless/Lagodny* (Hrsg.), Schengen in der Praxis, Erfahrungen und Ausblicke, 2010, S. 175 ff.

noch einen irgendwie humanen Strafvollzug kennen und fortgesetzt erhebliche Menschenrechtsverletzungen im In- und Ausland begehen.

5. Fazit

Die Aktivitäten der Nachrichtendienste im Ausland erfolgen heute nicht mehr in einem grauen, nebligen Feld des Völkerrechts, sondern sie müssen, ob sie vom Inland aus veranlasst und/oder im Ausland durchgeführt werden, vielfältige völkerrechtliche Grundregeln und Schranken beachten, nicht zuletzt aufgrund der extraterritorialen Verantwortlichkeit für den Menschenrechtsschutz, wie sie jedenfalls vom EGMR und vom EuGH für die europäischen Staaten entwickelt worden sind. Gerade die präventive Abwehr von terroristischen Anschlägen kann von den europäischen ND keineswegs, wie vielerorts noch die Meinung herrscht, weitgehend rechtsfrei im Ausland betrieben werden.[109] Zentral ist deshalb, dass die nationalen Kontrollgremien für Nachrichtendienste auch deren ausländische und internationale Aktivitäten eng überwachen. Das gilt vor allem auch deshalb, weil die Aufgaben der ND im Ausland keineswegs immer sehr leicht und angenehm sind, sondern im Gegenteil für die von den Staaten eingesetzten Akteure oft sogar recht gefährlich.[110] Zudem sollten die Kontrollgremien immer bedenken, dass aus ND-Aktivitäten (wie auch aus *peace enforcing* oder *peace keeping* Missionen) im Ausland häufig, mangels eines Rechtfertigungsgrundes nach Art. 20 ff. ILC-Entwurf[111], völkerrechtliche Staatsverantwortlichkeiten erwachsen, denen rechtzeitig begegnet werden muss.[112]

---

[109] Siehe z.B. *Zöller* JZ 2007, 763.
[110] Vgl. z.B. den Fall des Belgiers Baron de Boschgrave: *Hoss*, Boschgrave Case, MPEPIL 2010 oder EGMR, Urt. v. 09.10.2009, Nr. 62936/00 – *Moiseyev*.
[111] International Law Commission (ILC), Report on the Work of its fifty-third session (2001), Un-Dok. A/56/10 v. August 2001 und UN-Dok. A/Res/56/83 v. 12.12.2001; vgl. *Fleck* Michigan Journal of International Law 28 (2006/2007), 698.
[112] Dazu z.B. *Hoss* (Fn. 110), insbes. Rn. 26 ff.; *Schmalenbach* JZ 2017, 425; sowie zu einer Haftung selbst für allenfalls rechtmässige, aber schädigende Akte: International Law Commission (ILC), Un-Dok. GA/RES/61/36 Annex, vgl. *Schröder*, in: Graf Vitzhum/Proelss (Fn. 73), Rn. 19 f.; *Besson*, Droit international public, 3. Aufl. Bern 2016, S. 369 f.

Der Rechtsrahmen für die Übermittlung personenbezogener Daten unter Beteiligung der Nachrichtendienste*

Mark Alexander Zöller

I. Vorbemerkungen 185
II. Der Begriff der „Übermittlung" 186
III. Der Rechtsrahmen 188
   1. Die Rechtsprechung des BVerfG 188
   2. Die Bedeutung des Trennungsgebots 193

I. Vorbemerkungen

In der Vielzahl an denkbaren Übermittlungskonstellationen zwischen den Sicherheitsbehörden von Bund und Ländern besitzt vor allem die Übermittlung von personenbezogenen Daten, die von den Nachrichtendiensten erlangt wurden, besondere Bedeutung. Schließlich sind Verfassungsschutz, Bundesnachrichtendienst und Militärischer Abschirmdienst für ihren Beobachtungsauftrag nicht an klassische Eingriffsschwellen wie die konkrete Gefahr für die öffentliche Sicherheit und Ordnung oder den Anfangsverdacht für die Begehung einer Straftat gebunden.[1] Sie wissen daher grundsätzlich früher Bescheid als Gefahrenabwehr- oder Strafverfolgungsbehörden, sei es nun durch eigene Aufklärungsmaßnahmen oder Informationen von ausländischen Partnerdiensten.

Ein aktuelles Beispiel hierfür bietet der Fall *Dschaber al-Bakr* mit seinem hier nicht näher zu diskutierenden, unrühmlichen Ende in der JVA Leipzig am 12.10.2016. Nach den bislang durch die Medien bekannt gewordenen Ermittlungsergebnissen[2] war der syrische Staatsangehörige *al-Bakr* im Februar 2015 als Asylbewerber nach Deutschland gekommen und von dort aus mehr-

---

* Mit Fußnoten versehene Manuskriptfassung des Impulsreferats, das der Verfasser am 04.11.2016 im Rahmen des 1. Symposiums zum Recht der Nachrichtendienste in Berlin gehalten hat. Der Vortragsstil wurde beibehalten.
[1] Vgl. etwa *Zöller* JZ 2007, 763, 765.
[2] Siehe dazu etwa MDR, Der Fall Dschaber al-Bakr – eine Chronologie, https://archive.is/tpkuW (Abruf: 05.02.2018).

fach wieder in die Türkei gereist. In der Folgezeit wurde er vom Bundesamt für Verfassungsschutz (BfV) beobachtet, da er über seine ungewöhnlichen Reisebewegungen hinaus auf seinem Facebook-Profil mit dem Gedankengut des IS sympathisierte und nach seiner Rückkehr nach Deutschland stets über auffällig viel Bargeld verfügte. Nachdem sich Anfang Oktober 2016 die Hinweise darauf verdichteten, dass es sich bei ihm um einen gewaltbereiten Islamisten handelte, informierte das BfV die zuständigen sächsischen Polizeibehörden über eine Chemnitzer Wohnung, in welcher sich der Verdächtige aufhalten und einen Bombenanschlag vorbereiten sollte. Bei der Durchsuchung im Anschluss an die zunächst missglückte Festnahme wurden daraufhin tatsächlich anderthalb Kilo Sprengstoff gefunden. Offensichtlich konnte so ein terroristischer Anschlag rechtzeitig verhindert werden, und zwar als Folge eines gezielten Übermittlungsvorgangs zwischen Verfassungsschutz und Polizei.

Dieser Fall zeigt, dass Übermittlungsvorgänge in Bezug auf personenbezogene Daten (§ 2 Abs. 1 BDSG) unter Beteiligung der Nachrichtendienste längst alltägliche und grundsätzlich notwendige Bausteine eines umfassenden Sicherheitskonzeptes sind. Um uns die vergleichsweise spröde und schwer zugängliche Materie der rechtlichen Rahmenbedingungen hierfür in Erinnerung zu rufen, möchte ich mit meinem Impulsreferat in der Kürze der mir zur Verfügung stehenden Zeit einerseits auf den *Begriff* der Datenübermittlung und andererseits auf dessen *Ausformung* in der Rechtsprechung des Bundesverfassungsgerichts (BVerfG) eingehen. Mit der ein oder anderen kritischen Bemerkung möchte ich dabei zugleich zu unserer anschließenden Diskussion überleiten.

II. Der Begriff der „Übermittlung"

Beginnen wir also mit den *Begrifflichkeiten*. In der Terminologie des allgemeinen Datenschutzrechts, an die auch die bereichsspezifischen Datenschutzregelungen der Polizeigesetze von Bund und Ländern, der Strafprozessordnung (StPO) und der Nachrichtendienstgesetze anknüpfen, handelt es sich bei der *Übermittlung* um einen *Unterfall der Verarbeitung* personenbezogener Daten.[3] Sie ist somit einerseits von der zeitlich vorausliegenden Daten*erhebung* (§ 3 Abs. 3 BDSG) zu unterscheiden, mit der die erstmalige Beschaffung von Daten über den Betroffenen bezeichnet wird. Andererseits ist sie von der Daten*nutzung* zu trennen, die gem. § 3 Abs. 5 BDSG als Auffangbegriff[4] alle sonstigen, nicht näher spezifizierten Formen der Verwendung von Daten erfasst. Inhaltlich ist mit der Übermittlung das Bekanntgeben bereits vorhandener Informa-

---

[3] Vgl. nur § 3 Abs. 4 Satz 1 BDSG: „Verarbeiten ist das Speichern, Verändern, Übermitteln, Sperren und Löschen personenbezogener Daten."
[4] *Bergmann/Möhrle/Herb*, Datenschutzrecht, 47. EL (Januar 2014), § 3 BDSG, Rn. 122; *Gola/Klug/Körffer*, in: *Gola/Schomerus*, Bundesdatenschutzgesetz, 12. Aufl. 2015, § 3 Rn. 42.

tionen an einen Dritten gemeint.⁵ Sie hat zur Folge, dass neben der datenübermittelnden Stelle zumindest einer weiteren Stelle die Kenntnisnahme von Daten ermöglicht wird, die diese Daten zu einem anderen Zweck als die übermittelnde Stelle verwenden soll. Eine Datenübermittlung hat damit immer *zwei* wichtige praktische Konsequenzen⁶:

Erstens wird die Gesamtzahl der datenverwendenden Stellen erhöht und *zweitens* kommt *mindestens ein* weiterer Zweck hinzu, zu dem die betreffenden Daten verarbeitet werden. Mit einer Datenübermittlung geht somit regelmäßig eine *Zweckänderung* einher.

Dabei kommt es nicht darauf an, von welcher Seite die *Initiative* für die Durchführung des Übermittlungsvorgangs ausgeht.⁷ Es muss somit keine aktive Weitergabe durch die übermittelnde Stelle vorliegen, etwa eine körperliche Übergabe von Schriftstücken und Datenträgern oder ein Versand von Dokumenten per Post oder E-Mail. Vielmehr genügt es bereits, wenn dem Empfänger Zugriff auf Datenbestände gewährt wird, so dass er sich die von ihm gewünschten Informationen selbsttätig von einem Rechner oder einem Computerserver herunterladen kann. Der eher technisch anmutende Begriff der Übermittlung führt allerdings in der juristischen Praxis immer wieder zu Missverständnissen: Er verleitet leicht zu dem Eindruck, dass eine Datenübermittlung stets die *Nutzung von moderner Informationstechnologie* voraussetzt. In Wirklichkeit können Daten auch schlicht mündlich im Rahmen eines persönlichen Gesprächs oder eines Telefonats weitergegeben werden. Auch nonverbale Kommunikation (z.B. durch Gestik und Mimik) oder Schriftstücke können Mittel einer Datenübermittlung sein, da alle Erscheinungsformen der Bekanntgabe erfasst sind.⁸ Zudem setzt eine Übermittlung nicht voraus, dass personenbezogene Informationen *räumlich in eine andere Sphäre gelangen*. So kann schon die schlichte Umwidmung von Gefahrenabwehr- zu Strafverfolgungsdaten innerhalb derselben Behörde, ja sogar durch denselben polizeilichen Sachbearbeiter den Übermittlungsbegriff erfüllen,⁹ wie das in der Praxis etwa bei der polizeilichen Videoüberwachung erfolgt, wenn die Aufzeichnung zur Verfolgung einer dadurch dokumentierten Straftat verwendet werden soll. Auch die Weitergabe von auf nachrichtendienstrechtlicher Grundlage erlangten Informationen an Vertreter der Bundesanwaltschaft oder der Landeskriminalämter im Rahmen einer gemeinsamen Kooperations- und Kommunikationsplattform wie dem Gemeinsamen Terrorismusabwehrzentrum (GTAZ) hier in Berlin ist eine Datenüber-

---

⁵ *Zöller*, in: *Roggan/Kutscha* (Hrsg.), Handbuch zum Recht der Inneren Sicherheit, 2. Aufl. 2006, S. 445, 449.
⁶ *Zöller*, in: *Roggan/Kutscha* (Fn. 5), S. 445, 449 f.
⁷ Vgl. *Gola/Klug/Körffer*, in: *Gola/Schomerus* (Fn. 4), § 3 Rn. 32; *Zöller*, in: *Roggan/Kutscha* (Fn. 5), S. 445, 450 f.
⁸ *Dammann*, in: *Simitis* (Hrsg.), Bundesdatenschutzgesetz, 8. Aufl. 2014, § 3 Rn. 145.
⁹ *Zöller*, in: *Roggan/Kutscha* (Fn. 5), S. 445, 449.

mittlung, obwohl die Akteure in unmittelbarer räumlicher Nähe zueinander ihren Dienst verrichten.

III. Der Rechtsrahmen

1. Die Rechtsprechung des BVerfG

a) Allgemeines

Schon in seinem wegweisenden Volkszählungsurteil aus dem Jahr 1983 ging das BVerfG davon aus, dass eine freie Entfaltung der Persönlichkeit unter den modernen Bedingungen der Datenverarbeitung den Schutz des Einzelnen nicht nur gegen eine unbegrenzte *Erhebung*, sondern auch gegen die *Speicherung*, *Verwendung* und *Weitergabe* seiner persönlichen Daten voraussetzt.[10] Daran anknüpfend wies das Gericht im Jahr 1999 im Rahmen seiner G 10-Entscheidung ausdrücklich darauf hin, dass jede Kenntnisnahme, Aufzeichnung und Verwertung von personenbezogenen Daten als Grundrechtseingriff zu werten ist.[11] Seitdem dürfte es zum gesicherten Bestand der Grundrechtsdogmatik zählen, dass auch dem sich an die Datenerhebung anschließenden Übermittlungsakt *Eingriffsqualität* zukommt.[12] Dies gilt jedenfalls dann, wenn bereits der Erhebungsakt einen Grundrechtseingriff darstellt.[13] Betroffenes Grundrecht ist hierbei regelmäßig das allgemeine Persönlichkeitsrecht in seinen Ausprägungen als Recht auf informationelle Selbstbestimmung bzw. auf Gewährleistung der Vertraulichkeit und Integrität informationstechnischer Systeme, sofern nicht, etwa bei Daten aus der staatlichen Überwachung von Telekommunikationsvorgängen oder von Wohnräumen, speziellere Gewährleistungen wie Art. 10 oder 13 GG vorrangig sind. Die durch die Übermittlung von personenbezogenen Daten zwischen den deutschen Sicherheitsbehörden veranlassten Grundrechtseingriffe entgehen somit nur dann dem Verdikt der Verfassungswidrigkeit, wenn sie auf einer gesetzlichen Grundlage beruhen, die den Anlass, den Zweck und die Grenzen des Eingriffs bereichsspezifisch, präzise und normenklar festlegt. Außerdem müssen sie verhältnismäßig sein.

---

[10] BVerfGE 65, 1, 43.
[11] BVerfGE 100, 313, 366; vgl. auch BVerfGE 109, 279, 374; 130, 151, 184; 133, 277, 317.
[12] *Murswiek*, in: *Sachs* (Hrsg.), Grundgesetz, 8. Aufl. 2018, Art. 2 Rn. 88; *Jarass/Pieroth*, Grundgesetz, 14. Aufl. 2016, Art. 2 Rn. 53; *Zöller*, Informationssysteme und Vorfeldmaßnahmen von Polizei, Staatsanwaltschaft und Nachrichtendiensten, 2002, S. 359; *ders.*, in: *Roggan/Kutscha* (Fn. 5), S. 445, 453; *Paeffgen*, in: *Wolter/Schenke/Rieß/Zöller* (Hrsg.), Datenübermittlungen und Vorermittlungen, 2003, S. 153, 155; *R.P. Schenke*, ebenda, S. 211, 221; *Gazeas*, Übermittlung nachrichtendienstlicher Erkenntnisse an Strafverfolgungsbehörden, 2014, S. 244.
[13] *Gazeas* (Fn. 12), S. 239.

Diese allgemeinen Vorgaben hat das BVerfG in den vergangenen rund zwölf Jahren weiter konkretisiert.[14]

b) Das Urteil zur akustischen Wohnraumüberwachung (2004)

Den Startschuss für diese Entwicklung gab das Urteil zur akustischen Wohnraumüberwachung vom 03.03.2004.[15] Hier wird erstmals betont, dass sich die Möglichkeit der anschließenden Weiterübermittlung von personenbezogenen Daten schon auf die Frage der Zulässigkeit des Daten*erhebungs*vorgangs auswirkt. Die verfassungsrechtliche Beurteilung der Informationserhebung hänge insoweit auch davon ab, in welchen Verwendungszusammenhängen die gewonnenen Informationen genutzt werden können und welche Schutzvorkehrungen, insbesondere datenschutzrechtliche Regelungen, getroffen worden sind.[16] Der zeitlich nachfolgende Vorgang der Übermittlung von Daten erzeugt somit eine Vorwirkung in Bezug auf den zeitlich vorausliegenden Vorgang der Datenerhebung. Oder anders formuliert: je weiter (d.h. je unbestimmter) die Datenübermittlungsvorschriften formuliert sind, desto weniger Spielraum bleibt für die Erhebung und umgekehrt.[17]

c) Der Bestandsdaten-Beschluss (2012)

Wichtige Hinweise zur Problematik der Datenübermittlungen ergeben sich aber auch aus dem Bestandsdaten-Beschluss vom 24.01.2012. Darin findet das bereits geraume Zeit zuvor im juristischen Schrifttum[18] entwickelte und diskutierte „Modell der doppelten Tür" erstmals Eingang in die verfassungsgerichtliche Judikatur. Ein Datenaustausch vollzieht sich danach durch die korrespondierenden Eingriffe von Abfrage und Übermittlung, die jeweils einer eigenen Rechtsgrundlage bedürfen. Der Gesetzgeber muss also, bildlich gesprochen, nicht nur die Tür zur Übermittlung von Daten öffnen, sondern auch die Tür zu deren Abfrage. Erst beide Rechtsgrundlagen gemeinsam, die wie eine Doppeltür zusammenwirken müssen, berechtigen zu einem Austausch personenbezogener Daten.[19] Kompetenzrechtlich bedeutet dies, dass sowohl der für die Herausgabe als auch der für die Entgegennahme der Daten jeweils zuständige Gesetzgeber

---

[14] Ausführlich hierzu *Gazeas* (Fn. 12), S. 216 ff. m.w.N.
[15] BVerfGE 109, 279.
[16] BVerfGE 109, 279, 374 f.
[17] Dieser Gedanke wird auch im Urteil zur präventiven Telekommunikationsüberwachung aus dem Jahr 2005 aufgegriffen. Dort heißt es: „Die Möglichkeit, die erhobenen Daten zu unbestimmten oder noch nicht bestimmbaren Zwecken verwenden zu können, erhöht die Schwere des Eingriffs bereits zum Zeitpunkt der Informationserhebung"; vgl. BVerfGE 113, 348, 384.
[18] Etwa von *Paeffgen*, in: *Wolter/Schenke/Rieß/Zöller* (Fn. 12), S. 153, 162 ff.; *R.P. Schenke*, ebenda, S. 211 (213); vgl. auch *Zöller* (Fn. 12), S. 211 ff.
[19] BVerfGE 130, 151, 184.

eine materiell verfassungskonforme Ermächtigungsgrundlage schaffen muss. Das kann angesichts der föderalen Struktur der Bundesrepublik Deutschland auch derselbe Gesetzgeber sein, also etwa der Bund für die Weitergabe von auf nachrichtendienstrechtlicher Grundlage erhobenen Daten an die ebenfalls in die Gesetzgebungszuständigkeit des Bundes fallenden Strafverfolgungsbehörden. Insoweit weist das BVerfG zutreffend darauf hin, dass beide Rechtsgrundlagen auch in einer Norm zusammengefasst werden können.[20]

d) Das Urteil zum Antiterrordateigesetz (2013)

Von zentraler Bedeutung für die Übermittlung von personenbezogenen Daten unter Beteiligung der Nachrichtendienste ist aber natürlich das Urteil zum *Antiterrordateigesetz* vom 24.04.2013.[21] Hier betont der *Erste Senat des BVerfG* zunächst, dass ein allgemeiner Austausch personenbezogener Daten aller Sicherheitsbehörden oder der Abbau jeglicher Informationsgrenzen zwischen ihnen den verfassungsrechtlichen Grundsatz der Zweckbindung von Daten unterlaufen würde und von vornherein unzulässig wäre.[22] Allerdings schließe der Zweckbindungsgrundsatz Zweckänderungen durch den Gesetzgeber dann nicht aus, wenn diese durch Gemeinwohlbelange gerechtfertigt sind, die die grundrechtlich geschützten Interessen überwiegen.[23] Dabei lässt der *Erste Senat* deutlich erkennen, dass er insbesondere die Bekämpfung des internationalen Terrorismus für ein solches Gemeinwohlinteresse hält, dem sich der Schutz individueller Rechte des Bürgers weitgehend unterzuordnen habe. Ausgeschlossen ist eine Zweckänderung aber immer dann, wenn mit ihr grundrechtsbezogene Beschränkungen des Einsatzes bestimmter Ermittlungsmethoden umgangen werden, also die Information für den geänderten Zweck, etwa polizeiliche Gefahrenabwehr statt nachrichtendienstlicher Beobachtung, selbst auf entsprechender gesetzlicher Grundlage (z.B. den Polizeigesetzen von Bund und Ländern) nicht oder nicht in dieser Art und Weise hätten erhoben werden dürfen. Daher folge aus dem Grundrecht auf informationelle Selbstbestimmung ein *informationelles Trennungsprinzip*.[24] Danach dürfen Daten zwischen den Nachrichtendiensten und Polizeibehörden grundsätzlich nicht ausgetauscht werden. Dass man in Karlsruhe offenbar selbst nicht an ein echtes Prinzip der informationellen Abschottung zwischen Gefahrenabwehr-, Strafverfolgungs- und Nachrichtendienstbehörden glaubt, zeigt aber schon der nächste Satz der Urteilsbegründung, wonach Einschränkungen der Datentrennung jedenfalls ausnahmsweise zulässig sein sollen. Sofern eine Übermittlung von Daten – was wie

---

[20] BVerfGE 130, 151, 184.
[21] BVerfGE 133, 277.
[22] BVerfGE 133, 277, 321.
[23] BVerfGE 133, 277, 323.
[24] BVerfGE 133, 277, 329.

in unserem Ausgangsfall *Dschaber al-Bakr* der Praxis entspricht – zur operativen Aufgabenwahrnehmung, also etwa der Verhinderung eines terroristisch motivierten Sprengstoffanschlags, erfolgt, begründe sie lediglich einen „besonders schweren Grundrechtseingriff". Dieser lasse sich nur rechtfertigen, wenn die Datenübermittlung einem „herausragenden öffentlichen Interesse" diene.[25] Insofern sollen die Eingriffsschwellen, die für die Gefahrenabwehr- und Strafverfolgungsbehörden mit konkreter Gefahr und Anfangsverdacht bei der Erhebung der Daten gelten, nicht dadurch umgangen werden, dass Polizei und Staatsanwaltschaft solche Daten stattdessen schlicht vonseiten der Nachrichtendienste erhalten, die an solche Schwellen nicht gebunden sind.

Das alles klingt zunächst nach einer bedeutenden verfassungsgerichtlichen Innovation. Der kundige Betrachter wird allerdings schnell bemerkt haben, dass die Postulierung eines informationellen Trennungs*prinzips* nichts anderes ist als eine Anwendung des ohnehin geltenden Trennungs*gebots* zwischen Polizei und Nachrichtendiensten.[26] Das BVerfG hat damit übrigens faktisch die grundsätzliche Trennung von Polizei und Nachrichtendiensten als Ausfluss des allgemeinen Verhältnismäßigkeitsprinzips und damit als Schranken-Schranke für die Rechtfertigung von Grundrechtseingriffen durch Datenübermittlungsvorgänge einstuft. Für die Befürworter eines Verfassungsrangs des Trennungsgebots ist das ein Pyrrhussieg. Schließlich wird es auf diese Weise zu einem bloßen Abwägungsposten degradiert,[27] der speziell angesichts der aktuellen Bedrohungslage durch den internationalen Terrorismus kaum noch als Bollwerk für den Schutz individueller Grund- und Menschenrechte fungiert. Stattdessen handelt es sich allenfalls noch um einen löchrigen Zaun, in dem sich sensible personenbezogene Daten nur noch sporadisch verfangen. Denn wer will schon daran schuld sein bzw. der Medienöffentlichkeit erklären, dass ein terroristischer Anschlag in der Bundesrepublik Deutschland nicht verhindert werden konnte, weil man Gefahrenabwehr- und Strafverfolgungsbehörden Informationen unter Berufung auf eine, mehr als 70 Jahre nach Ende des Dritten Reiches anachronistisch anmutende Trennung von Polizei und Nachrichtendiensten verweigert hat?

---

[25] BVerfGE 133, 277, 329.
[26] So auch *Gazeas* (Fn. 12), S. 65; allg. hierzu aus der umfangreichen Literatur aus neuerer Zeit etwa *Nehm* NJW 2004, 3289; *Kutscha*, in: *Roggan/ders.* (Fn. 5), S. 79 ff.; *Ruhmannseder* StraFo 2007, 184; *Arzt* NVwZ 2013, 1328, 1329 f.; *Fremuth* AöR 130 (2014), 32; *Poscher/Rusteberg* KJ 2014, 57, 68 ff.; *König*, Trennung und Zusammenarbeit von Polizei und Nachrichtendiensten, 2005; *Stubenrauch*, Gemeinsame Verbunddateien von Polizei und Nachrichtendiensten, 2009, S. 24 ff.; *Lang*, Das Antiterrordateigesetz, 2011, S. 99 ff.; *Wittmoser*, Die Landesämter für Verfassungsschutz, 2013, S. 68 ff.; *Gazeas* (Fn. 12), S. 57 ff.; *Hempel*, Der Bundestag und die Nachrichtendienste – eine Neubestimmung durch Art. 45d GG?, 2014, S. 145 ff.; *Kumpf*, Die Kontrolle der Nachrichtendienste des Bundes, 2014, S. 72 ff.; *Weisser*, Die Entwicklung des Bundesnachrichtendienstes, 2014, S. 182 ff.
[27] Vgl. *Volkmann* Jura 2014, 820, 828.

Wenig überzeugend ist auch, dass in der Entscheidung zum Antiterrordateigesetz lediglich für eine Übermittlung von personenbezogenen Daten, die durch *Eingriffe in Art. 10 und 13 GG*, also durch Telekommunikations- oder Wohnraumüberwachungsmaßnahmen, erhoben worden sind, das Kriterium der *hypothetischen Datenneuerhebung* als Zulässigkeitsvoraussetzung aufgestellt wird.[28] Im Übrigen ist auch dieses Kriterium nicht neu, sondern vor allem im deutschen Strafverfahrensrecht unter dem Stichwort „hypothetischer Ersatzeingriff"[29] bereits seit geraumer Zeit Bestandteil der Beweisverbotslehre. Verhindert werden soll hier wie dort eine unnötige Förmelei. Eine Übermittlung von Daten soll dann nicht unterbleiben, wenn die datenempfangende Stelle diese Informationen nach den für sie geltenden, gesetzlichen Eingriffsbefugnissen ohnehin auch selbst hätte erheben können.

e) Das Urteil zum BKA-Gesetz (2016)

Schließlich taucht auch im Urteil zum BKA-Gesetz vom 20.04.2016[30] die *hypothetische Datenneuerhebung* als Kriterium für die Verhältnismäßigkeit des in der zweckändernden Datenübermittlung liegenden Grundrechtseingriffs auf. Für Daten aus eingriffsintensiven Überwachungs- und Ermittlungsmaßnahmen kommt es danach darauf an, ob diese nach verfassungsrechtlichen Maßstäben neu auch für den geänderten Zweck mit vergleichbar schwerwiegenden Mitteln erhoben werden dürften.[31] Das ist der Sache nach einleuchtend und mit Blick auf die Gewährleistung des Grundrechtsschutzes durchaus zu begrüßen. *Nicht einleuchtend* ist jedoch, warum das BVerfG diesen Grundsatz der hypothetischen Neuerhebung in Reinform nur auf Informationen aus Wohnraumüberwachungen oder dem Zugriff auf informationstechnische Systeme bezieht. Bei Daten, die durch andere Maßnahmen der Datenerhebung erlangt worden sind, sollen es Gesichtspunkte der Vereinfachung und der Praktikabilität rechtfertigen, dass nicht alle Einzelanforderungen, die für die Daten*erhebung* gelten, auch für die *Übermittlung* solcher Daten zu anderen Zwecken einzuhalten sind. Konkret will das BVerfG auf diese Weise den *Anlass der Datenerhebung*, also etwa den erforderlichen Konkretisierungsgrad für den strafprozessualen Anfangsverdacht oder die polizeirechtliche Gefahr von der hypothetischen Betrachtung ausnehmen.[32] Das aber öffnet einer Beliebigkeit und Unbestimmtheit von bereichsspezifischen Übermittlungsvorschriften Tür und Tor. Außerhalb von Daten, die durch Eingriffe in Art. 10 und 13 GG erho-

---

[28] Generell krit. *Bäcker*, Kriminalpräventionsrecht, 2015, S. 486 ff.: „verfehltes Regelungsmuster".
[29] Vgl. nur *Beulke*, Strafprozessrecht, 13. Aufl. 2016, Rn. 233a.
[30] BVerfG NJW 2016, 1791.
[31] BVerfG NJW 2016, 1791, 1800.
[32] BVerfG NJW 2016, 1791, 1801.

ben worden sind, gilt damit in Wirklichkeit kein hypothetischer *Ersatzeingriff*, sondern eine Art „hypothetischer *Wunscheingriff*". Wesentlich innovativer ist demgegenüber der Hinweis auf die Übermittlung an staatliche Stellen im Ausland. Diese verlangt aus Karlsruher Sicht nämlich eine Vergewisserung darüber, dass ein hinreichend rechtsstaatlicher Umgang mit den Daten im Empfängerstaat zu erwarten ist.[33] Durch wen und nach welchen Maßstäben das in der Praxis – man denke nur an terroristische Bedrohungslagen mit hohem Zeitdruck – überprüft werden soll, bleibt allerdings offen.

2. Die Bedeutung des Trennungsgebots

Gestatten Sie mir zum Abschluss noch ein paar kurze Bemerkungen zum bereits erwähnten Gebot der Trennung von Polizei und Nachrichtendiensten, das ohne Zweifel zu den am meisten missverstandenen und politisch missbrauchten Grundsätzen des deutschen Rechtssystems zählt. In den Verfassungsschutzgesetzen des Bundes und der Länder, im BND- und im MAD-Gesetz heißt es jeweils mit Blick auf die Behördenorganisation, dass der betreffende Dienst einer polizeilichen Dienststelle nicht angegliedert werden darf (z.B. § 2 Abs. 1 S. 2 BVerfSchG). Ergänzt wird dies durch ein ausdrückliches Verbot im Rahmen der Eingriffsbefugnisse. Danach stehen den Diensten polizeiliche Befugnisse oder Weisungsbefugnisse nicht zu. Sie dürfen die Polizei auch nicht im Wege der Amtshilfe um Maßnahmen ersuchen, zu denen sie selbst nicht befugt sind (z.B. § 8 Abs. 3 BVerfSchG). Das auf diese Weise jedenfalls *einfachgesetzlich* verankerte Trennungsgebot war von vornherein nie als informationelle Schranke angelegt, etwa in dem Sinne, dass Polizei und Nachrichtendienste keine personenbezogenen Informationen austauschen dürften.[34] Seine Funktion erschließt sich vielmehr erst von der Aufgabenbeschreibung der Nachrichtendienste her. Sie sollen bereits im Vorfeld traditioneller Eingriffsschwellen sicherheitsrelevante Informationen sammeln und auswerten. Ermöglicht man aber Grundrechtseingriffe bereits im zeitlichen Vorfeld von polizeirechtlicher Gefahr und strafprozessualem Anfangsverdacht, erscheint dies nur dann als verhältnismäßig und somit rechtsstaatlich, wenn man zum Ausgleich hierfür auf die Gewährung von polizeilichen Zwangsbefugnissen verzichtet. Diejenigen, die (wie die Nachrichtendienste) mangels Bindung an feste Eingriffsschwellen viel wissen, sollen nicht alles dürfen, und diejenigen, die (wie die Polizeibehörden) vieles dürfen, sollen nicht alles wissen. Informationelle Zufallsfunde, die im Rahmen des nachrichtendienstlichen Beobachtungsauftrags anfallen, beispielsweise Hinweise auf mögliche terroristisch oder extremistisch motivierte Straftaten, *können* und *müssen* allerdings – schon mit Blick auf die Schutzpflichtdimension der Grundrechte – an die zuständigen Gefahrenabwehr- und Strafverfolgungs-

---

[33] BVerfG NJW 2016, 1791, 1806.
[34] Vgl. *Zöller*, in: *Roggan/Kutscha* (Fn. 5), S. 445, 465.

börden übermittelt werden, damit *diese* dann die erforderlichen Maßnahmen ergreifen. Das Trennungsgebot verbietet es den Nachrichtendiensten also nur, *gezielt* nach gefahrenabwehr- bzw. strafverfolgungsrelevanten Informationen zu suchen.[35]

Vor diesem Hintergrund ist insbesondere die Antiterrordatei auch nach der Reform durch das Gesetz zur Änderung des Antiterrordateigesetzes und anderer Gesetze vom 18.12.2014[36] nicht mit dem Trennungsgebot zu vereinbaren. Denn dass hierdurch Gefahrenabwehr- und Strafverfolgungsbehörden – und sei es nur in Eilfällen (die wichtigen Fälle, z.B. bei terroristischen Aktivitäten, sind übrigens immer Eilfälle) – Informationen erhalten, die sie selbst nicht erheben dürften, kann man nicht leugnen, sondern allenfalls relativieren. Letzteren Weg ist das BVerfG gegangen, das sich in seiner Entscheidung zum Antiterrordateigesetz einmal mehr in quälend langen Detailausführungen zur Verhältnismäßigkeit einzelner Regelungen ergeht und dabei das große Ganze gelegentlich aus den Augen verliert. Juristisch sauberer und vor allem ehrlicher wäre es gewesen, zunächst einmal zum Verfassungsrang des Trennungsgebotes Stellung[37] zu beziehen und bei dessen Verneinung deren Abschaffung auf einfachgesetzlicher Ebene zu fordern. Stattdessen wurde dieses „heiße Eisen" in der großen, rosaroten Wolke der Verhältnismäßigkeitsprüfung luftdicht verpackt.

---

[35] *Zöller* JZ 2007, 763, 767; *ders.*, in: *Roggan/Kuscha* (Fn. 5), S. 445, 465.
[36] BGBl. I 2014, S. 2318; BGBl. I 2016, S. 48; dazu *Plöse* Vorgänge 4/2014, S. 153; *Hörauf* NVwZ 2015, 181, 182 ff.
[37] Einen Überblick über diese nach wie vor ungeklärte Streitfrage geben etwa *Ibler*, in: *Maunz/Dürig*, Grundgesetz, 64. EL (Januar 2012), Art. 87 Rn. 143; *Werthebach/Droste*, in: Bonner Kommentar zum Grundgesetz, 87. EL (Dezember 1998), Art. 73 Nr. 10 Rn. 233 ff.; *Zöller* (Fn. 12), S. 312 ff.; *König* (Fn. 26), S. 151 ff.; *Lang* (Fn. 26), S. 136 ff.; *Stubenrauch* (Fn. 26), S. 27 ff., jew. m.w.N.

Diskussionsbericht Panel 4:
Nachrichtendienste in der behördlichen Kooperation*

Maria Geismann, Fabian Gilles und *Alexandra Adenauer*

Im von Prof. Dr. *Jan-Hendrik Dietrich* (Hochschule des Bundes für öffentliche Verwaltung, München) geleiteten Panel zur nachrichtendienstlichen Kooperation wurde ein breites Themenspektrum diskutiert. So ging es insbesondere um den Informationsaustausch zwischen den Diensten, sowohl auf nationaler als auch auf internationaler Ebene. Hierbei wurden Fragen aufgeworfen, welche die schwierigen Kooperationsverhältnisse zwischen den Diensten betreffen und wie ein entsprechender Rechtsrahmen auszusehen habe. Ebenso wurde die zur Datenweitergabe in den letzten Jahren intensiver werdende Judikatur in die Erörterung einbezogen; in diesem Rahmen spielte insbesondere das sog. „Doppeltür-Modell" und die Auswirkungen des – vom BVerfG aus der Verhältnismäßigkeit abgeleiteten, mithin im Einzelnen bei überwiegenden gegenläufigen Interessen Relativierungen zugänglichen – Trennungsgebotes, sowie dessen aktuelle Bedeutung eine Rolle. Aufgrund der Vielzahl der sehr verschieden aufgeworfenen Diskussionskreise kann im vorliegenden Abschnitt nur eine Auswahl wiedergegeben werden.

Eröffnet wurde die Diskussion durch eine Nachfrage zur Zusammenarbeit mit Staaten, welche keine hinreichende Sicherheit bieten, die Menschenrechte zu achten. Insbesondere stelle sich hier die Frage, ob daraus erlangte Informationen verwendet werden dürften, denn damit werde eine Umgehung der Menschenrechte zugelassen. Prof. Dr. *Rainer J. Schweizer* (Universität St. Gallen) erwiderte, die Lage bei bewaffneten Konflikten sei klar: In solchen Fällen bestehe eine Lieferpflicht nicht, so dass sich hier keine Probleme ergäben. Er bezog sich auf aktuelle Beispielsfälle. Nur wenn der entsprechende Staat ein NATO-Mitglied sei, könnten sich entsprechende Probleme ergeben. Ebenfalls in diesem Zusammenhang wurde der Quellenschutz diskutiert. *Dirk Menden* (Direktor beim

---

* Die folgende Darstellung der Diskussion im Panel widmet sich den angesprochenen Themen im inhaltlichen Zusammenhang und gibt den Gesprächsverlauf nicht chronologisch in der Reihenfolge wieder, in der die verschiedenen Aspekte angesprochen wurden.

BfV) stellte hierbei den Faktor Vertrauen als wichtig und zentral heraus. Von MR *Dietmar Marscholleck* (Bundesministerium des Inneren) wurde das Thema „Doppeltürmodell" im Zusammenhang mit Spontanübermittlungen aufgegriffen. Im Falle der Spontanübermittlung gebe es nur „eine Tür", also nur einen Eingriffsakt. Dies sei von § 18 VerfSchG gedeckt. Ebenso ging er im Rahmen der Diskussion zum Trennungsgebot auf die informationelle Trennung ein, wobei er hier als Innovation nannte, dass der Maßstab der Verhältnismäßigkeitsprüfung angehoben worden sei (herausragendes öffentliches Interesse). Im Hinblick auf die hypothetische Datenneuerhebung wies er darauf hin, dass nie Rohdaten weitergegeben würden und machte im Vergleich zu einer längeren Übermittlung darauf aufmerksam, dass die Verhältnismäßigkeitsprüfung bei solch kurzen, nachrichtendienstlich verdichteten Informationen anzupassen sei. Erwidert wurde hierauf von Prof. Dr. *Mark Alexander Zöller* (Universität Trier), dass man im Ergebnis wohl nicht so weit auseinander liege. Eine Übermittlung dürfe in solchen Fällen nicht an zu enge Voraussetzungen geknüpft sein. Die Datenübermittlung basiere auf einem vergleichbaren Grundrechtsschutz. Wenn dieser Schutz erreicht sei, solle eine Übertragung möglich sein. Zwischen beiden wurde der hiermit eng zusammenhängende Bereich der Zufallsfunde diskutiert: *Marscholleck* war der Auffassung, dass das angebrachte Beispiel des Falles al-Bakr gar kein Zufallsfund sei und wies in diesem Zusammenhang darauf hin, dass Nachrichtendienste auch Gefahrenabwehrbehörden seien. *Zöller* sah jedoch das Problem, dass die Eingriffsschwellen, welche für die Polizeibehörden gelten, durch die Nachrichtendienste umgangen werden könnten. Er sah aber auch ein eventuelles Missverständnis, da er den Begriff des Zufallsfundes strafrechtlich definiere als etwas, „nach dem nicht gesucht worden ist". RA Dr. *Nikolaos Gazeas*, LL.M. (Köln) störte sich hingegen an der Aussage *Mendens* in dessen Impulsvortrag, dass es auch Aufgabe des Verfassungsschutzes sei, die Aufklärung von Straftaten „voranzutreiben". Gerade dies sei jedoch nicht die Aufgabe der Nachrichtendienste. Er sieht (anknüpfend an die vorherige Diskussion zu den Zufallsfunden) die nachrichtendienstlichen Erkenntnisse auch nicht als „Zufallsfund" an, sondern würde diese eher als „nachrichtendienstlichen Beifang" definieren, diese seien Informationen, wonach nicht gezielt gesucht oder gefragt wurde, auf denen man jedoch auch nicht sitzen bleiben möchte. In Bezug auf die Weitergabepflicht von Informationen bei Straftaten nach § 20 BVerfSchG trete ein Nachrichtendienst aus seiner Sicht nicht als Gefahrenabwehrbehörde auf, denn hier handele es sich um eine repressive Maßnahme. Nachrichtendienste seien nicht der verlängerte Arm der Strafverfolgungsbehörden. *Menden* hielt dagegen, dass der Verfassungsschutz sehr wohl noch „Player" in diesem Stadium sei und bezog sich auf § 20 BVerfSchG. Danach müssten Daten weitergegeben werden, wenn dies zur Verfolgung von Staatsschutzdelikten erforderlich sei. Dort stünden die Dienste neben der Polizei. Allerdings konkretisierte er seine Aussage dahingehend, dass dies nicht für alle Straftaten gelte.

Mit einem grundsätzlichen Beitrag zum Trennungsgebot meldete sich anschließend Prof. Dr. *Christoph Gusy* (Universität Bielefeld) zu Wort. Hierfür zeigte er zunächst die Unterscheidung des BVerfG zwischen organisatorischem und informationellem Trennungsgebot auf. Er regte an, dass die Dienste und Institutionen erst einmal selbst die Grenzen suchen und festsetzen sollten. Erst danach könnte man entsprechend systematisieren und eine juristische Regel finden, sodass das Trennungsgebot positiv und nicht mittelbar sowie negativ durch seine Ausnahmen bestimmt werde. *Zöller* griff dies auf und forderte – da man eigentlich gar nicht mehr wisse, wer dieses Trennungsgebot überhaupt noch vertrete –, eine offene Debatte hierüber zu führen.

Zum Abschluss blieb es Moderator *Dietrich* festzustellen, dass in diesem umfangreichen Themenkomplex zwar viele Themen angesprochen worden seien, jedoch nicht erschöpfend hätten diskutiert werden können, so dass noch einige Fragen für folgende Tagungen verbleiben würden.

Fachvortrag und Podiumsdiskussion

Grundrechtsschutz und Rechtsbehelfe in der Europäischen Union im Zusammenhang mit der Überwachung durch Nachrichtendienste: die Position der Agentur der Europäischen Union für Grundrechte (FRA)

*Michael O'Flaherty**

I. Einleitung	201
II. Studienzuschnitt	203
1. Datenerhebung und Erfassungsbereich	203
2. Anknüpfungspunkte: Schutz der Grundrechte und EU-Recht	204
3. Differenzierung nach Überwachungsarten: gezielte und ungezielte Überwachung	205
III. Wichtigste Ergebnisse der Studie	207
1. Nachrichtendienste und Überwachungsgesetze	208
2. Kontrolle der Nachrichtendienste	210
3. Rechtsbehelfe	214
IV. Schlussfolgerungen	218

I. Einleitung

Als die Medien im Juni 2013 weltweit begannen, die „*Snowden*-Dokumente" zu veröffentlichen, wurde bekannt, dass Nachrichtendienste über umfangreiche globale Überwachungsprogramme verfügen. Die *Snowden*-Enthüllungen waren jedoch nicht die ersten Hinweise auf Programme zur groß angelegten Kommunikationsüberwachung, die nach den Anschlägen vom 11. September 2001 ein-

---

* Dieser Beitrag beruht auf einer Aktualisierung der Zusammenfassung des FRA-Berichts „Surveillance by intelligence services: fundamental rights safeguards and remedies in the European Union", der anlässlich des Ersten Symposiums zum Recht der Nachrichtendienste im November 2016 von Dr. *Mario Oetheimer* in Berlin vorgestellt wurde. Zum Bericht siehe http://fra.europa.eu/en/project/2014/national-intelligence-authorities-and-surveillance-eu-fundamental-rights-safeguards-and/publications (Abruf: 03.07.2017).

gerichtet wurden.¹ Das Ausmaß dieser Enthüllungen bleibt jedoch beispiellos und wirkt sich möglicherweise auf die Privatsphäre der Menschen auf der ganzen Welt aus. Die Überwachung zielt nicht mehr nur auf Staats- oder Geschäftsgeheimnisse ab, sondern erlaubt auch das umfassende Abhören privater Kommunikation. Dies verletzt sowohl das Recht auf Achtung des Privat- und Familienlebens der Personen als auch das Recht auf den Schutz personenbezogener Daten. Beide Rechte werden auf EU-Ebene durch die Charta der Grundrechte der Europäischen Union (EU-Grundrechtecharta) garantiert. Auch in Bezug auf Überwachungstätigkeiten sind die EU und ihre Mitgliedstaaten zum Schutz dieser Rechte verpflichtet.² Außerdem müssen betroffenen Menschen Rechtsbehelfe zur Anfechtung rechtswidriger Überwachung zur Verfügung gestellt werden.

Die *Snowden*-Enthüllungen hatten eine Reihe von Reaktionen zur Folge. In der Welt der Nachrichtendienste, insbesondere in den für die Überwachung der Nachrichtendienste zuständigen Fachgremien, wurden die Auswirkungen der Enthüllungen in eingehenden Ermittlungen und Sonderberichten weiter untersucht. Die EU-Organe haben mit Entschlossenheit reagiert. Die Europäische Kommission, der Rat der Europäischen Union und das Europäische Parlament berichteten alle über die Enthüllungen, äußerten Besorgnis über die Massenüberwachungsprogramme, baten die US-Behörden um Klarstellung und arbeiteten an einer „Wiederherstellung des Vertrauens" in den Beziehungen zwischen den Vereinigten Staaten und der EU.³ Auch wenn es für eine vollständige Beurteilung der Auswirkungen der *Snowden*-Enthüllungen noch zu früh ist, zeigten im Anschluss an die Enthüllungen in einigen EU-Mitgliedstaaten durchgeführte Untersuchungen, dass die derzeitigen nationalen Rechtsgrundlagen reformiert werden müssen, um Bürgerinnen und Bürger besser vor nachrichtendienstlichen Eingriffen zu schützen. Das Europäische Parlament bekräftigte dies in seiner Entschließung vom März 2014 zu dem „Überwachungsprogramm der Nationalen Sicherheitsagentur der Vereinigten Staaten, den Überwachungsbehörden in mehreren Mitgliedstaaten und den entsprechenden Auswirkungen auf die Grundrechte der EU-Bürger und die transatlantische Zusammenarbeit im Bereich Justiz und Inneres"⁴, mit der ein *europäischer digitaler Habeas-Corpus-Grundsatz* eingeführt wurde.

---

¹ Europäisches Parlament, Bericht über die Existenz eines globalen Abhörsystems für private und wirtschaftliche Kommunikation (Abhörsystem ECHELON) (2001/2098 (INI)) v. 11.07.2001. Ausführlich dazu siehe *Sule*, Spionage: Völkerrechtliche, nationalrechtliche und europarechtliche Bewertung staatlicher Spionagehandlungen unter besonderer Berücksichtigung der Wirtschaftsspionage, 2006, S. 36 ff.

² Dazu näher *Sule* (Fn. 1), S. 349 ff.

³ Vgl. u.a. Europäisches Parlament, Entschließung vom 23.10.2013 zur Aussetzung des TFTP-Abkommens infolge der Überwachungsmaßnahmen der NSA (2013/2831(RSP)), Dok. P7_TA(2013)0449.

⁴ Europäisches Parlament, Entschließung vom 12.03.2014 (2013/2188 (INI)), Dok. P7_TA (2014)0230.

Im April 2014 forderte das Europäische Parlament die Agentur der Europäischen Union für Grundrechte (FRA) auf, eine eingehende Untersuchung zum Schutz der Grundrechte im Zusammenhang mit der Überwachung durchzuführen. Dieser Aufforderung kam die FRA nach und stellte einen Überblick über die gültigen Rechtsrahmen für nachrichtendienstliche Überwachungstätigkeiten in den 28 EU-Mitgliedstaaten sowie eine Übersicht über die bestehenden Grundrechtsnormen zusammen. Die FRA-Studie konzentrierte sich auf vorhandene Aufsichtsmechanismen und Rechtsbehelfe, die Personen, die Verletzungen ihrer Privatsphäre vermuten, zur Verfügung stehen.[5]

Die Überwachungstechniken als solche wurden im Rahmen dieser Studie nicht überprüft; im Fokus stand allein, inwieweit die derzeitigen Rechtsgrundlagen in den Mitgliedstaaten die Anwendung solcher Techniken erlauben. Weiterhin wurde die Rolle von Fachgremien bei der Kontrolle der Tätigkeiten der Nachrichtendienste untersucht und geprüft, inwieweit die entsprechenden Schutzbestimmungen in den 28 EU-Mitgliedstaaten zum Schutz von Privatsphäre und Daten beitragen.

„Nachrichtendienste" haben einen außenpolitischen Auftrag und konzentrieren sich auf externe Bedrohungen, während „Sicherheitsdienste" einen innenpolitischen Auftrag haben und sich auf nationale Bedrohungen konzentrieren. Die FRA verwendet für beide Begriffe die Sammelbezeichnung „Nachrichtendienste".

Die folgenden Ausführungen stellen die wichtigsten Untersuchungsergebnisse der FRA dar. Der vollständige Bericht zum Grundrechtsschutz und zu Rechtsbehelfen hinsichtlich von Überwachungstätigkeiten wurde auf Englisch unter dem Titel *„Surveillance by intelligence services: fundamental rights safeguards and remedies in the EU – Mapping Member States' legal frameworks"* veröffentlicht.[6]

II. Studienzuschnitt

1. Datenerhebung und Erfassungsbereich

Für diese Studie hat die FRA die gültigen Rechtsgrundlagen für Überwachungstätigkeiten in den 28 EU-Mitgliedstaaten untersucht sowie die Rechtsvorschriften und einschlägigen Grundrechtsnormen analysiert, um eine vergleichende Analyse der Rechtslage im Bereich der Überwachung für die gesamte EU vorzulegen.

---

[5] Siehe: http://fra.europa.eu/en/project/2014/national-intelligence-authorities-and-surveillance-eu-fundamental-rights-safeguards-and (Abruf: 03.07.2017).
[6] Der Bericht ist einsehbar unter: http://fra.europa.eu/sites/default/files/fra_uploads/fra-2016-surveillance-intelligence-services_en.pdf (Abruf: 03.07.2017).

Anhand der Antworten, die das multidisziplinäre Forschungsnetz der FRA (Franet),[7] zur Verfügung stellte, wurden mittels Sekundärforschung Daten und Informationen in allen 28 EU- Mitgliedstaaten erhoben. Weitere Informationen wurden durch den Austausch mit wichtigen Partnern eingeholt, wie nationale Verbindungsbeamte und -beamtinnen der FRA in den Mitgliedstaaten, Fachgremien und einzelne Datenschutzexperten. Die hier vorgelegten Ergebnisse basieren auf bestehenden Berichten und Veröffentlichungen, die nationale Gesetzgeber dabei unterstützen sollen, bessere Rechtsrahmen für die Nachrichtendienste und deren demokratische Kontrolle zu schaffen.

Ein zweiter sozial- und rechtswissenschaftlicher Bericht mit Stellungnahmen der FRA, die auf empirischen Untersuchungen basieren, wird zu einem späteren Zeitpunkt veröffentlicht und sich eingehender mit den hier dargelegten Ergebnissen befassen.

2. Anknüpfungspunkte: Schutz der Grundrechte und EU-Recht

Erster Anknüpfungspunkt für die Konkretisierung des Rechtsrahmens, innerhalb dessen sich Überwachungsmaßnahmen nationaler Nachrichtendienste bewegen müssen, sind internationale Rechtsvorschriften. Die EU-Mitgliedstaaten sind sämtlich an internationale menschenrechtliche Mindeststandards gebunden, die von den Vereinten Nationen (UN) entwickelt wurden und allgemein verbindlich sind.[8] Nach den *Snowden*-Enthüllungen wurden Massenüberwachungspraktiken von zahlreichen UN-Expertengremien und Vertragsorganen verurteilt.[9] Der Europarat, einschließlich der Rechtsprechung des Europäischen Gerichtshofes für Menschenrechte (EGMR), gibt in diesem Zusammenhang Mindeststandards bei Überwachungsmaßnahmen vor. EU-Rechtsvorschriften, wie sie vom Gerichtshof der Europäischen Union (EuGH) ausgelegt werden, sind ebenfalls relevant. Letztendlich spielen in einem Bereich, in dem nur eingeschränkt internationale Regelungen – mit Ausnahme der Menschenrechte – unmittelbar angewendet werden, auch Selbstregulierungsmaßnahmen und unverbindliches Recht („soft law") eine wichtige Rolle.

Der Bericht konzentriert sich auf die Rechte auf Privatsphäre und Datenschutz, die in Art. 7 und 8 der EU-Grundrechtecharta verankert sind. Das Recht auf Datenschutz ist auch im Primär- und Sekundärrecht der EU festgelegt und gewährleistet, dass die Verarbeitung personenbezogener Daten in ihrem je-

---

[7] Siehe http://fra.europa.eu/en/research/franet (Abruf: 03.07.2017).

[8] Vereinte Nationen, Resolution 68/167 zum Recht auf Privatsphäre im digitalen Zeitalter, vom 24.03.2015, Dok. A/HRC/28/L.27. Siehe näher dazu *Joyce*, Melbourne Journal of International Law 1/2015, S. 270 (271 ff.).

[9] Siehe dazu u.a. Human Rights Council, Report of the Office of the United Nations High Commissioner for Human Rights, UN-Dok. A/HRC/27/37 v. 30.06.2014; General Assembly, Report of the Special Rapporteur on the promotion and protection of the right to freedom of opinion and expression, Frank La Rue, UN-Dok. A/HRC/23/40 v. 17.04.2013.

weiligen Anwendungsbereich rechtmäßig ist und nur soweit durchgeführt wird, wie sie zur Erfüllung des verfolgten legitimen Zwecks erforderlich ist. Diese Rechte gelten für alle Personen, unabhängig davon, ob es sich um Bürger der EU oder Drittstaatenangehörige handelt. Nach Art. 52 Abs. 1 der EU-Grundrechtecharta muss jede Einschränkung notwendig und verhältnismäßig sein, den von der Union anerkannten, dem Gemeinwohl dienenden Zielsetzungen tatsächlich entsprechen, gesetzlich vorgeschrieben sein und den Wesensgehalt dieser Rechte achten.

Trotz bestehender internationaler Leitlinien wird „nationale Sicherheit" in den verschiedenen EU-Mitgliedstaaten unterschiedlich ausgelegt. Dieses Konzept wird weder in der EU-Gesetzgebung noch in der Rechtsprechung des EuGH näher definiert, obwohl nach Maßgabe des EuGH Grundrechtseinschränkungen eng ausgelegt und gerechtfertigt sein müssen.[10] Diese unklare Beschreibung von „nationaler Sicherheit" wirkt sich auf die Anwendbarkeit des EU-Rechts aus. Nach Art. 4 Abs. 2 EUV fällt „die nationale Sicherheit [...] in die alleinige Verantwortung der einzelnen Mitgliedstaaten." Dies bedeutet nicht, dass das EU-Recht im Falle von „nationaler Sicherheit" gänzlich unanwendbar ist. Die Auslegung von „nationaler Sicherheit" auf Ebene der Mitgliedstaaten und die Art und Weise wie Überwachungsprogramme durchgeführt werden, kann von den EU-Organen, insbesondere vom EuGH, bewertet werden.[11]

3. Differenzierung nach Überwachungsarten: gezielte und ungezielte Überwachung

Die FRA-Studie geht darauf ein, wie gezielte und ungezielte Überwachung in den Rechtsrahmen der EU-Mitgliedstaaten organisiert ist. Das niederländische Kontrollgremium für Nachrichten-und Sicherheitsdienste (CTIVD) definiert gezielte und ungezielte Überwachung wie folgt: Die gezielte Überwachung bezieht sich auf eine „Überwachung, bei der die Person, die Organisation oder die technischen Eigenschaften, über die Daten erhoben werden, im Voraus spezifiziert werden kann/können"; die ungezielte Überwachung bezieht sich dagegen auf „eine Überwachung, bei der die Person, die Organisation oder die technischen Eigenschaften, über die Daten erhoben werden, nicht im Voraus spezifiziert werden kann/können".[12]

Der enorme Umfang von Daten, die durch die bekannt gewordenen Überwachungsprogramme wie beispielsweise PRISM, Xkeyscore und Upstream er-

---

[10] Vgl. EuGH, Urt. v. 15.12.2009, C-387/05, Rn. 45 – *Europäische Kommission v. Italienische Republik*.
[11] Siehe *Anderson*, A Question of Trust: Report of the investigatory powers review, London 2015, S. 71.
[12] CTIVD, Annual Report 2013–2014 v. 31.032014, S. 45–46, https://english.ctivd.nl/documents/annual-reports/2013/03/31/index.

hoben wurden, löste weitreichende Reaktionen aus. „Massenüberwachung" (häufig als ungezielte Überwachung verstanden) umfasst die Erfassung von großen Mengen verschiedener Daten mit traditionellen, geheimen (gezielten) Überwachungsmethoden, wie beispielsweise mittels Telefonüberwachung. Letztere wird angewandt, wenn ein vorheriger Verdacht bezüglich einer bestimmten Person oder Organisation besteht. Diese Art von Überwachung ist in den Gesetzen der EU-Mitgliedstaaten weit verbreitet und anerkannt. Innerhalb der meisten EU-Mitgliedstaaten wird die „Massenüberwachung" weder reguliert, geschweige denn als solche bezeichnet. Lediglich in einigen EU-Mitgliedstaaten gibt es detaillierte Rechtsvorschriften zur Fernmelde- oder elektronischen Aufklärung (Signals Intelligence, SIGINT).[13] Hierbei handelt es sich um den Oberbegriff, der verwendet wird, um das Abfangen von Signalen verschiedener Quellen durch die Nachrichtendienste zu beschreiben. FRA verwendet in der gesamten Analyse den Begriff „Fernmelde-oder elektronische Aufklärung".

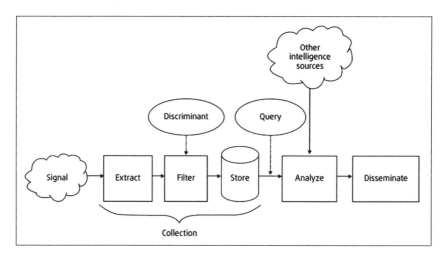

Nach FRA-Bericht „Surveillance by intelligence services: fundamental rights safeguards and remedies in the EU – Mapping Member States' legal frameworks" m.w.N (Fn. 6).

Der Begriff des „SIGINT" bezeichnet ursprünglich eine militärische Aufklärungsfähigkeit.[14] Er bezieht sich auf das automatische Sammeln von Informationen durch die Überwachung und Erhebung digitaler Daten im Zusammenhang mit nachrichtendienstlichen Aktivitäten. Die Abbildung zeigt, dass die

---

[13] Vgl. dazu z.B. § 5 des deutschen Artikel 10-Gesetzes.
[14] *Lowenthal*, Intelligence – From Secrets to Policy, 6. Aufl., Los Angeles 2015, S. 118 ff.

gesammelten Signale mithilfe von Diskriminanten oder Selektoren gefiltert werden. Hierbei handelt es sich um einen Satz an Parametern, der entweder a priori oder dynamisch in den Filterprozess eingesetzt wird, um die Kriterien zu definieren, nach denen bestimmt wird, welche Daten zum Erhalt der relevanten Informationen gespeichert werden müssen (zum Beispiel „alle E-Mail-Adressen, die bei der Kommunikation mit dem Jemen verwendet werden").

Für den Nationalen Forschungsrat der Nationalen Akademien der Vereinigten Staaten ist Fernmelde- oder elektronische Aufklärung der Sammelbegriff für alle Daten, die auf einem elektronischen Gerät gespeichert werden.[15] Die Venedig-Kommission verwendet SIGINT als Sammelbegriff für Mittel und Methoden zur Überwachung und Analyse von Kommunikationen über Radio (einschließlich Satelliten- und Mobiltelefon) und Kabel.[16]

Die FRA-Analyse der Rechtsgrundlagen, die die Überwachungsmethoden der Nachrichtendienste regeln, zeigt, dass die Rechtsvorschriften von fünf EU-Mitgliedstaaten (Deutschland, Frankreich, Niederlande, Schweden und das Vereinigte Königreich) die Bedingungen für die Verwendung gezielter und ungezielter Überwachung genau festlegen. Hierzu zählt auch die Fernmelde- oder elektronische Aufklärung. Andere Mitgliedstaaten legen diese Bestimmungen nur unzureichend fest, was eine rechtliche Analyse der genauen Vorgehensweise erschwert, mit der die Erhebung mittels Fernmelde- oder elektronischer Aufklärung durchgeführt wird. Obgleich sich die Rechtsvorschriften dieser Länder nicht konkret darauf beziehen, kann SIGINT dennoch durchgeführt werden. Da diese Vorgehensweise jedoch nur in den unveröffentlichten Regulierungsmaßnahmen dieser Länder vorgeschrieben ist, würde eine Analyse der anwendbaren Rechtsrahmen diesbezüglich keine Klarheit schaffen.

III. Wichtigste Ergebnisse der Studie

Nachfolgend werden die wichtigsten Ergebnisse der FRA-Studie skizziert. Im Fokus stehen die nachrichtendienstrechtlichen Rechtsgrundlagen, die Kontrolle der Nachrichtendienste sowie möglicher Rechtsschutz gegen unzulässige nachrichtendienstliche Überwachungsmaßnahmen.

---

[15] National Research Center, Bulk Collection of Signals Intelligence: Technical options, Washington 2015, S. ix.
[16] European Commission for Democracy through Law (Venice Commission), Democratic oversight of the security services – update of the 2007 report – and report on democratic oversight of signals intelligence agencies, Dok. CDL-AD(2015)006 v. 07.04.2015.

1. Nachrichtendienste und Überwachungsgesetze

a) Zielsetzung und Organisationsstruktur der Nachrichtendienste

Das Kernziel der Nachrichtendienste demokratischer Gesellschaften ist der Schutz der nationalen Sicherheit und der grundlegenden Werte einer offenen Gesellschaft unter Verwendung von nachrichtendienstlichen Instrumenten. Die Organisation der Nachrichtendienste in den einzelnen EU-Mitgliedstaaten ist eng mit den länderspezifischen geschichtlichen Entwicklungen verbunden und richtet sich nicht zwingend nach den Grundrechtsnormen. Infolgedessen sind die Nachrichtendienste der einzelnen EU-Mitgliedstaaten auf unterschiedlichste Art und Weise aufgebaut. In einigen Mitgliedstaaten wird die Arbeit von zwei Nachrichtendiensten durchgeführt, während in anderen Mitgliedstaaten fünf oder sechs Organe zuständig sind. Militärische Nachrichtendienste sind nicht Gegenstand dieses Berichts. Die zivilen Nachrichtendienste unterstehen gemeinhin den Innenministerien, gelegentlich aber auch dem Staatsoberhaupt (Premierminister/-in oder Präsident/-in).

In einigen Mitgliedstaaten sind die zivilen Nachrichtendienste weiter untergliedert in einen Dienst mit innenpolitischem und einen Dienst mit außenpolitischem Auftrag.[17] Darüber hinaus haben manche Mitgliedstaaten staatliche Organe, die auf besondere Bedrohungen wie etwa organisiertes Verbrechen, Korruption oder Terrorismusbekämpfung spezialisiert sind, mit nachrichtendienstlichen Maßnahmen betraut.[18]

b) Schutz der nationalen Sicherheit

Im Rahmen der FRA-Studie wird das Konzept der „nationalen Sicherheit" im Zusammenhang mit dem Auftrag der Nachrichtendienste und den von ihnen möglicherweise ausgeführten Überwachungsmaßnahmen analysiert. Abermals zeigen die Ergebnisse, wie groß die Unterschiede zwischen den EU-Mitgliedstaaten sind.

Nachrichtendienste befassen sich primär mit dem Schutz der nationalen Sicherheit, wobei die EU-Mitgliedstaaten darunter nicht alle dasselbe verstehen. Der Umfang dessen, was nationale Sicherheit bedeutet, ist selten festgelegt, allerdings werden bisweilen ähnliche Begriffe verwendet. Manche Mitgliedstaaten verwenden den Begriff „nationale Sicherheit" überhaupt nicht, sondern verweisen auf die „innere Sicherheit" und/oder „äußere Sicherheit" oder auch die „Sicherheit des Staates".[19] Die verschiedenen Aufgabenbereiche der Nachrich-

---

[17] So z.B. in der Bundesrepublik Deutschland, wo der Bundesnachrichtendienst Erkenntnisse über das Ausland sammelt, während das Bundesamt für Verfassungsschutz die Innenperspektive bedient.
[18] So z.B. gegen organisierte Kriminalität in Spanien oder gegen Korruption in Polen. Vgl. FRA-Bericht (Fn. 6), S. 14.
[19] So z.B. Schweden. Vgl. FRA-Bericht (Fn. 6), S. 26.

tendienste (d.h. ihre Aufträge) sind nicht identisch in allen EU-Mitgliedstaaten. Zusätzlich zu den herkömmlicheren Einsatzgebieten umfassen die Aufträge einiger Nachrichtendienste die Bekämpfung des organisierten Verbrechens (z.B. in Spanien). Diese Begriffe sind jedoch nicht einheitlich festgelegt.

c) Gesetzliche Regelung der Überwachung

Bisweilen gibt es keine eindeutige Abgrenzung zwischen den Aufgaben der Strafverfolgungsbehörden und den Aufgaben der Nachrichtendienste. Ausweitungen der Aufgaben dürfen nur vorgenommen werden, wenn ordnungsgemäß nachgewiesen wird, dass dies dem Schutz des Staates dient. Dies ist auch der eigentliche Grund für die Einrichtung von Nachrichtendiensten. In den meisten Mitgliedstaaten regulieren die Rechtsgrundlagen nur die gezielte Überwachung, entweder von Einzelpersonen oder von bestimmten Gruppen oder Organisationen. Neben der Regelung der gezielten Überwachung wurden von fünf Mitgliedstaaten (Deutschland, Frankreich, Niederlande, Schweden und das Vereinigte Königreich) detaillierte Gesetze über die Bedingungen der Verwendung der Fernmelde- oder elektronischen Aufklärung erlassen.[20]

Bei Betrachtung der geltenden Menschenrechtsstandards ist ersichtlich, dass den nationalen Rechtsrahmen klare Definitionen fehlen, in denen Personengruppen und Tätigkeitsbereiche aufgeführt werden, über die möglicherweise Informationen gesammelt werden.

Organisation und Arbeitsweise der Nachrichtendienste sind in der überwiegenden Mehrzahl der Mitgliedstaaten gesetzlich geregelt (27 von 28). In Portugal ist dem Nachrichtendienst laut Verfassung die Durchführung von Überwachungsmaßnahmen untersagt. Zypern hat ein Gesetz zur Reglementierung der Überwachungspraktiken seiner Nachrichtendienste im Jahr 2016 verabschiedet.[21]

Die Analyse der FRA zeigt, dass die Rechtsgrundlage, die die Aufträge und Befugnisse nationaler Nachrichtendienste in den EU-Mitgliedstaaten festlegt, stark variiert. Sie kann von einem einzigen Rechtsakt, der die Organisation und Mittel der nationalen Nachrichtendienste regelt, bis hin zu einem komplexen Rechtsrahmen bestehend aus verschiedenen Gesetzen und Verordnungen reichen. Diese wiederum regeln bestimmte Aspekte wie den Auftrag, die Organisation, die Kompetenzen und Mittel der Nachrichtendienste. Überwiegend sind die Tätigkeiten der Nachrichtendienste durch zwei Gesetze reglementiert: ein Gesetz über den Auftrag und die Organisation des Nachrichtendienstes und ein Gesetz über die Handlungsmittel und die Bedingungen zu deren Verwen-

---

[20] Vgl. FRA-Bericht (Fn. 6), S. 20.
[21] Cypriot Intelligence Services Act 2016 (Ο περί της Κυπριακής Υπηρεσίας Πληροφοριών Νόμος του 2016).

dung[22]. In den meisten EU-Mitgliedstaaten (23 von 28) sind die Nachrichtendienste und die Strafverfolgungsbehörden voneinander getrennt. Estland und Schweden haben sich vor kurzem davon gelöst, dass Nachrichtendienste der Polizei oder ähnlichen Strafverfolgungsbehörden angehören.[23]

2. Kontrolle der Nachrichtendienste

In der Analyse der FRA werden die Mechanismen der Rechenschaftspflicht im Zusammenhang mit der Überwachung durch Nachrichtendienste untersucht. Insbesondere wird erläutert, wie von den EU-Mitgliedstaaten Aufsichtsmechanismen eingerichtet wurden. Die Kontrolle ist ein Mittel zur Gewährleistung der öffentlichen Rechenschaftspflicht für die Entscheidungen und Handlungen der Nachrichtendienste. Ihr Ziel ist es, einen Missbrauch von Befugnissen zu vermeiden, die Ausübung von weitreichenderen Befugnissen zu legitimieren und ein verbessertes Ergebnis nach einer Evaluierung bestimmter Handlungen zu erzielen.[24] Gemäß dem allgemeinen Konsens des Berichts der Venedig-Kommission[25] und anderen wissenschaftlichen Untersuchungen[26], sollte die Kontrolle eine Kombination aus folgenden Punkten sein: (1) Durchführungskontrolle; (2) Parlamentarische Kontrolle; (3) Expertengremien; (4) Gerichtliche Überprüfung.

a) Durchführungskontrolle und Koordinierung zwischen Aufsichtsgremien

Die Exekutive kann die Nachrichtendienste auf verschiedene Weise kontrollieren: durch die Bestimmung ihrer strategischen Zielsetzungen und Prioritäten oder die Vorgabe von Leitlinien, durch die Nominierung und/oder Ernennung des Führungsstabs des Nachrichtendienstes, durch die Aufstellung des Haushaltsplans, über den das Parlament letztendlich abstimmen wird, oder durch die Genehmigung der Zusammenarbeit mit anderen Diensten. In manchen Mitgliedstaaten spielt die Exekutive zudem eine wichtige Rolle bei der Autorisierung von Überwachungsmaßnahmen.

---

[22] Vgl. FRA-Bericht (Fn. 6), S. 19 ff.
[23] Vgl. FRA-Bericht (Fn. 6), S. 14.
[24] *Chesterman*, One nation under surveillance: The new social contract to defend freedom without scarifying liberty, Oxford 2011, S. 208, S. 222.
[25] European Commission for Democracy through Law (Venice Commission), Report on the democratic oversight of the security services, Dok. CDL-AD(2007)016 v. 11.06.2007.
[26] Siehe dazu u.a. *Born/Leigh*, Making intelligence accountable: Legal standards and best practice for oversight of intelligence agencies, Oslo 2005, S. 15; *Born/Wills* (Hrsg.), Overseeing intelligence services: A toolkit, Handbook, Geneva 2012; *Chesterman* (Fn. 24); *Dewost/Pelletier/Delarue*, in: CNCIS (Hrsg.), 23e rapport d'activité: Années 2014–2015, Paris 2015, S. 12 ff.; Institute for Information Law, Ten standards for oversight and transparency of national intelligence services, Amsterdam 2015.

Zur wirksamen Kontrolle ist eine gute Koordinierung zwischen den verschiedenen Aufsichtsgremien erforderlich, um die Abdeckung aller Aspekte der Tätigkeiten der Nachrichtendienste zu gewährleisten. Besitzen die Aufsichtsgremien kein klares, umfassendes Verständnis der Tätigkeiten aller nationalen Nachrichtendienste, zieht dies Kontrolllücken nach sich. Die Wirksamkeit des Aufsichtssystems als Ganzes wird gehemmt.

Aufgrund der unterschiedlichen Politik und Rechtssysteme in den EU-Mitgliedstaaten gibt es eine Vielzahl an Organen, die für die Aufsicht der Nachrichtendienste zuständig sind. Die EU-Mitgliedstaaten verfügen über äußerst unterschiedliche Aufsichtssysteme. Auch wenn aus den bewährten Praktiken bestehender Systeme Nutzen gezogen werden kann, würden einzelne Bereiche von einer Rechtsreform, die die Befugnisse der Aufsichtsgremien erweitert, profitieren. Den unterschiedlichen Aufsichtsgremien wird eine große Vielfalt an Befugnissen zugesprochen, und auch der Umfang der Befugnisausübung variiert. Sieben Mitgliedstaaten verfügen über Aufsichtssysteme, die die Exekutive, das Parlament sowie die Justizbehörden (mittels vorheriger Genehmigung) und Expertengremien vereinen.[27] Zu diesen zählt jedoch keines der Länder mit einem Rechtsrahmen, das die Informationsbeschaffung durch Fernmelde- oder elektronische Aufklärung gestattet.

Für eine wirksame Aufsicht sind nicht notwendigerweise alle vier Arten von Aufsichtsmechanismen erforderlich. Eine derartige Aufsicht kann erreicht werden, solange sich die vorhandenen Stellen ergänzen und in ihrer Gesamtheit ein starkes System bilden, das einschätzen kann, ob der Auftrag der Nachrichtendienste ordnungsgemäß ausgeführt wird. Dies ist dann der Fall, wenn die Aufsichtsbefugnisse alle Tätigkeitsbereiche eines Nachrichtendienstes abdecken. Ist der Auftrag selbst jedoch unklar oder unzureichend definiert, ist es den Aufsichtsgremien nicht möglich, Einfluss zu nehmen.

Der Zugriff der Aufsichtsgremien auf Informationen und Dokumente ist unerlässlich. Während die von den Nachrichtendiensten gesammelten Informationen vertraulich sind und durch Sicherheitsvorkehrungen gewährleistet werden muss, dass sie dementsprechend behandelt werden, können die Aufsichtsgremien ihre Aufgaben nur ausführen, wenn sie zunächst Zugang zu allen relevanten Informationen haben. Das Gegenteil scheint jedoch die Norm zu sein.

b) Parlamentarische Kontrolle

Die parlamentarische Kontrolle ist angesichts der Aufgabe des Parlaments, die Regierung zur Verantwortung zu ziehen, von großer Bedeutung. Das Parlament als Gesetzgeber ist für den Erlass eindeutiger, zugänglicher Rechtsvorschriften in Bezug auf die Organisation von Nachrichtendiensten, ihrer Befugnisse und

---

[27] Vgl. FRA-Bericht (Fn. 6), S. 32 ff.

deren Beschränkungen verantwortlich. Auch obliegt es der Verantwortung des Parlaments, den Haushaltsplan der Nachrichtendienste zu genehmigen, und in manchen Mitgliedstaaten zu prüfen, ob die Tätigkeiten der Nachrichtendienste dem Rechtsrahmen entsprechen.

Die Ergebnisse der FRA zeigen, dass in 24 EU-Mitgliedstaaten eine parlamentarische Kontrolle erfolgt. In 21 dieser Mitgliedstaaten werden die Nachrichtendienste von Fachausschüssen des Parlaments beaufsichtigt. Einige Mitgliedstaaten haben einen für unterschiedliche Sicherheits- und Nachrichtendienste zuständigen Parlamentsausschuss eingerichtet, während andere verschiedene Ausschüsse etabliert haben, die sich gesondert mit den Diensten befassen.[28] Keinem Parlamentsausschuss eines Mitgliedstaates wird der uneingeschränkte Zugang zu nachrichtendienstlichen Informationen gewährt.

Die verschiedenen Parlamentsausschüsse der Mitgliedstaaten haben unterschiedliche Aufträge. Die meisten Ausschüsse besitzen die herkömmlichen Aufsichtsbefugnisse hinsichtlich der Gesetzgebung, dem Haushaltsplan und dem Erhalt von Informationen über die Tätigkeit der Dienste. Nur wenige Ausschüsse untersuchen Beschwerden, treffen verbindliche Entscheidungen zu den Nachrichtendiensten oder dürfen Unterstützung bei der Genehmigung von Überwachungsmaßnahmen leisten. In der Mehrzahl der EU Mitgliedsstaaten sind die Fachgremien berechtigt, entweder die Nachrichtendienste selbst oder die Exekutive im Übrigen um Informationen zu ersuchen. Sie haben jedoch nicht das Recht, deren Vorlage ohne Einschränkungen zu verlangen.

c) Aufsicht durch Expertengremien

Die Aufsicht durch Expertengremien ist besonders nützlich, da die mit der Materie vertrauten Einzelpersonen Zeit haben, sich mit diesem Thema zu befassen und frei von politischen Affinitäten sind. Dies ermöglicht eine eingehende Prüfung der Tätigkeiten der Nachrichtendienste. Dem Menschenrechtskommissar des Europarates zufolge eignen sich solche Expertengremien häufig am besten, um die operativen Tätigkeiten der Sicherheits- und Nachrichtendienste zu beaufsichtigen.[29]

Wenn auch die parlamentarische Kontrolle äußerst wichtig ist, muss sie durch andere Aufsichtsgremien ergänzt werden, insbesondere durch starke Expertengremien, die die operativen Tätigkeiten überwachen können. Hierzu zählen unter anderem die Erhebung, der Austausch und die Nutzung personenbezogener Daten sowie die Achtung des Rechts auf Privatheit.

Innerhalb der EU haben 15 Mitgliedstaaten ein oder mehrere Expertengremien eingerichtet, die sich ausschließlich der Beaufsichtigung der Nachrichten-

---

[28] Vgl. FRA-Bericht (Fn. 6), S. 34 ff.
[29] Council of Europe Commissioner for Human Rights, Democratic and effective oversight of national security services, Strasbourg 2015, S. 8.

dienste widmen (z.B. Griechenland, Irland und die Niederlande). Ihre Kompetenzen umfassen die Autorisierung von Überwachungsmaßnahmen, Untersuchung von Beschwerden, Anforderung von Dokumenten und Informationen von den Nachrichtendiensten und Beratung der Exekutive und/oder des Parlaments. Um ihr Potenzial voll auszuschöpfen, muss ihnen eine angemessene Unabhängigkeit gewährt, Ressourcen bereitgestellt und Befugnisse erteilt werden.[30]

In manchen Mitgliedstaaten sind keine Institutionen, die von den Nachrichtendiensten und der Exekutive unabhängig sind, an der Autorisierung von Überwachungsmaßnahmen beteiligt (so etwa in Lettland).[31]

In Mitgliedstaaten, in denen gesetzlich vorgeschrieben wird, dass eine unabhängige Instanz Überwachungsmaßnahmen autorisiert, ist für eine gezielte Überwachung meist eine gerichtliche Zustimmung erforderlich, wobei die Genehmigung durch Expertengremien die alternative, bevorzugte Lösung ist. Es gibt keinen gemeinsamen Ansatz zur Kontrolle der Informationsbeschaffung durch Fernmelde- oder elektronische Aufklärung.

Neben dem unerlässlichen Verständnis der rechtlichen Aspekte der Überwachung, müssen die Expertengremien auch über technische Kompetenzen verfügen. Manche Mitgliedstaaten stellen dies sicher, indem sie Experten verschiedener Fachrichtungen, einschließlich der Informations- und Kommunikationstechnologien (IKT), einbeziehen. Andere vertrauen in hohem Maße auf eine Kombination aus derzeitigen oder ehemaligen Richtern und Abgeordneten.

Die EU-Mitgliedstaaten haben den Datenschutzbehörden (Data Protection Authorities, DPA) – sogenannte Fachgremien zur Wahrung der Privatsphäre und Gewährleistung des Datenschutzes – eine entscheidende Rolle für den Schutz personenbezogener Daten zugewiesen. Diese Rolle ist im europäischen Primär- und Sekundärrecht verankert. Die auf die Überwachung von Nachrichtendiensten spezialisierten Expertengremien verfügen jedoch zweifellos über anerkanntes Fachwissen zum Schutz der Privatsphäre und Gewährleistung des Datenschutzes im nachrichtendienstlichen Bereich.

Die Ergebnisse der FRA zeigen[32], dass die Datenschutzbehörden in sieben Mitgliedstaaten (etwa in Österreich und Slowenien) gegenüber den Nachrichtendiensten dieselben Befugnisse haben wie gegenüber allen anderen Verantwortlichen für die Verarbeitung von Daten. Dies gilt auch im Vergleich zu anderen Datenverarbeitungstätigkeiten und den für die Verarbeitung von Daten Verantwortlichen des öffentlichen und privaten Sektors. In 11 Mitgliedstaaten besitzen die Datenschutzbehörden keine Zuständigkeiten im Bereich der Nach-

---

[30] Vgl. FRA-Bericht (Fn. 6), S. 43.
[31] Vgl. FRA-Bericht (Fn. 6), S. 42.
[32] Vgl. FRA-Bericht (Fn. 6), S. 47.

richtendienste (z.B. in Spanien und Dänemark). In 10 Mitgliedstaaten sind ihre Befugnisse beschränkt (z.B. in Polen und Griechenland).

In Mitgliedstaaten, in denen sich die Datenschutzbehörden und andere sachkundige Aufsichtsgremien die Zuständigkeiten teilen, kann ein Mangel an Kooperation untereinander aufgrund der fragmentierten Zuständigkeiten zu Lücken führen. In Mitgliedstaaten, in denen die Datenschutzbehörden nicht über ausreichende Zuständigkeiten für die Nachrichtendienste verfügen, ist das Aufsichtsgremium für die ordnungsgemäße Wahrung der Privatsphäre und die Gewährleistung des Datenschutzes verantwortlich. In früheren Untersuchungen der FRA über den Zugang zu Rechtsbehelfen zum Datenschutz wird die Notwendigkeit der Stärkung der Kapazitäten der DPA aufgezeigt. Dies ist besonders im Hinblick auf die Rolle, die die Datenschutzbehörden bei der Aufsicht von Nachrichtendiensten spielen können, von Bedeutung.

3. Rechtsbehelfe

Gemäß den geltenden internationalen Normen muss jede Person, die den Verdacht hat, von einer Verletzung von Privatsphäre und Datenschutzrechten betroffen zu sein, die Möglichkeit haben, mittels Rechtsbehelfen Abhilfe zu schaffen. Das Recht auf einen wirksamen Rechtsbehelf, der es Einzelpersonen ermöglicht, Beschwerde gegen eine Verletzung ihrer Rechte einzulegen, stellt einen wesentlichen Bestandteil des Zugangs zur Justiz dar. Ein Rechtsbehelf muss in der Praxis und in der Gesetzgebung „wirksam" sein.

Wie aus früheren Untersuchungen der FRA über den Zugang zu Datenschutz-Rechtsbehelfen und den Zugang zur Justiz ersichtlich ist,[33] stehen den Betroffenen einer Verletzung ihrer Privatsphäre und Datenschutzrechte eine Reihe verschiedener Rechtsbehelfe zur Verfügung. Angesichts der praktischen Schwierigkeiten beim Zugang zu den ordentlichen Gerichten spielen die außergerichtlichen Organe eine wichtige Rolle bezüglich Rechtsbehelfen im Bereich der Überwachung. Zu den außergerichtlichen Organen in den 28 EU-Mitgliedstaaten zählen die Expertengremien (einschließlich der Datenschutzbehörden), Exekutivorgane, parlamentarische Organe und Bürgerbeauftragte. In einigen Mitgliedstaaten ist die Anzahl außergerichtlicher Organe, die für Rechtsbehelfe im Bereich der Überwachung zuständig sind, vielversprechend, jedoch sollte dies unter Berücksichtigung der folgenden Erkenntnisse betrachtet werden.

Weder die Komplexität der Rechtsbehelfe noch die Menge der Daten, die von den Nachrichtendiensten mit Hilfe von SIGINT erhoben wurden, erleichtern die Umsetzung wirksamer Rechtsbehelfe. Die Fragmentierung und Kompartimentierung verschiedener Zugänge zu Rechtsbehelfen haben es erschwert, Rechts-

---

[33] FRA, Access to justice in Europe: An overview of challenges and opportunities, Luxembourg 2011; dies., Access to data protection remedies in EU Member States, Luxembourg 2014.

behelfe einzulegen. Tatsächlich zeigen die erhobenen Daten, dass seit den *Snowden*-Enthüllungen nur eine begrenzte Anzahl von Fällen, bei denen Überwachungstätigkeiten angefochten wurden, auf nationaler Ebene entschieden wurde.

a) Informationspflicht und Auskunftsrecht[34]

Das Recht auf Unterrichtung und den Zugang zu Informationen ist äußerst wichtig, um Einzelpersonen auf Überwachungsmaßnahmen aufmerksam zu machen und Abhilfemaßnahmen einzuleiten. Der Europäische Gerichtshof für Menschenrechte (EGMR) hat jedoch akzeptiert, dass diese Rechte berechtigterweise eingeschränkt werden können.[35] Die Ergebnisse der FRA zeigen, dass diese Rechte durch die Geheimhaltung der Tätigkeiten der Nachrichtendienste in der Tat limitiert sind. Ein weiterer Faktor ist die große Menge der mit SIGINT erhobenen Daten im Vergleich zu den mit herkömmlicheren Formen der Überwachung erhobenen Daten.

In acht Mitgliedstaaten sind Informationspflicht und Auskunftsrecht gesetzlich gar nicht vorgesehen (so in der Tschechischen Republik oder Spanien). Es sind die für Verschlusssachen oder Staatsgeheimnisse geltenden Vorschriften zu beachten. In den übrigen 20 Mitgliedstaaten sehen die Rechtsvorschriften Informationspflichten und Auskunftsrechte, in einigen Fällen innerhalb festgesetzter Zeitrahmen, vor, allerdings gelten Einschränkungen. Diese Einschränkungen umfassen verschiedene Elemente, z.B. die nationale Sicherheit, nationale Interessen oder den Zweck der Überwachungsmaßnahme an sich.

Nur in zwei Mitgliedstaaten wurden Sonderbestimmungen zur Informationspflicht in Verbindung mit der Fernmelde- oder elektronischen Aufklärung festgelegt: In Schweden wird die Einzelperson nicht darüber informiert, wenn die verwendeten Selektoren der Einzelperson nicht direkt zugeschrieben werden können. In Deutschland wird die Einzelperson nicht informiert, wenn die erhobenen personenbezogenen Daten unmittelbar nach Erhebung gelöscht und nicht weiterverarbeitet werden.

Die Aufsichtsgremien von 10 EU-Mitgliedstaaten, einschließlich sechs nationaler Datenschutzbehörden, überprüfen die Beschränkungen der Informationspflicht und des Rechts auf Auskunft über Informationen (etwa in Österreich und Deutschland). Dabei wird untersucht, ob der Verdacht einer Bedrohung der nationalen Sicherheit begründet ist und/oder das Auskunftsrecht der Einzelperson indirekt ausgeübt wird. Im letztgenannten Fall wird von den Gremien beurteilt, ob Auskunft über die Daten zu gewähren oder eine Auskunftsverweigerung berechtigt ist. Ebenso überprüfen sie die Rechtmäßigkeit der Datenverarbeitung. In Dänemark ist eine richterliche Anordnung erforderlich,

---

[34] Zum Ganzen FRA-Bericht (Fn. 6), S. 61 ff.
[35] Siehe EGMR, Urt. v. 06.09.1978, Nr. 5029/71 – *Klass*; siehe dazu Anm. von *Murswieg* JuS 1980, 291.

die bescheinigt, dass eine Mitteilung die Ermittlungen gefährden oder andere Gründe gegen eine Mitteilung sprechen würden.

Zwei weitere Mitgliedstaaten (Portugal und Schweden) gewähren als solches kein Recht auf Auskunft über Informationen. Die Gesetzgebung sieht jedoch ein Recht vor, das dasselbe Ergebnis erzielt. Eine Person kann verlangen, dass das Aufsichtsgremium überprüft, ob ihre Daten rechtswidrig überwacht wurden.

In einigen Mitgliedstaaten wird die Datenverarbeitung von dem Aufsichtsgremium, das indirekt das Recht einer Einzelperson, Auskunft über Daten zu fordern, ausübt, weder bestätigt noch dementiert (z.B. in Belgien und Frankreich). Die Rückmeldungen beschränken sich in der Regel auf die Erklärung, dass die Beschwerde bearbeitet und/oder geprüft wurde.

b) Gerichtliche Rechtsbehelfe

Jeder Mitgliedstaat ermöglicht Einzelpersonen, gerichtliche Beschwerden über Verletzungen ihrer Privatsphäre einzureichen, unabhängig davon, ob diese im Rahmen einer gezielten Überwachung oder einer Fernmelde- oder elektronischen Aufklärung erfolgten.

Frühere Untersuchungen der FRA haben gezeigt,[36] dass der Mangel an auf Datenschutz spezialisierten RichterInnen ein ernstzunehmendes Problem für die wirksame Durchsetzung der Rechtsbehelfe bei Verletzungen des Rechts auf Datenschutz darstellt. Dieses Ergebnis ist auch für die Überwachungstätigkeiten relevant, bei denen zusätzlich zur nötigen Geheimhaltung in Verbindung mit nachrichtendienstlichen Angelegenheiten eine entsprechende Sachkenntnis, z.B. im Bereich der Informations- und Kommunikationstechnologien oder der nachrichtendienstlichen Angelegenheiten, unabdingbar ist.

Nur zwei Mitgliedstaaten (Großbritannien und Irland)[37] haben den Mangel an Spezialisierung im Zusammenhang mit Rechtsbehelfen unter Einbeziehung von RichterInnen/Strafgerichten abgeschwächt, indem sie RichterInnen und Strafgerichte herangezogen haben, die sowohl über die erforderlichen Kenntnisse zum Beschluss über die (oftmals) technischen Angelegenheiten als auch über die Berechtigung zum Zugriff auf Verschlussmaterial verfügen.

c) Außergerichtliche Rechtsbehelfe[38]

Außergerichtliche Rechtsbehelfe sind Einzelpersonen üblicherweise leichter zugänglich als gerichtliche, weil die Verfahrensregeln weniger streng sind, die Kosten für Beschwerden geringer ausfallen und die Dauer der Verfah-

---

[36] Siehe FRA, Access to data protection remedies (Fn. 33).
[37] Vgl. FRA-Bericht (Fn. 6), S. 68.
[38] Näher dazu FRA-Bericht (Fn. 6), S. 70 ff.

ren kürzer ist. Frühere Erkenntnisse der FRA bestätigen dies besonders im Bereich des Datenschutzes.[39] Hier wird gewöhnlich eine größere Anzahl an Beschwerden bei den nationalen Datenschutzbehörden eingereicht und nur wenige BeschwerdeführerInnen streben Gerichtsverfahren an. Die Zahl der außergerichtlichen Organe – mit Ausnahme der Datenschutzbehörden – die Berichten zufolge im datenschutzrechtlichen Gebiet tätig sind, ist jedoch gering und viele außergerichtliche Organe können lediglich in begrenztem Maße Rechtsbehelfe anbieten.

In den meisten Mitgliedstaaten handelt es sich bei den für Beschwerden zuständigen Aufsichtsgremien (einschließlich den Datenschutzbehörden) um unabhängige Einrichtungen. Die Frage der Unabhängigkeit stellt sich, wenn ein leitendes Aufsichtsgremium sowohl über Abhilfebefugnisse als auch über die Befugnis zur Überwachung verfügt. Parlamentarische Gremien und sachkundige Aufsichtsgremien haben autonomere Verwaltungsstrukturen. Autonomie garantiert jedoch keinen wirksamen Rechtsbehelf, es sei denn, dieser wird auch von ausreichend Wissen gestützt. Die Art und Weise, wie Mitglieder von Aufsichtsgremien ernannt werden, sowie deren Stellung in der administrativen Hierarchie, sind ebenfalls wichtige Aspekte, die bei der Beurteilung der Unabhängigkeit eines Gremiums berücksichtigt werden sollten.

In 13 EU-Mitgliedstaaten haben die Datenschutzbehörden die Befugnis, einzelne Beschwerden zu untersuchen und verbindliche Entscheidungen zu treffen. Bei dreien ist das Recht auf Zugang zu Akten und Räumlichkeiten jedoch eingeschränkt (z.B. in Frankreich). In fünf Mitgliedstaaten gelten weitere Anforderungen, die die Anwesenheit des Leiters/der Leiterin oder eines Mitglieds der Datenschutzbehörde während der Überprüfung auf dem Gelände des Nachrichtendienstes verlangen (z.B. in Griechenland).

Fünf von sieben Mitgliedstaaten betrauen ihre sachkundigen Aufsichtsgremien (mit Ausnahme der Datenschutzbehörden) mit besonderen Abhilfebefugnissen, indem sie diesen Gremien den Erlass verbindlicher Entscheidungen zugestehen. In zwei EU-Mitgliedstaaten verfügt ein leitendes Aufsichtsgremium auch über Abhilfebefugnisse (Deutschland und Dänemark). Parlamentsausschüsse in vier Mitgliedstaaten sind zur Anhörung von Einzelbeschwerden berechtigt, aber nur einer kann diesen mit verbindlichen Entscheidungen abhelfen.

Bürgerbeauftragte, die es in allen 28 EU-Mitgliedstaaten gibt, kümmern sich zumeist um administrative Versäumnisse und weniger um die Frage, ob die Überwachung tatsächlich gerechtfertigt ist. Nur die Niederlande statten ihren Bürgerbeauftragten im Rahmen der einschlägigen nachrichtendienstlichen Rechtsvorschriften mit Abhilfebefugnissen aus. Ferner können die Befugnisse der Bürgerbeauftragten relativ stark eingeschränkt werden. Außerdem enden

---

[39] Siehe FRA, Access to data protection remedies (Fn. 33).

Verfahren zumeist mit unverbindlichen Empfehlungen, die darauf abzielen, „die Dinge in Ordnung zu bringen", so dass diese eher als Grundlage für künftige Maßnahmen dienen können, anstatt einem Betroffenen ein rechtsverbindliches und durchsetzbares Urteil an die Hand zu geben. Dies wirkt sich selbstverständlich auf die Wirksamkeit der Rechtsbehelfe aus, die sie zur Verfügung stellen können.

Zu den weiteren Elementen, die den Zugang zu Datenschutz-Rechtsbehelfen für Personen erleichtern können, zählen lockerere Regelungen bei der Beweislast und Sammelklagen sowie ein effektiver Schutz der Hinweisgeber („Whistleblower"). Die Parlamentarische Versammlung des Europarats erachtet die Offenlegung von Missständen („wistleblowing") als effektivstes Instrument, um den der Überwachung gesteckten Rahmen durchzusetzen.

IV. Schlussfolgerungen

Die FRA-Studie befasst sich mit einem Bereich, für den die EU nur einschränkt zuständig ist. Sie macht deutlich, wie unterschiedlich die Nachrichtendienste der Mitgliedstaaten organisiert sind und wie unterschiedlich sie ihre grundlegenden Tätigkeiten ausführen.

Überwachungsmaßnahmen greifen erheblich in die Rechte von Personen ein. Da die Überwachungsmaßnahmen geheim sind, müssen die Personen in gewissem Maße den Behörden vertrauen, die wiederum dazu verpflichtet sind, die Grundrechte der Personen zu schützen. Um das Vertrauen herzustellen, das eine Gesellschaft gegenüber ihren Nachrichtendiensten haben sollte, ist eine Rechenschaftspflicht erforderlich. Klare und verständliche Rechtsvorschriften, wirksame Aufsichtsmechanismen, angemessene Kontrollmechanismen und wirksame Rechtsbehelfe sind nur einige der Elemente, die unabdingbar sind, um diese Art Rechenschaftspflicht zu erzielen. Da die Nachrichtendienste zur Geheimhaltung verpflichtet sind, bleibt dies zweifelsfrei ein schwieriges Unterfangen. Die Einführung und Aufrechterhaltung klarer und verständlicher Rechtsvorschriften sowie wirksame Aufsichtsmechanismen auf Ebene der Mitgliedstaaten sind lediglich ein erster Schritt in Richtung eines transparenten und grundrechtskonformen Systems. Die bei der Umsetzung auftretenden Schwierigkeiten deuten darauf hin, dass Hindernisse bestehen bleiben.

Die Reaktionen auf die *Snowden*-Enthüllungen haben die Notwendigkeit zum Vorschein gebracht, die einschlägigen Rechtsrahmen in der EU und ihren Mitgliedstaaten anzupassen und zu stärken. Wie die FRA-Studie zeigt, wurde bereits eine Reihe von rechtlichen Reformen durchgeführt. Regelmäßige Begutachtungen der Funktionsfähigkeit und Legitimität der Rechtsrahmen, die die Tätigkeit der Nachrichtendienste regeln, müssen zu einem wesentlichen Bestandteil der Aufsichtssysteme werden. Wie die Rechtsrahmen weiter reformiert werden sollen, um der fehlenden angemessenen Kontrolle entgegenzuwirken, ist ebenfalls eine Kernfrage. Außerdem müssen bei den Reformen in den EU-Mitgliedstaaten die neuesten technischen Entwicklungen in Betracht gezogen werden, um gewährleisten zu können, dass die Aufsichtsmechanismen mit den erforderlichen Instrumenten und dem nötigen Fachwissen ausgestattet sind. All dies zu verwirklichen, ist sicherlich eine Herausforderung. Nichtsdestotrotz muss diese schwierige Aufgabe, die Sicherheit der Staaten zu schützen und gleichzeitig die Grundrechte zu wahren, angenommen werden.

Podiumsdiskussion:
Der Gesetzgeber in der verfassungsrechtlichen Aufgabenfalle – Gegenwärtige und zukünftige Herausforderungen der deutschen Nachrichtendienste?

Maria Geismann, Fabian Gilles und *Alexandra Adenauer*

Den Abschluss des Symposiums bildete eine Podiumsdiskussion unter der Moderation von RiBVerwG a. D. Dr. *Kurt Graulich*. Es diskutierten auf dem Podium (in dieser Reihenfolge) Präsident BND Dr. *Bruno Kahl*, MdB *Armin Schuster*, Prof. Dr. *Heinrich Amadeus Wolff*, Vizepräsident BfV *Thomas Haldenwang*, der den Präsident BfV Dr. *Hans-Georg Maaßen* vertrat, MDL Dr. *Patrick Breyer*, sowie Prof. Dr. *Matthias Bäcker*.

Zur Einleitung konkretisierte Dr. *Kurt Graulich* für das Publikum das von den Veranstaltern gewählte Thema des Podiums. Bislang sei der Gesetzgeber bei der Schaffung von Befugnisnormen für nachrichtendienstliche Tätigkeiten sparsam gewesen. Dahingehende Aufforderungen aus der Literatur habe er lange Zeit nicht umgesetzt. Insbesondere der BND sehe sich jedoch mangels ausreichender Befugnisnormen erheblichen Legitimitätszweifeln ausgesetzt. Die mangelnde Regelungsdichte sei historisch bedingt, wie bereits im Referat von Prof. Dr. *Johannes Masing* (Universität Freiburg) zu Beginn der Tagung angeklungen sei. Während sie zunächst als Hilfseinrichtungen für die Besatzungsmächte dienten, seien die Nachrichtendienste nach dem Ende des kalten Krieges gewissermaßen „in die Souveränität gefallen". Mit dem Wandel des Aufgabenspektrums und des Rechtssystems sei auch eine Positionsveränderung der Dienste einhergegangen. Als Verdienst der großen Koalition sei es zu werten, dass die entstandene Regelungslücke nun gefüllt werde. Das neue BNDG solle alsbald auch den Bundesrat passieren und werde eine Behördenbeschreibung des BND gesetzlich fixieren, wie sie aus dem Polizeirecht bekannt sei. Das Gesetz werde sich bewähren müssen, beinhalte aber deutlich positiv zu bewertende Ansätze. Besonders wichtig sei die Stärkung des parlamentarischen Kontrollwesens. Die Kontrolle durch das neue unabhängige Gremium werde die Legitimation der Arbeit des BND verbessern. Damit sei auch nicht zu viel Kontrolle eingeführt, denn das neue Gremium gerate in seiner Tätigkeit nicht in Konflikt mit der G 10-Kommission. Teil des Kontrollsystems sei hingegen der

Bundesbeauftragte für den Datenschutz und die Informationsfreiheit (BFDI), den der BND nicht zu fürchten habe, sondern der zu aktivem Datenschutz beitrage. Durch die neuen Regelungen sei nunmehr der Konkurrenz zwischen verschiedenen Kontrollgremien, die ihre Kompetenzen ausweiten wollten, ein Ende gesetzt. Letztlich bleibe das Bild jedoch ambivalent. Die Dienste seien mit Eingriffsbefugnissen und Kompetenzen ausgestattet. Sie müssten sich nun mit ihren Fähigkeiten ausweisen. Eine effektive Kontrolle müsse durchgesetzt werden. Mit den Gesetzen für die Dienste sei das „normative Haus" gebaut. Jetzt müssten „alle einziehen". In diesem Sinne bat *Graulich* die Diskussionsteilnehmer auf dem Podium um eine Einschätzung der Nutzbarkeit dieses so von ihm beschriebenen „normativen Hauses".

Zur Eröffnung der Diskussionsrunde zeigte sich Pr BND Dr. *Bruno Kahl* sehr dankbar, dass durch die Reformen im BNDG sein Dienst „auf sicherem Boden steht". Aufgrund der neuen Befugnisse könne der BND „aus dem Zwielicht" treten, in welchem der Dienst in den letzten Jahren operieren musste. Er machte jedoch auch deutlich, dass mit den neuen Befugnissen und den neuen Kontrollmechanismen zunächst Erfahrungswerte gesammelt werden müssten. Ein funktionierender Nachrichtendienst sei auf eine funktionierende Kontrolle angewiesen. Die aktuellen Anschläge und andere Entwicklungen würden zeigen, wie wichtig ein gut funktionierender Nachrichtendienst sei. Zu einer erfolgreichen Arbeit der Dienste sei es unverzichtbar, dass Kommunikation mitgeschnitten werden könne. Insbesondere sei man auf die Informationen von Partnerdiensten und den entsprechenden Austausch angewiesen. Im Hinblick auf die Einschränkungen von Auslandsermittlungen in Form der Datenerhebung durch Art. 10 GG machte er deutlich, dass dies ein Jedermann-Grundrecht sei, jedoch kein „Überall"-Grundrecht. Vor diesem Hintergrund sei er persönlich froh über die aktuellen Gesetzgebungsvorhaben. Auf die Nachfrage, ob auch ausländische Rohdaten von deutschen Kontrollgremien kontrolliert werden würden, antwortete er, dass dies nicht der Fall sei und anderenfalls die Partnerdienste ihre Zusammenarbeit sofort einstellen würden. Ebenso würde jeder Dienst seine Daten analog kontrollieren. Angesprochen auf das Trennungsgebot zwischen Nachrichtendienst und Polizeibehörden führte er aus, dass dieses sowohl Vor- als auch Nachteile habe. Er sehe es jedoch als eher vorteilhaft an, da sich die Dienste so auf ihren Auftrag von Beschaffung von Informationen konzentrieren könnten. Da durch die Beschränkung auf die Informationsbeschaffung die Eingriffsintensität durch Maßnahmen des BND geringer sei, habe dieser mehr Kompetenzen, gerade auch im Ausland, was einen größeren Handlungsspielraum ermögliche. Auf die Frage, wie lange es dauern werde, bis das Gesetz nach dessen Verkündung durch den Nachrichtendienst umgesetzt werden könne, antwortete er, dass es keinen genauen Zeitplan gebe, da der Dienst jedoch in das Gesetzgebungsverfahren mit eingebunden worden sei, werde das Gesetz wohl zügig umzusetzen sein.

Nächster Redner war MdB *Armin Schuster.* Er ist Mitglied des Innenausschusses, des 2. und 3. Untersuchungsausschusses und sitzt im parlamentarischen Kontrollgremium. *Schuster* gab in seinem Beitrag Impulse zum Themenbereich der parlamentarischen Kontrolle und verschaffte einen Einblick in die Zeit vor den aktuellen Gesetzesentwürfen und der Schaffung des PKGr. Nach den Gesetzesentwürfen sei er nun „tiefenentspannt". Insbesondere nach dem PKGr-Gesetz, die vorherige Lage in Bezug auf die parlamentarische Kontrolle sei unerträglich gewesen. Durch die Aufstockung der Mitarbeiterzahl könne eine dauerhafte Kontrolle nun besser funktionieren. Insbesondere hob er hervor, dass die Zusammenarbeit zwischen Aufsicht und den Beaufsichtigten sehr gut gewesen sei. Des Weiteren ging er auf die „*Snowden*-Affäre" und die BND-Gesetzgebung ein. Er sehe den BND nicht als Sündenbock in der Geschichte, dies sei vielmehr der Gesetzgeber. Jede Koalition habe es dem BND über Jahre hinweg überlassen, Entscheidungen zu treffen, welcher der Bundestag nicht treffen wollte. Der BND wurde alleine gelassen. *Schuster* selbst sah es als vollkommen normal an, dass bei einem BND-Mitarbeiter die Verhältnismäßigkeitsprüfung anders ausfalle, als bei einem Politiker. Der Ständige Bevollmächtigte werde hier auch Fortschritte bringen und für eine bessere und unabhängigere Kontrolle sorgen. Er griff im weiteren Verlauf die Metapher des Hauses, in das nur noch eingezogen werden müsse, auf. Allerdings meinte *Schuster*, dass durch die nun erfolgende bessere Kontrolle schon sehr bald Veränderungen an diesem Haus vorgenommen werden müssten. Dieses Haus sei auf Veränderungen angelegt. Ebenso sah er Erweiterungsbedarf beim BNDG. Auf die Frage, ob die Kompetenzen zu Befugnissen für Auslandseinsätze ausreichen würden, gerade im Vergleich zu § 8 BPolG, meinte er, dass diese Situationen nicht vergleichbar wären, da die Bundespolizei im Gegensatz zum BND keine „Einsätze" im Ausland habe. Auf die Frage, wie er die künftige Zusammenarbeit zwischen dem Ständigen Bevollmächtigten und PKGr sehe, insbesondere ob der Bevollmächtigte eher eine „dienende" Rolle haben werde, antwortete er, dass dies in erster Linie eine Frage der Personalführung durch den Vorsitzenden des PKGr sein werde. In Bezug auf den Vortrag von *Kahl* wies *Schuster* abschließend darauf hin, dass das Trennungsgebot in der „preußischen" Diszipiln, wie dies durchgeführt werde, aus seiner Sicht problematisch sei.

Prof. Dr. *Heinrich Amadeus Wolff* wies zur Eröffnung zunächst auf die Probleme des Gesetzgebers im Bereich der Sicherheitsgesetze hin. Er selbst sehe in diesem Themenbereich zwei Seiten: zum einen seien an den Gesetzgeber im Sicherheitsbereich durch die verfassungsrechtlichen Vorgaben an die geheime Informationserhebung, sowie den internationalen Kontext, der mit dieser Fragestellung einhergehe, besondere Anforderungen zu stellen. Zum anderen stelle sich die Frage nach möglichen Gesetzgebungsaktivitäten. Gerade in Bezug auf die Gesetzgebungsaktivitäten zeigte er hierbei einen breiten Kanon mit Änderungswünschen auf, wobei er darauf hinwies, dass er dem Gesetzgeber nicht böse sei, wenn dies alles in vier Jahren noch nicht umgesetzt sei. Als wichtig sehe er hierbei an, dass die Vorgaben, welche das BVerfG in Bezug auf das BKA-Gesetz gestellt habe, auch für die übrige Sicherheitsgesetzgebung umgesetzt werden sollen. Er fordert darüber hinaus eine Normierung der Informationsbeschaffung durch die Dienste im Ausland, um auch hier für mehr Rechtssicherheit zu sorgen. Eine Stärkung der Regelungen zum Informationsaustausch sei ebenfalls notwendig. Daneben seien eine Regelung zu den gemeinsamen Terrorismusabwehrzentren (GTAZ) und eine Umstrukturierung der G-10 Kommission, entsprechend seiner engen Interpretation des Art. 10 Abs. 2 GG, sowie eine stärkere Normierung der Geheimhaltungsregeln erforderlich. Ebenso schlug er eine Verfassungsänderung zur Stärkung der Polizeibefugnisse des Bundes vor. Ein weiterer Punkt sei die Netzsicherheit und die Sicherung eigener Telekommunikationsleitungen, sodass im inländischen Bereich ein Verbleib der Daten auf deutschem Boden ermöglicht werden könne. Er forderte zudem die Schaffung von Aufklärungsbefugnissen für die Dienste im Netz, vor allem in geschlossenen Foren. Daneben sollten die Kontrollgremien ebenfalls das Bundeskriminalamt kontrollieren. Abschließend forderte er noch eine Aufgabenkontrolle des Militärischen Abschirmdienstes. Auf die Frage, ob es deutsche Befugnisse der Dienste geben kann, welche nicht auf Kriegsvölkerrecht oder auf zwischenstaatlichen Regeln beruhten, erwiderte *Wolff*, er gehe davon aus, dass eine gesetzliche Lösung möglich wäre und verfassungsrechtlich zulässig sei und verwies in völkerrechtlichen Fragen auf den Vortrag von Prof. Dr. *Stefanie Schmahl* (Universität Würzburg) vom Vortag. *Graulich* schloss sodann die Frage an, ob *Wolff* eine gesetzliche Grundlage für die GTAZ für erforderlich halte und wie mit der Befürchtung umzugehen sei, dass hieraus „Monster"-Behörden entstünden, welche Behörden wie das BKA wie Zwerge aussehen lassen würden. *Wolff* erwiderte, eine gesetzliche Grundlage sei für diese Zentren sicherlich erforderlich. Dies wäre aber nicht gleichbedeutend mit der Schaffung einer daraus entstehenden Behörde mit einem entsprechenden Überbau. Es solle aber zumindest gesetzlich klargestellt werden, dass der parlamentarische Gesetzgeber diese Institutionen haben möchte.

VPr BfV *Thomas Haldenwang* nahm zur Reform des Verfassungsschutzes Stellung und formulierte einige weitergehende Wünsche seitens des Bundesamtes für Verfassungsschutz an den Gesetzgeber. Er betonte, dass er das Parlament in der Vergangenheit hier nicht als statisch oder passiv empfunden habe. Es habe vielmehr eine gute Zusammenarbeit stattgefunden. Die Neuregelungen, die in Folge der Ereignisse des Versagens der Sicherheitsbehörden im Zusammenhang mit der terroristischen Gruppe NSU erforderlich geworden waren, hätten die Arbeit des Verfassungsschutzes in den letzten Monaten sehr positiv geprägt. Die Zentralstellenfunktion des Bundesamts sei gestärkt worden und bestimmte nachrichtendienstliche Aktivitäten gerade im Umgang mit V-Leuten seien nunmehr auf eine sichere Grundlage gestellt. Wie die Ausstattung mit neuen Finanz- und Personalmitteln verdeutliche, werde die Arbeit des Verfassungsschutzes nach wie vor als wichtig und richtig angesehen. Dennoch, so *Haldenwang*, bestünden weitere Wünsche von gewissem Umfang. Dabei gehe es nicht um eine Kompetenzausdehnung des Verfassungsschutzes zum Selbstzweck, sondern es ginge darum, zu gewährleisten, dass das Bundesamt die ihm zugewiesenen gesetzlichen Aufgaben optimal erfüllen könne. Von den Sicherheitsbehörden werde erwartet, die Sicherheit in Deutschland in größtmöglichem Umfang zu garantieren. Die Erwartungen von Öffentlichkeit und Politik seien sehr weitgehend. Ereigne sich ein terroristischer Anschlag in Europa, würden sofort (berechtigte) Fragen laut, warum sich dies dem Wissen des Verfassungsschutzes entzogen habe und ob gegebenenfalls Möglichkeiten zur Verhinderung ungenutzt geblieben seien. All diese Erwartungen könne der Verfassungsschutz nur erfüllen, wenn ihm der entsprechende Werkzeugkasten zur Verfügung stehe: er bedürfe der nötigen Kompetenzen. Problematisch sei vor allem die rasante technische Entwicklung, die das Einschreiten erschwere. Denn die Gesetzeslage, die noch von analoger Telefonie ausginge, erlaube nicht, alle modernen Kommunikationsvorgänge zu verfolgen. Es bedürfe einer neuen gesetzlichen Grundlage, um die modernen Formen der Kommunikation erfassen zu können. Schließlich sei problematisch, dass nur das BKA eine Befugnis zur Computerdurchsuchung habe. Nach der Entscheidung des BVerfG sei es nicht ausgeschlossen, auch den Verfassungsschutzämtern eine solche Befugnis einzuräumen. Ohne Onlinedurchsuchungen, sei es dem BfV beispielsweise nicht möglich, komplexe Cyberattacken auf deutsche Computer sinnvoll zu bekämpfen. Auf die Frage von *Graulich*, ob die Nachrichtendienste genügend analytische Kompetenz besäßen und wie analytisch der Verfassungsschutz arbeite, antwortete *Haldenwang*, dass dies in der Tat eine große Herausforderung sei. Zur Stärkung der analytischen Fähigkeiten seien beim BfV spezielle Organisationseinheiten eingerichtet worden, die sich speziell mit dem Thema „richtige Analyse" befassten und überprüften, mit welchen künftigen Entwicklungen zu rechnen sei und die die Aufgabe hätten, gegebenenfalls an Dinge zu denken, an die bislang nicht gedacht werde. Die Ergebnisse fänden in erheblichem Umfang Eingang in den Arbeitsalltag des Verfassungsschutzes. *Haldenwang* vertrat die Ansicht, dass es durch die Neuorganisation der Sicherheitsbehörden und die Einrichtung von Informationsplattformen gelungen sei, die Arbeit der verschiedenen Sicherheitsbehörden deutlich effektiver zu verzahnen und aufeinander abzustimmen. Durch diese Zusammenarbeit und den intensiven Austausch zwischen allen Sicherheitsbehörden finde auch mehr Analyse statt.

MdL Dr. Patrick *Breyer* warf einen gänzlich anderen Blick auf die Materie. Daraufhin befragt, argumentierte er für eine Abschaffung der Nachrichtendienste. Als „im Geheimen" agierende staatliche Institutionen praktizierten sie Grundrechtseingriffe jenseits jeder richterlichen Kontrolle. Im demokratischen Rechtsstaat sei dies keine Normalität, sondern die Dienste seien eher als eine Art „Tumor" zu sehen, der die freiheitlich demokratische Grundordnung von innen heraus angreife. Die Dienste begingen und ermöglichten durch ihre Arbeit Straftaten. Insbesondere der BND unterstütze die USA bei massiven Menschenrechtsverletzungen. Selbstverständlich sei Informationsbeschaffung zur Gefahrenabwehr und zur Verfolgung von Straftaten zur Schaffung und Aufrechterhaltung innerer Sicherheit notwendig. Dies gehöre aber gerade nicht zum formulierten Aufgabenspektrum der Nachrichtendienste, sondern sei von Sicherheits- und Strafverfolgungsbehörden zu leisten. Eine Existenzberechtigung der Dienste könne auch nicht daraus abgeleitet werden, dass sie allein als Ansprechpartner für ausländische Dienste in Frage kämen. Ein souveräner Staat wie die Bundesrepublik Deutschland könne nicht gezwungen sein, Nachrichtendienste zu unterhalten, weil dies im Ausland erwartet werde. Nach den Skandalen der letzten Jahre halte die öffentliche Meinung die Dienste ohnehin für entbehrlich. Die Menschen hätten das Vertrauen in die Dienste verloren. Die Menschenrechte seien die Grundlage des Zusammenlebens in der Welt und beanspruchten deshalb universelle Geltung – auch für die deutschen Nachrichtendienste. Jeder rechtliche Schutz vor Grundrechtsverletzungen bleibe jedoch letztendlich unvollständig. Es bedürfe deshalb insbesondere eines wirksamen technischen Schutzes vor Eingriffen in die Telekommunikation von außen. Dies sei wichtiger, als Befugnisse eigener Dienste offenzuhalten. *Breyers* Bewertung des Urteils des EuGH[1] zum Schutz dynamischer IP-Adressen, das er selbst erstritten hat, fiel geteilt aus: Als Erfolg werte er, dass der EuGH den Personenbezug dynamischer IP-Adressen positiv festgestellt habe (dies wirke sich auch auf die Überwachungsmaßnahmen des BND aus). Problematisch sei hingegen derjenige Teil der Entscheidung, in dem der EuGH es für mit dem europäischen Recht unvereinbar halte, wenn der nationale Gesetzgeber die Nutzung bestimmter Daten zu bestimmten Zwecken verbiete. Der Gesetzgeber müsse die Abwägung selbst vornehmen und könne sie nicht den Gerichten überlassen. Die Digitalisierung dürfe nicht dazu führen, dass das Leben der Menschen immer gläserner werde. Auch Metadaten wiesen Personenbezug auf, weshalb nur eine anlassbezogene Überwachung statthaft sei. An dieser Stelle müsse der europäische Gesetzgeber nachbessern. Auf die Frage, wie er das Phänomen des Whistleblowing beurteile, antwortete *Breyer*, dass er Transparenz grundsätzlich für ein hohes Gut halte, filterlose Veröffentlichung staatlicher Dokumente, wie sie teilweise von Wikileaks betrieben werde, jedoch als problematisch bewerte. Die Vorgehensweise *Edward Snowdens*, der seine Informationen an Journalisten weitergegeben habe, die die Auswertung und Veröffentlichung des Materials vorgenommen hatten, sei jedoch als Beispiel zu nennen, wie diesem Dilemma richtigerweise zu begegnen sei. Whistleblowing leiste einen wichtigen Beitrag in der Gesellschaft, soweit der Datenschutz berücksichtigt werde.

---

[1] EuGH Urt. v. 19.10.2016, C-582/14.

Whistleblower, die uneigennützig nach ihrem besten Gewissen gehandelt haben, müssten deshalb besser geschützt werden, als dies aktuell in Deutschland der Fall sei.

Als letzter Podiumsredner sprach Prof. Dr. *Matthias Bäcker* (Universität Mainz). Er beleuchtete das Thema aus verfassungsrechtlicher Perspektive und stellte die Frage, welche Erwartungen und Wünsche aus dieser Sicht an die Zukunft gerichtet werden könnten. Die Initialzündung für die Diskussionen um das Sicherheitsverfassungsrechts sei sicherlich das Urteil des BVerfG zum Artikel-10-Gesetz von 1999 gewesen.[2] Diese Entscheidung enthalte bereits viele Festlegungen, die in zahlreichen Folgeentscheidungen konkretisiert, konsolidiert und teilweise auch wieder zurückgenommen worden seien. Durch die Rechtsprechungslinie der letzten Jahre seien viele wesentliche Fragen jedenfalls in ihren Grundzügen mittlerweile geklärt. Dies bedeute, dass für die erforderliche Überarbeitung der Sicherheitsgesetze relativ viel Boden bereitet sei. Dies gelte namentlich besonders für das Nachrichtendienstrecht, das eine Konsolidierung dringend benötige. *Bäcker* skizzierte im Weiteren zwei künftige Herausforderungen: Die erste betreffe die Europäisierung und Internationalisierung des Sicherheitsrechts, die auch das Recht der Nachrichtendienste umfasse. Sowohl der EGMR als auch der EuGH würden an Bedeutung zunehmen. Nicht nur im Polizei- und Strafverfolgungsrecht, sondern auch im Bereich des Rechts der Nachrichtendienste könnten in Zukunft Anwendungsbereiche der Grundrechtecharta der Europäischen Union eröffnet werden. Die Widersprüchlichkeiten, die die bisherige Rechtsprechung dieser Gerichte aufzeige, hieße es, in Zukunft aufzulösen und einen gemeinsamen Nenner zu finden. Zweitens würden im Zuge der Novelle des BNDG nochmal neue Grundsatzfragen zu erörtern sein. Die Fragen, *ob* die deutschen Grundrechte für Handeln deutscher Behörden gegenüber ausländischen Kommunikationsteilnehmern gelten und wie weit diese Geltung reiche, werde mit Sicherheit aufgeworfen werden. *Bäcker* zeigte sich sicher, dass es im Zusammenhang mit dem neuen BNDG zu diesen Fragen Rechtsschutzverfahren geben werde. Wie eine Entscheidung des BVerfG ausgehen könnte sei jedoch völlig offen. Wenn man aber die deutschen Grundrechte im Bereich der Ausland-Ausland Fernmeldeaufklärung für anwendbar hielte und man die Schutzstandards der bisherigen Rechtsprechung auf die Ausland-Ausland Fernmeldeaufklärung übertragen wolle, könne man an der bisherigen Praxis des BND nicht festhalten. Lediglich eine stark eingeschränkte Aufklärungstätigkeit sei dann noch möglich. *Graulich* fragte daraufhin, wie es weitergehen solle, bejahe man die Bindung des BND bei der Ausland-Ausland Überwachung an die deutschen Grundrechte. *Bäcker* erklärte, es gehe darum, die Tätigkeit des Bundesnachrichtendienstes als eine deutsche Behörde, die frei und eigenverantwortlich tätig werde, zu regulieren. Die Frage, ob eine Bindung

---

[2] BVerfGE 100, 313.

der Nachrichtendienste an Befugnisnormen überhaupt möglich sei, bewertete er hingegen als Scheinproblem. Mit Blick auf das Gemeinsame Terrorismusabwehrzentrum (GTAZ) bejahte *Bäcker* ebenfalls die Notwendigkeit einer gesetzlichen Grundlage für die in den Zentren verfestigte behördliche Zusammenarbeit. Die bisherigen gesetzlichen Grundlagen, die von einem eher punktuellen Kontakt zwischen einzelnen Behörden ausgingen, reichten für die verstetigte Kooperation in den Zentren nicht aus. Zwei Fragen bedürften der gesetzlichen Regulierung: die genauen Voraussetzungen dieser Kooperation und die Kontrolle dieser Kooperation. Eine neue Behörde müsse daraus aber nicht entstehen.

Dem Beitrag von *Bäcker* schlossen sich die Schlussworte der verbliebenen Diskussionsteilnehmer an (*Haldenwang* und *Schuster* hatten aufgrund weiterer Termine das Podium frühzeitig verlassen müssen). *Kahl* warnte mit Blick auf die Ausführungen namentlich von *Bäcker* und *Wolff* davor, aus der Rechtsprechung des BVerfG und der internationalen Gerichte ein allzu umfangreiches Arbeitsprogramm für den Gesetzgeber zur Regulierung der Dienste abzuleiten. Zudem widersprach er *Breyer*: „die Leute" misstrauten viel weniger den Nachrichtendiensten, als es ihnen um die Gewährleistung ihrer persönlichen Sicherheit durch die Dienste ginge. *Breyer* wiederum verwies auf aktuelle Studien, wonach eine Mehrheit der Bundesbürger die Arbeit der Nachrichtendienste als schlecht bewerte. *Bäcker* illustrierte anhand der Entscheidungen des BVerfG[3] über die Verfassungskonformität von Ermittlungsermächtigungen im Sicherheitsrecht die Bedeutung, die das Sicherheitsverfassungsrecht in den letzten Jahrzehnten erlangt habe und betonte den daraus erwachsenden analytischen Bedarf.

Mit einigen abschließenden Worten von *Dietmar Marscholleck* ging das erste Symposium zum Recht der Nachrichtendienste pünktlich zu Ende.

---

[3] Von seiner Errichtung bis 1999 habe das Bundesverfassungsgericht vier Mal über die Verfassungskonformität von Ermittlungsermächtigungen im Sicherheitsrecht entschieden, seit 1999 seien es bereits 17 Entscheidungen.

Autorenverzeichnis

Alexandra Adenauer
Wissenschaftliche Hilfskraft am Lehrstuhl für Öffentliches Recht
an der Rheinischen Friedrich-Wilhelms-Universität Bonn.

Prof. Dr. Matthias Bäcker
Inhaber der Stiftungsprofessur für Öffentliches Recht und
Informationsrecht, insbesondere Datenschutzrecht an der Johannes
Gutenberg-Universität Mainz.

Elisabeth Buchberger
Richterin am Bundesverwaltungsgericht a.D.

Dr. Thomas de Maizière
Bundesminister des Innern und Mitglied des 18. Deutschen Bundestages.

Klaus-Dieter Fritsche
Staatssekretär im Bundeskanzleramt und Beauftragter
für die Nachrichtendienste des Bundes.

Prof. Dr. Kurt Graulich
Richter am Bundesverwaltungsgericht a.D. und Honorarprofessor
an der Humboldt-Universität zu Berlin.

Maria Geismann, LL.M.
Regierungsrätin im Zollkriminalamt Köln.

Fabian Gilles
Wissenschaftlicher Mitarbeiter am Lehrstuhl für Öffentliches Recht
an der Rheinischen Friedrich-Wilhelms-Universität Bonn.

Günter Heiß
Ministerialdirektor a.D. und bis 30.09.2017 Abteilungsleiter der Abteilung 6
im Bundeskanzleramt.

Wilfried Karl
Bis 31.05.2017 Direktor beim Bundesnachrichtendienst und kommissarischer Abteilungsleiter der Abteilung TA im Bundesnachrichtendienst, seit 01.06.2017 Präsident der Zentralen Stelle für Informationstechnik im Sicherheitsbereich (ZITiS).

Prof. Dr. Reinhard Klaushofer
Professor für Verfassungs- und Verwaltungsrecht an der Paris Lodron Universität Salzburg.

Burkhard Lischka
Mitglied des 18. und 19. Deutschen Bundestages, innenpolitischer Sprecher der SPD-Bundestagsfraktion sowie Vorsitzender der SPD Sachsen-Anhalt.

Prof. Michael O'Flaherty
Direktor der Agentur der Europäischen Union für Grundrechte.

Prof. Dr. Johannes Masing
Richter des Bundesverfassungsgerichts und Inhaber des Lehrstuhls für Öffentliches Recht (Abt.5: Verfassungsrecht) an der Albert-Ludwigs-Universität Freiburg.

Prof. Dr. Stefanie Schmahl, LL.M.
Inhaberin des Lehrstuhls für deutsches und ausländisches öffentliches Recht, Völkerrecht und Europarecht an der Julius-Maximilians-Universität Würzburg.

Prof. em. Dr. Rainer J. Schweizer
Emeritus für Öffentliches Recht einschließlich Europarecht und Völkerrecht an der Universität St. Gallen.

Prof. Dr. Heinrich Amadeus Wolff
Inhaber des Lehrstuhls für Öffentliches Recht, Recht der Umwelt, Technik und Information an der Universität Bayreuth.

Prof. Dr. Mark Alexander Zöller
Inhaber des Lehrstuhls für Deutsches, Europäisches und Internationales Strafrecht und Strafprozessrecht sowie Wirtschaftsstrafrecht an der Universität Trier und Direktor des Instituts für Deutsches und Europäisches Strafprozessrecht und Polizeirecht an der Universität Trier.

Stichwortverzeichnis

Abhörmaßnahme 21, 27, 31, 32, 33
Akteneinsicht 49, 82, 89, 112, 117
Akteure, staatliche/nicht-staatliche 21 f., 27, 32 f., 40, 130, 136
Amts- und Rechtshilfe 169
Anfangsverdacht 144, 185, 191 ff.
Anhaltspunkte, tatsächlich 141, 143
Anti-Terrordatei 60
Aufklärungs-
– felder 150
– instrument 8
– maßnahme 9, 15, 64, 139, 141, 143 ff., 147 ff.
– potenzial 8
– befugnis 8, 148, 211, 224
– tätigkeit 64, 137, 142, 144, 147, 227
– ziele 59, 150 f.
Aufsicht/s- 87
– behörde 46 ff., 63, 93, 116, 119
– exekutive 45, 210 ff.
– gremien 87, 210 ff., 214 ff.
– instrumente 46, 52
– mechanismen 203, 210 f., 218 f.
– system 211, 218
Auskunftsansprüche 12, 111 ff., 123 f.
Auskunftsrechte 67, 215
Ausland 14 ff., 21 f., 36 f., 40, 59, 62, 120, 132, 135 f., 142, 153, 163, 168 ff., 175 ff., 179 ff., 184, 224, 226,
Ausland-Ausland-Fernmeldeaufklärung XV, XVI, 61 ff., 143, 147, 227
Ausland-Ausland-Überwachung 153
Auslandsaufklärung 141, 150

Benachrichtigungspflichten 16, 46, 63, 67 f., 181

BNDG (Gesetz über den Bundesnachrichtendienst) XV, 61 ff., 66, 87, 111 ff., 138, 141 ff., 154, 221 ff.
Bundesamt für den Militärischen Abschirmdienst (MAD) 46, 63, 108, 110 ff., 141, 185, 193
Bundesamt für Verfassungsschutz (BfV) 11, 63, 107, 111, 186, 224
Bundeskanzleramt XVI, 67, 87, 112
Bundeskriminalamt (BKA) 11, 60, 224
Bundeskriminalamtsgesetz (BKAG) 11, 18, 65
Bundesnachrichtendienst (BND) 14, 25, 55, 82, 108, 113 f., 120, 122, 124, 131 ff., 141 ff., 150 f., 153, 164, 227
Bundesrechnungshof 63, 94
Bundesregierung 47, 49, 52, 74, 76, 78, 83, 86, 131 f., 134, 144
Bundesverfassungsschutzgesetz (BVerfSchG) 61

Computerkriminalität 180 f.
Cyber-
– *(siehe auch Spionage)*
– angriff 131 ff., 153, 170
– kriminalität 130
– operation 174
– space 30, 129
– sicherheitsstrategie 134

Daten/-
– austausch 10, 34, 129, 189
– Behörden (Data Protection Authorities, DPA) 213 ff., 217
– erhebung 8, 61, 67 f., 153, 186, 188 f., 192, 203

– Expertengremium zum Schutz 204, 212 ff.
– löschung/Löschung von 6, 104, 114 f., 120 ff.
– personenbezogen 29, 32, 35, 57, 80, 110 f., 124, 141, 185 ff., 202, 204, 212 f., 215
– Rechtsbehelfe 202 ff., 214 ff.
– schutz 18, 27 ff., 46, 90, 103 f., 186, 189, 204, 213 ff.
– übermittlung 18 f., 124, 186 ff.
– verarbeitung 35, 115, 188, 213, 216
– vernichtung 115 ff.
– verwendung/Verwendung von 18, 57, 109, 186, 188
– Zugriff auf 6 ff., 34, 187
Datenneuerhebung, hypothetische 192, 196
Datenschutz-GrundVO 29, 35
Datenschutzbeauftragter 112, 182
Datenschutzrecht 27 f., 186, 189, 214, 217
Dienste, ausländische 14, 18, 22, 25, 81, 86, 163, 168, 175, 181, 183, 185, 226
Dienstgeheimnis 75 f., 78, 86
Doppeltür-Modell 189, 195 f.

Eingriff/s-
– anlass 139, 141, 145 f.
– ermächtigung 137 f., 140 f., 144 ff., 149
– intensität 144 ff., 222
– schwelle 8, 139, 142, 144 f., 155, 185, 191, 193, 196
– tatbestand 137 ff., 143 ff., 147, 149 f.
– Voraussetzungen des 9, 66, 141
elektronische
– Aufklärung 207, 209, 211, 213, 215
– Kommunikation 33
– Signale 5, 207
– Spuren 5
Europäische Menschenrechtskonvention (EMRK) 30 f., 34 ff., 101, 164, 168, 181 f.
Europäischer Gerichtshof für Menschenrechte (EGMR) 16, 25, 30 ff., 35 f., 38, 167 ff., 182, 184, 204, 215, 227
Expertengremien 204, 210 ff.
extraordinary renditions 22, 37

Fachaufsicht 45 ff., 51 ff. 93
Fachausschüsse 212
Fachgremien 202 ff., 212 f.
Fernmelde- oder elektronische Aufklärung (Signals Intelligence, SIGINT) 131, 135, 206 f., 209, 211, 213 ff.
Fernmeldeaufklärung 61 ff., 91, 129, 131 f., 135, 143, 147, 227
Fernmeldegeheimnis 28, 31, 62, 108, 115, 120
Fernsprechleitungen 25
FRA
– Analyse 207, 209 f.
– Studie 203, 205, 207 f., 218

G-10 61 ff., 64, 80, 93, 108 ff.
G-10 Gesetz 58, 61 ff., 109
G-10 Kommission 52 f., 65, 80, 93 f., 108 ff., 122, 224
Gefahrbegriff 140 ff., 145, 147, 150, 155
Gefährder 40, 61, 161
Gefahrenabwehr 10 f., 31, 55, 57, 100, 148 f., 169, 175, 190, 226
Geheimhaltungs-
– bedürftigkeit 78, 81, 84, 116 f., 119, 125 f., 216
– interesse 77 ff., 81, 84, 123
– kultur 13
– vorbehalt 46, 218
Geheimnisschutz 73, 75 ff., 116, 117
– als Grundrechtsschutz 75
– als Schutz von Staats- und Dienstgeheimnissen 75 f., 78, 86
Genfer Abkommen 23, 175
Genfer Konventionen 23, 172
Gesetzmäßigkeit der Verwaltung 56
Gewaltenteilung 52, 63 f., 70, 73, 75, 84, 87
Grundrechte 15, 29, 31, 60, 66, 101, 111, 114, 126, 139, 144, 147, 153 f., 181, 188, 193, 201 ff., 218 f., 222, 227
– allgemeines Persönlichkeitsrecht 188
– Grundrecht auf informationelle Selbstbestimmung 112, 190
– Grundrechtseingriff 40, 57, 109, 114 f., 126, 144 f., 151, 188, 191 ff., 225
Grundrechtsbindung 17

Stichwortverzeichnis

Haager Landkriegsordnung 23, 162

Immunität 22, 26, 176
In-camera-Verfahren 116 ff., 125
Individualrechtsschutz 29, 63, 112 f.
Informationen
- Auslandsinformation, sicherheitspolitisch relevant 5
- ausspähen 23, 25, 27, 36, 40, 59
- Offenlegungspflicht 14
Informations-
- gesellschaft 8 f., 11, 15, 19, 166
- mittel 71
- pflichten 47, 93, 166, 215
- quelle 85, 160
- technik 3, 5 f., 13
- technologie 3 f., 143, 187, 192, 213, 216
Inlandsaufklärung 33, 142, 151
Interventionsverbot, völkerrechtliches 22, 25

Koalitionsvertrag XVI
Kommunikation 6, 18, 22, 34, 57, 135, 166, 169 f., 179, 187, 202, 207, 222, 225
- ausländische 33
Kommunikationstechnologie 40, 213, 216
Kontroll-/e
- administrative 64, 70, 91
- bedarf 12
- befugnisse 12, 49, 58, 72, 93
- fachliche 12, 45, 52, 125
- gerichtliche 33, 87 f., 109 f., 125, 162, 225
- instanzen 12 ff., 183
- Institution, parlamentarische 14, 45 f., 49 ff., 64 ff., 69 ff., 79 ff, 83 ff., 86, 91, 93 f., 221 ff.
- nachträgliche 108 f.
- öffentliche 73, 88
- parlamentarische XVI, 14, 45, 49 ff. 51 ff., 55 f., 58, 63 ff., 69 ff., 79 ff., 86, 93 f., 210 ff.
- rechte 13, 19, 71, 74, 76, 109
Kooperation 38, 119, 135, 138, 165, 180, 187, 195, 214, 228
Kooperationsinstrumente 46, 48
Kriminalität, organisierte 21, 55 ff., 60 ff., 143

Massenüberwachung 202, 204, 206
Maßnahme, heimliche 55, 58
Minderheitenrecht 71 f.
Minderheitenschutz 72, 83

Nachrichtendienst/-e/liche/r
- Abhörprogramme 31
- Aufgabe 6, 9, 19, 57, 88, 100, 138, 141 f., 144 f., 147, 151, 176, 196, 208 f., 226
- Aufgabencharakter 4
- ausländische 17, 22, 25, 36, 59, 61, 81, 91, 124, 172, 181
- befreundete 77, 85 f.
- Befugnisse 4, 8, 58, 138, 143 ff., 147 f., 151, 221, 228
- europäische 161
- Information 26, 81
- Kontrolle (siehe auch *Kontrolle*) VI, XI, XVI, 12 f., 19, 36, 45, 48 f., 51, 58, 63, 65, 67 ff., 71, 73, 79 f., 82, 86 ff., 93 f., 103, 108, 125 f., 151, 203, 210 ff., 221 f., 225
- Kooperation XV f., 38, 119, 195
- Maßnahme 21, 25, 27, 58, 61 f., 67, 108, 115, 123, 125 f., 144, 151, 164, 207, 208
- militärisch 160, 208
- Öffentlichkeit 13, 31, 50 f., 67 f., 77, 79, 91, 94, 116, 144, 225
- Quellen 46, 81, 85, 139, 160, 206
- rechtsstaatliche Bedeutung 7
- Reform XVI, 4, 19, 57, 61 ff., 82, 86, 89, 90, 94, 137 f., 144, 149, 151, 194, 202, 211, 218 f.
- Tätigkeit V, XVII, 27 f., 31, 36, 40, 48, 56, 91, 100, 107 f., 125, 153, 162, 173, 212, 221
- verfassungsrechtlich 59
- Zusammenwirken/Zusammenarbeit der 9, 38, 46, 81, 93, 124, 135, 163, 165, 210, 222
No-Spy-Abkommen 24

Öffentlichkeit XI, 13 f., 50 f., 67 f., 75, 77, 79, 83, 94, 116, 144, 166, 225
Onlinedurchsuchung 7, 225

Parlament XVI, 12, 14, 47, 52, 67, 69, 70 ff., 93, 202 f., 210 ff., 224

parlamentarische/-s
- Fragerecht 83
- Grundsätze 83 ff.
- Informationsrecht/Ansprüche 71, 79, 81, 83, 91
- Kontrolle XVI, 45, 51 f., 65 f., 69 ff., 75, 77 ff., 82, 85 ff., 93 f., 210 ff. , 223
- Kontrolle, Grenzen 73 f., 76, 79
- Kontrolle, Optimierung 46, 87 f.
- Kontrolle, Struktur 72
- Kontrollgremium (PKGr) XVI, 49 f., 64 f., 69, 79 f., 82 ff., 91, 94, 205, 223
- Untersuchungsrecht 76

Polizei XIII, 9 ff., 56, 58, 61, 100 ff., 132, 140 ff., 165, 169, 176, 180, 186 ff., 210, 221 ff., 227, 230
Presseauskunft 113, 124
Privatsphäre 27, 29 ff., 34 f., 41, 57, 202 ff., 213 f., 216

Rechte, subjektive 56, 62
Rechtsschutz 57, 64, 66 f., 80 f., 95, 99 ff., 125 f., 181 f., 207
- subjektiver 67, 110
Rechtsschutz-
- beauftragter 99 ff., 125 f.
- einschränkungen, Art. 19 Abs. 4 GG 107 f.
- garantie 109, 114 f.
- gewährung 110
Rechtsweg 64, 107 ff., 123

Schutzpflicht, staatliche 179
Schutzpflichten 17, 22, 37, 77, 79, 164, 166, 179
Selektoren 23, 94, 124, 163, 207, 215
Sicherheitsbehörden XII f., 7 ff., 29, 38 f., 46, 56, 58, 61, 118, 132, 135, 151, 153, 188, 224 f.
Spionage 21, 23 ff., 40, 59, 131, 162
- Cyber 130, 170
- Friedenszeiten 24, 170
- Gegenspionage 177
- Kriegsspionage 23 f., 26
- Wirtschaftsspionage 63, 177
SSCD 129, 131 f., 135
Ständiger Bevollmächtigter 49, 65, 95, 166, 223

Tätigkeit, geheimdienstliche 13, 28, 32, 38, 39, 59, 81
Telekommunikations-
- daten 34
- netze XVI, 25, 129
- überwachung 7, 60, 109, 143, 149, 151
- verkehr 7, 57, 60, 62, 114, 120 ff.
Terrorismus XVI f., 7, 11, 41, 55, 60, 190 f.
third-party-rule 18, 119
Tranzparenzgebot, verfassungsrechtliches 65, 67
Trennungsgebot 191, 193 ff., 222 f.

Übermittlungs-
- befugnisse 10
- vorschriften 18, 192
Überwachung/s-
- anlassbezogen 226
- befugnisse 7, 9, 101
- maßnahme 9, 16 f., 21, 25, 32 ff., 60, 66 f., 101, 103 f., 110, 114, 126, 144, 148, 179, 192, 202, 204, 207 f., 210, 212 f., 215, 218, 226
- objekt 21
- praxis 21
UN-
- Charta 22, 25, 171 ff., 175, 177
- Menschenrechtsausschuss 30, 32
- Menschenrechtsrat 30
Untersuchungsausschuss 49 ff., 71, 76, 83, 223
- NSA 51, 59, 93
- parlamentarischer 49 ff., 76, 83

Verfassungsschutz V, 11, 63, 81, 107 f., 110 f., 139 ff., 145, 147 ff., 185 f., 196, 224 f.
Vertrauensgremium 49 ff., 94
Vertrauensmännergremium 82 f.
Vertraulichkeitszusage 86
Völkerrecht(s-) 23 f., 27, 40, 55, 58, 154, 163, 167, 169, 172 ff.
- humanitäres 22, 24, 167, 169, 172, 174
- ordnung 21, 23, 27
Völkerstrafrecht 169, 174
Vorratsdatenspeicherung 57

Whistleblowing 226 f.
Wiener Diplomatenrechtskonvention (WÜD) 26
Wohnraumüberwachung 60, 66, 141, 143 f., 148, 189

Zufallsfund 193, 196
Zusammenarbeit XII, XV, XVI, 9, 17, 38, 46, 59 f., 81, 86, 93, 118, 124, 131 f., 135, 163, 165, 169, 180, 183, 195, 202, 210, 222 ff.